Début d'une série de documents en couleur

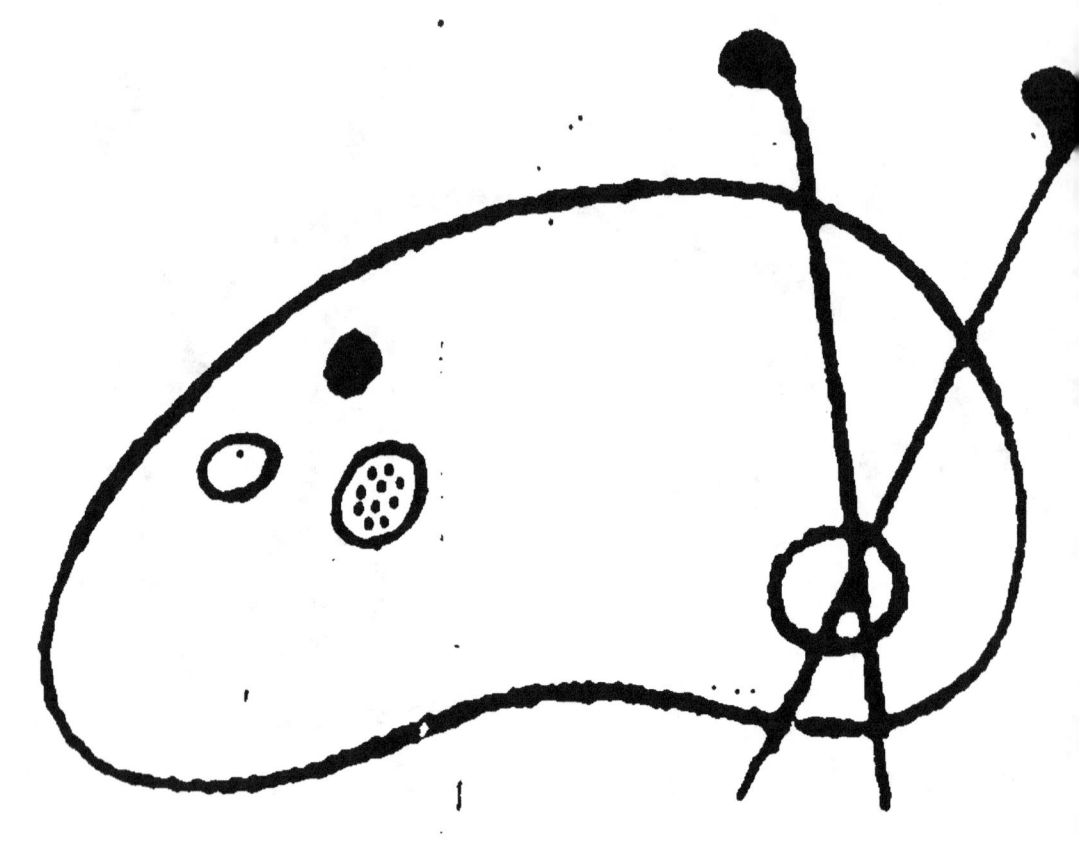

Fin d'une série de documents
en couleur

MÉMOIRES

SUR LES RÈGNES DE

LOUIS XV ET LOUIS XVI

ET SUR

LA RÉVOLUTION

Les éditeurs déclarent réserver leurs droits de traduction et de reproduction à l'étranger.

Ce volume a été déposé au ministère de l'intérieur (section de la librairie) en mars 1886.

PARIS. — TYPOGRAPHIE E. PLON, NOURRIT ET Cie, RUE GARANCIÈRE, 8.

MÉMOIRES

SUR LES RÈGNES DE

LOUIS XV ET LOUIS XVI

ET SUR

LA RÉVOLUTION

PAR

J. N. DUFORT, COMTE DE CHEVERNY

INTRODUCTEUR DES AMBASSADEURS, LIEUTENANT GÉNÉRAL DU BLAISOIS

(1731 — 1802)

PUBLIÉS AVEC UNE INTRODUCTION ET DES NOTES

PAR

ROBERT DE CRÈVECOEUR

Ouvrage orné de deux portraits

TOME SECOND

PARIS

LIBRAIRIE PLON

E. PLON, NOURRIT et Cie, IMPRIMEURS-ÉDITEURS

RUE GARANCIÈRE, 10

—

1886

Tous droits réservés

MÉMOIRES

DU COMTE

DUFORT DE CHEVERNY

TROISIÈME ÉPOQUE
(1764-1787)
(SUITE.)

CHAPITRE XVI

Visite chez Mesmer. — Le baquet. — Les initiés. — D'Espréménil. — Court de Gébelin. — Construction d'un baquet à Cheverny. — Insuccès. — Voyage à Charolles. — La famille Mayneaud de la Tour. — Les Perrin de Grégaine. — Lure. — M. Batailhe de Francès. — Une propriété à l'anglaise. — Antorpe. — Besançon. — Le Breuil. — Séjour chez Sedaine. — M. de Salaberry à Pezay. — Le marquis de Romé. — Le chevalier de Pontgibaud. — La société Martainville. — Madame de Lafreté et le docteur Saiffert. — M. de Sanlot-Bapaume. — Le comte de Héere. — Mort de madame de La Valette. — Quelques anecdotes anciennes : un dîner chez le marquis de Pezay; Diderot. — Les plâtres de Pajou à Cheverny. — David et Sedaine.

Ce fut à peu près vers ce temps-là[1] que la fureur du magnétisme tourna toutes les têtes à Paris. Je vais à ce sujet entrer dans quelques détails qui me sont personnels.

Le comte de Pilos, Olavidès, mon ami particulier, avait une imagination vive; Mesmer le séduisit. Il donna cent louis

---

[1] Au commencement de 1784, comme on le verra un peu plus loin.

pour être initié, et il entraîna le président de Salaberry, dont l'imagination se prêtait à tout. Mon ami Sérilly, insouciant, mais curieux, en homme pour qui cent louis n'étaient rien, fut aussi admis. J'éprouvai alors les persécutions les plus vives, on m'aurait fait recevoir pour rien. On voulait vaincre mon incrédulité en obtenant des effets sur moi. Dans un dîner avec Deslon [1], j'avais avancé que je résisterais à toute attaque. On essaya, rien ne réussit, et l'on me regarda comme un sujet rebelle.

Cependant, mon cher Salaberry et le comte de Pilos, pour lequel Mesmer avait beaucoup de considération, obtinrent que je serais initié et introduit dans les salles. La scène est trop singulière pour que je ne la retrace pas ici telle qu'elle se passa.

J'arrivai avec le président, à midi, à l'hôtel de Coigny, rue Coq-Héron, où Mesmer tenait ses séances. Nous montâmes au premier par un petit escalier, et l'on alla avertir Mesmer. Il salua amicalement mon camarade, vint à moi et me dit avec l'accent allemand : « Monsieur, M. le comte de Pilos et « M. le président de Salaberry m'ont répondu que vous n'abu- « seriez pas de la complaisance que j'ai pour eux en vous « laissant voir les effets du magnétisme. J'exige seulement « que vous ne disiez à personne que vous n'avez pas été reçu ; « vous direz que je vous ai traité et guéri. » Je lui répondis : « Si l'on me fait la question, je répondrai dans ce sens-là. Je « vous remercie de me mettre à portée de m'instruire. »

Alors il ouvrit une petite porte, et nous entrâmes dans l'appartement. Toutes les pièces étaient ouvertes ; dans la première, décorée comme une salle à manger, il y avait plusieurs personnes qui allaient et venaient ; on y voyait un piano-forte ouvert et deux ou trois guitares. Dans la pièce à

---

[1] Charles Deslon, médecin, grand partisan de Mesmer, auteur de plusieurs ouvrages sur le magnétisme. On le ridiculisa, ainsi que son patron, dans les *Docteurs modernes*, pièce représentée au Théâtre italien en 1784, ce qui suscita un tolle général de la part des amis de Mesmer. (G. Desnoiresterres, *la Comédie satirique au dix-huitième siècle*, p. 250 et suiv.)

droite, faisant jadis un grand salon, étaient plusieurs personnes devisant très-bas. Quelques gens, les uns malades, les autres croyant l'être, s'apprêtaient à entrer ou à s'en aller.

Je rentrai dans la première pièce pour passer dans celle du baquet. Qu'on s'imagine une grande caisse ronde, haute d'environ dix-huit pouces, fermée hermétiquement, et en gros bois de chêne, à peu près comme un baquet; plusieurs trous dans le couvercle dans lesquels entraient à l'aise des barres de fer coudées, jouant à la volonté du malade; de grosses cordes d'un pouce, passant de même dans d'autres trous, se rattachaient à la barre de fer du milieu. Ces cordes, plus ou moins longues, étaient occupées par des malades ou en attendaient.

Il y avait environ vingt personnes, toutes de ma connaissance, hommes et femmes. Les uns dirigeaient une barre de fer, soit vers des obstructions, soit vers telle autre partie du corps qu'ils croyaient malade. Il y avait des hommes penchés, des femmes en léthargie; les uns poussant des cris périodiques, d'autres se livrant au sommeil, d'autres à des rires convulsifs. Je fis le tour comme un homme initié dans les mystères.

Mesnard de Clesles y était assis; il me demande quel était mon mal. Je lui réponds : « Je n'en ai plus, je suis guéri. » Je me place à côté de lui, il me parle avec transport de sa maladie, du bien qu'il ressent et de la certitude de sa guérison. Je vois de Pert, des vivres (il y venait pour la dernière fois, car il est mort trois jours après). Il me dit qu'il espérait, mais qu'il n'éprouvait aucun soulagement.

Cependant, un des médecins s'approche de moi et me dit : « Monsieur, prenez garde, cette dame va avoir des convul- « sions. » Elles ne tardèrent pas, elle se tordit les bras, roula les yeux, rit, cria. Pendant ce temps, mon médecin, que je n'avais jamais vu, sur ma question : « Quel remède lui donner? » me dit : « Monsieur, suivez-moi. » Il ouvre une porte et entre avec moi seul dans un grand salon. Il était matelassé, le plancher en totalité de plus d'un pied, les murs

et les croisées à la hauteur de six pieds. Il me dit : « Pour
« hâter la guérison, quand le malade est attaqué dans le
« principe par le mesmérisme, on l'enferme ici jusqu'à ce
« qu'il soit en état de sortir. Ces attaques ne durent pas plus
« d'une demi-heure. »

Cependant le mal de ma dame allait toujours en augmentant ; ses rires, ses cris étaient excessifs, ses convulsions faisaient pitié ; elle fut ficelée comme un bout de tabac. Trois gaillards de médecins la détachent et la prennent, malgré les efforts qu'elle faisait, ses cris, ses sanglots ; on ouvre la porte, on la pousse dans cette chambre et on l'y enferme. J'écoute, je l'entends crier sourdement, puis le silence se rétablit.

Alors j'entends dans le lointain une guitare, une voix qui avait l'air aérienne, chantant une ariette italienne ; tous écoutent, tombent en extase, et l'on peut suivre sur leurs visages les mouvements de la musique ou gaie ou triste. Je sus que c'était un des médecins qui guérissait comme Orphée. J'en conclus qu'il y avait là bien des dupes et beaucoup de jongleurs.

Salaberry m'avait quitté ; mon jugement porté, je cherchai les moyens de le joindre. Je descends le grand escalier et je me trouve en bas. J'entre dans une grande pièce donnant sur le jardin, ayant deux croisées ouvertes, avec une grande cheminée et un gros poêle ; elle avait l'air d'avoir servi à une serre chaude. Il y avait là des individus assez mal mis, comme des couturières, etc., de tous les âges, et brochant sur le tout, une quantité de commères ou de gardes-malades. Le baquet était établi entre les deux fenêtres. Plusieurs vieilles femmes assises sur des chaises de paille étaient dans des assoupissements profonds. Je fixai mon attention sur une d'elles, qui ne jouait rien, mais qui tout naturellement était en paralysie. D'Espréménil, le fameux d'Espréménil [1], petit, assez gros, un bonnet blanc sur la tête, un chapeau par-dessus, en redingote, s'agitait, parlait, se démenait comme

---

[1] Jean-Jacques Duval d'Espréménil (1746-1794), alors conseiller au Parlement. Il avait été aussi l'un des plus zélés partisans de Cagliostro.

un coryphée de Mesmer. Il dissertait avec enthousiasme et bavardait avec cette fausse éloquence de barreau qui l'a si mal servi. Un gros monsieur de quarante ans, à croix de Saint-Louis, nez retroussé, joyeux, et ayant plus de santé à lui seul que tous les médecins, se fit mettre un siége sur le baquet, s'assit dessus et disserta avec gaieté sur l'effet du mesmérisme qui lui avait rendu son embonpoint.

Je questionnai mes vieilles femmes, qui me dirent que ma paralytique était dans un sommeil procuré exprès pour la guérison du malade. Un médecin arriva; une assez belle fille, les yeux fermés, était tranquille sur une chaise; il s'approcha d'elle et passa plusieurs fois l'index sur ses paupières. La fille se réveilla et regarda tout le monde. Le médecin lui promena les mains, les doigts étendus, à un demi-pied tout le long de son corps, surtout sur l'estomac; par degrés elle revint à elle, se leva, causa. Alors les vieilles femmes me dirent : « Monsieur, voyez! voilà le moment où elle peut secourir « notre malade. » Elles lui dirent un mot; elle se fit donner un siége vis-à-vis la paralytique et la magnétisa un gros quart d'heure; mais la chose ne réussissait pas. Alors elle lui prit tous les membres, lui secoua toutes les articulations, avec une adresse que n'aurait pas eue le plus habile garçon de l'Hôtel-Dieu. La paralytique criait, pleurait, souffrait; enfin l'imagination exaltée opéra son effet, elle jura qu'elle se trouvait mieux et se mit à marcher de force et avec un bras. Tous les regardants furent dans l'admiration. Ma somnambule, que je suivais des yeux, se rajusta avec une espèce de coquetterie, ne fit qu'un saut sur l'appui de la croisée et de là dans le jardin, où elle se mit à folâtrer et à couper des fleurs, comme une femme qui avait gagné sa journée. Plusieurs autres furent magnétisées, endormies, réveillées. J'en avais assez vu pour asseoir un jugement. J'emmenai mon beau-frère, et nous allâmes dîner.

Cependant le comte de Pilos, qui voulait tout observer, s'était fait montrer l'opération prétendue chimique du baquet et avait été autorisé par écrit à me la communiquer. Il fallait toutes ces précautions, attendu que Mesmer avait ses raisons pécuniaires. Nous dînâmes chez Salaberry; Mesmer y vint avec le fameux Court de Gébelin [1], si connu dans la république des lettres. Il n'avait que cinquante-quatre ans [2]; mais sa maigreur et ses rides lui en donnaient quatre-vingt-dix. Dans le dernier degré du marasme, et d'une nature défaillante, il s'était jeté dans les bras de Mesmer, comme un homme qui se noie prendrait une barre de fer rouge. Son imagination exaltée faisait le reste. Mesmer ne lui prescrivait aucun régime. Il mangea à nous effrayer, parla beaucoup et avec bonhomie. Il mourut dix jours après.

Nous partîmes pour Cheverny, et à peine arrivés, nous procédâmes avec le comte de Pilos à l'opération du baquet. Je fis faire six barres de fer coudées, rondes comme des tringles, longues de trois pieds, limées en pointe et arrondies de chaque bout, un baquet de bois rond, avec un couvercle, de cinq pieds sur deux de hauteur. Dans le couvercle étaient huit trous en rond, espacés également, et un dans le milieu. J'envoyai chercher un tombereau de sable de Loire, assez gros et mêlé de galets; je pris soixante bouteilles vides, bien nettoyées, que je fis emplir d'eau de Loire et boucher en bouchons neufs. Nous nous enfermâmes; chaque bouteille fut magnétisée, c'est-à-dire qu'en prenant la bouteille dans les mains, et tournant le goulot horizontalement vers le nord, nous lui procurâmes la vertu prétendue magnétique, en promenant nos mains vivement dessous et ramenant le principe au goulot et au nord; — chaque bouteille demandait trois minutes d'opération. Nous les couchions alors sur un lit de sable, au fond du baquet, en observant de les diriger toutes au nord et d'introduire chaque goulot dans le fond d'une autre bouteille; toutes couchées et ramenées à leur direction

---

[1] Antoine Court de Gébelin (1725-1784), érudit fort connu. Il avait publié une lettre sur le magnétisme qui eut deux éditions (1783 et 1784).

[2] Cinquante-neuf ans, d'après la note précédente. Court de Gébelin est mort le 10 mai 1784, ce qui fixe la date de la visite chez Mesmer au commencement de cette année.

intérieure[1]. Cette opération se rapetissa jusqu'au point milieu, et quand elle fut finie, nous fîmes remplir avec exactitude tout le baquet, jusqu'au ras, du reste du gros sable. Le tout fut porté dans un salon en tente, contigu au grand salon. On mit une grosse et longue corde dans le trou du milieu, et les barres de fer dans leurs trous respectifs. Chacun de nous avait une petite baguette de fer bien propre, de dix pouces de long, pour augmenter l'action du magnétisme.

Les boiteux, les paralytiques, les malades des deux bourgs furent invités; comme l'opération était accompagnée de beaucoup de secours pécuniaires, il n'en manqua pas. La magnétisation et toutes les simagrées que nous avions vu faire furent employées sans succès, sans obtenir le moindre effet. La simplicité des habitants de la campagne était bien plus sûre que l'astuce des habitants des villes; aussi un mois après il n'en fut plus question. Le sable fut rendu au jardin, les bouteilles à la cave, et le fer à une destination plus utile. Sans nous disputer avec les fous ou les têtes exaltées, nous savions à quoi nous en tenir, et c'était suffisant pour nous.

Au mois de juillet, ma fille étant en Franche-Comté, M. et madame de Gauvilliers, qui nous tenaient fidèle compagnie, ayant montré le désir d'aller voir leur famille à Charolles, où le père était receveur des états de Bresse, nous eûmes l'idée de les accompagner. Le projet fut aussitôt exécuté que conclu.

Nous nous mîmes cinq dans une berline : M. et madame de Gauvilliers, mon fils aîné, ma femme et moi. Nous allâmes coucher à Romorantin, et le lendemain à Vierzon, où nous vîmes un établissement magnifique de mines de fer à M. le comte d'Artois. De là nous prîmes la poste et nous nous rendîmes à Bourges. Je comptais y trouver l'archevêque, mais il n'y était pas. Après avoir visité la ville, nous vîmes dans la cathédrale une lampe perpétuelle entretenue par une rente fondée juridiquement par la maison d'Étampes, pour un

---

[1] Comme la description est assez obscure, j'ai respecté le texte même dans ses incorrections, de peur d'en altérer le sens.

soufflet donné par un des leurs à un archevêque [1]. Après avoir vu quelques manufactures de toiles et d'indiennes, nous partîmes le lendemain.

A la Charité, nous allâmes voir une fabrique de boutons qui était en pleine prospérité, et nous passâmes aux eaux de Pougues, où feu M. le prince de Conti allait tous les ans et avait fait bâtir un logement commode. Il craignait d'avoir la pierre et prétendait que ces eaux, souveraines pour les reins et la vessie, le faisaient vivre. Après avoir vu à Nevers la cathédrale, et quelques ouvriers en émail, nous vînmes coucher à Moulins. Nous eûmes le temps de parcourir la ville et de voir le superbe monument de M. de Montmorency, décapité à Toulouse [2]. Le lendemain, nous partîmes pour aller dîner à Sept-Fonts [3]. Cette maison, que j'avais fort envie de voir, me parut si singulière qu'il me vint dans l'idée de composer une pièce en cinq actes, sous le titre de : *Fanatisme monacal*, où je rendis tout ce qui s'était passé dans cette visite, en ajoutant pour catastrophe une histoire que tout le pays contait. Comme cette pièce a fait quelque bruit, mais que je n'ai jamais voulu la faire imprimer, j'en fais ici mention. Après un dîner très-mauvais, servi avec des cuillers et des fourchettes en buis qui empuantissaient la bouche, nous partîmes pour nous rendre à Charolles. Nous passâmes la Loire à pied sec, pour ainsi dire, près de Paray-le-Monial, et nous arrivâmes de nuit à Charolles.

Cette ville avait été le berceau de deux familles de mon intimité. Mayneaud de la Tour, mort conseiller de grand chambre et père de la comtesse de Pons, anciennement

---

[1] M. Albert des Méloizes a bien voulu me communiquer au sujet de cette fondation des détails très-intéressants trouvés par lui aux archives du Cher. C'est de 1370 à 1374 que Guillaume de Harcourt, seigneur de la Ferté-Imbault, frappa au visage Pierre de Cros, archevêque de Bourges ; il fut condamné à entretenir à perpétuité dans la cathédrale non pas une lampe, mais un cierge de quatre livres. Cette obligation passa, avec la terre de la Ferté-Imbault, en 1447, à la maison d'Étampes, qui en a supporté la charge jusqu'à la Révolution.

[2] V. t. I, p. 214.

[3] Célèbre abbaye de l'Ordre de Cîteaux en Bourbonnais.

madame Mazade, en était originaire. Son aïeul était un peu parent de Durey de Sauroy, trésorier de l'extraordinaire des guerres[1], qui l'emmena comme commis. Il ne perdit pas son temps, et son petit-fils[2] épousa mademoiselle Roslin, sœur de ma belle-mère. Ils possédaient des terres dans cette province. MM. Perrin de Grégaine avaient occupé la place de receveur des tailles pendant longtemps, et avaient fait des acquisitions considérables de terres. Ils avaient passé la place à M. Gauvilliers, leur cousin, père de celui que j'avais élevé et marié. M. Gauvilliers reçut sa belle-fille avec enthousiasme; nous passâmes deux jours chez lui et fîmes la connaissance des principaux habitants qui vivaient avec aisance, attendu que tout était pour rien.

Nous partîmes à la pointe du jour, ma femme, mon fils et moi, pour Antorpe. Au bout de quatre lieues, après avoir monté insensiblement, nous arrivâmes à un joli château et un jardin anglais du meilleur goût (je ne me souviens plus du nom du possesseur), et parvenus au haut de la montagne, nous découvrîmes une plaine à perte de vue; l'horizon était terminé en face par un monticule, et plus loin par des annonces d'autres montagnes; le premier était le mont Salins, et le reste les montagnes de Franche-Comté et les Alpes. Nous courûmes en poste dans cette plaine jusqu'à six heures du soir, et nous arrivâmes à la ville de Lure: je n'ai rien vu qui m'ait frappé autant que ce séjour.

Après avoir traversé des prairies coupées d'arbres très-beaux, nous trouvâmes une rivière d'une belle largeur, dont le lit calme et tranquille est d'une eau très-limpide, et que l'on passe sur un pont élégant avec des parapets en fer du meilleur goût.

Mon premier soin fut de parcourir la ville; elle est propre comme en Hollande, mais d'un pavé fatigant, gros au plus

---

[1] Joseph Durey, seigneur de Sauroy, etc., né vers 1677, mort en 1752. Il fut trésorier de l'extraordinaire des guerres et de l'ordre de Saint-Louis.

[2] Paul-Étienne-Charles Mayneaud de la Tour, conseiller au Parlement. (V. t. I, p. 48.)

comme des œufs de dinde. Nous vîmes la cathédrale, où il y a une collégiale de chanoines. J'appris que M. Batailhe[1], ci-devant chargé d'affaires de France en Angleterre, était le propriétaire du château, seigneur de la ville, et patron laïque de la collégiale de chanoines où il nommait; il avait acheté de M. le prince de Conti cette terre considérable.

Je n'eus rien de plus pressé que de m'y rendre; je connaissais M. Batailhe, et aussi le marquis de Bissy[2], de l'Académie française, son voisin. J'arrivai par la grande route; les potagers étaient à droite; à gauche, sur le plus beau chemin du monde, était d'abord une grande porte de basse-cour. Rien ne m'étonna davantage que de voir une grande cour représentant des tourelles, de vieilles portes de villes, des églises, etc. C'étaient des décorations factices qui cachaient des remises, des écuries, un logement de fermier, des étables, des bergeries; il y avait trois femmes et trois hommes anglais pour soigner le tout à leur manière.

Nous entrâmes ensuite, par une porte cachée à dessein, dans un jardin anglais d'environ quatre arpents. Sa position était singulière; il était d'un côté entouré de murs à hauteur d'appui, c'était une terrasse qui bordait la rivière. Des barres de fer et des poutres, à des intervalles de cinquante pieds, invitaient le jardinier le plus paresseux à arroser les fleurs ou les gazons qui bordaient toutes les allées du jardin anglais. Rien n'était symétrique, mais l'art et le goût avaient présidé à cet arrangement. M. Batailhe et sa compagnie étaient absents depuis huit jours, mais les ordres étaient donnés pour tout montrer aux curieux. Nous eûmes bientôt fait le tour du jardin, sans pouvoir nous lasser de jouir de la vue, de la situation et des choses de goût que nous y vîmes. Il y avait sur la terrasse, où l'on montait par deux pentes

[1] M. Batailhe de Francès, ministre plénipotentiaire en Angleterre en 1771. Il en est question dans une lettre de la marquise du Deffand de 1777 (édition LESCURE, t. II, p. 607).
[2] Claude de Thiard, comte de Bissy (1721-1810), gouverneur des ville et château d'Auxerre, académicien depuis 1750. C'était le frère aîné du comte Henri-Charles de Thiard, lieutenant général, cité un peu plus loin.

douces, deux kiosques : l'un, en manière de ruines avec un salon délicieux; l'autre, en gothique, d'un travail exquis et peint avec un soin charmant; les voûtes du kiosque antique étaient en bois et à filets.

Nous nous arrachâmes du jardin pour visiter le château; je n'ai vu de ma vie une maison aussi soignée. L'escalier était tout en bois d'acajou, avec la rampe de même; il était tellement ciré et frotté qu'on aurait hésité à monter, si une natte anglaise très-fine et fixée dans le milieu n'avait pas rassuré. Chaque porte des corridors était revêtue de chambranles de bois d'acajou surmontés d'astragales les plus riches en sculpture. Tous les appartements étaient meublés à l'anglaise de toiles et meubles exquis. Nous redescendîmes au rez-de-chaussée; la salle à manger en stuc, ornée de servantes d'acajou cerclées de cuivre, de chaises de bois d'acajou, avec des buffets et une table anglaise aussi d'acajou, nous charma tous. Enfin le salon nous parut un chef-d'œuvre de goût encore plus que de magnificence. Nous sortîmes pour traverser le chemin et jouir des promenades et des potagers qui étaient de l'autre côté; le tout n'était séparé du chemin que par des barrières et des grilles anglaises.

Nous partîmes le lendemain de grand matin, et, après avoir fait une forte journée de poste et traversé Dôle, nous arrivâmes à cinq heures à la terre d'Antorpe, appartenant alors au marquis de Toulongeon, frère aîné de mon gendre. J'y trouvai la marquise, mon gendre et ma fille; le marquis était à sa terre de Champlitte, qu'il faisait rebâtir et meubler magnifiquement.

Antorpe, situé à une lieue du Doubs, était soigné comme une jolie maison des environs de Paris. C'était une terre de douze mille livres de rente. Il y avait un jardin anglais, un désert, un obélisque du meilleur goût dédié aux mânes de leurs parents, un pont antique, un site imitant les tombeaux des nuits d'Young; tout annonçait et magnificence et goût. La surprise de notre arrivée passée, tous s'empressèrent de nous faire voir ce qu'il y avait de plus curieux.

J'allai voir les forges du Doubs et les grottes d'Auxelles. Ensuite nous allâmes tous visiter Besançon, l'hôpital militaire et la citadelle. Nous vîmes le maréchal de Vaux [1] et ses deux filles que nous connaissions, madame la marquise de Vauborel [2] et madame la marquise de Fougières [3]. Enfin, après avoir parcouru toute la ville, nous revînmes à Antorpe pour repartir au bout de huit jours, afin d'arriver à la foire de Blois.

Ne voulant plus repasser par le Charolais, nous donnâmes rendez-vous à Moulins à M. et madame de Gauvilliers. En conséquence, nous passâmes par Autun, où nous couchâmes. Nous espérions trouver chez lui le marquis de Chastellux, notre ami; mais ne l'ayant pas prévenu, il était en course. Nous prîmes donc le lendemain le chemin le plus court.

Après avoir passé dans une gorge de montagne de plus de six lieues, par le plus beau chemin du monde, nous arrivâmes à Bourbon l'Archambault, lieu célèbre pour les eaux, et le soir nous nous rendîmes à Moulins, où M. et madame de Gauvilliers arrivèrent en même temps que nous. Le reste du voyage se passa comme celui que nous avions fait en allant, et nous fûmes rendus à Cheverny le dix-septième jour de notre départ, après avoir fait plus de deux cents lieues.

Cependant mon fils et ma belle-fille, désirant avoir une habitation près de moi, trouvèrent à acheter le fief du Breuil [4], relevant de la tour du Louvre. Cette petite terre était en fort mauvais état, mais ils ne tardèrent pas à en faire un séjour fort agréable, décoré comme une ferme anglaise. Ils y pratiquèrent plusieurs chambres de maître et y prirent leur habitation, se réservant de venir nous voir souvent.

[1] Noël de Jourda, comte de Vaux (1705-1788), maréchal de France de 1783.
[2] Jeanne-Marie-Thérèse de Jourda de Vaux, mariée en 1765 à Louis-Malo-Gabriel, marquis de Vauborel, maréchal de camp, mort en 1788.
[3] Adélaïde-Marie-Louise de Jourda de Vaux, mariée en 1770 à François-Marie, comte de Fougières, maréchal de camp, sous-gouverneur des Enfants de France, qui mourut en 1787.
[4] Commune de Cheverny. Cette terre appartenait, il y a peu d'années encore, à M. le vicomte des Méloizes-Fresnoy, un des arrière-petits-fils du comte Dufort.

Mon gendre M. de Toulongeon et ma fille se retirèrent dans une terre dont ils avaient hérité de madame la marquise de Toulongeon, à Diant[1] en Gâtinais. A Paris, ils logeaient tous chez le marquis de Toulongeon, dans une maison superbe qu'il avait fait bâtir dans la rue Neuve Luxembourg, donnant sur le boulevard.

Pour moi, faisant peu de séjour à Paris, j'avais loué, comme je l'ai dit, ma maison rue Notre-Dame des Victoires, et elle était devenue un hôtel garni[2]. J'avais fait la condition que lorsque je viendrais à Paris, j'aurais le bel appartement. J'usai pendant un ou deux ans de cette faculté, mais nos amis, M. et madame Sedaine, nous proposèrent de partager leurs appartements du vieux Louvre dans nos voyages à Paris, ce que nous acceptâmes. Rien ne pouvait être plus agréable pour nous; nous y trouvions une société des plus aimables gens possible. Ils ne voulurent tirer aucun profit de notre séjour chez eux; ils nous montrèrent la dépense qu'ils faisaient lorsque nous n'étions pas réunis, et nous ajoutions simplement le surplus.

M. de Salaberry cherchait à fondre sa place de président de la Chambre des comptes et sa maison de Paris en une terre un peu éloignée. Celle du marquis de Pezay n'était pour lui qu'une bague au doigt. Vendue à la mort de Pezay à un M. d'Ailly[3], directeur des domaines, elle était encore à vendre par le déficit de ses affaires. Je l'y menai, il se décida à l'acheter, et vint à l'instant s'y établir avec sa femme. Ils s'y plurent tous les deux et y firent si bonne réception et une si belle dépense, qu'ils eurent autant de monde de Paris que de la province.

Le marquis de Romé de Vernouillet[4], son cousin, était bon

---

[1] Canton de Lorrez-le-Boccage, arrondissement de Fontainebleau.
[2] L'hôtel de Nice, d'après M. Aug. Rey.
[3] Millon d'Ailly, qui fut l'un des administrateurs généraux des domaines.
[4] Albert-Marie, marquis de Romé de Vernouillet, né en 1730, brigadier des armées du Roi, lieutenant des maréchaux de France, gouverneur de Rouen et de la citadelle de Château-Porcien, guillotiné en 1793. Il était fils d'une demoiselle de Salaberry, grand'tante du président.

officier et le meilleur garçon possible : par malheur, le goût désordonné des filles l'avait ruiné et fait séparer d'une femme fort riche qui l'adorait. Il vint s'établir avec eux, ainsi que M. le chevalier de Pontgibaud, neveu de M. de Salaberry. Chalier de Pontgibaud[1] venait d'hériter de son père, conjointement avec son frère aîné. Après avoir été très-maltraité, enfermé à Pierre-Encise, il s'en était enfui par miracle et avait fait la guerre en Amérique avec M. de Lafayette, dont il était fort estimé ; il en était revenu décoré de l'ordre de Cincinnatus et vivait heureux avec son oncle. La marquise de Fougières[2], veuve, fit sa connaissance chez le président et l'épousa ; ils s'enfuirent tous les deux, comme tant d'autres, au commencement de la Révolution.

Le beau-père du marquis de Rancogne, M. de Boillève[3], vieil officier, possédait une superbe terre tout auprès de Pezay ; cette acquisition convenait aux vues du président. Le marché fut conclu. Pezay était tout arrangé, il devint le chef-lieu, et le château de Fossé fut cédé à vie au marquis de Romé, qui continua de végéter par la gêne continuelle où ses goûts le mettaient.

Mesdemoiselles de Martainville, sœurs de feu madame de Préninville, de madame de Lafreté, de madame de la Valette et de la marquise de Cépoy, avaient acheté une maison rue des Mathurins, chaussée d'Antin. Ces deux filles de trente-six ans, ayant chacune vingt mille livres de rente, avec de l'esprit et beaucoup d'amis, avaient une société qui fai-

[1] Charles-Albert de Moré de Chalier de Pontgibaud, deuxième fils de César, comte de Pontgibaud, et de Marie-Charlotte-Julie d'Irumberry de Salaberry. L'érudit et consciencieux M. Vatel, dans son *Histoire de madame du Barry* (t. III, p. 61), donne des détails sur ce personnage. Il cite une relation fort intéressante, paraît-il, que M. de Pontgibaud aurait écrite de sa campagne d'Amérique, sous le titre de *Mémoires du comte de M...* (Paris, 1828, in-8º) ; seulement il a confondu pour les noms le chevalier avec son frère aîné, Albert-François, colonel d'infanterie, qui présida en 1789 l'assemblée de la noblesse d'Auvergne.

[2] Fille du maréchal de Vaux, dont il a été question un peu plus haut. Elle épousa M. de Pontgibaud le 1ᵉʳ août 1789. (CHASTELLUX.)

[3] M. de Rancogne avait épousé Marguerite-Charlotte-Françoise Boillève. (*Continuation du Père Anselme*, t. IX, p. 824.)

sait l'envie de la meilleure compagnie. La duchesse de
Laval¹, la duchesse de la Trémouille², la vicomtesse de Laval,
la marquise de Seran, tous les d'Osmont; enfin le comte de
Thiard, le marquis de Chastellux, Richebourg, depuis intendant des postes, et beaucoup d'autres, en avaient fait leur
maison d'habitude, et nous nous rassemblions presque tous
les jours l'après-midi, à moins que M. de Préninville ou
M. de Lafreté ne traitassent à leur tour. Rien n'était si sûr
et si charmant que cette société, où l'on parlait tout haut.
Aussi nous ne dinions qu'une ou deux fois la semaine chez
nos amis Sedaine, et nous n'y soupions jamais; de cette
manière nous leur étions le moins incommodes possible.

Cependant madame de Lafreté craignait depuis longtemps
un dérangement dans sa santé. Sa tête travailla; n'ayant plus
Tronchin, elle se mit entre les mains de Saiffert³, médecin
allemand, attiré par le duc d'Orléans. Parlant bien, réussis-
sant quelquefois, il s'est jeté à corps perdu dans la Révolution, et il est devenu général. Ensuite incarcéré, jugé, à deux
doigts de la guillotine, il a fini par reprendre l'état de médecin. Il crut guérir sa malade en calmant ses douleurs imaginaires par l'opium; elle augmenta la dose, et l'on fit venir un
Turc pour le lui administrer. Il s'ensuivit que, huit jours après
notre départ de Paris, dans la quinzaine de Pâques, elle
passa de vie à trépas sans s'en douter. On l'ouvrit, et l'on
vit avec surprise qu'elle n'avait aucune cause réelle de mort.

Dès que nous arrivions à Cheverny, mademoiselle
Boësnier, M. de Gauvilliers, M. Delorme venaient s'établir
avec nous à poste fixe. M. Gauvilliers était assez souvent
en tournée, comme contrôleur ambulant des domaines.

---

¹ Jacqueline-Hortense de Bullion de Fervacques, mariée en 1740 à Guy-
André-Pierre, duc de Montmorency-Laval, maréchal de France. C'était la
belle-mère de la vicomtesse de Laval.

² Marie-Maximilienne de Salm-Kyrbourg, seconde femme de Jean-Bretagne,
duc de la Trémouille.

³ André Saiffert, mort en 1810, auteur de plusieurs ouvrages de médecine
en français et en allemand. D'après la *Biographie moderne* (Leipzig, 1806),
il ne fut pas général; on l'a confondu avec un tailleur du même nom, qui prit
du service sous la Révolution. (V. *Seyffer.*)

M. Delorme allait passer les jours ouvriers au Guélaguette. M. de Sanlot-Bapaume[1], capitaine dans le colonel général; M. de Malboissière de Pully[2], capitaine dans le même corps que mon fils, depuis général de la République et émigré avec armes et bagages; le petit comte de Héere[3], capitaine dans le colonel général, faisaient le fond de notre société. Nous jouions la comédie et des opéras-comiques. Cette société nous dura plusieurs années.

Mademoiselle Boësnier fut atteinte d'une apoplexie-paralysie, et nous eûmes le chagrin de la voir périr dix jours après, le jour de Noël. Deux jours après, nous reçûmes la nouvelle que Bapaume, attaqué de la poitrine, était mort à Paris le même jour. Cependant ma tante, madame Soullet, s'était remariée; elle avait épousé le comte de Héere[4], oncle de celui que nous voyions; M. Soullet[5], mon cousin, était entré dans le régiment de Conti cavalerie; sa sœur[6] avait épousé M. Chabenat, seigneur de Bonneuil, président au Parlement, mon ami de tous les temps, et je n'avais pas peu contribué à ce mariage.

Madame de Héere mourut d'un cancer à peu près dans ce temps-là. Le président de Bonneuil perdit sa femme, qu'il avait épousée en troisièmes noces, et lui laissa un fils qui existe encore et qui est mon cousin issu de germain. M. Soullet mourut d'une maladie de langueur, de sorte que le nom de ma mère fut éteint. Il avait hérité avec moi, quelque temps avant, de madame Girault de Moussy, la dernière des Félix, qui avait environ quinze ans de plus que moi, et avec laquelle j'avais été élevé.

---

[1] Frère de M. Sanlot, ami de l'auteur. Il figure aux états militaires sous le nom de de Sanlot.

[2] Charles-Joseph Randon de Malboissière, seigneur de Pully (1751-1832); il devint général sous l'Empire.

[3] Marc-René de Héere, né en 1753. Il avait d'abord été mousquetaire.

[4] André, comte de Héere, chevalier, seigneur des Tournelles, ancien capitaine aux grenadiers royaux, déjà veuf, avait épousé en 1766 Antoinette d'Alègre, veuve de Bernard-Nicolas Soullet.

[5] Antoine-Jean Soullet. Il mourut en 1779.

[6] Agnès-Antoinette Soullet, mariée en 1775 à André-Charles-Louis Chabenat de Bonneuil.

Nous perdîmes aussi madame de la Valette, sœur de madame de Préninville. Cette femme d'esprit, qui jouait du clavecin divinement, venait tous les ans régulièrement passer deux mois avec nous. Elle fut prise d'une fièvre maligne et décéda au grand regret de ses amis, et elle en avait beaucoup. En huit jours, nous apprîmes toutes ces nouvelles.

Je vais maintenant parcourir quelques particularités qui m'ont échappé, et qui me reviennent successivement en écrivant ceci.

Quelques années auparavant, nous allions en hiver tous les mercredis dîner chez le marquis de Pezay; les convives étaient Dorat, le marquis de Clermont d'Amboise, Sedaine, Diderot et deux ou trois allants et venants, jamais plus de huit. Rien n'était plus délicieux que ces repas, et nous les attendions tous avec impatience.

Diderot, gros et gras, plein de feu et de vivacité, se livrant de la meilleure foi du monde, discutant, disputant même, n'en imposait pas, malgré sa réputation, à cause de sa bonhomie franche. Il était inépuisable, et comme le jeu lui plaisait, c'était un feu d'artifice qui attachait et éblouissait. Il vint un jour dîner, tout essoufflé, et encore en colère d'une histoire qui lui était arrivée la veille. Gros, taillé en porteur de chaise, portant un habit noir et une perruque ronde, il n'avait pas dans ces temps-là une tenue bien imposante. Il aimait l'Opéra et y allait souvent, au beau milieu du parterre. Une dispute s'était élevée un jour avant l'opéra sur un point de littérature; Diderot n'était pas homme à laisser tomber la conversation. Un jeune homme, grand bavard, l'entreprit; ils s'échauffèrent l'un et l'autre, et Diderot crut comprendre que son adversaire le prenait pour un procureur endimanché. Il le saisit alors au collet, et, fort comme un Turc, l'enlève et le menace de le jeter dans l'orchestre s'il s'avise de faire l'insolent. On apaisa la querelle, mais le jeune homme fut obligé de s'évader. Diderot était le meilleur homme possible, mais il voulait qu'on eût pour lui la considération qu'il méritait.

Je passe légèrement sur les sociétés dans lesquelles j'ai vécu, mais je me rappelle une madame de Saint-Yon-Salaberry[1], chez laquelle pendant trois ans j'ai fait l'hiver des soupers très-agréables. Je l'avais connue par M. de Barassy, chez lequel elle avait demeuré la dernière année de la vie de sa femme. Barassy m'engagea de sa part à venir souper tous les mardis; j'y trouvai madame l'ambassadrice de Hollande[2], que je connaissais beaucoup dans le temps qu'elle vivait avec son mari; madame la comtesse du Rumain[3], sœur de d'Égreville, depuis marquis de Rouault; une dame, depuis présidente, traductrice de la *Famille des Plantagenets* de Hume[4]; le chevalier de Mouhy[5]; le fameux Beaumarchais, qui, dans ce temps-là, se bornait à chanter et à jouer de la harpe en s'accompagnant; le marquis d'Asfeld, mon voisin et ami d'enfance, marié à mademoiselle Pajot, cousine de ma femme. Le chevalier de Mouhy était bavard comme ses romans, Beaumarchais petillait d'esprit sans se faire valoir; tous les autres ne venaient que pour rire, s'amuser ou faire l'amour. On ne jouait point, on causait avec la liberté et le bon ton de la meilleure compagnie.

Ce fut à peu près vers ce temps que Pajou[6], le fameux sculpteur, m'offrit de me donner son plâtre de Pascal et celui

---

[1] Le nom de Saint-Yon est douteux dans le manuscrit.

[2] Madame Lestevénon de Berkenroode, née Marie-Wilhelmine Van-Der-Duyne. Elle avait été séparée judiciairement de son mari en 1755, à la suite d'une histoire scandaleuse. (D'Argenson, t. IX, p. 54, et Luynes, t. XIV, p. 213.)

[3] Constance-Simonne-Flore-Gabrielle de Rouault, née en 1725, mariée en 1746 à Charles-Yves Le Vicomte du Rumain, marquis de Coëtanfao, comte de Penhoët, maréchal de camp.

[4] Cette dame, dont l'auteur a oublié le nom, est Octavie Guichard, femme d'un M. Belot, avocat au Parlement. C'est sous le nom de madame Belot qu'elle publia les traductions de l'*Histoire de la maison de Plantagenet* et de l'*Histoire de la maison de Tudor*. Elle épousa en 1765 le président Durey de Meynières, et mourut en 1804.

[5] Charles de Fieux, chevalier de Mouhy (1701-1784), romancier fécond et ennuyeux.

[6] Augustin Pajou (1730-1809). Ce célèbre sculpteur avait été chargé par Louis XVI d'exécuter une suite de statues d'hommes illustres dont faisaient partie Buffon et Pascal.

de Buffon; c'étaient ceux qui avaient servi de modèle aux deux marbres qu'il faisait pour le Roi. J'avais cette obligation à M. Sedaine, qui m'avait procuré son amitié.

Flatté de cette offre, je fis disposer une grande pièce à voûte plate, contiguë à l'escalier, pour en faire un muséum. Je fis venir des tables à dessus de marbre et à pieds dorés, et j'acquis des maîtres les plus superbes plâtres, réparés par eux-mêmes, et que supportaient trente gaînes en façon de marbre. La salle fut blanchie à plusieurs couches, des appuis de marbre régnèrent tout autour, et, en un hiver, cette pièce fut prête à recevoir ces deux monuments des arts, de sorte qu'à l'arrivée de Pajou, qui vint avec Sedaine passer six semaines chez nous, je lui montrai un local qui flatta sa vanité. Je l'ai depuis conservé pour ami.

Dans le peu de temps que je passais à Paris, moyennant notre liaison avec Sedaine, je vivais au Louvre au milieu des arts et des artistes. Que ne puis-je oublier David, le trop fameux peintre! Il était l'obligé de mon ami qui lui avait rendu toutes sortes de services, qui gardait ses effets lorsqu'il n'avait ni feu ni lieu et qu'il partait pour Rome; qui, dans son jeune âge, l'avait nourri, hébergé et aidé de sa bourse. Alors il avait l'air du respect et de la reconnaissance; la Révolution est venue, a fait germer en lui la jalousie de tous les talents, et il est devenu sous Robespierre le persécuteur des arts.

CHAPITRE XVII

La vie d'Olavidès à Paris. — Du Barry le roué. — Un dîner avec la comtesse du Barry. — Le salon Sérilly. — Sérilly est ruiné. — M. Le Gendre de Villemorien à Valençay. — Les forges de Luçay. — M. de Luçay. — Son mariage. — Le duc de Choiseul et le magnétisme. — Mort du duc. — M. Amelot quitte le ministère. — Mort de MM. de Castera et de Préninville. — Le baron de Breteuil au ministère; ses défauts. — Rulhière. — Mort de madame de Cypierre. — Le docteur Bucquet et l'éther. — Pechmeja. — M. de Vizé. — Le baron de Candale. — Le comte Oginski.

Le comte de Pilos menait une vie très-agréable à Paris; comme nous n'avions plus de maison, il aurait voulu nous loger chez lui et faire tous les frais : nous ne pûmes l'accepter, mais il ne fut pas possible de refuser d'aller chez lui deux fois la semaine. Insensiblement revenu du grand monde, il passait presque tout son temps chez M. Lecouteulx du Moley[1], ou chez les savants et les artistes. Nous vîmes chez lui le prince Czartoriski[2]; nous y fîmes connaissance avec La Pérouse[3], que nous avons regretté comme toute l'Europe, et avec l'aventurier, le prince de Nassau[4], compagnon des

[1] Jacques-Jean Lecouteulx du Moley, de la même famille que les Lecouteulx de la Noraye, de Canteleu et de Vertron, était receveur général de la loterie, administrateur de la caisse d'escompte et inspecteur général aux bailliage et capitainerie royale des chasses de la Varenne du Louvre. Il était propriétaire de la Malmaison, et l'on peut lire, dans les *Mémoires de madame Vigée-Lebrun* (Charpentier, t. I, p. 117), le récit d'un séjour qu'elle fit dans ce château en 1788 avec Olavidès (elle le nomme Olivarès), qui n'eut pas le don de la séduire. Madame du Moley, née Germaine-Geneviève-Sophie Lecouteulx, était très-liée avec l'abbé Delille et Marmontel. M. de Chastellux, auquel j'emprunte les indications d'état civil ci-dessus, cite un enfant de M. Lecouteulx de la Noraye qui reçut au baptême les prénoms de Paul-François-Olavidé.

[2] Adam-Casimir.

[3] C'est le 1er août 1785 que La Pérouse partit de Brest pour le voyage de découvertes où il trouva la mort.

[4] Charles-Henri-Nicolas, prince de Nassau-Siegen (1745-1809), qui, en 1788,

voyages de Bougainville, qui depuis s'est rendu fameux comme partisan au service de la Russie.

Je lui avais donné pour secrétaire un nommé Lutaine-Beignoux, d'une très-honnête famille de Blois. Cet homme, rempli de demi-talents agréables, faisait les honneurs de la maison du comte, et il y aurait conservé une existence tranquille s'il n'avait pas voulu vivre trop à sa fantaisie.

Lutaine avait fait louer la moitié de la maison au fameux du Barry le roué[1]. Cet homme, qui avait joué un rôle de toutes les manières, jouissait d'une fortune immense et la dépensait avec une prodigalité incroyable, enfin, avec autant de facilité qu'il l'avait gagnée. Je l'avais connu petit officier dans le régiment du comte Turpin de Crissé[2]; je me rappelle très-bien qu'un jour, à l'hôtel Le Camus, rue de Thorigny, Turpin me lisant quelques articles de sa tactique qu'il a fait imprimer depuis, du Barry, qui logeait chez lui, vint lui faire sa cour, et Turpin le renvoya aussi lestement que peut le faire un supérieur pour un inférieur très-marqué.

Je ne l'avais pas vu depuis, lorsque je le trouvai à dîner chez le comte de Pilos. Il avait épousé une femme charmante, fille de qualité de son pays, jolie, belle même, fraîche et régulièrement charmante, ce qui faisait un contraste avec lui qui était cacochyme, se plaignait toujours de sa santé et avait la vue si faible qu'il portait un garde-vue de taffetas vert; plaisant, ordurier même, il aimait à parler du rôle qu'il avait joué et de l'influence qu'il avait eue dans les affaires.

Sa femme nous parut très-aimable; mais n'étant pas une société pour elle, nous acceptâmes seulement un dîner et nous en restâmes là, quoiqu'il n'y eût rien de si insinuant, de si

commanda sur la mer Noire une escadre russe avec laquelle il remporta de brillants succès.

[1] Jean-Baptiste du Barry, né en 1722, guillotiné en 1794, avait épousé en 1748 Catherine-Ursule Dalmas de Vernongrèse, qui mourut vers 1775. Il se remaria à Anne-Marie-Thérèse Rabaudy de Montoussin, veuve elle-même d'un autre du Barry. (VATEL, *Histoire de madame du Barry*, t. I et III, Pièces justificatives.)

[2] Lancelot Turpin, comte de Crissé et de Sanzay, lieutenant général (1716-1799); il a publié des ouvrages sur la stratégie.

caressant que ce ménage, qui cherchait à s'étayer des gens qui avaient une bonne réputation.

Nous mourions d'envie de connaître la fameuse madame du Barry. Rien n'était si aisé; elle était pour ainsi dire aux ordres du comte de Pilos, pour lequel elle avait une vénération marquée. Nous prîmes donc jour, et le comte se chargea de lui faire demander si elle voulait venir dîner chez lui ce jour-là. Elle demeurait à sa belle maison de Luciennes, que Louis XV lui avait donnée, et que Louis XVI lui avait laissée. Il gelait à pierre fendre; elle arriva en carrosse à six chevaux, et entra avec aisance et noblesse. Elle était grande, extrêmement bien faite, et c'était une très-jolie femme de toutes les manières. Au bout d'un quart d'heure, elle fut aussi à son aise avec nous que nous le fûmes avec elle. Ma femme était la seule femme; toutes les attentions de madame du Barry furent pour elle et pour le maître de la maison, et elle se montra caressante et affable pour tout le monde.

Le président de Salaberry, le chevalier de Pontgibaud, son neveu, y étaient, ainsi que plusieurs autres. Elle fit les frais de la conversation et nous parla d'abord de Luciennes. Nous savions que c'était un endroit délicieux, tant pour le luxe et la magnificence que pour le goût. Elle nous invita à venir la voir et à dîner avec elle. Nous n'acceptâmes la partie qu'indéfiniment. Son joli visage était un peu échauffé, elle nous dit qu'elle prenait un bain froid tous les jours. Elle nous fit voir que sous une longue pelisse elle n'avait que sa chemise et un manteau de lit très-léger. Elle portait tout avec une si grande magnificence, reste de son ancienne splendeur, que je n'ai jamais vu de batiste plus belle. Elle voulut absolument que nous touchions ses côtes[1], pour nous assurer combien le froid lui était utile. Le dîner fut charmant. Elle en fit tous les frais.

Apercevant la croix de Cincinnatus à Pontgibaud, voici ce

---

[1] M. Vatel lit : *ses cottes*. Je crois bien qu'il y a au manuscrit : *ses côtes*. La phrase est construite de telle façon qu'aucune des deux versions ne peut s'expliquer sans une ellipse. Cela est du reste sans intérêt.

qu'elle nous dit : « Dans le temps que j'étais à Versailles,
« j'avais six valets de pied, les plus beaux qu'on eût pu
« trouver, mais c'étaient les domestiques les plus indisci-
« plinés qui aient existé. On me contait tous les jours de
« leurs tours, mais il suffisait qu'on sût qu'ils étaient à moi
« pour ne pas s'en plaindre. Enfin celui qui menait les
« autres en fit tant qu'il sentit que je serais obligée de le
« renvoyer. C'était au commencement de la guerre d'Amé-
« rique; il vint me trouver et me demanda des lettres de
« recommandation. Je les lui donnai, trop heureuse d'en
« être débarrassée, et il partit la bourse bien garnie. Il y a
« un an qu'il entre chez moi et se présente avec la croix de
« Cincinnatus. » Cette histoire fit rire tout le monde, excepté
le chevalier de Pontgibaud.

La conversation après dîner fut plus sérieuse. Je la mis
sur la voie de plusieurs choses qui avaient trait à elle; elle
fut d'une franchise charmante. A l'égard du duc de Choiseul,
elle montra du regret de n'avoir pas eu son amitié et nous
conta tous les frais qu'elle avait faits pour l'obtenir; elle
nous dit que sans sa sœur, la duchesse de Gramont, elle en
serait venue à bout. Elle ne se plaignait de personne et ne
disait aucune méchanceté.

Je lui rappelai les démarches que j'avais fait faire par La
Borde, premier valet de chambre du Roi, qui lui était fort
attaché, afin d'obtenir pour Rousseau la place de receveur
de la ville, que Buffaut avait eue de préférence [1]. Elle me
rendit raison de tout ce qui l'avait engagé à refuser cette
proposition, et finit par me dire : « Pourquoi n'êtes-vous
« pas venu me trouver? Je l'avais dit à La Borde. Croyez-
« vous que dans la place que j'avais, je dusse effrayer un
« galant homme? Je ne voulais qu'obliger tout le monde,

---

[1] Jean-Baptiste Buffaut, le marchand d'étoffes dont le nom figure si souvent dans les comptes de madame du Barry. Il devint échevin en 1760, chevalier de Saint-Michel en 1782. Il occupa, de 1776 à 1784, la charge de receveur de la ville dans laquelle Rousseau lui succéda, mais pour peu de temps. De 1785 à la Révolution, le trésorier de la ville est M. Vallet de Villeneuve.

« être éclairée sur les bons choix que j'aurais pu influencer.
« Si M. de Choiseul avait voulu me connaître et ne pas se
« livrer aux conseils de gens intéressés, il serait resté en
« place, et il m'en serait revenu quelques bons avis, au lieu
« que j'ai été obligée de me livrer à des gens qui avaient
« intérêt à nous perdre, et le Roi ne s'en est pas trouvé
« mieux. »

A six heures, elle nous quitta aussi lestement qu'elle était arrivée, nous laissant l'impression qu'elle avait eu le bon goût de rentrer dans un état moyen avec une bonhomie sans exemple, qu'elle avait dû être une maîtresse charmante, et notre étonnement cessa sur le rôle qu'elle avait joué vis-à-vis d'un homme de soixante-quatre ans, blasé sur tous les plaisirs. Sa conversation ne nous laissa aucun déboire. Nous dînâmes une seconde fois avec elle chez le comte de Pilos; nous partîmes ensuite pour Cheverny, et nous ne l'avons pas revue depuis.

Ce fut à peu près dans ce temps-là que mourut M. Félix, contrôleur général de la maison du Roi, secrétaire du grand maître, et homme de mérite. J'avais toujours été très-bien accueilli par cette famille qui voyait la ville et la cour, et comme parents, ils n'avaient cessé de me rendre les plus grands services. M. Félix mourut d'une maladie de langueur, à l'âge de soixante-dix-neuf ans [1].

Je vivais intimement avec Sérilly et sa famille. J'y allais dîner au moins une fois la semaine. Cette société n'était composée que de parents et de très-peu d'amis, et j'étais flatté d'en être. C'était la maison la plus respectable que j'aie connue. Le baron de Vioménil; le comte de Bercheny, leur neveu [2]; M. de Turmilly, colonel [3]; Boullongne; le bailli de

---

[1] Le 21 mars 1780. La *Gazette de France* (14 avril) lui donne soixante-dix-sept ans.

[2] Probablement le fils de François-Antoine de Bercheny, dont il a déjà été parlé, et d'une demoiselle de Pange.

[3] Je pense qu'il faut lire M. de Thumery : c'était le nom du mestre de camp commandant le régiment de Bercheny à cette époque. (*États militaires.*) Sa famille était alliée aux de Pange.

Saint-Simon, quelques artistes fameux faisaient à peu près toute la société. Cette maison, d'une aisance et d'une modestie sans égales, avait l'air du bonheur par la franchise et la loyauté qui y existaient.

Les affaires de Boullongne et l'arrivée du cardinal de Brienne au ministère[1] troublèrent cette maison dont les fondements paraissaient inébranlables. Sérilly, adoré de ses commis, et qui comptait ses jours par des bienfaits et des générosités, ne put échapper à la ruine. Ses biens furent mis en séquestre, il fut dépossédé, et M. de Biré, son collègue, fut chargé des deux exercices[2]. On voulut présenter cette nouvelle forme comme un objet d'économie, mais ce fut le commencement de la désorganisation totale. Sérilly supporta ce coup avec un courage étonnant, et sa femme déploya une énergie active. Sa belle maison de Paris, rue du Temple, vis-à-vis l'égout, y passa; mais sa terre et sa manufacture lui restèrent. Il perdit sa mère et se retira l'hiver dans la première rue après les Invalides, où ils vécurent modestement avec un petit nombre d'amis.

Je m'étais, comme je l'ai dit, assuré d'un bénéfice pour mon second fils, que je destinais à l'état ecclésiastique; mais il n'avait pas de goût pour cet état. Il m'avait refusé d'entrer dans la marine, même dans l'ordre de Malte. Plusieurs de nos parents lui conseillaient d'entrer dans la robe. Il commença son droit, mais je me réservai plus tard de prendre un parti pour lui. En attendant, il était aimé de ses camarades et n'avait d'autre volonté que celle de se divertir. Son caractère ne pouvait manquer de le faire réussir.

M. Le Gendre de Villemorien, fermier général, administrateur des postes, jadis conseiller-clerc au Parlement et ayant quitté cet état pour épouser mademoiselle Bouret et

---

[1] En 1787. Il est question de la faillite de Sérilly dans la *Correspondance secrète* publiée par M. DE LESCURE, t. II, p. 123.

[2] D'après Sénac de Meilhan (*le Gouvernement... en France*, Poulet-Malassis, p. 237), c'est la charge de Boullongne qui aurait été supprimée, mais les indications des *Almanachs royaux* confirment ce que dit M. Dufort.

prendre deux places qui valaient mieux que toutes les places de robe ensemble, avait acheté la terre de Valençay [1]. Cette terre princière était une province. Douze mille arpents, en deux forêts, en faisaient un domaine magnifique. La fortune immense de M. de Villemorien l'engagea à y dépenser plus de deux millions, dont la moitié en embellissements dans le château, qui en firent une maison vraiment royale; le reste en améliorations réellement utiles, entre autres un établissement de forges dans une terre appelée Luçay, ce qui formait un débouché pour les bois, alors presque sans valeur.

Ce galant homme, d'une belle figure, fort instruit, parlant avec aisance et élégance, d'une gaieté aimable, n'avait pu fixer sa femme, quoiqu'ils eussent vécu dix ans dans la meilleure union. Il en avait eu deux enfants; la fille [2] avait épousé le marquis de Bérenger, des sires de Bérenger; le fils était destiné à remplacer son père dans la ferme générale. Comme nous étions sur leur passage, ils venaient chez nous et nous allions chez eux tous les ans. Tant que Villemorien vécut avec sa femme, pour laquelle il avait acheté Valençay, on s'y rassemblait. Madame de Villemorien était magnifique et aimait le gros jeu, de sorte qu'apportant dans le Berry les mœurs de Paris, elle y trouvait tout ce qu'elle pouvait désirer, excepté l'Opéra.

Sans séparation juridique, elle finit par prendre une maison dans le faubourg Saint-Honoré, à côté de celle de son

---

[1] Valençay avait été vendu en 1745 à Jacques-Louis Chaumont de la Millière par Marie-Philiberte Amelot, veuve de Henri d'Étampes, marquis de Valençay. En 1765, mademoiselle Chaumont de la Millière le vendait à M. de Villemorien pour 620,000 livres. Celui-ci acquit en outre la terre de Luçay-le-Masle, dont il fit prendre le nom à son fils, qui acheta en 1787 le comté de Veuil-Argenson. En 1803, M. de Talleyrand achetait le tout à M. de Luçay, et en 1808 il donnait à Valençay au roi d'Espagne détrôné, Ferdinand VII, une hospitalité provisoire qui dura jusqu'en 1814. L'auteur n'exagère pas beaucoup en disant que cette terre était une province. Elle avait 20,000 hectares, dont 7,500 en bois et près de 5,000 en terres labourables. (*Notice sur Valençay*, par la duchesse DE DINO, Paris, 1848, et *Documents particuliers.*)

[2] Marie-Thérèse de Villemorien, mariée le 14 décembre 1773 au comte Charles de Bérenger. Le Roi signa leur contrat.

mari. Elle y voyait la meilleure et la plus grande compagnie. Le mari allait y souper, et donnait de son côté à dîner à sa société. Pour nous, vivant avec le mari et la femme, nous allions chez l'un et chez l'autre. Enfin Villemorien, ayant pris du goût pour Valençay, s'y fixa, ne faisant plus que des voyages de trois mois à Paris. Seul dans ce grand château, il n'y voyait guère que des artistes, tels que MM. Périer [1], qui lui donnaient des conseils.

Il fit épouser à son fils, M. Le Gendre de Luçay [2], une jeune personne charmante à tous égards, fille de M. Papillon d'Auteroche [3], fermier général, frère cadet de Papillon de la Ferté, intendant des menus [4]. Je ferai plus tard le récit de tous les événements qui ont affligé cette famille dans le temps de la Révolution.

Le duc de Choiseul, toujours aimable, toujours estimé et au pinacle de la considération, venait, depuis qu'il était libre, passer les hivers à Paris. Quoiqu'il fût au-dessus des folies du magnétisme, il voulut voir, à la sollicitation de ses amis, une somnambule qu'on endormait et qu'on réveillait à volonté, et qui devinait les choses les plus cachées. Quelques jours après, il fut atteint d'une fluxion de poitrine. Tout Paris, toute la cour, prirent à sa santé le plus grand intérêt; sa femme fit tout ce qu'on pouvait attendre d'elle; mais tous les soins ne purent le sauver. Jusqu'à son dernier moment, il avait l'air de donner des audiences, et il parlait en rassurant

---

[1] Probablement les frères Périer, fondateurs de l'établissement industriel de Chaillot.

[2] Jean-Baptiste-Charles Le Gendre de Luçay, chevalier, seigneur de Luçay, Varenne, Veuil et Villentrois (1754-1836). Il devint administrateur du département de l'Indre, préfet du Cher, puis premier préfet du palais, fonction qu'il conserva jusqu'à la chute de l'Empire. Il reçut le titre de comte en 1810. C'est en 1786 qu'il épousa mademoiselle d'Auteroche, qui fut première dame du palais, puis dame d'atour de l'Impératrice.

[3] Nicolas-Jacques, ancien président trésorier de France de la généralité de Champagne, et intendant des menus plaisirs et affaires de Monsieur et du comte d'Artois.

[4] Denis-Pierre-Jean, né en 1727. On a de lui divers ouvrages scientifiques et un *Abrégé de la vie des peintres français*. On verra plus tard la fin tragique des deux frères.

tout le monde. Il fit une fin superbe [1]. La duchesse, à ce fatal moment, se prosterna en présence de tous ceux qui étaient là. « Grand Dieu, s'écria-t-elle, après la perte que « j'ai faite, donne-moi le temps de payer les dettes de mon « mari. » Elle tint parole, se retira dans un couvent, vécut avec une seule servante, et tout son bien passa à éteindre les moindres dettes, rare exemple de piété pour la mémoire d'un mari.

Nous partîmes de Paris : j'étais tellement attaché au duc que j'avais le cœur navré. Arrivé à Blois, j'étais tristement à me promener dans le jardin de l'évêché, tout entier à mes réflexions, quand j'aperçois dans le chemin deux voitures en poste, une voiture allemande et une berline, avec un seul courrier. C'était le duc qu'on portait dans le cimetière de Chanteloup. Le maréchal de Stainville [2] et le duc du Châtelet [3] suivaient dans une berline; le cercueil était accompagné d'un prêtre. Le duc avait désigné l'endroit où il voulait être enterré, laissant une place à sa femme à côté de lui.

M. Amelot, ministre, était tombé dans une maladie de langueur. Le baron de Breteuil, revenu d'ambassade, se targuant de la protection de la Reine, convoitait la place; il mit en jeu toutes les intrigues de cour. Il n'en fallait pas tant vis-à-vis du meilleur homme possible, qui était fatigué de sa maladie et assez insouciant. La marquise de la Force, sœur de M. Amelot, fut l'agent de cette intrigue. Il donna sa démission, avec les conditions que sa famille exigeait, car lui n'en voulait aucune; et il garda seulement sa charge de l'ordre du Saint-Esprit.

Son fils [4], à vingt-trois ans, avait été pourvu de l'intendance

---

[1] Le duc de Choiseul mourut en mai 1785.
[2] Jacques, comte, puis duc de Choiseul-Stainville. Il était maréchal de France depuis 1783.
[3] Florent-Louis-Marie, marquis du Châtelet d'Haraucourt, créé duc en 1777, né en 1727; il périt sur l'échafaud en 1794. Il était, au moment de la Révolution, colonel des gardes-françaises; c'était le fils de la fameuse marquise du Châtelet et, disait-on, de Voltaire.
[4] Antoine-Léon Amelot de Chaillou, maître des requêtes depuis 1779,

de Bourgogne, où il se distingua par sa probité et ses talents. Il fallait le marier. Ce fut Rousseau, notre ami, qui fut le négociateur; il lui fit épouser mademoiselle de Biré [1], fille du trésorier de l'extraordinaire des guerres. Cette jeune femme pleine d'esprit, fort jolie et de la figure la plus douce, était d'une taille extraordinaire; elle avait cinq pieds six pouces sans talons. Une maladie de langueur la mit au tombeau après cinq ans de mariage, ne laissant qu'un garçon.

Cependant Castera, riche de deux cent mille livres de rente à Saint-Domingue, avait épousé madame la marquise de Cépoy, quatrième sœur de madame de Préninville. De son premier mari, elle avait eu une fille et un garçon. Notre ami venant tous les ans passer trois mois à Cheverny, il n'avait pas voulu se marier sans nous consulter; notre amitié pour eux tous nous avait fait hésiter. En effet, la tête tourna à cette femme dès qu'elle se vit une fortune supérieure, et elle ne le rendit pas aussi heureux qu'il le méritait. Il mourut en quatre jours d'une goutte remontée. La seule vengeance qu'il tira de sa femme fut de ne pas en faire mention dans son testament.

M. de Préninville vivait dans une maison superbe rue de la Chaussée d'Antin, à côté de Castera, et tenait un état de maison magnifique. Son frère avait aussi acheté dans la même rue une très-belle maison. L'âge le gagnant, Préninville ne pouvait plus se passer de mon amitié. Ayant toute sa confiance, je lui servais d'intermédiaire avec son fils qui était en voyage, et dont j'étais le seul défenseur. Les quinze cent mille livres dont ce fils avait fait brèche à sa fortune avaient affaibli sa tête, quoiqu'il eût encore près de quatre millions. Je m'apercevais qu'il baissait.

Il exigea de moi que nous vinssions faire à Magnanville un voyage qui devait être très-brillant. On y attendait madame la marquise de Seran, que nous aimions beaucoup,

---

appelé en 1783 à l'intendance de Bourgogne, qu'il conserva jusqu'à la Révolution.

[1] Fontaine de Biré. Leur contrat fut signé par le Roi le 25 janvier 1784.

ainsi que le comte de Thiard qui devait ensuite venir à Cheverny, en allant à son commandement de Bretagne[1]. Mais le besoin que j'avais à Cheverny pour affaires me mit dans l'impossibilité d'accepter. Il fit donc son voyage sans moi, et il m'écrivait tous les deux jours; de retour, il continua pendant huit jours à m'écrire. Sa dernière lettre était datée de l'hôtel des Fermes; elle était pleine d'esprit, de raison, et même de politique. Deux jours après, je reçus une lettre de M. de Cypierre qui m'annonçait que M. de Préninville s'était éteint. Il était rentré chez lui, la fièvre l'avait pris; le lendemain il s'était senti mourir, avait reçu les sacrements, s'était fait lire par un valet de chambre lecteur les prières des agonisants, et il était mort à midi le plus doucement du monde.

Le baron de Breteuil ne tarda pas à déployer dans son ministère la hauteur tout allemande que la nature lui avait donnée, fortifiée par ses formes d'ambassadeur. Le public, accoutumé à la bonhomie de M. Amelot, commença à murmurer. M. de Breteuil voulait suivre les traces du duc de Choiseul, mais il n'avait ni son esprit, ni son amabilité, ni son bon cœur; maladroit par vanité et ne doutant de rien, il ne contribua pas peu à préparer la Révolution.

Les sarcasmes plurent sur lui; il s'était fait graver un portrait sans lettres, mais où la place était laissée. Les plaisants firent graver au bas simplement la musique d'un opéra-comique de Sedaine, *Ah! c'est un superbe cheval!* Oubliant qu'un ministre ne doit faire acception ni exception, il se fit un petit tribunal de littérature dont Rulhière[2] était le prototype. Connu par de jolies pièces de vers, une *Révolution de Pierre III en Russie* alors manuscrite, Rulhière était aussi un des hommes les plus renommés pour leur méchanceté.

---

[1] Il était gouverneur de Brest.
[2] Rulhière, secrétaire d'ambassade en Russie sous le baron de Breteuil, avait assisté à la révolution qui mit Catherine II sur le trône. Il en écrivit le récit sous le titre d'*Anecdotes sur la révolution de Russie en l'année* 1762. Mais cet ouvrage, dont il fit des lectures dans différents cercles, ne fut publié qu'en 1797, après la mort de l'Impératrice, conformément à la volonté de l'auteur.

La fille du baron de Breteuil, madame la marquise de Matignon [1], ayant hérité de sa mère d'un caractère altier, veuve, fort riche et l'air décidé, affichait les modes les plus nouvelles, et dépensait horriblement; elle était consultée par la Reine qui aimait beaucoup le genre, et donnait le ton à Versailles. Ma fille, lorsqu'elle fut présentée, dut à la parenté de cette dame avec M. et madame de Toulongeon de l'avoir pour présider à sa toilette. Le perruquier de la Reine, que j'avais vu postillon chez Cramayel, donnait alors le ton, et la seule coiffure du jour coûta dix louis. La tenue de madame de Matignon ne contrastait pas mal avec l'amabilité et l'esprit de sa tante, madame de Cypierre. Celle-ci avait réussi à se faire un faisceau d'amis; la conversation chez elle était dégantée et amusante, et elle savait ménager tout le monde. Le baron aurait dû prendre d'elle des leçons d'adresse et de conduite.

Madame de Cypierre fut attaquée d'un squirrhe qui devint cancéreux, et nous la vîmes mourir par degrés dans des douleurs affreuses. J'eus le chagrin de me trouver dans ce moment à Paris et d'assister aux tristes suites de cet événement. Deux ans auparavant, pendant qu'elle était à Cheverny, nous avions été obligés de lui annoncer la mort de madame de Sartine, femme du ministre de la marine, qui était fort notre amie, mais encore plus la sienne. Sa santé dès ce moment s'était trouvée très-altérée.

M. de Cypierre avait profité de son crédit et de celui de son beau-frère pour quitter son intendance, en passant à la place de conseiller d'État [2], et laissant l'intendance à son fils qui était âgé de vingt-cinq ans; il l'avait marié deux ans auparavant à mademoiselle de Bandeville de Bauche [3], fille

---

[1] Angélique-Élisabeth Le Tonnelier de Breteuil, veuve de Louis-Charles de Goyon, comte de Matignon, mort en Italie, en 1773, d'un accident de chasse. Ce Matignon était fils d'une demoiselle de Clermont d'Amboise, dont la famille était alliée aux Toulongeon.

[2] En 1785.

[3] On peut voir, à propos de ce mariage, dans *Paris, Versailles et les provinces* (t. I, p. 200), le mot assez drôle que l'on prêtait à la jeune fille, au moment de ses fiançailles, sur *M. d'Orléans, intendant de Cythère.*

d'un conseiller au Parlement ayant aimé son plaisir, et dont j'ai fait mention. Ce mariage paraissait faire le bonheur du jeune homme ; l'héritière était superbe, et la terre de Bandeville magnifique. M. de Cypierre avait aussi, comme je l'ai dit, marié sa fille, tenue sur les fonts du baptême par la ville d'Orléans, à M. Maussion ~~de Gandé~~, maître des requêtes, que son crédit fit nommer à l'intendance de Rouen. La suite fera voir ce que sont devenues les plus belles dispositions que l'on puisse prendre pour une famille. La Révolution soufflera dessus, et tout s'évanouira comme un beau songe.

Je ne puis finir cette époque sans me rappeler un homme très-intéressant que j'ai été à portée de connaître, le fameux Bucquet[1], chimiste et médecin, qui est mort à trente-six ou trente-sept ans. Né de parents peu aisés qui avaient tout sacrifié à son éducation, il se destina à la chirurgie. Dès qu'il put, il travailla l'anatomie sous les maîtres les plus habiles ; ensuite se livrant avec le même enthousiasme à la chimie, il fit des progrès étonnants sous Macquer[2] et les plus fameux chimistes de Paris. Convaincu des bons effets de l'éther, il s'attacha beaucoup à en tirer tout le parti possible pour l'humanité. Dès qu'il fut reçu médecin, il l'employa avec succès et en quantité dans ses guérisons. A trente ans tout au plus, ce qui est bien jeune pour un médecin à Paris, il eut de la vogue et des partisans.

Cependant son état ne le soutenant pas assez pour avoir un cabinet de chimie, il sentit la nécessité de se faire démonstrateur, afin de se procurer tout ce qui pouvait agrandir ses connaissances. Il partagea donc sa vie entre trois cours de chacun trois mois, un cours d'anatomie, un cours de physique et un cours de chimie. Dix-huit à vingt personnes s'abonnaient à ces cours, et comme il ne prenait

---

[1] Jean-Baptiste-Michel Bucquet (1746-1780), fils d'un avocat au Parlement, ami de Lavoisier et maître de Fourcroy. C'était, d'après le *Dictionnaire encyclopédique des sciences médicales,* un des médecins les plus méritants du dix-huitième siècle.

[2] Médecin, membre de l'Académie des sciences, professeur de chimie au jardin du Roi, mort en 1784.

presque aucune vacance, il ne tarda pas à être en état de soutenir sa famille et de se procurer des instruments et tout ce qui lui était nécessaire.

Il parlait avec une aisance qui contribuait merveilleusement à rendre ses idées le plus nettement possible. Plein d'esprit et d'érudition, dès qu'il se voyait avec des personnes capables de le goûter, il augmentait d'imagination et de facilité.

Cependant le travail assidu le fatiguait singulièrement; il se sentait épuisé, et il voulait réparer. Il trouva de quoi se ranimer en se servant de l'éther, avec lequel il avait fait des expériences heureuses sur beaucoup de malades. Il poussa les doses de cet excellent confortatif jusqu'à une chopine par jour; mais les ressorts s'usèrent, la machine s'affaissa, et il finit par périr, au regret de tous ceux qui l'ont connu et qui espéraient pour l'humanité qu'il en deviendrait un flambeau.

Je vais maintenant parler de Pechmeja. Né dans la Gascogne, ayant beaucoup d'esprit naturel, après avoir fait ses études, il vint à Paris, n'ayant pour tout bien que son habit. Il fut adressé à l'évêque de son diocèse, qui ne sentit pas trop ce qu'il valait et l'envoya, par manière d'acquit et pour s'en débarrasser, au fameux abbé Raynal, qui alors était connu de peu de monde et n'avait pas encore la réputation que son livre lui a donnée depuis. Préninville cherchait un gouverneur pour Boullongne, son fils unique; il s'adressa à l'abbé Raynal, qui se mêlait de procurer des sujets, et qui lui indiqua Pechmeja. Celui-ci, dès qu'il se fut mis à cette besogne, déploya tout son esprit, toute son adresse et toutes les connaissances qu'il avait acquises; il fut assez heureux pour trouver un sujet capable d'en profiter, et si, par malheur, il ne l'avait pas induit dans les principes des philosophes du jour, analysant la piété filiale comme il décomposait tous les autres sentiments, Préninville et son fils lui auraient eu une tout autre obligation. Aimable en société, plein d'esprit, de gaieté, de saillies et d'érudition, il fut recherché de tous. Il suivait cette famille à Cheverny, et j'avais contracté une grande amitié pour lui. L'éducation finie, il fut assez largement récompensé pour vivre avec les savants. Travaillant au livre de l'abbé Raynal, il fit plusieurs articles, entre autres celui de Batavia, dont la chaleur et les peintures voluptueuses n'ont pas d'égales.

Cet homme, qui se croyait d'une force incroyable, fut attaqué de vapeurs; il écouta tous les conseils, aucun ne lui réussit, et son imagination devint malade. Enfin il trouva un nommé Dubreuil[1], médecin de la maison de Noailles, homme habile, mais aussi systématique que lui. Dubreuil était établi chez les Noailles à Saint-Germain en Laye. Affectant des principes de philosophie, il visitait les hôpitaux et guérissait de telle manière qu'on le venait consulter de Paris, quoiqu'il se dérobât le plus qu'il pouvait aux visites. Pechmeja, qui croyait lui devoir son existence, obtint de son ami de loger avec lui, et, se consacrant aux malades, il se faisait un plaisir d'assister ceux qui mouraient, en analysant leurs derniers moments, les consolant, les amusant et voulant se convaincre de plus en plus du néant de toute chose. Ils vécurent ainsi six ans, fêtés par la maison de Noailles et par tous les parents et amis, mais se dérobant souvent pour jouir ensemble de la communication de leurs idées et philosopher tout à leur aise.

Cependant Dubreuil, qui était d'une santé délicate et qui se ménageait, fut saisi, malgré toutes ses précautions, d'une fièvre maligne qui l'emporta le septième jour. La tête partit à Pechmeja, et il se laissa tellement consumer par le chagrin qu'il suivit son ami trois jours après. Tout ce qu'il demanda en mourant, ce fut d'être enfermé dans la même tombe que Dubreuil, ce qui fut fait. Le prince de Beauvau et sa société s'échauffèrent tous sur ce beau trait, et se mirent dans la tête de faire enchâsser les deux amis, comme un modèle

---

[1] Ce médecin, dont j'ai eu occasion de parler ailleurs (*Saint-John de Crèvecœur*, p. 81), est une figure originale dont il est souvent question dans les Mémoires du temps. L'histoire de la mort des deux amis est fort connue, mais je ne me souviens pas d'avoir vu mentionner nulle part la châsse en verre dont il est parlé plus loin.

d'amitié sans exemple. On fit faire une châsse de verre très-épais où ils furent mis tous les deux, et on la plaça dans la chapelle du château; allait les voir qui voulait. Cet événement fit parler la ville et la cour.

Avant de quitter cette époque, il faut que je fasse encore mention d'un homme qui a joué un rôle. Il s'appelait M. de Vizé [1], fils du gouverneur de Longwy, et il était peu riche; il pouvait avoir quelques années de plus que Louis XV. Encore tout jeune, il avait été porte-drapeau dans le régiment des gardes-françaises et était capitaine aux gardes, ayant trente ans de service, sans avoir jamais obtenu un congé. D'une belle figure, quoique un peu gros, il était d'une force et d'une santé singulières. Sans grande élocution, sans aucune instruction, sans grand esprit, mais bon, franc et loyal, il allait beaucoup dans les sociétés de la robe et y était aimé et estimé. Il avait le mérite d'exécuter toutes les choses extraordinaires, soit qu'on les lui proposât, soit qu'il les eût entendu raconter. Il était tellement ignorant qu'un jour, dans la conversation, on dit qu'il y avait quelque chose de beau à voir à Bordeaux; c'était la salle de spectacle bâtie par Louis XIV; il devait partir pour le régiment qui marchait à Wesel, et il me demanda sérieusement s'il ne ferait pas bien de passer par Bordeaux, pensant que cela ne le détournerait pas beaucoup.

Il était fort ami de la maison Roslin et de ma belle-mère, et venait y dîner et souper plusieurs fois la semaine; il était aussi des petits soupers du vendredi que donnait Roslin le fils, chez Coupé. Il ne tarda pas à se lier avec nous, et, au commencement de mon mariage, voulant venir nous voir à Saint-Leu, il prit une carte des environs de Paris et se mit

---

[1] Entré au régiment des gardes en 1719, il devint lieutenant général en 1762 et commandeur de Saint-Louis en 1772; il avait plus de soixante-cinq ans de service quand il prit sa retraite, en 1785. Son père, qui avait été capitaine aux gardes et gouverneur de Longwy, était frère de Jean Donneau de Vizé, le fondateur du *Mercure galant*, et de Louis-Philippe Donneau de Vizé, évêque d'Éphèse, vicaire général de Strasbourg. (*Mercure*, juin 1729 et octobre 1737. Luynes, t. X, p. 386.)

en route avec un attelage de deux mauvais chevaux; mais s'orientant tout de travers, il prit le grand chemin de Pontoise. Il comptait arriver pour dîner, mais à trois heures il n'était encore qu'à Franconville. Ce n'était point un homme à renoncer à son projet, et il savait vaincre les difficultés le plus sérieusement possible. Il laisse donc son équipage, et se fait montrer le château de Saint-Leu qui était à mi-côte. Il va droit devant lui, mais, bientôt fatigué, il avise un homme qui conduisait un âne avec un bât, et les loue l'un et l'autre pour se faire transporter chez moi. Il s'établit sur l'âne à califourchon, et comme il était passablement gros, il y entre avec une peine affreuse. A cinq heures du soir nous sommes tous surpris de le voir arriver.

Il nous crie aussitôt : « Il ne s'agit pas de rire, il s'agit de « me tirer de l'étau dans lequel je suis. » On veut l'aider, impossible! ses reins et son ventre étaient tellement comprimés qu'il était tout enflé et bouffi, comme un homme qui va être frappé d'une attaque d'apoplexie. Il fallut couper la sangle, et à force de bras l'enlever tout brandi, lui et le bât. On le pose sur ses pieds comme un vrai Sancho Pança; enfin, au bout d'une demi-heure, on parvint à lui rendre la liberté sans qu'il y pensât un instant après. Il se mit à jouer, c'était pour lui un baume à tous les maux.

Je vais le peindre par un trait, qui sera suivi de sa vie qu'il me conta. Après la mort de M. Roslin le grand-père, arrivée à la maison de Passy, nous étions revenus avec la veuve, rue Vivienne. Le salon était rempli des fils, petits-fils, et des amis qui faisaient cercle; tout cela était d'une tristesse à mourir. Vizé était debout, seul à la cheminée, le dos au feu depuis un quart d'heure. Il m'appelle, je me lève; il me dit tout bas : « Tu t'ennuies, je m'ennuie, nous nous ennuyons. » Je réponds : « Voilà une belle litanie que je répète comme « toi. — Viens t'asseoir, me dit-il, tout là-bas, je veux te « conter ma vie. Cela me désennuiera, et te fera passer le « temps. »

J'accepte, et il commence : « J'étais jeune, me dit-il,

« blanc, frais et fort joli, lorsque j'entrai dans les gardes. Un
« abbé de la chapelle, à Versailles, me prit sous sa garde; il
« me donnait souvent des louis qui valaient quarante-cinq
« livres; avec cela je jouais et me divertissais; j'en fis tant
« que le jeune roi me paya deux fois mes dettes, parce que
« je l'amusais. Je pariai un jour contre le duc d'Estrées [1] que
« je jouerais une partie de paume contre lui, et que je gagne-
« rais. Je devais avoir des bottes fortes, un large baudrier
« et une épée de cent-Suisse; par-dessus tout cela un tam-
« bour, une baguette dans la main gauche, ma raquette
« de l'autre, et une pipe dans la bouche. Chaque fois que je
« casserais une pipe, je devais perdre quinze; chaque fois
« qu'avant de relever la balle je ne frapperais pas un coup
« de baguette, je perdrais trente. Il me donnait trente et
« bisque [2] par jeu; la partie était en six. Je m'étais exercé.
« Le Roi, toute la cour en étaient instruits, et il fut convenu
« que cette partie extraordinaire se ferait à Compiègne.

« Je me divertis à Paris, je perds mon argent. Je me rap-
« pelle mon pari. Je n'avais pas le sol pour me rendre à
« Compiègne. Je pars à pied, mon épée sous le bras. Je ren-
« contre un gaillard qui allait aussi lestement que moi, nous
« nous accostons; il franchissait les fossés, les haies, j'en fais
« autant. Je me pique, je parie, je perds, je mets l'épée à la
« main, il fait de même : il se défendait à merveille. Il me
« fait une blessure à la hanche, saute le fossé, caracole autour
« de moi et me met dans une rage dont on n'a pas d'idée,
« lorsqu'il me dit : « A quoi bon vous entêter? je vous sai-
« gnerais par tous les bouts. Écoutez-moi, j'ai fait tous les
« métiers; j'ai été prévôt de salle, j'ai été frater dans une
« apothicairerie de moines, et depuis deux ans je m'exerce

---

[1] Le fait a dû se passer vers 1725 ou 1730. Le duc d'Estrées, à cette époque, était un vieillard : Victor-Marie, vice-amiral et maréchal de France, né en 1660. Il s'agit donc très-probablement d'un homme que son âge rapprochait bien plus de Vizé, Louis-Charles Le Tellier de Courtanvaux (1695-1771), qui porta le titre de comte, puis, en 1763, celui de duc d'Estrées, maréchal de France en 1757.

[2] Avantage de quinze points qu'un joueur fait à un autre.

« dans les troupes de sauteurs pour aller à la foire Saint-
« Germain. Vous voyez bien que vous n'avez pas tant de
« titres que moi. »

La paix se fit. Vizé lui montra sa blessure; mon homme la fit saigner, y mit un emplâtre, et les voilà à poursuivre leur chemin, les deux meilleurs amis du monde. Vizé le prend à son service, et ils arrivent à Compiègne, la veille au soir de la partie que tout le monde attendait.

Vizé se présente dans l'arène avec son accoutrement; on peut juger de la gaieté que cela produisit sur des courtisans qui voyaient l'enfant-roi s'en amuser. Vizé, tout à son affaire, n'était pas homme à être distrait; toutes les folies, il les faisait le plus sérieusement possible. Il joua sa partie, et la gagna aux applaudissements universels. On l'accompagna en triomphe pour le faire changer, mais l'étonnement des spectateurs fut grand, lorsqu'on vit qu'il avait sur le devant de la hanche un cataplasme rempli de sang, ce qui ajouta encore au merveilleux de cette partie. J'ai été à même de vérifier l'anecdote, le marquis de Souvré, mon voisin à Cheverny (par la terre de Cormeré qu'il avait achetée), m'ayant confirmé le trait comme présent.

Je ne salirai jamais le papier de toutes les anecdotes plus plaisantes les unes que les autres qu'il me conta ce jour-là. J'étais au supplice par la gravité que la situation de la famille m'obligeait de garder. Il me conta son duel avec le chien d'un de ses camarades, qui prétendait avoir l'animal le plus intrépide. Vizé parie qu'il se battra nu, corps à corps avec lui, et le terrassera. Le pari était gros, et avait beaucoup de spectateurs. Vizé se met nu comme une main sans gant; il avait l'avantage d'être velu comme il y a peu d'hommes. Il se met à quatre pattes, fait venir tous ses cheveux sur sa tête, charge le chien, l'épouvante, le bat, le déchire; le chien s'enfuit dans tous les coins, jusque sous le lit, en hurlant de peur. Vizé gagna le pari, et le maître, dans sa rage, tua le chien.

Il me conta aussi l'anecdote que tout le monde sait; rencontrant un enterrement, il s'était mis à cheval sur la bière et avait forcé les porteurs à le porter ainsi, les prêtres à l'accompagner.

Il devint cordon rouge, lieutenant-colonel du régiment des gardes ; mais ses affaires étaient dérangées, et il voulait mourir sans faire perdre qui que ce soit. Comme j'avais toute sa confiance, je lui conseillai de demander au roi Louis XV les entrées de la chambre ; il les obtint [1], ce qui fit son bonheur. Alors il se fixa à Versailles, et supprima son carrosse. Bien reçu partout, il ménagea jusqu'à quatre-vingts ans et, à sa grande satisfaction, paya tout ce qu'il devait.

Je vais maintenant parler d'un autre être très-singulier que j'ai vu beaucoup en société, le baron de Candale [2]. D'une très-ancienne famille de Bigorre, il prétendait descendre des comtes de Foix ; il avait été capitaine de cavalerie. De moyenne taille, il avait une physionomie belle et bien caractérisée, un faux air de Louis XV, et de très-beaux yeux. Sa mémoire était prodigieuse ; il avait une quantité d'anecdotes inépuisables, et savait la généalogie de toutes les familles connues. Je l'ai vu passer huit jours à Saint-Leu, en troisième avec nous, toujours nouveau, sans se répéter un instant. Singulièrement adroit de ses mains, il jouait au bilboquet de toutes manières et ne manquait jamais de réussir ; il faisait rouler une dame du trictrac sur une autre, comme un toton ; enfin il était inépuisable dans tous les genres d'amusements.

Il vivait chez un loueur de carrosses de la rue du Bouloi, dans une montée au troisième ; il y occupa pendant vingt ans une chambre, meublée de quatre ou cinq cartes généalogiques et d'un lit en grabat, avec un seul domestique dont il changeait comme de chemise. Il était si connu pour payer mal les chaises à porteurs ou les fiacres, que dès qu'ils le voyaient, ils s'en allaient à toutes jambes. Il avait un habit

---

[1] En 1772. (*Gazette* du 21 mars.)
[2] Ce doit être Bertrand-Léon de Foix, comte de Candale, capitaine d'infanterie, dont l'acte mortuaire, du 3 mars 1782, a été relevé par M. de Chastellux sur les registres de Saint-Eustache.

de livrée, fond vert, et une redingote pareille, qu'il faisait endosser à tour de rôle aux malheureux qui voulaient le servir. Cette livrée servait d'enseigne pour que tous les fiacres sur la place refusassent de marcher. Il recevait dans son galetas des messages de princes, par des pages, pour des invitations de fêtes ou de soupers, ayant pour ces cérémonies cinq ou six oripeaux; d'ordinaire, il était vêtu d'un habit uni, mais propre, quoiqu'il lui durât depuis des siècles.

Avec le temps il vint à hériter; il acheta voiture et chevaux; mais cette magnificence se ressentit de sa parcimonie. Il avait soixante-deux ans lorsqu'il reçut la nouvelle de la mort de sa mère; il en fit un étalage considérable, il se rajeunissait par là; mais ce qui nous fit rire, ce fut de le voir venir chez moi, avec des harnais noirs et un cocher en noir qui portait des pleureuses. Nous eûmes toutes les peines du monde à lui prouver que toute cette magnificence n'était pas d'usage.

Sa société était agréable, même aimable, en dehors du jeu; mais dès qu'il perdait, il ne se connaissait plus. Une scène qui lui arriva chez moi est trop plaisante pour que je ne la consigne pas ici. Il faisait une partie de trictrac avec le président de Salaberry qui était très-vif, mais beau joueur. Sur un coup, Candale saisit un flambeau d'argent et le jette dans un coin de la chambre. Je prends mon sérieux et je lui dis : « Monsieur, finissez, je vous donne ma parole que « voilà la dernière fois que vous jouerez chez moi. » La partie finie, il me quitte sans prononcer un mot. Le lendemain, il vint dîner; je lui tins parole et je ne l'invitai à rien. Enfin, au bout de trois semaines d'assiduité, il vint pour dîner de très-bonne heure : « Ah çà! me dit-il, me tiendrez-vous « rigueur encore longtemps? me voilà corrigé, je vous le « promets. Jouons une partie. » Je me fis beaucoup prier, enfin voici ce que je lui proposai : « Baron, lui dis-je, nous « allons jouer une partie à écrire, à trente sous la fiche, pas « davantage, mais à une condition. J'exige que quelque « coup qui vous arrive, vous me donniez votre parole d'hon-

« neur de rire si je vous le dis. — Vrai? — Vrai! sans cela
« je ne jouerai de ma vie avec vous. — Mais s'il vient quel-
« qu'un, nous interromprons cette singulière partie. — Non,
« tout le monde a vu votre colère, tout le monde verra que
« vous êtes corrigé. — Allons, je le veux bien, je vous ferai
« voir comme je suis maître de moi. »

Nous commençâmes la partie, et je tins parole; dès qu'il amenait un dé piquant, je lui disais : « Baron, riez. » Cette plaisanterie alla à merveille jusqu'au milieu; mais mes dés furent si beaux, et je le forçai si sérieusement à rire, qu'il finit par avoir une contraction dans le visage, en me montrant les dents avec une mine pire que celle d'un diable. Tout le monde en riait aux éclats, et le sacrifice fut si fort que je n'hésitai pas à jouer depuis avec lui, sans toutefois rechercher sa partie.

Sur la fin de sa vie, il loua un appartement très-beau, rue du Sentier; cela lui porta malheur : il fut pris d'une goutte qui se porta sur les reins et la vessie. Abandonné de tous ses gens, par son humeur qui augmentait journellement, sans aucun ami, parce qu'il était très-égoïste, il finit après six mois de souffrances dans des douleurs affreuses, en 1788.

MM. des Galloys de la Tour, cousins issus de germains de ma femme, étaient trois frères, comme je l'ai dit. L'aîné était premier président au parlement d'Aix et intendant de la province, marié à mademoiselle d'Aligre. De ses deux frères, l'un était capitaine au régiment des gardes, il se nommait le chevalier de la Tour; l'autre, la Tour des Pontais, capitaine de cavalerie, s'était retiré avec la croix de Saint-Louis. Ce dernier, sans esprit, mais fort bon homme, était asthmatique de naissance, ne s'était jamais couché dans un lit, et était devenu le plus fameux joueur de trictrac qui ait existé. Sa réputation à cet égard était sans pair; il perdait cependant son argent comme un autre. Il est mort à cinquante ans, usé par sa maladie. Lui et le capitaine aux gardes vivaient souvent chez nous.

Ce dernier était un excellent homme, mais doué de l'esprit

le plus faux que j'aie jamais connu ; prenant le contre-pied de tout ce qu'on disait, il déraisonnait à l'année, avec des sentiments de chevalier français. Dur à lui-même, dans les temps que les capitaines avaient les compagnies à leur compte, il avait les plus beaux hommes et les mieux faits du royaume ; mais il s'était fourré dans la tête une tactique dont il ennuyait tout le monde. Il ramenait toujours la conversation sur ses découvertes, prétendant qu'en marchant, même au pas de charge, on pouvait, la tête sur l'épaule gauche, avoir un œil qui regarderait devant et l'autre sur la ligne de côté. Des disputes sans nombre s'ensuivaient. Un jour, il me prit dans un coin pour me convaincre ; tout le monde riait et voulait savoir comment je m'en tirerais. J'étais près de la cheminée, je l'arrête et lui dis : « Chevalier, « jusqu'à ce que vous m'ayez prouvé que vous ne rendrez « pas vos soldats louches, il m'est permis de douter. » Il veut parler ; je tire froidement un petit écu de ma poche, le pose sur la cheminée : « Messieurs, je parie, il faut faire « juger le pari. » Je fais une inclination, passe sous le bras qu'il avait étendu dans sa démonstration, et je m'esquive. « Messieurs, dis-je en m'en allant, décidez. » Tout le monde rit, et il n'en parla plus.

A cela près, fort galant homme, chevalier de toutes les femmes, il nous tint fidèle compagnie, jusqu'à ce que son âge le forçant à quitter Paris, il allât finir ses jours chez son frère l'intendant, où il est mort, six mois avant la Révolution.

Il entendait si mal qu'il se brouilla avec le maréchal de Biron, son colonel, aussi esprité que lui, dans une conversation tête à tête. Il crut que le maréchal lui faisait quelques reproches, tandis que celui-ci parlait de tout autre chose. Ils se fâchèrent si bien qu'ils ont été brouillés cinq ans, et que leurs amis communs n'osèrent pas les raccommoder et laissèrent faire au temps. Ils avaient tous les deux l'esprit si gauche qu'ils se seraient brouillés plus fort.

Je viens de voir dans les gazettes faire mention du comte

Oginski[1]. Comme j'ai beaucoup vécu avec lui pendant son séjour en France, qu'il venait à Saint-Leu passer quelquefois la moitié de son temps avec ma société, je veux le dépeindre tel que je l'ai connu.

Le comte Oginski arriva à Paris en 1750, fort jeune, mais son maître et jouissant d'une fortune immense, grand, bien fait, d'une jolie figure et d'une grande aptitude pour tous les talents. Il loua un appartement rue Saint-Honoré, près l'hôtel de Noailles, et employa son temps à se perfectionner dans le violon, la peinture, et je ne sais combien de petits talents agréables. Dès qu'il se crut quelque acquis, il se fit présenter et se répandit dans les meilleures sociétés. Il alla faire un voyage en Pologne, revint avec l'ordre de Saint-Stanislas et fut fêté partout. C'est alors qu'il se livra à notre société.

Il fut invité chez les princes, et, voyant qu'on y jouait très-gros jeu, il crut que la contenance d'un grand seigneur était d'y briller. Un voyage de Chantilly l'en dégoûta. On jouait un jeu immense, et, à deux heures du matin, il se trouva gagnant trois mille louis au marquis de la Vaupalière[2]. Les imprécations, le désespoir du perdant l'affligèrent; il resta et le prévint qu'il veillait pour le racquitter, ce qu'il ne put faire qu'à huit heures du matin. Le surlendemain, il se mit au jeu qui ne lui fut pas si favorable, et à deux heures du matin, le même la Vaupalière lui gagnait à son tour deux mille louis, lorsque regardant la pendule, il dit : « Je vais « me coucher. » Oginski lui répond : « En ce cas-là, j'ai eu

[1] Michel Oginski (1731-1803) avait été un moment favori de Catherine, et nommé, grâce à elle, grand maréchal de Lithuanie. En 1771, il se déclara contre les Russes et fut bientôt obligé de fuir. Il prit une seconde fois les armes en 1794, et c'est évidemment à ce propos que M. Dufort a trouvé son nom dans les journaux. Luynes parle, en mai 1757 (t. XII, p. 65), d'un M. d'Oginski qui venait de partir pour l'armée en qualité d'aide de camp du duc d'Orléans, et vante son talent de musicien.

[2] Pierre-Charles-Étienne Maignard, marquis de la Vaupalière, né en 1731, lieutenant général en 1784. On lit dans GRIMM, à la date de janvier 1777 (t. XI, p. 410), une anecdote où il est question de sa passion pour le jeu. V. aussi la *Correspondance secrète* (LESCURE), t. I, p. 330.

« tort de veiller avant-hier. » La Vaupalière reprend : « Je ne blâme pas les autres, mais je ne racquitte jamais. » Oginski, piqué, partit et renonça pour la vie à se trouver avec des joueurs.

F'été, considéré, il se lia avec tous les étrangers. Le prince Repnin[1], bardé d'ordres, d'une figure charmante, ancien favori de la feue impératrice, était alors en France et ils se lièrent ensemble. Il y eut une confédération en Pologne; Oginski, grand maréchal de Lithuanie, voulut jouer un rôle; il leva une armée de huit mille hommes, soutint la guerre pendant trois mois contre la Russie et la Prusse, fut battu et perdit tout. Il épousa la princesse Humieska[2] et revint en France. Il débuta chez moi, un violon d'une main, un tableau de l'autre. « Voilà, dit-il en entrant, ce qui me fera vivre « désormais. » Les troubles de la Pologne augmentèrent, le partage s'ensuivit, il se sauva à Vienne, ses terres tombèrent dans le lot de la Russie, et l'Impératrice les donna au prince général Repnin. Le prince écrivit à son ami qu'il lui laissait le revenu sa vie durant. Triste présent qu'Oginski sans doute a été réduit à accepter.

[1] Nicolas Vasiviliévitch Repnin (1734-1801). Il devint feld-maréchal.
[2] Nom douteux.

CHAPITRE XVIII[1]

Le comte d'Osmont; sa famille; l'auteur fait sa connaissance en Normandie. — Son portrait; sa passion pour le jeu. — Le comte de Caulaincourt; la baronne de Cuy. — Madame Filleul. — Le marquis de Garsault. — Le château du Bourg. — La comtesse de Vassy. — Retour à Paris. — D'Osmont à Saint-Leu. — Le jeu à l'armée. — Un souper chez madame Grimod-Dufort; l'huile de la lampe. — Mariage de d'Osmont; singulières distractions. — La société des princes. — Un juron malencontreux. — Chasse à Hénonville. — D'Osmont et Olavidès. — Le doigt dans un volet. — Le maître d'hôtel du duc d'Orléans. — L'abbé d'Osmont, évêque de Comminges. — Comus. — Madame d'Osmont. — Une chasse étrange à Crécy. — La partie de Louis XVI. — Mort de d'Osmont.

Tandis que je puis encore m'occuper, je veux consacrer quelques moments à un ami intime qui, par l'originalité de son caractère, a occupé la ville et la cour. Je l'ai perdu. C'est un hommage à rendre à sa mémoire, d'autant que cette mémoire est intacte.

Le comte d'Osmont[2], né en 1719, était l'aîné de deux autres frères et sortait d'une très-ancienne famille de Normandie. Il descendait, du côté maternel, du maréchal de Médavy[3], et ses ancêtres avaient aidé Charles de Duras dans la conquête du royaume de Naples. Comme aîné, il était destiné à réunir sur sa tête plus de soixante mille livres de rente, en terres situées près de Coutances et de Saint-Lô.

Son second frère[4] était d'une belle figure, mais, par un

---

[1] On a cru devoir placer ici ce long et curieux portrait, que l'auteur avait intercalé beaucoup plus loin, au milieu des souvenirs de la Révolution.

[2] Gabriel-Barnabé-Louis d'Osmont, fils d'Eustache, comte de Boitron, et de Marie-Louise de Pardieu de Maucomble.

[3] Son trisaïeul, Antoine d'Osmont, avait épousé en 1598 Françoise Rouxel de Médavy.

[4] Charles-Antoine-Gabriel d'Osmont de Médavy, né en 1723, chanoine du

accident arrivé en nourrice, il était resté avec une jambe plus courte que l'autre de trois pouces. Il fut destiné à l'état ecclésiastique et fut fait comte de Lyon. Quoiqu'il eût huit ou neuf ans de plus que moi, j'étais resté cinq ans avec lui au collége d'Harcourt. Il était si bon, si liant, que je me rappelle souvent l'amitié dont il me comblait, et celle que tout le collége avait pour lui. Dès qu'il fut sorti du collége, il alla se fixer à Lyon, où il passa beaucoup de temps. Je reviendrai sur ce qui le concerne.

Le troisième [1], après avoir servi quelque temps, se détermina à partir à Saint-Domingue, dans l'espérance d'y faire un établissement. Le cœur s'en mêlant, il épousa une femme très-féconde, mais avec très-peu de fortune; heureux auprès d'elle, il passa sa vie à faire des enfants et à cultiver une modique habitation.

Ce fut en 1748 que je connus le comte d'Osmont l'aîné; il avait alors vingt-neuf ans, et moi dix-sept. J'étais parti de Paris pour voir la Normandie, et, après avoir passé quinze jours au château des Landes près d'Orbec, à trois lieues de Lisieux, je me rendis au château de Guespré, près Argentan, d'après l'invitation du vieux comte de Caulaincourt. J'y trouvai le comte d'Osmont, qui faisait la cour à la fille du maître de la maison, madame la baronne de Cuy [2], établie ordinairement à Argentan. Cette dame était charmante et fort gaie.

D'Osmont me prit tellement en amitié que nous devînmes inséparables pendant les deux mois que je restai dans cette province. J'aimais la chasse, il en était fou; de sorte qu'entraîné par le plaisir, je restai dans le pays plus que je n'avais

chapitre noble de Lyon, dont les membres portaient le titre de comtes de Lyon, vicaire général d'Auxerre, nommé à l'évêché de Comminges en 1763.

[1] Louis-Eustache d'Osmont, comte de Boitron, chevalier de Malte de minorité, capitaine de frégate, qui épousa en 1750 Marie-Élisabeth Cavalier de la Garenne.

[2] Suzanne-Louise-Françoise-Henriette, fille de Louis-Henri, comte de Caulaincourt, et de Suzanne-Françoise-Geneviève de Bailleul de Vic. Elle avait épousé en 1741 Nicolas-François-Dominique Dufour, baron de Cuy. Elle mourut en 1758.

compté. C'était en automne, et il revenait des carabiniers, où il avait été faire son service comme capitaine. Grand et fort bien fait, il avait un grand nez qui, dit-on, ne dépare jamais une belle figure. Il marchait la tête en avant, et s'excusait en disant qu'il avait la vue extrêmement basse; cependant quand il voulait il voyait de loin. Né avec une distraction des plus plaisantes, un amour très-vif pour tous les plaisirs, de l'esprit, un goût décidé pour la lecture, il avait acquis beaucoup d'instruction sans qu'il eût l'air de s'en douter. Il se livrait à corps perdu à ce qui l'amusait; si un livre lui plaisait, il en perdait le boire et le manger, de même pour la chasse; mais la passion à laquelle toutes les autres cédaient était le jeu. Enfin, il avait un caractère fait pour plaire dans toutes les sociétés, et sa franchise mettait tout le monde à l'aise avec lui. Se livrant à toutes les conversations, il y plaçait sans prétention des propos qui montraient ses connaissances et son excellent jugement.

Malheureusement la passion du jeu absorbait toutes ses qualités; dès qu'un coup malheureux lui arrivait, il entrait dans des impatiences, dans des fureurs qui, du reste, n'effrayaient personne, car elles n'étaient que contre lui-même. Les yeux lui sortaient de la tête, les veines de son front se gonflaient, les épithètes qu'il se donnait forçaient les auditeurs à lui rire au nez. Pour lui, tout à son malheur, il ne s'apercevait pas de la gaieté qu'il inspirait. Il contait sans suite et avec une volubilité étonnante ce qui lui était arrivé; il se levait, jetait à terre les chaises qui se trouvaient sur son chemin, et revenait s'asseoir comme s'il était du plus grand sang-froid. Si par hasard alors il entendait raconter une nouvelle intéressante ou discuter un point d'histoire, il venait écouter et se mêler à la conversation, comme si l'instant d'auparavant il n'avait pas été dans une rage incroyable.

Nous parcourûmes toute la Normandie, et je fus produit par lui partout; nous allâmes à Falaise, où il y avait alors deux femmes qui pouvaient passer pour des beautés:

madame Filleul [1] et madame d'Orbessan [2]. D'Osmont était bien reçu partout; présenté par lui, je le fus de même; toutes les maisons les plus riches s'empressèrent de nous donner des fêtes. Un équipage de chasse des plus beaux, à trois riches particuliers : MM. les marquis d'Oilliamson et de Courcy [3] et M. de la Fresnaye [4], était ce qui convenait le plus à d'Osmont et à moi.

On nous attendait au château du Bourg, habité par M. et madame la marquise de Vassy [5] qui en avaient hérité; nous y allâmes tous, et nous y trouvâmes le marquis de Flers [6], grand joueur, grand chasseur, de sorte que nous nous assurâmes des plaisirs de toutes sortes. Nous allâmes dîner au haras d'Hièmes, chez M. le marquis de Garsault [7] qui en était gouverneur; c'était un des plus fins connaisseurs en chevaux du royaume, et les Normands l'appelaient M. de *Guères sot*. Ces haras étaient dans le plus bel état possible. M. de Garsault n'avait d'autres voitures que celles où l'on entrait par derrière; il prétendait parer ainsi aux accidents qui peuvent arriver si les chevaux prennent le mors aux dents, parce qu'il pouvait descendre sans danger, quel que fût leur train.

Nous revînmes au château du Bourg. Il n'était pas alors ce qu'il est devenu depuis entre les mains du fameux Cromot [8], intendant de Monsieur, qui en avait fait une habitation

---

[1] Celle, je crois, dont la fille épousa Marigny.

[2] D'Orbessan ou d'Orbesson, nom difficile à lire.

[3] D'après l'époque (1748), il s'agit probablement de Jacques-Gabriel-Alexandre d'Oilliamson, marquis de Saint-Germain, et de son gendre et cousin, François Hardouin d'Oilliamson, marquis de Courcy, marié en 1736 à Gabrielle-Françoise d'Oilliamson, fille du premier.

[4] De la famille de Vauquelin, vraisemblablement.

[5] Bruno-Emmanuel-Marie-Esprit, marquis de Vassy, marié en 1738 à Suzanne-Françoise-Jeanne de Vassy, sa cousine.

[6] Ange-Hyacinthe de la Motte-Ango, comte de Flers, marquis de Messey (1719-1775), conservateur des chasses de la forêt de Monthère et louvetier d'Alençon.

[7] François-Gédéon de Garsault, capitaine du haras sous le grand écuyer. (*État de la France de* 1749.)

[8] Jules-David Cromot, né en 1725, seigneur du Bourg, conseiller du Roi, contrôleur général du marc d'or, secrétaire du cabinet du Roi, premier commis du contrôle général, surintendant des finances du comte de Provence.

magnifique. Il avait tous les caractères de l'antiquité ; les cheminées étaient à l'ancienne mode, avec des manteaux tellement élevés qu'un homme de cinq pieds pouvait y entrer sans se baisser ; au-dessus, un petit miroir à biseau d'un pied et quelques pièces de marbre incrustées ; tout était dans le même goût. La dame du château était à l'avenant ; quoique jeune et bien faite, c'était une vraie figure de tapisserie ; grande, compassée dans tous ses mouvements, fort cérémonieuse, vêtue à l'antique : grand panier, robe de velours cramoisi, chargée de perles et diamants ; nous prétendions qu'elle ressemblait pas mal à Notre-Dame de Lorette. Cependant, quoique sur l'étiquette, elle était on ne peut plus polie et considérait amicalement le comte d'Osmont.

Je fus, comme étranger, destiné à être son associé à une partie de piquet, et d'Osmont à faire la chouette. Cet arrangement eut lieu tous les soirs, car nous allions régulièrement à la chasse tous les jours, dans une belle forêt qui s'étendait jusqu'aux haras. Dès que d'Osmont arrivait, il s'établissait devant la cheminée, touchait à tout, au miroir, aux marbres. Bientôt la partie commençait : madame de Vassy faisait son établissement, tirait une superbe boîte d'or, arrangeait ses grandes manchettes de dentelle, et nous jouions.

D'Osmont ne pouvait voir une boîte sans la prendre, y fourrer trois doigts et se barbouiller comme un vrai suisse, bien heureux encore pour le propriétaire quand, par économie, il ne la mettait pas sous son nez pour ne pas perdre le tabac. Madame de Vassy ne tarda pas à s'apercevoir de ce manège ; trop polie pour s'en plaindre, elle se levait, versait le tabac dans la cheminée, sonnait et envoyait remplir sa boîte. Toute cette délicatesse de procédés était perdue pour le comte d'Osmont, qui, tout au jeu, jurait ou prenait un air riant, suivant les cartes qu'il avait dans les mains. Madame de Vassy se promettait sûrement de ne plus laisser sa tabatière sur la table, mais elle l'oubliait le lendemain, et pendant huit jours cette scène recommença ; elle finit par sacrifier sa boîte et en prit une autre.

Le comte d'Osmont avait une autre manie; il se serait cru malade si, dès qu'il apercevait le soleil, il ne s'était pas mis en face, le regardant en clignant des yeux jusqu'à ce qu'il éternuât. Combien de fois ne l'ai-je pas vu quitter ce qu'il aimait le mieux, une partie de jeu, pour aller gravement faire ce manége, qui souvent lui procurait des éternuments sans fin ! Au surplus, gai, aimable, sans prétention, il avait, hors du jeu, le ton de la meilleure compagnie. Incapable d'un attachement suivi, il aimait toutes les femmes; comme à la chasse, tout lui était bon, il courait le lièvre, le cerf, une partie de jeu, la bonne chère ou une femme avec la même vivacité, sans pouvoir dire ce qu'il aimait le mieux. Il jouait tous les jeux, ne trouvant jamais qu'on jouât assez cher, et il était ravi de faire la chouette à tout un salon; il ne prenait nulle humeur qu'on pariât contre lui. S'il perdait, c'était au sort, à la fatalité, à son imbécillité de jouer qu'il s'en prenait; s'ennuyant d'une continuité de fortune, il semblait qu'il se portât mieux en perdant. Ses juremens, sa colère, ses vivacités lui valaient une purgation. Quoiqu'il ne fût pas au point où il en est venu depuis, son originalité me plut beaucoup : je démêlai la sûreté de son caractère et son esprit. Je commençai par m'en amuser; nous devînmes bientôt intimes, et cela jusqu'à sa mort.

Après un séjour des plus agréables de deux mois en Normandie, je revins à Paris; d'Osmont m'y suivit : il logeait au faubourg Saint-Germain, dans un hôtel garni, rue des Saints-Pères, et moi chez ma grand'mère, rue des Enfants-Rouges. Il venait me voir presque tous les jours. Il avait valet de chambre, laquais et cocher; ces trois êtres ne savaient jamais où le prendre. Il allait presque toujours à pied, comme un chat maigre, dans un déshabillé qu'on appelait *en chenille*, et qu'on pouvait regarder comme le plus sale négligé. Il restait où il s'amusait, et me suivait souvent à la campagne, sans qu'on sût où il était.

J'ai raconté comment nous nous amusions à Saint-Leu,

en vrais jeunes gens, à des exercices violents, à des sauts périlleux, même à danser sur la corde. Maladroit et distrait, il nous regardait et ne s'occupait que du trictrac ou de la chasse. Cette année, lorsque les officiers allèrent à leurs régiments, d'Osmont, qui n'aimait aucune gêne, s'impatientait à sa manière bruyante; car, sans ambition, il ne servait que pour satisfaire sa famille. Il revint de cette campagne avec la croix de Saint-Louis; il n'attendait que cela pour quitter honnêtement le service.

Il nous conta que dans la dernière affaire où il se trouva, chargeant à la tête de sa compagnie, il avait perdu son chapeau dès le commencement, et que de sa vie il n'avait tant souffert. Cette année, il avait voyagé avec son corps, quoiqu'il eût fait son possible pour s'en dispenser. Marsilly, gentilhomme ordinaire, riche habitant de Saint-Domingue et capitaine de dragons[1], devenu depuis un des plus gros et des plus sages joueurs de Paris, nous conta devant le comte d'Osmont que leurs régiments s'étaient rencontrés à Lille en Flandre; que les corps d'officiers s'étaient traités comme il est d'usage; que d'Osmont, étant en malheur, avait non-seulement perdu tout son argent, mais même celui de ses camarades; qu'il avait absolument voulu jouer au piquet contre les officiers du régiment qu'on traitait; que pour l'obliger, car il était fort aimé, ses camarades avaient boursillé jusqu'à leur dernier écu; qu'il avait joué trois jours de suite; qu'il s'était invectivé à son ordinaire, avait juré, tempêté sans discontinuer; qu'enfin, après un coup malheureux, avisant un portrait sur la cheminée de l'auberge, il s'était figuré que c'était cette figure inanimée qui lui portait malheur; qu'il s'était levé en fureur et lui avait asséné un grand coup de poing, tout au milieu. Il l'avait crevé; mais le pire de l'aventure, c'est qu'il s'était trouvé un clou derrière qui lui avait déchiré les doigts. Cet événement le calma, et, après s'être fait panser, il quitta le jeu. Le comble

[1] Probablement Jacques Commines de la Borde de Marsilly, qui figure parmi les gentilshommes ordinaires à l'*État de la France* de 1749.

du malheur fut que l'aubergiste lui fit payer vingt écus ce détestable portrait. D'Osmont écoutait et ne niait rien, et nous le forçâmes à nous montrer les coutures qui lui restaient à plusieurs doigts.

Il quitta enfin le service et partit pour la Normandie, et je fus un an sans entendre parler de lui. Je le croyais perdu, lorsque je reçus une lettre où il m'annonçait son retour à Saint-Leu, pour un jour fixe. Je revins à Paris assez malade; il vint me voir régulièrement tous les jours deux ou trois fois, il restait dix minutes, souvent ne me parlait pas, ouvrait mes rideaux et s'en allait. Pendant ma convalescence, il dîna tous les jours tête à tête avec moi, et le plus gourmand de tous les mortels se contentait du régime d'un malade. Il était de ces hommes qui prennent le temps comme il vient, et il était content pour peu qu'il pût manger à sa suffisance, car il était d'un vigoureux appétit. Vivant et soupant toujours dans la meilleure compagnie, son originalité perça; la sûreté de son commerce et son amabilité firent le reste.

Mademoiselle de Caulaincourt, veuve de M. Grimod-Dufort, dont j'ai parlé plusieurs fois, tenait rue du Coq-Héron un grand état de maison. Tout ce qu'il y avait de mieux dans la jeunesse de Paris avait des prétentions sur elle, et j'ai raconté ce qui se passa alors entre lui et moi. Un jour, la belle veuve nous invita à un souper des plus fins, et il fut fait un pari entre d'Osmont, du Gage et le marquis de Borda, que celui qui serait gris en sortant payerait une amende. D'Osmont me mit dans la confidence et me dit qu'il était sûr de gagner le pari en buvant une cuillerée d'huile avant de se mettre à table, attendu que le vin ne ferait que passer. La première chose qu'il fait est d'arriver sans avoir pris aucune précaution; il se rappelle le pari et sort; ne trouvant pas ce qu'il désire et ne voulant point le demander, il prend la lampe de l'escalier et en boit une gorgée, puis il vient me conter cette belle prouesse. Ce qu'il y eut de pis, c'est qu'il s'empoisonna en pure perte; la belle veuve prétendit qu'il fallait rendre les enjeux, que tout cela n'était qu'une plaisanterie, mais qu'elle les dédommagerait par l'essai du meilleur cuisinier de Paris. Le souper fut excellent, on y but des vins fins sans profusion ni bravade; d'Osmont était enragé de son excès de précaution qui lui avait affadi le cœur. Nous sortîmes ensemble; le malheureux n'eut pas le temps de descendre jusqu'en bas; il prit son parti, cassa un carreau de vitre, et se soulagea en jurant d'une manière si comique qu'il était impossible de ne pas en rire de tout son cœur.

Depuis qu'il avait quitté le service, il allait régulièrement voir sa famille tous les ans. Cette exactitude m'étonnait dans un homme qui ne voulait être soumis à quoi que ce soit. Une année, en revenant, il me confia qu'on voulait le marier. M. le comte de [1]....., capitaine aux gardes, retiré dans sa terre et son voisin, était fort riche et avait une fille unique; on voulait la lui faire épouser. C'était une affaire de convenance pour les deux familles, et il m'avoua que ce mariage, arrangé de longue main, plaisait beaucoup à la demoiselle, dont il me fit l'éloge. On eut pourtant toutes les peines du monde à obtenir son consentement; son frère et sa famille le décidèrent enfin.

Comme j'étais obligé d'aller souvent à Versailles, qu'il fallait en faire part et avoir l'assentiment du Roi, je le déterminai à venir avec moi. Je n'ai de ma vie fait un voyage plus divertissant; il ne voulait pas être plaisant, et rien n'était plus comique que ses plaintes sur la contrariété qu'il éprouvait. Il m'avouait que personne n'était moins fait pour le mariage, et il plaignait sa future de tout son cœur; il convenait qu'il faisait un mariage très-avantageux, qu'il épousait une femme très-douce, très-sage et très-aimable, qui le regardait depuis longtemps comme lui étant destiné, mais il ne cessait de répéter qu'elle faisait une vraie folie. Il chargeait le tableau comme un homme qui espérait qu'on lui rendrait sa parole, et comme si j'y pouvais quelque chose.

---

[1] De Thère, dont la fille, Rose-Thérèse, épousa le comte d'Osmont.

Enfin, tout étant conclu presque malgré lui; il tarda pour aller se marier jusqu'au dernier moment. On l'attendait depuis quinze jours, et la première chose qu'il fit fut d'oublier les papiers les plus nécessaires. Il fallut retarder le jour pris et envoyer un courrier. Il était à Valognes, il fallut nécessairement qu'on le menât dans la famille où il devait entrer; une vieille tante à succession tenait une très-bonne maison où le comte d'Osmont n'était jamais allé, parce qu'on n'y jouait pas ou très-peu. Il entre, et se place au milieu de la cheminée qui était garnie de porcelaines superbes; comme il avait la manie de toucher à tout, il en prend une pour l'examiner et, distrait, la laisse tomber; il veut la rattraper, mais, maladroit comme il l'était en tout, il râfle du même coup tout ce qui était sur la cheminée. Tous ceux qui étaient dans l'appartement s'empressèrent de ramasser et de réparer le désordre; pour lui, voyant la porte ouverte, il s'en va. Il n'y est pas retourné depuis, s'embarrassant peu de ménager la succession.

Le jour de la célébration, il est obligé décemment d'aller faire visite chez une tante religieuse qui avait élevé sa femme; il n'y est pas depuis un quart d'heure que, se souvenant qu'il y avait dans la ville une assemblée où l'on jouait gros jeu, il prétexte une affaire, laisse sa femme et prend une voiture; il ne se rappelle qu'à dix heures qu'il avait promis de venir reprendre sa femme. Le souper de noce était retardé, la nouvelle mariée très-inquiète; mais d'Osmont était connu et avait le talent de porter son excuse avec lui. Sa bonhomie adoucissait ses torts, et sa femme qui l'aimait était toujours prête à l'excuser.

Il était temps de le marier. Il n'y avait pas un an que, par suite d'une conduite peu réglée, il avait pensé mourir; je lui avais tenu fidèle compagnie, mais ce qu'il y avait de plus singulier, c'était la quantité de jolies femmes, toutes de nom, qui venaient le voir régulièrement les après-midi. Certainement il n'était pas un homme à bonnes fortunes de ce genre, on ne pouvait soupçonner personne de lui être cher, car il s'avouait incapable d'aucun attachement suivi, et sa négligence sur sa personne ne pouvait qu'éloigner; mais son originalité, son amabilité, la considération de sa famille en Normandie, sa parenté avec tout ce qu'il y avait de mieux, avaient fait de lui, et malgré lui, un homme à la mode.

Dans le moment où il était le plus languissant, je le trouvai à l'Opéra dans la posture d'un homme qui touche à ses derniers moments; je m'empressai de le ramener chez lui. Dans la voiture ses lamentations avaient une tournure vraiment comique, et au lieu de le consoler, je me trouvai malgré moi forcé de rire. « Quoi! disait-il, il faudra que je meure! « peux-tu le croire? J'avais encore quarante ans à vivre, j'en « suis sûr. Ces diables de médecins me défendent le sexe, « ils ne savent pas combien ce remède me serait utile! » Et là-dessus, des détails les plus comiques qu'il entremêlait de regrets, de jurements, que c'était une bénédiction. Ce n'était pas cependant avec le ton de la mauvaise compagnie, c'étaient des répétitions, des mots sans signification, des idées qui sentaient son homme d'esprit et bien élevé, et s'il lui partait un gros juron, il se mordait les lèvres et rougissait; il s'en est bien corrigé depuis.

Quoique nous n'eussions pas les mêmes goûts, j'ai été témoin souvent de ses orgies, et s'il eût été possible d'en faire le récit, on y aurait trouvé des choses si plaisantes et d'un si beau ton, malgré leur indécence, des amours de vingt-quatre heures si singulières, qu'elles auraient peint son caractère sous un côté nouveau.

Dès qu'il fut marié, il fut forcé d'aller chez les princes; cela le contraria d'abord et lui convint ensuite parfaitement. Il y trouvait du jeu, du monde et des plaisirs, et c'est tout ce qu'il désirait. Il n'était question que de sa gaieté et de ses saillies. Le prince de Condé le mit dans son intimité; l'homme le plus froid, le plus timide, se trouvait à son aise vis-à-vis de quelqu'un qui faisait tous les frais.

Feu la princesse de Condé (mademoiselle de Soubise)

était belle, vertueuse, et douée par excellence. Les voyages de Chantilly furent continuels; d'Osmont n'en manquait pas un. C'étaient des fêtes perpétuelles, et le jeu y fut très-gros; on jouait au trente-et-quarante. Respectant les princesses, il était incapable de leur manquer.

Cependant un trente-et-un contre un trente-deux lui fit perdre toute modération, il lâcha un f... qui interdit tout le salon; il était à côté de la princesse. Il reste confus, met sa main devant sa bouche, comme un homme qui aurait voulu avaler sa langue; mais le coup était si fort que les yeux lui sortaient de la tête, et ses muscles étaient dans une contraction effroyable. Le prince sut le tirer d'affaire avec esprit. Prenant un air riant : « Avouez, madame, dit-il, qu'il n'y « avait que le comte d'Osmont au monde qui pût vous faire « entendre un si vilain mot. » Tout le monde rit, et d'Osmont, tout à son jeu, eut l'air d'oublier ce qui s'était passé. Il se promit de se modérer; il était de la meilleure foi du monde, mais la chose était au-dessus de ses forces.

On allait et l'on revenait de Chantilly dans une grande gondole [1]; les favoris y étaient admis, et pour ne pas s'ennuyer en chemin, on y avait établi une table sur laquelle on jouait. Le prince et la princesse tenaient le fond de la voiture; quelques dames, d'Osmont et plusieurs autres joueurs occupaient les autres places.

D'Osmont qui perdait fit le diable à quatre; n'ayant pas ses coudées franches, il étouffait. Ne sachant à qui s'en prendre, il frappe sur la table, veut la jeter par la portière et fait tant d'efforts qu'il finit par écorcher les bras de la princesse, qui étaient les plus beaux du monde. Elle fut la première à l'excuser, et d'Osmont prit un air d'intérêt, et parut si affecté de sa maladresse, qu'on continua le jeu dans l'espérance de voir de nouvelles scènes.

Dans les intervalles des voyages, il nous donnait le plus de temps possible. J'ai déjà raconté comment il était venu

---

[1] Grand coffre avec des banquettes sur les quatre faces, éclairé par huit petites fenêtres : trois de chaque côté, une en avant et une en arrière.

faire un voyage à Hénonville, terre appartenant au grand-père de ma femme. Il revenait de Normandie, et il savait que lorsque j'y étais je disposais à peu près de la chasse. La terre était plus giboyeuse que les plaisirs du Roi. On avait pratiqué des fosses pour poster les tireurs, tandis qu'on faisait des rabats. Nous y allâmes par le temps le plus à souhait possible. Nous étions chacun à notre poste avec deux domestiques chargeant nos fusils, et chaque demi-heure, nous voyions arriver une nuée de perdreaux et un bataillon de lièvres. Je ne tardai pas à abattre une trentaine de pièces. D'Osmont faisait un feu soutenu; je l'entendais jurer à chaque instant, et je ne voyais rien rester, mais à chaque coup il prenait son fusil et le mettait sur son genou, comme pour redresser la canne. La battue finie, je m'empresse de l'aller trouver; il était hors de lui, et les yeux lui sortaient de la tête; il n'avait tué que quatre pièces. Comme il était dans le trou et qu'il avait la vue basse, les lièvres arrivant sur lui se détachaient sur le ciel, et lui paraissaient plus grands que nature. Nous continuâmes, il fut plus heureux, et sa gaieté revint, car la mauvaise humeur ne durait jamais chez lui.

Mon ami Olavidès, comte de Pilos, dînait et soupait chez moi toutes les fois que nous y étions. D'Osmont me trouva un jour lui donnant une leçon de trictrac. Il avait entendu parler, comme tout Paris, de la manière dont ce Péruvien semait l'argent; il me prend en particulier : « Tu as là un « bon pigeon dans ce Péruvien, me dit-il, laisse-moi lui don- « ner des leçons. — Mon ami, tu n'as pas la patience, et « cela n'en vaut pas la peine, car nous ne jouons rien. — On « dit qu'il est riche à millions et qu'il sème l'argent. — On « t'a dit la vérité, mais je t'avertis qu'il est plus fin que toi. « — Enfin fais-moi le plaisir de me donner à souper avec « lui. — Quand tu voudras. — Joue-t-il à quelque jeu? — « A tous, excepté le trictrac. — Eh bien, donne-moi parole « de me faire faire un brelan avec lui. — Prends ton jour. « — Demain. — C'est dit. — Il ne sait pas si bien le brelan « que moi? — Je le crois, mais il joue noblement et perd

« son argent tout de même. — Bon, tant mieux, à demain. »

Il sort, il n'est pas dans la rue que je raconte la scène à M. Olavidès. Je le connaissais assez pour être sûr qu'il en tirerait un excellent parti pour nous divertir. Le lendemain, d'Osmont arrive des premiers; ma femme arrange un brelan à trois entre M. Olavidès, le chevalier de Fontanieu et lui. La partie s'engage; d'Osmont cave au plus fort d'entrée de jeu, joue gaiement, lestement, et perd quelques louis, comptant semer pour recueillir. Olavidès joue fort serré et fort bien; bref, il finit par faire va-tout avec un brelan que d'Osmont perd pour la dixième fois. Le tonnerre serait tombé dans le salon qu'il n'y aurait pas eu plus de bruit; il se renverse sur son siége, jure, fait ses imprécations usitées, et finit par me dire en criant : « Tu me disais que ce monsieur « du Pérou jouait l'argent comme la paille, et qu'il perdait « toujours; tu vois? Tu m'assurais qu'il ne savait pas le jeu, « et il joue comme un diable; tandis que moi, je perds tout « mon bien. » Tout le salon éclata de rire. M. Olavidès ne fait pas semblant d'entendre, et la comédie dure jusqu'à la fin de la partie, qui ne fut pas meurtrière. La leçon coûta à d'Osmont une vingtaine de louis, et ce n'était rien pour le train de jeu où il était. Heureusement qu'en m'adressant à M. Olavidès, j'avais su à qui j'avais affaire; car, sans ma précaution, tout autre, d'après cette incartade, aurait pu croire que j'avais voulu le faire jouer de malheur.

Une scène très-plaisante arriva à d'Osmont chez le prince de Condé. Le prince et la princesse avaient voulu qu'il restât en petit comité; la princesse était en couches, et l'on jouait au whist toute la journée. D'Osmont était alors dans une affreuse veine de malheur. Sa tête n'y était plus, et il jurait par toutes les lettres de l'alphabet. S'il ouvrait son jeu et qu'il ne vît pas d'as, il se levait, criait et disait tellement son jeu que personne ne voulait être son partenaire; tout le monde lui riait au nez sans qu'il y prît garde. Enfin, il lui arriva un coup abominable; alors il se lève comme un furieux, jette tout ce qui se trouve devant lui, se cogne partout.

Il avise un trou dans un volet; sans songer à ce qu'il va faire, il y fourre son index d'une si grande force qu'il lui est impossible de le retirer, et le voilà pris comme un autre athlète [1]. On fut obligé d'envoyer chercher un menuisier, qui, au bout de trois quarts d'heure, vint à bout de le dégager. Il avait eu le temps de se calmer et riait lui-même de son aventure, en gémissant de ne pouvoir se modérer.

C'était cependant à qui l'aurait en société. Feu le duc d'Orléans ne trouva d'autre moyen de le fixer que de lui donner une place de chambellan. D'Osmont l'accepta sans réflexion, mais ses parents le trouvèrent mauvais; ils pensaient que la place était au-dessous de l'aîné de la famille. Pour lui, la chose lui était égale; il y trouvait la vie qui lui convenait, et la suite fera voir qu'il fit bien. Le voilà donc installé, sous condition qu'il ne fera aucun service que celui de jouer, chasser et jurer.

Les plaisirs étaient alors des plus vifs à Bagnolet, où le duc d'Orléans s'était retiré avec sa maîtresse, nommée Marquise. Sans renoncer à Paris, d'Osmont s'y établit, non pour faire aucun service, mais parce qu'il s'y amusait. Le billard avait alors la plus grande vogue; quoique voyant mal et très-maladroit, il commença par parier, et finit par jouer toute la journée. C'était une vraie comédie; il se plaignait non du sort ni du jeu, mais de sa maladresse, et il n'y avait rien de si véritable. Un jour qu'il perdait beaucoup, il entre dans ses fureurs et jette tout par la fenêtre. On a beau vouloir le calmer, rien ne réussit, lorsque le maître d'hôtel, avec un habit brodé superbe, vient dire : « Monseigneur est servi. » D'Osmont n'entend rien; mais apercevant cet habit charmant, il oublie que c'est le maître d'hôtel, ne se souvient plus de sa perte, examine l'habit, le visite dessus et dessous, et engage une conversation avec ce monsieur sur ce qu'il lui a coûté, sur le nom du brodeur, etc. Il reste une demi-heure à causer sur cet objet; on les laisse. Enfin, le maître

---

[1] Milon de Crotone.

d'hôtel lui annonce qu'on est à table; alors d'Osmont se dispute aux portes, fait les honneurs, et n'est tiré de sa distraction que lorsqu'il voit le maître d'hôtel prendre son service, rester debout et donner ses ordres.

Avec une santé de fer, il avait un appétit soutenu. Il se vantait d'être gourmand et le croyait, mais ne l'était pas. Je l'ai vu souvent faire le tour d'une grande table et prendre tout naturellement sa place vis-à-vis d'un plat qu'il aimait, n'en servir à personne, et en manger à sa suffisance sans s'embarrasser des autres. Ce qu'il aimait par-dessus tout, c'étaient les langues de carpe; et si l'on en faisait passer devant lui, pour éviter toute cérémonie, il disait qu'il n'en avait jamais mangé, ce qui invitait à lui en offrir. Je l'ai vu faire ce manége pendant plus de trente ans sans s'en lasser, malgré les reproches que nous lui en faisions.

La vie avec les princes était alors fort dispendieuse; il fallait avoir chevaux de selle, chevaux de voiture et plusieurs voitures. D'Osmont avait six ou sept chevaux, cochers et palefreniers à l'avenant. Sa distraction, ses pertes au jeu auraient pu faire croire qu'il était ruiné; cependant, sur l'inquiétude amicale que son frère et moi lui témoignâmes, il nous avoua qu'il avait cet hiver-là plus de cinquante mille écus de gain. On était frappé de ses pertes par ses plaintes et ses doléances; mais comme il riait et goguenardait lorsqu'il gagnait et qu'il se retirait sans bruit, on ne s'apercevait pas de ses gains.

Dans mon voyage aux eaux, j'avais renouvelé mon amitié avec le comte de Lyon, son frère. Je ne sais comment il fut instruit que nous étions arrivés, ma femme et moi, à la principale auberge sur la place des Terreaux; il vint nous y trouver, et il n'est sortes d'amitiés et d'offres de service qu'il ne nous fît.

En allant lui rendre visite, je fus fort étonné de voir deux petits garçons et une petite fille qui l'appelaient leur oncle. Quoique je n'aime pas à faire des jugements téméraires, comme il avait une gouvernante d'assez bonne mine et qu'il était d'une superbe figure, je m'imaginai d'abord que c'étaient quelques folies de jeunesse. Il se hâta de m'apprendre que son dernier frère, qui était passé à Saint-Domingue, avait tous les ans un enfant qu'il lui adressait, de sorte que mon ami avait toutes les charges de la paternité et s'en acquittait au mieux, en sacrifiant ce qu'il possédait pour donner à ces enfants une excellente éducation.

Cependant le comte d'Osmont, le chambellan, qui avait l'air de ne s'occuper de rien, qui de sa vie n'avait fait sa cour à qui que ce soit et n'avait jamais voulu voir un ministre, avait mille gens qui s'intéressaient à lui. Apprenant que l'évêché de Comminges était vacant, il le demanda brusquement et avec son originalité ordinaire. Le duc d'Orléans, le prince de Condé furent ses solliciteurs. Madame de Pompadour voulut connaître un homme dont l'originalité était citée. Pour la première fois de sa vie, d'Osmont n'hésita point. Le prince fut son patron. Son frère, de son côté, était aimé et estimé; enfin, le comte de Lyon se trouva pourvu de l'évêché de Comminges, valant plus de cent mille livres de rente, et dans un pays où il était impossible d'en manger plus de douze. Il se trouva ainsi en état de donner une instruction recherchée à cinq enfants, car dans cet intervalle sa famille s'était encore augmentée de deux neveux.

D'Osmont n'en fut ni plus propre, ni plus beau joueur. Il eut quelques accès de fièvre; alors il arrivait chez moi dans sa voiture, se mettait à midi dans le salon, et restait auprès du feu jusqu'à neuf heures. Tout ce qu'il détestait était d'être seul; il voyait jouer, entendait causer et laissait faire le reste à la nature, prétendant que ce régime valait mieux que tous les médecins et les drogues. Cela lui réussit, car c'est la seule fois que je l'aie vu malade.

Ce fut à peu près dans ce temps que je m'avisai de vouloir lui faire une plaisanterie qui courut tout Paris, et qui n'eut cependant pas son effet. Je donnais à dîner tous les jours; les ambassadeurs, la tête du corps diplomatique et des étrangers y venaient, principalement le vendredi;

d'autres venaient dans la semaine. Nous jouions alors au quinze, c'était le jeu à la mode. Le comte d'Osmont aimait mieux le trictrac; cependant il se mettait à la partie, et plus il voyait d'or sur la table, plus son visage s'épanouissait. S'il gagnait, quelque petit que fût le gain, il s'en allait; s'il perdait, il s'entêtait; enfin, il prenait le vrai moyen de se ruiner, mais la fortune le tenait par la main et le sauvait. Tous les ambassadeurs s'amusaient de ses colères.

Je prévins le comte de Stahrenberg, ambassadeur de l'Empereur; Tiepolo, ambassadeur de Venise, et M. de Berkenroode, ambassadeur de Hollande; enfin, les étrangers sur lesquels je pouvais compter. J'allai trouver le fameux Comus[1], un des joueurs de gobelets les plus habiles de Paris. Ce Comus, jeune et d'une jolie figure, avait l'air fort noble et distingué. Je lui proposai de venir dîner chez moi; je le présenterais sous le nom d'un comte Magnésiti[2], connu par un des ambassadeurs comme un des plus forts joueurs de piquet de l'Europe; il nous ferait la chouette, au comte d'Osmont et à moi; nous parierions un jeu considérable, et il le tricherait avec l'adresse que tout le monde lui connaissait. Le jour fut pris, mais l'affaire manqua par une difficulté. Il fallait que je misse dans mes poches au moins cinquante sixains de cartes préparées, et que je les fisse glisser adroitement sous la table. La chose me parut impossible, et il fallut y renoncer; mais ceux qui étaient dans la confidence parlèrent, le public broda; quelques-uns dirent qu'ils étaient présents, que c'était au Palais-Royal, et l'on rapportait ce qu'avait dit ou fait d'Osmont, comme si la partie avait réellement eu lieu.

Ce qui lui arriva une de ces années, avec ma femme et la marquise de la Ferté, mérite d'être consigné. Il ne pouvait

---

[1] Nicolas-Philippe Ledru, connu sous le nom de Comus (1731-1807). C'était non-seulement un habile prestidigitateur, mais encore un physicien instruit. Il s'occupa notamment de l'application de l'électricité au traitement des maladies nerveuses, et fit de nombreuses observations magnétiques. Ledru-Rollin était son petit-fils.

[2] Nom douteux.

plus trouver aucun partenaire au whist, à cause de son habitude de dire son jeu dès qu'il l'ouvrait, quand il était en malheur. Il s'était donc mis à jouer le whist au mort, comme jouant seul et par conséquent plus gros jeu. C'était à qui ferait cette partie; il la jouait bien, et on la faisait trois fois la semaine. Une suite de malheurs qu'il trouvait incroyables amena mon ami Sedaine à faire la chanson ci-jointe [1], et je fis graver la scène qui y donna lieu. On voit d'Osmont dans le salon, tout étonné d'avoir dépouillé une mèche de bougie. Il fut le premier à chanter la chanson et à en rire, mais il me pria de ne pas la faire courir.

Je conterai ici une autre aventure qui lui arriva à l'Opéra. Madame de Villemorien y avait une loge qui faisait salon. On y jouait au whist comme dans les loges de spectacle en Italie. Un jour, d'Osmont, qui perdait beaucoup, oublia qu'il était à l'Opéra, et, selon sa louable coutume de jeter les cartes par la fenêtre ou dans la cheminée, il prit le jeu et voulut l'envoyer sur le théâtre. Fort heureusement, une des personnes présentes, voyant le coup, rattrapa les cartes en l'air et les fit retomber dans la loge. Sans cela, le parterre eût eu une représentation à laquelle sûrement il ne s'attendait pas.

Cependant madame la comtesse d'Osmont venait tous les ans à Paris, et faisait société intime avec nous. Cette brave dame aimait son mari à la folie, quoiqu'il ne fût pas des plus attentifs et qu'il ne dérangeât pas un instant sa vie ordinaire. Ses procédés cependant étaient d'un honnête homme.

Le comte d'Osmont, sans y penser, peut-on dire, avait placé son frère de manière à porter une grande aisance dans la famille. L'évêque, le meilleur parent possible, élevait ses neveux bien autrement que lorsqu'il était simple comte de Lyon. L'aîné des neveux [2], destiné à une fortune militaire,

---

[1] La chanson n'est pas jointe au manuscrit.

[2] René-Eustache, marquis d'Osmont (1751-1838), colonel en second du régiment d'Orléans-cavalerie, ambassadeur à la Haye au moment de la Révolu-

excellent sujet, était comme reçu dans la survivance de son oncle dans la place de chambellan, lorsqu'il prit une véritable passion pour mademoiselle Popsi, sœur de tous les Dillon qui ont joué par leur figure un rôle à Versailles. Elle n'avait rien que la protection de la Reine, la promesse d'un régiment pour son mari et d'une place de dame pour elle. Les deux oncles furent obligés de donner leur consentement, quoique le mariage ne leur convînt pas.

Le second [1], beau, grand, bien fait et plein d'esprit, prit l'état ecclésiastique et remplaça son oncle dans l'évêché de Comminges, deux ans avant la Révolution.

Le troisième [2], d'une belle figure, fut colonel, et toute la famille jeta tacitement les yeux sur lui pour remplacer l'aîné, qui, tout entier à sa femme, sollicitait une place dans la diplomatie.

Le quatrième, qui était dans l'état ecclésiastique, annonçait beaucoup d'esprit et de mérite [3]. Il s'enfuit au premier choc de la Révolution, pour défendre ses propriétés à Saint-Domingue. Malheureusement, dans la première affaire, son cheval l'emporta au milieu des nègres rebelles, et il fut assassiné.

La fille épousa M. de ... [4].

L'évêque donnait des dots et pourvoyait à tout.

Menant toujours la même vie, d'Osmont voulut absolument être des petits soupers de whist du feu maréchal de Soubise. Le maréchal fit quelques difficultés : il n'avait rencontré d'Osmont que pour l'entendre jurer. Celui-ci, qui tenait à ne pas se séparer de la société de joueurs avec laquelle

---

tion, pair de France en 1815, et ambassadeur près de différentes cours. Il avait épousé mademoiselle Hélène Dillon.

[1] Antoine-Eustache d'Osmont (1754-1823), évêque de Comminges en 1785, évêque de Nancy en 1802, archevêque de Florence en 1810.

[2] Marie-Joseph-Eustache, vicomte d'Osmont, lieutenant général (1756-1839), marié en 1795 à Anne-Marie-Marthe Gilbert-des-Voisins.

[3] Il fut un moment agent général du clergé avec l'abbé de Montesquiou.

[4] Anne-Élisabeth-Rose d'Osmont, mariée à Robert-Maurice, comte d'Argout, fils du gouverneur de Saint-Domingue. (CHASTELLUX.) Le contrat fut signé par le Roi le 19 février 1786.

il était dans l'habitude de souper tous les soirs, promit de se calmer et tint parole. Il souffrait, mais pendant cinq ans, jusqu'à la mort du maréchal, il n'a pas sourcillé; il faut croire que l'idée de s'en dédommager ailleurs le soutenait.

Sa femme venait à Paris presque tous les ans. Un hiver qu'il l'attendait, il apprit sa maladie et sa mort. Je n'ai jamais vu une douleur aussi vraie. Je vais en citer une grande preuve, il fut pendant trois semaines sans toucher ni cartes, ni dés. Il était étranger à tout et s'abîmait dans sa mélancolie; enfin, craignant qu'il n'altérât sa santé, nous dûmes, au bout de ce temps, user de subterfuge pour lui faire accepter une partie de whist. Il perdit avec une indifférence qui nous inquiéta réellement, mais le temps, ce grand maître, lui rendit son état naturel, et quelque six mois après, il entra dans une telle rage sur un malheureux coup de dés, qu'il prit le cornet de cuir et l'envoya avec violence à travers un carreau de verre de Bohême de mon salon; le carreau, le cornet, les dés, tout vola dans la cour. C'était en hiver; je fis fermer le volet, j'envoyai chercher le vitrier, et tout fut rétabli, et payé par lui, dans la demi-heure, sans qu'il sourcillât. Je le fis par forme de correction, mais il était incorrigible.

Un jour qu'il perdait et qu'il était très-mal monté, il fit quatre tours dans le salon et voulut s'en aller sans payer. C'était assez son usage; je payais pour lui, et il m'envoyait l'argent le lendemain; mais comme ce jour-là il y avait beaucoup de paris de traverse, et que je voulais qu'il comptât lui-même, je l'exhortai à en finir. Il revint comme un furieux, tira deux rouleaux de cinquante louis et les envoya d'une telle force sur la table, qu'un des deux se brisa. On ramasse les louis, et on n'en trouve que quarante-neuf. D'Osmont prit une bougie et fut plus d'une demi-heure à visiter inutilement tous les coins du salon. Ses doléances étaient comiques; toutes les raisons qu'il donnait pour ne pas compléter le rouleau, et la manière dont il était affecté de cet événement, plus que des cent louis qu'il venait de perdre, avaient une manière originale qui n'appartenait qu'à lui.

Quelquefois, lorsque d'autres de ses amis l'auraient cru au désespoir, il faisait des choses très-gaies du plus grand sérieux possible. A la fin d'une partie de whist, il se trouva me redevoir trente louis et sortit à son ordinaire avec les manières d'un homme qui a une humeur infernale. Je fus huit jours sans en entendre parler, et nous le crûmes dégoûté pour jamais du jeu, car il était cette année dans une grande veine de malheur. Mais de nouveaux plaisirs l'avaient entraîné; il était à la chasse à Chantilly, et un jour, à huit heures du matin, il m'envoya un valet de chambre tout galonné pour savoir de nos nouvelles et m'apporter un chevreuil. Je remercie le porteur et donne ordre qu'on mette la bête à la cuisine. Alors le valet de chambre me dit : « Mon « maître m'a donné l'ordre de vous prier de parler à « l'oreille du chevreuil. » J'y regarde; il avait ficelé dans l'oreille les trente louis qu'il me devait.

Il n'avait que deux filles de son mariage, et il, les avait mariées très-bien, l'une au marquis de Sainte-Suzanne [1], et la seconde au comte de Briges [2], un des écuyers particuliers du Roi et très-bien en cour. Il fit les choses à merveille, et comme un homme dont la fortune ne fait qu'augmenter, quoiqu'il se plaignît du jeu comme s'il était ruiné.

Il avait toujours les mêmes domestiques; c'étaient de vrais chanoines, bien vêtus et bien payés. Quand il était à Paris, un seul venait le servir à souper; leur service actif était aux chasses et aux voyages des princes. Alors maître et domestiques étaient sur les dents. Un jour, il arrive chez lui au Palais-Royal, cour des Fontaines, avec un seul palefrenier. Le domestique harassé, peut-être un peu gris, cherche son maître, ne le trouve plus, et, voyant le lit tout fait, il se jette dedans tout botté et s'endort. D'Osmont rentre à quatre

---

[1] Peut-être Charles-Adolphe de Mauconvenant, marquis de Sainte-Suzanne.
[2] Charlotte-Rose-Jacqueline d'Osmont, mariée à Christophe-Étienne de Malbec de Montjoc de Briges, fils de l'écuyer et de mademoiselle Radix, veuve de M. Bondret.

heures du matin avec le vicomte de Noé[1], qui logeait au-dessus de lui. Voyant l'homme si bien couché, il appelle le vicomte, il réveille le valet et se borne à lui dire : « Mais, malheureux, encore si tu avais ôté tes bottes ! » et pressé à son tour de se coucher, il se fourre dans la même place et s'endort.

C'est encore à lui qu'est arrivée à Falaise cette aventure que je sus alors ; il se trouvait le matin dans le lit d'une très-aimable dame, qui, entendant sa tante arriver chez elle, n'eut que le temps de le faire fourrer au fond du lit et de le couvrir du mieux qu'elle put. La tante s'assoit auprès du lit, cause longuement, tire sa boîte et la fait crier en l'ouvrant. D'Osmont oublie où il est, et la tante voit sortir du lit un grand vilain bras velu, et au bout deux doigts qui s'enfoncent dans sa tabatière ; elle était bonne femme, elle pardonna et fut dans une confidence qu'elle n'aurait jamais eue sans cette distraction.

Il fut invité un jour à une fête très-plaisante donnée au duc de Penthièvre dans la terre de Crécy, qu'il avait acquise de madame de Pompadour. Toutes les paroisses furent commandées ; on fit un rabat immense vers l'avenue, on laissa les grilles, les portes et les appartements ouverts. Au bout de cinq heures, on vit arriver les lièvres, les chevreuils, les cerfs, les sangliers, tout entra dans le château ; des fenêtres on tua les grosses pièces, mais le petit gibier se fourra partout, même dans les cheminées ; il nous contait cette chasse avec grand plaisir.

Un jour, M. le comte de ***, gentilhomme gascon de très-ancienne extraction, mais n'ayant que la cape et l'épée, était venu à la cour en vertu de la décision nouvelle qui accordait le droit de présentation à ceux qui prouveraient une noblesse non interrompue depuis 1300. Admis chez le duc d'Orléans, il voit d'Osmont faisant la chouette au trictrac, perdant et jurant comme de coutume. Il ne savait pas que d'Osmont avait la vue basse, et que, quand il voyait un objet qui attirait son attention, lorsqu'il était hors de lui, c'était sur cet objet

[1] Louis, vicomte de Noé, gouverneur et maire de Bordeaux, chambellan du duc d'Orléans.

qu'il jetait ce qu'il avait dans la main. Le nouveau présenté veut se retirer, et voilà qu'il reçoit les deux dés dans le dos, chose que tout le monde savait éviter en attendant que l'effervescence de d'Osmont fût passée. Le jeune homme revient sur ses pas, prend à témoin de la façon dont il est insulté et propose le cartel. Ceux qui voyaient cette scène éclataient de rire, et il fallut que le duc d'Orléans s'en mêlât et fit entendre raison ; car pour le comte d'Osmont, occupé de sa partie, il ne savait rien de ce qui se passait, et comme il perdait toujours, il gratifia quelques autres spectateurs des mêmes faveurs.

Je finirai par une anecdote assez plaisante. Son originalité faisait tant de bruit que le Roi et la Reine se plaignirent que jamais on ne le vît à Versailles. Il fallut toutes les puissances pour le déterminer à y aller, quoiqu'il eût déjà été entraîné chez la duchesse de Polignac. Enfin, le jour fixé, il arrive à Versailles, et il y est reçu comme s'il y allait tous les jours [1]. On avait tant parlé de lui qu'il était connu jusque dans les plus petits détails. Le Roi voulut jouer contre lui et prit un second ; d'Osmont fut fort étonné de ce que Louis XVI ne voulût jouer qu'un petit écu la fiche ; il fit donc la chouette aux six francs, et le Roi, avec sa grosse gaieté, lui dit de ne pas se gêner. Il joua d'abord heureusement, mais enfin un coup détestable lui étant arrivé, il s'oublie, se lève brusquement et se promène ; mais, apercevant le Roi qui le regardait, il se remet à sa place en grommelant entre ses dents. Ce furent alors des rires qui ne le firent pas changer. Le lendemain il s'en revint à Paris, promettant bien que jamais on ne le rattraperait à si petite partie, et il a tenu parole.

Un jour, il avait près de soixante-dix ans, il entra dans ma chambre le matin ; son air soucieux me fit craindre quelque malheur. Il fut plus d'un quart d'heure sans me parler, touchant tout et remuant tout ce qu'il trouvait sur ma cheminée. Enfin, me voyant seul, il me dit d'une voix sépulcrale :

---

[1] C'est le 12 novembre 1784 que le comte d'Osmont fut admis aux honneurs de la cour.

« Tu vois un homme mort. — Mais, mon ami, le mort remue
« tout ici. — Ne plaisante pas, je t'en prie. Je viens d'avoir
« un tête-à-tête avec une personne fort jolie et qui aurait été
« une bonne fortune pour moi il y a trente ans. Eh bien! je
« te le dis avec désespoir, je suis un homme mort. — Eh!
« mon ami, il est des plaisirs de tous les âges; heureuse-
« ment que la passion du jeu ne s'éteint pas de même. » J'eus
beau le plaisanter, je ne pus jamais lui rendre la gaieté, pas
plus que ce qu'il avait perdu.

Son caractère sûr le faisait tellement rechercher que la
duchesse d'Orléans-Penthièvre[1] lui donnait à déjeuner tous
les jours depuis deux ans; souvent il y passait la journée
jusqu'à l'heure du spectacle. Lorsque la Révolution arriva,
le caractère affreux du duc l'affecta à un point qui ne peut
s'exprimer. Il changea, le dépérissement s'ensuivit. Je n'avais
plus de maison à Paris, et, dès qu'il me savait arrivé, il venait
me voir au Vieux Louvre, quoiqu'il fût obligé de monter
quatre-vingts marches, et nous nous donnions rendez-vous
chez des amis communs. Combien de fois l'ai-je vu pleurer
sur le sort de la princesse et maudire l'existence du mari!

Je le vis un instant la seconde année de la Révolution; ce
n'était plus le même homme. Il se promenait à midi au
Palais-Royal, cherchait le soleil et avait l'air d'un château
branlant, avec tous les signes de la décrépitude; enfin il
me fit une vraie peine. Je vis, à la façon dont il me parla,
que, dégoûté de la vie par tout ce qui se passait, il attendait
sa fin avec plus d'impatience qu'on n'eût pu le croire d'un
homme de son caractère. Il partit pour les eaux de Spa, autant pour sa santé que pour s'éloigner des malheurs qu'il
voyait planer sur la France. Les eaux avancèrent sa destruction; il les quitta pour aller à Bruxelles, où il termina tranquillement son existence, assez heureusement pour lui, puisqu'il n'a pas vu le temps affreux de Robespierre.

---

[1] Femme de Philippe-Egalité.

QUATRIÈME ET DERNIÈRE ÉPOQUE
(1787-1801)

LA RÉVOLUTION

J'entre dans une carrière immense, un abîme épouvantable où j'ai vu s'engloutir parents, amis, fortune. J'ai assisté au bouleversement général de la société, à la disparition d'une famille royale digne du respect et du dévouement de tout Français. Je ne retracerai que ce qui m'est personnel. Retiré dans ma terre, je rappellerai comment j'ai été atteint; je prouverai que malgré toute la prudence humaine, on ne peut se vanter d'avoir échappé au danger que grâce à une Providence qui régit et conduit tous les événements. Je ferai voir les privations qu'ont éprouvées les personnes qui savaient jouir de la société, des arts et des sciences, et qui ont vu le siècle se plonger dans la plus affreuse barbarie.

Dans tout le cours de ma vie, j'avais cherché à acquérir des amis pour ma vieillesse : la Révolution a trompé tous mes calculs. La plupart de mes amis ont disparu, et j'ai vu trop souvent ceux que j'ai conservés faire passer avant tout leur intérêt personnel. Je ne m'en suis même pas plaint, et je ne me suis pas dégoûté de rendre service parce que j'ai trouvé des ingrats. Ma femme et moi, nous nous rappelons tous les jours les amis que nous avons perdus, et nous gardons la douce impression de leurs vertus sociales; c'est le seul plaisir qui nous reste de l'amitié que nous avions pour eux.

Ce préambule écrit, je vais rentrer dans la carrière des événements et continuer ces Mémoires.

CHAPITRE XIX

Mgr de Thémines, évêque de Blois; sa vie; il est appelé à l'Assemblée des notables. — Assemblée provinciale à Orléans. — Assemblée départementale à Blois; l'auteur est nommé président. — M. Mesnard de Chousy; le vicomte de Beauharnais. — Élection des députés aux États généraux. — Lavoisier. — Les députés. — Attitude de l'évêque. — Voyage à Paris. — Les États généraux à Versailles. — L'affaire de Réveillon. — Le Palais-Royal. — Retour à Blois. — On apprend la prise de la Bastille. — Commencement de l'émigration. — Les voisins de Cheverny. — La grande panique; brigands imaginaires. — Organisation d'une garde nationale. — Insurrection pour les subsistances. — Le club de Blois. — Mort de M. de Cypierre. — On établit un club à Cour. — Les clubs de Paris : club de Quatre-vingt-neuf, des Jacobins. — Les volontaires à Blois et dans les environs; leur indiscipline. — Madame Dayrell à Clénord; son courage en face des volontaires insurgés. — Punition des révoltés.

M. de Thémines-Lauzières, aumônier du Roi, fort lié avec M. d'Angiviller jeune, plein d'esprit et de connaissances, parent et héritier de madame de Beringhen, fut nommé, à la mort de M. de Termont, à l'évêché de Blois. Cet évêché, à quarante-deux lieues de Paris, considérable pour le revenu, avec un palais épiscopal on ne peut mieux situé, était l'objet de l'envie de toute la cour. J'ai dit la façon dont il vivait dans son diocèse, et comment il avait fait reconstruire les dedans de son palais. Magnifique dès qu'il fallait traiter, il recevait chez lui les maréchaux de France, les princes, etc., et le maréchal de Noailles n'allait point à son gouvernement de Bordeaux sans passer quatre jours chez lui. Ami intime de beaucoup de gens de mérite, il était fort recherché, et dès qu'il le pouvait, se retirait à Paris, où il se livrait aux arts et cultivait ses connaissances. Revenant à toutes les grandes fêtes, il faisait son métier en prélat consommé. Voulant satisfaire son goût d'instruction, il se détermina à aller voir l'Espagne et le Portugal incognito, et cependant avec toutes les précautions que son état exigeait. Il se compromit à un auto-da-fé, non parce qu'il blâmait la religion, mais parce qu'il en critiquait les abus. Toutes ses belles qualités étaient, comme je l'ai dit, ternies par une hauteur de caractère qui avait aliéné tout son clergé; il laissait peu approcher de lui les curés, il leur donnait des audiences très-laconiques; souvent il les éconduisait en passant la tête entre sa porte, et il ne les priait jamais à dîner. Il appelait seulement à sa table deux grands vicaires connus par leurs mœurs, et un Père Capucin, son confesseur en titre. Ayant été élevé avec Gérente[1], l'évêque d'Orléans, ci-devant coadjuteur, il était resté son ami sans en faire beaucoup de cas. Son seul ami véritable était Amelot, évêque de Vannes[2], cousin de mon beau-frère, et l'un des hommes les plus vertueux du royaume.

Tout le public sait l'appel des notables à la cour, et la façon dont ils se conduisirent. L'évêque Thémines fut des premiers appelés et ne réussit pas mieux qu'un autre; il était dans les bons principes, mais il ne calculait pas l'esprit du siècle. Enclin au despotisme, il aurait plutôt été un petit cardinal Richelieu, et peut-être était-ce l'espèce d'homme le plus nécessaire dans le moment. Il fut, dit-on, nommé un instant à la place de Brienne.

J'étais alors très-tranquille à Cheverny; nous allions, ma femme et moi, passer tous les ans six semaines à Paris, chez mon ami Sedaine. Je consacrais le matin aux arts et aux sciences, je dînais avec mes hôtes, et tous les soirs j'allais au spectacle, donnant le reste du temps à la société.

Il y avait longtemps que nous jugions que la grande population qui inondait la France nuirait à sa tranquillité.

---

[1] Louis-François-Alexandre de Gérente (ou Jarente) de Sénas d'Orgeval, né en 1764, évêque d'Orléans en 1788. Il était auparavant, avec le titre d'évêque d'Olba, coadjuteur de son oncle, aussi évêque d'Orléans, et dont il a déjà été parlé.

[2] Sébastien-Michel Amelot (1741-1829), évêque de Vannes depuis 1775.

La moindre petite place donnée faisait trente mécontents. Le maréchal de Ségur, en exigeant des preuves de noblesse pour entrer dans le service [1], avait mis au désespoir des milliers d'hommes riches, qu'il excluait du rang d'officier. La Reine avait inconsidérément foulé aux pieds toute étiquette, et l'on en était venu à plaisanter le Roi sur l'écorce grossière que la nature lui avait donnée. Le Parisien avait perdu le respect filial qu'il avait toujours eu pour son roi. Les jeunes agréables de la cour, indiscrets, inconséquents, légers, mangeaient, pour ainsi dire, dans la main des princes. On avait vu le cardinal de Rohan traité sans respect pour son caractère. Un ministre insolent, le baron de Breteuil, n'ayant la confiance de personne ni le mérite pour l'obtenir, se laissait aller à toutes les impulsions de son caractère, ne sachant pas le masquer par un dehors ouvert et séduisant, mais ayant l'abord fier, haut et maniéré, pour cacher sa nullité.

M. de Cypierre, conseiller d'État, vivait à Paris, mais il avait beaucoup d'influence sur les affaires de l'intendance d'Orléans, que son fils [2] conduisait; j'étais, depuis vingt ans, en correspondance journalière avec lui. Il me manda à Cheverny, où je vivais à l'ordinaire, qu'il était question d'assemblées provinciales; il me prévenait que le duc de Luxembourg [3] en serait le président, et qu'on désirait que j'y fusse appelé. Je fis sentir à mon ami combien ce déplacement me déplairait, lui n'étant plus à Orléans, et mes talents dans cette nouvelle administration étant fort douteux; je le priai d'empêcher toute proposition.

Le président de Salaberry, homme ardent, aimant toutes les nouveautés, influencé par M. Boësnier-Delorme, qui, toute sa vie, avait mal digéré les phrases alambiquées des Diderot, Rousseau et Voltaire, courut à Paris, fit démarche sur

---

[1] Règlement du 22 mars 1781. Voir les *États militaires*, qui contiennent une note sur les preuves exigées.

[2] Perrin de Chevilly.

[3] Anne-Charles-Sigismond de Montmorency-Luxembourg, duc de Luxembourg, Piney et Châtillon-sur-Loing.

démarche, et fut désigné par la cour pour faire partie du noyau [1] de cette assemblée provinciale. Il m'en fit part et m'invita à me faire nommer aussi; alors je lui contai ce qui s'était passé et mes réponses.

M. de Cypierre m'écrivit que la présidence de l'Assemblée départementale [2] de Blois était offerte à M. de Thémines, qu'il y avait grande apparence qu'il n'accepterait pas, puisqu'il n'avait pas la place supérieure à Orléans. S'il acceptait, M. de Cypierre me conseillait de me laisser appeler par la cour le premier au rang de la noblesse. Si, au contraire, M. de Thémines refusait, il ne doutait pas, malgré les démarches du sieur Mesnard de Chousy [3], que le choix ne tombât sur moi, si je le voulais. Je lui répondis que si l'évêque était nommé, je me ferais autant de plaisir que d'honneur de coopérer avec lui à la chose publique, mais que je refuserais net si l'on nommait Mesnard de Chousy, homme d'esprit, mais verbeux et vaniteux, jadis premier commis dans le ministère qu'avait mon beau-frère. Les choses en restèrent là pendant trois semaines, et l'on disait dans la ville que le maitre de la poste avait un paquet tout prêt à remettre au président inconnu. M. de Cypierre m'écrivit enfin que l'évêque avait refusé, et que j'étais nommé. La nomination arriva; je reçus une lettre du Roi, une autre du ministre, et je partis le lendemain de grand matin pour me faire remettre ce qui était déposé pour le président anonyme. Ma première démarche fut de me rendre chez l'évêque et d'ouvrir le paquet devant lui. J'appris, par une autre lettre ministé-

---

[1] D'après l'édit de 1787, le Roi désignait la moitié des membres de l'Assemblée provinciale, et ces membres devaient ensuite nommer l'autre moitié.

[2] Les Assemblées départementales étaient placées au-dessous des Assemblées provinciales, et leur constitution était la même. La moitié de leurs membres étaient, la première fois, désignés par l'Assemblée provinciale. Au troisième degré étaient les Assemblées de paroisses. Le département de Blois comprenait les élections de Blois et de Romorantin.

[3] Didier-François-René Mesnard, chevalier, comte de Chousy, conseiller d'État, contrôleur général de la maison du Roi, ministre plénipotentiaire près le Cercle de Franconie en 1774. — C'était le fils aîné de M. Mesnard, contrôleur de la maison du Roi.

rielle, que le Roi avait appelé dans la noblesse le sieur Mesnard de Chousy et le vicomte de Beauharnais [1], dans le tiers état de l'Arche [2] et de Coins [3], un M. d'Autroche d'Orléans, et M. Rangeard de la Bossière [4], ancien officier ayant joué un rôle dans le parlement Maupeou, mais estimé, considéré et très-riche.

Toute cette première opération ne formait qu'un noyau ; six membres de la noblesse, six du clergé, douze du tiers état, deux procureurs-syndics, l'un dans le clergé ou la noblesse, l'autre dans le tiers état, devaient former l'administration entière.

J'allai faire part à M. de la Bossière de sa nomination, et nous étant concertés, nous jugeâmes que nous devions appeler M. Pajon de Chambaudière, maître de la poste aux lettres, dont l'esprit et les connaissances étaient connus. M. Gauvilliers voulut bien me céder sa maison de Blois, en s'y réservant un logement ; ma femme s'y fixa, et je pris l'état auquel m'obligeait décemment cette nouvelle place, quoiqu'elle fût sans aucune rétribution.

Le soir même, arriva le vicomte de Beauharnais, que je n'avais connu que fort jeune. Agé de vingt-neuf ans, l'air noble, fait au tour, d'une tenue très-élégante, il resta une heure en tête-à-tête avec moi ; il parla avec facilité, avec amabilité, avec beaucoup d'esprit, et avec une réflexion qui m'étonna. Il n'avait pas encore le germe d'ambition qui l'a perdu et qui l'a rendu si coupable aux yeux de tous les honnêtes gens.

---

[1] Alexandre-François-Marie, vicomte de Beauharnais (1760-1794). Il était à cette époque major en second du régiment de la Fère (infanterie). Député à l'Assemblée constituante, puis envoyé à l'armée du Nord comme adjudant général, il fut nommé, en 1793, général en chef de l'armée du Rhin ; destitué comme noble, il fut bientôt arrêté et condamné. Il avait épousé, à la Martinique, Joséphine Tascher de la Pagerie, mariée plus tard à Napoléon Ier.

[2] De l'Écluse de l'Arche, assesseur civil et criminel au bailliage de Blois.

[3] Nom douteux.

[4] Ancien procureur général à la Chambre des comptes de Blois. Cette chambre, comme on l'a vu, avait formé le noyau du conseil supérieur, au temps du parlement Maupeou.

Assez nombreux pour nommer les autres membres, nous ne tardâmes pas à former l'assemblée; tous nos choix furent généralement approuvés. L'évêque me désigna plusieurs sujets du clergé. Impartial comme la loi, il me dit : « Prenez l'abbé Raoux, chanoine. Il est toujours en opposition avec moi, mais, malgré cela, je l'aurais choisi, parce que je connais ce qu'il vaut. » Ce fut un des meilleurs choix.

J'en resterai là sur cette assemblée [1]. Il est à la connaissance de tout le monde qu'elle a mérité la considération et l'estime. Je reçus lettres sur lettres pour me rendre à Orléans; le duc de Luxembourg m'en pressait. Je me déterminai à aller y passer deux jours. Je connaissais le duc, et je faisais cas de son esprit et de ses talents; il avait captivé tous les cœurs. Je logeai à mon ordinaire chez l'intendant, M. de Chevilly. La magnificence et la représentation étaient superbes. C'étaient de petits États; il y avait des fêtes tous les jours, ce qui occasionnait une grande perte de temps. Le président de Salaberry se livrait à tout, au travail et au plaisir, s'agitant beaucoup et faisant des dissertations inépuisables. Chacun voulait se préparer des moyens pour parvenir, et les moins prévoyants devinaient que l'on jouerait un rôle, et que celui qui se mettrait en avant aurait beau jeu. Je revins à Blois. Le duc vint m'y voir et logea chez moi. Il fit plusieurs voyages à Cheverny et me combla d'amitiés. Notre correspondance fut soutenue et utile. J'eus chez moi presque tous ces messieurs à différentes fois, mais, ayant tâté de la vie qu'on menait à Orléans, je restai à ma besogne et la suivis exactement.

Cependant arriva la convocation du Roi pour nommer à l'Assemblée [2]. Alors tout le bailliage, plus long que large,

---

[1] L'Assemblée de département s'ouvrit à Blois, dans la grande salle de l'Hôtel de ville, le 13 octobre 1787. L'Assemblée provinciale d'Orléans avait tenu sa première séance le 6 septembre.

[2] La lettre du Roi et le règlement pour l'exécution des lettres de convocation des États généraux sont datés du 24 janvier 1789.

reçut des ordres. M. le marquis de Saumery¹, grand bailli, trop jeune pour jouer un rôle, ne fut pas appelé, et tout fut remis entre les mains du lieutenant général du bailliage². Ce fut le moment des grandes agitations. M. de Lavoisier³, de l'Académie des sciences, membre de l'Assemblée provinciale, s'y rendit à cause de sa terre de Freschines. Cet homme, encore jeune, illustre dans la chimie et les sciences, d'une réputation bien fondée, d'une belle figure, et ayant une femme jolie et fort instruite, puisqu'elle l'aidait dans son travail, voulait jouer un rôle, et c'est ce qui a fait sa perte. Un M. Herry de Maupas, retiré lieutenant-colonel de dragons, riche, mais sans aucun talent d'administration, se mit aussi sur les rangs. Protégé par les habitants de la ville, il avait pris, pour briller, la défense des riverains de la forêt contre le baron d'Espagnac⁴, qui voulait envahir tout dans son échange de Sancerre et de Cormeray.

M. de Salaberry avait essayé ses forces dans l'Assemblée provinciale, où son amabilité avait encore plus réussi que ses talents d'administration.

Différents nobles, venus de tous les coins et villes du bailliage, avaient formé des coalitions et avaient un de leurs prétendants tout prêt.

Cependant, ceux qui ne pouvaient se trouver à l'assem-

---

[1] Louis-Marie de Johanne de la Carre, marquis de Saumery, fils de Louis-Georges et de Françoise-Henriette de Menou. Il avait alors quinze ans et était grand bailli depuis 1783.

[2] Pierre Druillon.

[3] Ainsi désigné sur la liste de Blois : Antoine-Laurent de Lavoisier, écuyer, membre de l'Académie des sciences, seigneur de Freschines, Villefrancœur, la Chapelle-Vendômois et châtellenie de Thoizy. — Il avait joué un rôle important à l'Assemblée provinciale d'Orléans. (L. DE LAVERGNE, *Assemblées provinciales*, p. 165 et suiv.) Sa femme, Marie-Anne-Pierrette Paulze, nièce de l'abbé Terray, se remaria en 1805 au comte de Rumford.

[4] Jean-Frédéric-Guillaume de Sahuguet d'Amarzit, comte d'Espagnac, mestre de camp de cavalerie, baron de Lussac, Cormeray, etc. — Le Roi lui avait cédé, en 1785, la moitié de la forêt de Russy en échange du comté de Sancerre, auquel on attribuait une valeur beaucoup moindre. En 1789, l'Assemblée du tiers état du bailliage de Blois réclama contre cet échange, qui fut annulé par l'Assemblée nationale. (BERGEVIN et DUPRÉ, t. I, p. 590.)

blée envoyaient leur procuration à ceux qui avaient leur confiance. Le pauvre archevêque de Bourges [1] venait de mourir presque dans nos bras. Sa nièce, la marquise de Flamarens, notre amie, voulut que je me chargeasse de sa voix. Villemorien m'envoya sa procuration; madame Poisson de Malvoisin, comme dame de Ménars [2], me fit remettre la sienne, avec prière de ne la donner à personne et d'en user moi-même. M. de Cypierre ne cessait de m'écrire pour m'engager à refuser toute nomination. Mais M. de Villemorien, par sa démarche, avait déterminé toutes les voix en ma faveur, et l'on m'en fit l'hommage. Je demandai vingt-quatre heures, et, malgré M. Delorme, qui était comme un énergumène, je restai sans donner aucune réponse. M. de Salaberry crut que je le desservais; une explication nous remit comme nous étions. Mais cette assemblée tumultueuse où tous les esprits se choquaient, où toutes les ambitions étaient à découvert, où les songe-creux, les royalistes et les républicains déployaient leurs moyens, fut d'une déraison complète.

Aucun parti n'était d'accord, toutes les cabales se nuisaient les unes aux autres. On jeta les yeux d'abord sur Beauharnais, qui, par son amabilité, sa douceur, ses fines manœuvres, ne choquait personne; peu connu dans la ville, il n'excitait aucune envie. Le second fut un officier du génie [3], venu comme seigneur de fief; peu connu, il était arrivé par hasard la veille de l'assemblée et y était resté, on ne sait pourquoi. Ce fut Maupas qui fit tomber le choix sur lui, comme on fait dans le conclave, pour mettre d'accord tous les partis. Lavoisier fut nommé suppléant. Les choix des autres corps ayant été fort indifférents, je ne ferai mention

---

[1] Phélipeaux.

[2] Il y a ici une erreur. Ce n'est pas madame, mais M. de Malvoisin qui figure au nombre des électeurs représentés : Gabriel Poisson de Malvoisin, écuyer, maréchal de camp, au nom et comme tuteur de son fils mineur, Auguste Poisson de Malvoisin, seigneur du marquisat de Ménars.

[3] Louis-Jean de Phélines, capitaine au corps royal du génie, seigneur de Bois-Bernard.

que de M. Turpin, lieutenant criminel, homme d'un esprit sage et fin, qui sut se conserver intact dans cette révolution, sans choquer ouvertement la folie du temps[1].

J'avais dans l'assemblée des amis qui étaient désespérés de ne pas me voir nommé. M. de Pestre, comte de Senef[2], voulut me servir avec un zèle dont on n'a pas d'idée.

L'évêque aurait sûrement eu le vœu de tout son clergé; mais, prévoyant ce qui arriverait, il montra toute la roideur de son caractère, et ne voulut ni présider son corps, ni faire aucune démarche; il semblait ainsi percer dans l'avenir.

Il s'était fourré dans notre assemblée un Boisguyon[3], de Châteaudun, qui, intrigant et mauvais sujet, se jeta à corps perdu dans la Révolution, et finit par tomber sous la faux révolutionnaire. Nous fîmes tout notre possible pour faire nommer le duc de Luxembourg, mais il n'y avait pas assez de places pour l'avidité et la folie des prétendants.

Lavoisier, qui avait eu un grand succès à l'Assemblée provinciale par son esprit exact et sa rédaction comme secrétaire, avait eu toutes sortes de déboires et d'humiliations chez lui, où on lui disputa le titre de noble, tandis que la crainte de le voir parvenir dans le tiers état l'en avait fait exclure. Il fut reçu dans l'ordre de la noblesse[4], qui ne disputa pas et rendit justice à son mérite : la place de suppléant lui fut accordée tout d'une voix.

Ceci totalement fini[5], je me déterminai avec ma femme à faire un tour à Paris, et nous partîmes après l'hiver. M. de

---

[1] Les trois autres élus du tiers état étaient : Pierre Druillon, lieutenant général du bailliage; Dinocheau, avocat, que nous verrons souvent citer, et un M. de la Forge, avocat à Châteaudun.

[2] Joseph-François-Xavier de Pestre, comte de Senef, baron de la Ferté-Bréviande.

[3] Gabriel-Nicolas-François de Boisguyon, seigneur de la Jaloyère, que l'on retrouvera plus tard. Il avait été page de la comtesse d'Artois, et était le fils d'un écuyer de Mesdames de France.

[4] Il figure également sur la liste des électeurs nobles du vicomté de Paris (Isle-de-France, p. 27), et aussi à Paris (ibid., p. 12).

[5] Les opérations électorales, commencées le 16 mars 1789, étaient terminées le 30.

Villemorien, revenant de Valençay, avait passé à Cheverny, où je le fis traiter à l'ordinaire. Ce fut son dernier voyage : quelques accès de fièvre qu'il eut dégénérèrent en fièvre maligne; il mourut le neuvième jour, âgé d'environ soixante-quinze ans. Les preuves qu'il nous avait données en toute occasion de son attachement laisseront son souvenir gravé dans nos cœurs.

Nous logeâmes, à notre ordinaire, chez M. Sedaine, au Louvre, pavillon du cul-de-sac du Coq. Dès mon arrivée, il me parut que les têtes des auteurs et des artistes étaient furieusement exaltées; l'égalité leur tournait la tête. Tous mes amis s'empressèrent de venir me chercher, et moi de les aller voir. Beauharnais, que j'avais servi de mon mieux, et qui me montrait beaucoup d'attachement, me fit les plus grandes offres de services. L'Assemblée était composée de toutes personnes de ma connaissance, de parents et d'amis. J'eus à l'instant un billet d'entrée comme suppléant, et des billets dans les tribunes pour qui en voulut.

Tout était alors à Versailles. Je n'y allai qu'une fois. Aussitôt entré dans la salle, des députés d'Orléans m'invitèrent à m'asseoir avec eux. J'y restai deux heures, me faisant nommer ceux que je ne connaissais pas. C'était l'assemblée générale, et il y avait alors scission. Trois curés entrèrent pour se réunir : des embrassades, des cris de joie, plus exaltés qu'on ne devait se le permettre, annonçaient la violence du choc qui allait arriver. Je repartis avec les deux Toulongeon, frères de mon gendre, et m'en revins à Paris.

Plus à portée qu'un autre de juger la situation, à cause des artistes que je fréquentais, j'annonçai à mes amis, surtout à M. de Cypierre, une révolution dont les symptômes me paraissaient terribles. On me fit part en secret de cartes où chaque homme du peuple était enrégimenté; j'en vis du premier et du sixième régiment.

L'affaire de Réveillon arriva. Paris est si grand qu'on ne savait pas un mot, là où j'étais, des assassinats qui se commettaient au faubourg Saint-Antoine. Ma femme était à l'Opéra. Le comte de Rabodanges lui donna le bras jusqu'à son carrosse, et lui conta le danger qu'elle avait couru ; les furieux, en effet, stipendiés par le duc d'Orléans, avaient mis en question de brûler l'Opéra[1]. Inquiète de moi, elle courut chez mesdemoiselles de Martainville, où nous devions souper. J'y étais arrivé sans me douter de rien.

Une réflexion qui me frappa fut le manque de politique de la cour. Paris était dans une effervescence abominable. Quelques soldats aux gardes, en prison pour fautes de discipline graves, avaient été rendus à la liberté[2]. Retirés dans une maison sur le Palais-Royal, au premier, ils causaient avec le peuple ; on leur montait des glaces par la fenêtre ; des groupes se formaient. Les honnêtes gens, cois et tranquilles, se promenaient sans se mêler de rien ; mais il semblait que les mauvais essayaient leurs forces. La Borde, le premier valet de chambre, me rencontra ; les larmes lui roulaient dans les yeux. Pour éviter la foule, nous nous mettons sur deux chaises. Nous entendons un grand bruit. Nous voyons un homme, casque en tête, un sabre nu à la main, en uniforme de dragon, qui commandait une demi-compagnie du régiment des gardes. Tous ces gens, à moitié ivres, n'ayant que leurs sabres, marchaient en criant : « Vive la liberté ! » et obligeaient tout le monde à crier comme eux. Ils s'adressèrent à nos voisins, mais notre tenue sage et ferme les fit passer devant nous sans rien dire.

Des orateurs prenaient des chaises et faisaient des motions extravagantes. J'allai chez mon libraire, le nommé Lebret, aux boutiques de bois, dites le Camp des Tartares : il déménageait ses livres, et il me proposa de venir voir par une porte vitrée ce qui se passait de l'autre côté. Un sergent aux gardes lui avait promis de chasser un motionnaire qui obstruait tout ; il avait ôté sa croix de Saint-Louis, s'était

---

[1] Ces troubles avaient eu lieu le 28 avril 1789, par conséquent antérieurement à ce qui précède, les États généraux n'ayant été ouverts que le 5 mai.
[2] Onze soldats aux gardes, incarcérés à l'Abbaye, furent délivrés par les patriotes ; on leur donna une fête au Palais-Royal, tout en montant la garde autour d'eux, pour qu'on ne vînt pas les reprendre. (30 juin 1789.)

glissé dans la foule des auditeurs, avait pris une chaise vis-à-vis du prédicateur, était monté dessus, et l'interrompant : « Mes amis, vous écoutez un drôle comme celui-là ? Il est « payé pour vous égarer. C'est un vaurien, sorti de Bicêtre ! » Il parla si fermement que le prédicateur disparut dans la foule. Il me conta que, la veille, un homme qui prêchait le meurtre et le pillage avait été drôlement déjoué. Des jeunes gens se mirent à galoper comme des chevaux dans les galeries ; un d'eux se détache et crie que voilà une compagnie de dragons qui entre à cheval. Mon homme est frappé de la peur comme d'un coup de foudre, et tombe les quatre fers en l'air; on l'avait emporté comme mort. D'autres étaient saucés dans l'eau ; ils se vengeaient le lendemain sur les abbés. C'était un désordre inexprimable ; la police, les lois étaient sans force. Le duc d'Orléans passait souvent dans le jardin pour aller à un club qui se tenait dans son pavillon. Il faisait le modeste ; aux applaudissements, il avait l'air d'avoir les yeux remplis de larmes.

Le Roi venait de perdre le Dauphin[1]. La Reine, sans réflexion, après les trois semaines passées sans spectacles, à cause du temps de Pâques[2], les avait fait interrompre de nouveau. Le lieutenant de police en était désolé, car il lui était prouvé que les têtes fermentaient davantage lorsque le spectacle n'occupait pas les oisifs. La police pressentait ce qui allait arriver, et s'y préparait ; mais que faire quand les gouvernants sont sans politique aucune ? Le baron de Breteuil, ministre de Paris, avait fait fermer les clubs, et il avait compris dans sa proscription ceux dans lesquels d'honnêtes gens se rassemblaient paisiblement, au lieu de prendre cette mesure un an auparavant et de surveiller les assemblées et loges de francs-maçons, dont le duc d'Orléans était le chef visible, et dont on se servait pour appâter les oisifs et les nigauds, et organiser l'insurrection.

[1] Louis-Joseph-Xavier-François, dauphin de France, né en 1781, mort le 4 juin 1789.
[2] Pâques était le 12 avril.

Boullongne, après avoir voyagé dix ans, était revenu d'Angleterre avant la mort de son père, qui avait exigé de lui qu'il prît sa place de fermier général. Ayant acquis beaucoup de connaissances dans ses immenses voyages (il avait été jusqu'à Astrakan), parlant plusieurs langues, il s'était associé avec le baron de Baert [1], Artésien, homme honnête et qui voyageait par avidité d'apprendre. La première chose qu'il fit, après avoir été six mois fermier général, et n'avoir pas assisté deux fois à la ferme, fut d'appeler son cousin Chicoyneau de la Valette [2], et de le faire pourvoir de sa place : alors il jouit de sa liberté. Il vendit Magnanville, et acheta des possessions de tous les côtés. Lui et le baron de Baert vinrent tous les trois mois passer environ quinze jours avec nous.

Cependant, nous étions revenus à Cheverny depuis quelque temps, et, le 16 juillet, nous étions tranquillement à dîner, lorsque les journaux et les lettres nous arrivèrent de Paris, et nous apprirent la mort de Foulon, de Berthier et de Flesselles, prévôt des marchands, dont la femme était cousine de la mienne [3]. Ma femme se trouva mal, et le dîner fut interrompu. Les lettres particulières contenaient des détails affreux ; celles de M. Cypierre prévoyaient et annonçaient les plus grands malheurs.

Je reçus des lettres particulières de mon ami, M. de Lafreté, receveur général des finances. Il avait marié sa fille à M. d'Orceau de Fontette, intendant de Monsieur [4]. Cette

[1] Alexandre-Balthazar-François-de-Paule, baron de Baert, né à Dunkerque vers 1750, mort en 1825, membre de l'Assemblée législative en 1791. C'était un géographe distingué.
[2] Fils de Joseph-François Chicoyneau, baron de la Valette, et de Michelle Jogues de Martainville, par conséquent cousin germain de Boullongne. Je crois qu'il s'appelait Jean-Baptiste.
[3] Il avait épousé, comme on l'a vu, une demoiselle Pajot.
[4] François-Jean d'Orceau, baron de Fontette, marquis de Tilly d'Orceau, conseiller d'État, était chancelier garde des sceaux de Monsieur. Son fils, Aimé-Emmanuel-François, dont il s'agit ici, était son adjoint et survivancier. La jeune femme, née Angélique-Narcisse-Bernardine-Modeste de Lafreté, mourut le 30 août 1789, âgée de dix-neuf ans. Elle s'était mariée à la fin de mai 1788.

charmante femme, logeant chez son père, la dernière maison de la Chaussée d'Antin, venait d'accoucher depuis quinze jours de son premier enfant. Le 14 juillet arrive; on dépave les rues, chacun met la main à l'œuvre, et elle est obligée de faire comme les autres. On croyait que la ville allait être assiégée par le gouvernement. Les greniers étaient encombrés de pavés prêts à lancer sur les assiégeants. Elle sort pour se dissiper. Les brigands lui apportent au bout d'une pique, jusque dans sa voiture, les têtes de Flesselles et de Foulon. Elle rentre, la fièvre la prend, le lait remonte et la tue en trois jours. La frayeur prend, me mande-t-on, à mesdemoiselles de Martainville; elles ont des pâmoisons continuelles; elles veulent fuir sans raisonner. Enfin, elles montent en voiture et s'enfuient en Suisse avec le peu d'argent qu'elles peuvent rassembler. D'Osmont, l'ancien évêque de Comminges, leur ami et le nôtre, les accompagne. Aussitôt arrivées, elles nous écrivent qu'elles ont loué une grande maison, dans la conviction où elles sont que je préférerais cette tranquillité aux alarmes continuelles que nous allons éprouver. Nous nous consultons, nous sommes attendris de leurs propositions, mais nous avons une grande possession à surveiller, des enfants à ne pas abandonner; nous voyons du premier coup d'œil que quitter son pays, au moment où il est en danger, est une mauvaise combinaison. C'est tout au plus ce que nous aurions pu faire si nous avions été, comme elles, seuls et ne tenant à rien. Nous pensons que le devoir est de rester attachés à sa patrie, et de contribuer, selon ses faibles moyens, à rétablir l'ordre. Il nous semble que notre présence au milieu de gens avec qui nous vivons depuis trente ans, et auxquels nous avons toujours fait du bien, doit nous procurer plus de sûreté et de tranquillité que nous n'en trouverions dans un pays où nous n'avons nulles connaissances, et où nous ne pourrions nous soutenir qu'à force de dépenses. Nous motivâmes nos réponses dans ce sens, et il n'en fut plus question.

Le marquis de la Pallu [1], veuf de mademoiselle de Villesavin dont il avait un fils, s'était retiré à Villesavin, à deux lieues de chez moi. Le bailli de la Tour [2], bailli du Temple, très-riche et très-peu ordonné, s'était retiré dans le même château et avait amené avec lui une femme de qualité, mademoiselle de Flers, fille du comte de Flers dont j'ai déjà parlé, et épouse d'un marquis de la Brisolière [3], Normand, vivant dans son castel. Follement attaché à la chasse à courre, le bailli avait un équipage, et la dame était son premier piqueur. Ils étaient venus nous voir et faisaient une liaison. Le marquis de la Pallu, voisin de Broglie en Normandie, était attaché au maréchal, qui faisait cas de son mérite et de ses talents. Ils étaient tous fort prononcés contre la Révolution, et j'avais toutes les peines possibles à empêcher leur effervescence en propos. Delorme, entiché de ses idées économiques, était à la lettre un vrai docteur Pangloss, et attendait tout pour le mieux du nouvel ordre de choses. Pour moi, je les conciliais du mieux que je pouvais, et ne réussissais pas toujours.

M. de Luçay, devenu possesseur de la terre de Valençay, avait tourné ses forces et ses vues à suivre l'établissement des forges à Luçay, et les portait à un point très-intéressant. Fermier général à la mort de son père, il ne faisait nullement cette place, et passait son temps plus dans sa terre qu'à Paris. Conservant vis-à-vis de nous les droits qu'avait eus M. de Villemorien, il venait passer deux ou trois jours à Cheverny, en allant à Valençay ou en revenant. Il arriva donc de Paris avec sa femme et nous donna des nouvelles fraîches.

Le lendemain de leur arrivée, nous étions dix-huit personnes environ chez moi. Au moment où l'on sortait de

---

[1] Capitaine aux dragons de la Reine ; il avait épousé mademoiselle Adine de Villesavin en 1776. (*Gazette de France*, 16 février.)

[2] C'est, je crois, Charles-Antoine-François-Guillaume de la Tour-Saint-Quentin, pourvu en 1784 de la commanderie d'Estrépagny. (WAROQUIER, *État de la France en 1789*.)

[3] Agathe de la Mothe-Ango de Flers, née en 1755, mariée en 1771 à Louis-Gabriel Pitard, marquis de la Brisolière. Elle divorça pendant la Révolution et épousa un jeune homme de Blois, nommé Amaury, qui devint commissaire des guerres.

table, le sieur Bimbenet, mon procureur fiscal et mon régisseur, homme de soixante ans, bailli dans plusieurs justices, me fit demander en particulier. Je le fais entrer dans mon cabinet; il était tout en sueur et descendait de cheval. Voici ce qu'il me dit : « J'étais aux Montils, ayant fini mes « audiences, lorsque j'ai entendu le tocsin sonner; tout le « monde courait. J'ai cru que c'était le feu, quand plusieurs « voix se sont mises à crier : *Les ennemis! les Anglais! ils* « *sont à une lieue d'ici! ils mettent tout à feu et à sang! Le* « *curé de Fougères est mis en pièces!* Je cours à mon cheval. « Tout le monde fuyait de ce côté, chassant les bêtes et « emportant les effets, chargés à la hâte dans des charrettes. « Je suis venu à toutes jambes vous en prévenir. L'alarme « est générale, et l'on sonne le tocsin partout. »

Ce n'était ni un visionnaire ni un fou. Je commence par lui recommander de n'en pas dire un mot et de s'en aller chez lui, me chargeant de pourvoir à tout. Je rentre dans le salon, voulant prendre mon temps pour prévenir les hommes. Je n'y suis pas depuis cinq minutes que je vois arriver un homme à cheval qui descend vite et monte le perron. Il crie : « Les ennemis! les ennemis! Ils entrent dans l'avenue! » A l'instant toutes les femmes qui sortaient du dîner de l'office se trouvent mal, l'alarme se communique au salon. La jolie madame de Luçay, mariée depuis un an, monte chez elle, descend deux pistolets, qu'elle assure chargés, et les dépose entre mes mains pour la défense générale. En attendant, je fais sonner le tocsin dans les bourgs. Le château et les cours étaient remplis d'une quantité de monde; c'était une confusion, et chacun donnait son avis à la fois. J'impose le silence, et je dis : « Messieurs, veuillez vous « nommer un chef. » Tous crient : « Vous! vous! »

A l'instant, je m'adresse aux trois chirurgiens du pays et à un contrôleur des fermes, qui tous avaient des chevaux. Je fais monter à cheval trois personnes à moi, je leur donne ordre de faire des patrouilles à deux et trois lieues à la ronde, du côté où l'on disait les ennemis, de venir me rendre compte successivement toutes les heures, chacun séparément, et, s'il y avait vérité, de se replier tous ensemble. J'arme tous les habitants de fusils, de faux, de broches, de croissants. Je mets les fusils en première ligne, et le reste dans deux autres pelotons séparés. J'avais à Cour un officier, croix de Saint-Louis; je le fais nommer à l'instant mon adjudant. Je l'envoie sur la place de Cour, lui enjoignant de poser des sentinelles à vue, qui ceindraient le bourg jusqu'à la hauteur de Cheverny. Je fais la même opération à Cheverny.

Il y avait tout au plus une demi-heure que ces dispositions étaient prises, lorsque nos courriers arrivèrent l'un après l'autre : ils n'avaient rien vu; les gens de la campagne étaient à courir sans objet, s'enfuyant sans qu'on vît un ennemi. Ils avaient poussé jusqu'à Fougères : partout, même bruit populaire, sans aucun fondement. Je congédiai donc tout le monde; on en fit autant à Cour, et je détachai un courrier à la municipalité de Blois, pour l'instruire des faits.

Je reçus dans la soirée vingt messages de différents villages; tous me demandaient des nouvelles, et une manière de s'organiser. M. de la Pallu avait eu le même assaut que nous; on l'avait aussi nommé commandant dans le bourg de Tour; le bailli de la Tour avait été nommé au bourg de Mont, et il finissait sa lettre en me disant qu'il croyait que je n'étais pas plus dupe que lui de cette insurrection et de cette alarme. Il devinait mieux que moi, car je ne pouvais rien comprendre à cette machination, ourdie par des scélérats tels que d'Orléans, Lameth, etc., etc.[1].

Tous les Polignac avaient fui, Chambord était abandonné.

---

[1] Le décret du 10 août 1789 « pour le rétablissement de l'ordre et de la tranquillité dans le royaume » constatait, dans son préambule, la généralité et la simultanéité de ces paniques : « Considérant que les ennemis de la « Nation... ont, à la même époque, et presque le même jour, fait semer des « fausses alarmes dans les différentes provinces, et qu'en annonçant des incur- « sions et des brigandages qui n'existaient pas, ils ont donné lieu à des excès « et à des crimes qui..... méritent les peines les plus sévères..... » — Voir des détails dans les *Origines de la France contemporaine : Révolution*, t. I, p. 77 et 95.

Mon fils aîné, qui ce jour-là se trouvait avec le bailli du côté de Bracieux, avait vu la même alarme; il revint à toutes jambes et nous étonna par le récit qu'il nous fit de l'émigration d'hommes, femmes, enfants, bestiaux, charrettes, voitures, qui s'enfuyaient sans savoir où ils allaient.

La réponse de la municipalité de Blois arriva. On me mandait que les mêmes alarmes avaient existé partout, qu'on avait pris les mêmes précautions; on me renvoyait les lettres des différentes municipalités qui m'avoisinaient, et qui toutes s'étaient adressées au chef-lieu; on me priait de les organiser. Je me conformai à ces instructions en indiquant à ces municipalités la façon de s'y prendre. Chose assez singulière: c'étaient les curés qui étaient les agents et correspondaient. La présence de M. de Luçay devenait nécessaire à Valençay. Ils partirent donc le surlendemain de cette alarme.

Le soir, environ vers quatre heures, nous voyons arriver une berline encombrée de personnes, et deux courriers, le tout en poste. Quelle fut notre surprise! C'étaient M. et madame Sanlot, leurs trois filles, un garçon, deux femmes de chambre, un laquais, et avec eux M. Esmangard [1], fils de l'intendant, et un laquais.

Ils étaient dans une terre dont ils avaient hérité, nommée sur la carte le Plessis d'Amour et connue sous le nom de Plessis-Fortia, à deux lieues de Vendôme, sur la route de Tours [2]. L'insurrection s'y était fait sentir avec des symptômes bien plus violents que dans nos parages, car c'était de ce côté-là que les envoyés des agitateurs payés s'étaient donné le plus de mouvement. La terreur, la famine dont on les menaçait leur avait fait tenir un conseil. Paris n'était pas abordable, les barrières étaient fermées; ils avaient donc imaginé de venir nous trouver. Nous n'étions sur aucun

---

[1] Sur lequel on trouvera une note plus loin.
[2] Dans le Catalogue de 1789, M. de Sanlot est désigné comme seigneur du Grand Fontenailles, au bailliage de Vendôme. Le Plessis-Fortia, d'après le *Dictionnaire des Postes,* est situé commune d'Huisseau en Beauce, canton de Saint-Amand.

grand chemin, et la considération dont ils nous assuraient que nous jouissions leur paraissait une sauvegarde. Nous les reçûmes de notre mieux, ils passèrent près de deux mois avec nous, et ils partagèrent nos alarmes et nos privations; car nous fûmes près de quinze jours à manger du pain noir.

Cour et Cheverny formèrent une légion de garde nationale de sept cents hommes, et les municipalités des deux bourgs me nommèrent commandant. Il y avait sept compagnies, dont une de grenadiers, et l'on pourvut cette troupe d'officiers, sergents et caporaux. Il fallait les exercer; je fis nommer pour mon adjudant un nommé Rouilleau, ancien cuirassier, ayant son congé quoique fort jeune. Je trouvai en lui toutes les qualités militaires et de bons principes. En deux mois de temps, la légion, exercée seulement les dimanches, se trouva en état d'entendre sa droite et sa gauche. Ma manière d'agir avec eux me les avait totalement gagnés. Ce qui m'avait donné lieu de presser cette formation était un événement dont je vais rendre compte.

Cour est le plus fort bourg de la partie de la Sologne qui s'étend de Blois jusqu'à Romorantin. On y compte environ quinze cents habitants, qui doublent dans l'automne, parce qu'il est semé de maisons de vignes, qu'on appelle closeries, appartenant à des bourgeois de Blois qui viennent y faire leurs vendanges. On y trouve de tous les corps de métiers, tant d'agriculture que de commerce, beaucoup de tonneliers, et il y a toutes les semaines une louée d'ouvriers qui y attire singulièrement d'étrangers. Il y avait trois chirurgiens, et des Sœurs de la Charité de Montoire, occupant une maison donnée par les seigneurs pour cet objet, et que j'entretenais et réparais. Le bourg contenait beaucoup de boulangers et trois bouchers au moins; de ces derniers était le nommé Limousin, qui jouissait de la meilleure réputation; très-intelligent et très-honnête, il avait des relations jusqu'avec les bouchers de Paris, et sa fortune était considérable. Sa charité était connue, et plusieurs familles trouvaient chez lui des secours.

Il fallait nécessairement troubler l'ordre, donner des alarmes, piller s'il était nécessaire. Des émissaires envoyés venaient, ou faire des motions en plein marché, ou répandre de fausses nouvelles. J'avais été obligé de donner un repas civique : j'avais choisi mon orangerie, local immense. Tout s'était très-bien passé ; les principaux habitants, les gros fermiers, les closiers, tous avaient été si contents que, malgré les motionnaires, ils étaient venus me remercier en jetant leurs chapeaux en l'air, les élevant sur leurs piques, fusils, épées, bâtons, et poussant des acclamations en mon honneur. Les agitateurs trouvaient que cela n'avançait pas.

Le lendemain, j'apprends qu'il y a une insurrection à Cour. J'étais allé à Blois avec M. de Sanlot, et je revenais tranquillement dans ma voiture, quand je vois venir une troupe d'habitants forcenés, suivant Bimbenet, mon notaire, et ayant Limousin au milieu d'eux, allant à différentes maisons de ce dernier, où on le soupçonnait d'avoir serré et caché du blé. On ne le maltraitait pas cependant, car Bimbenet s'était emparé du peuple et protégeait Limousin, tout en ayant l'air de l'inspecter. Je passe sans rien dire et je m'arrête à Cour. Je me fais renseigner, je blâme les voies de fait et je me rends chez moi. Limousin revient avec son cortége ; on n'avait rien trouvé. Tout se calme ; mais, le soir, j'apprends que le bruit recommence ; nous entendons des cris. La municipalité ne me fait rien dire. Je n'avais plus de justice, et, comme commandant, je ne pouvais rien faire de mon chef ; j'attends donc. Nous sortions de table, le soir, lorsque Limousin, homme de mon âge, avec des cheveux blancs et une figure grave et respectable, arrive chez moi en veste déchirée, dans un désordre effrayant ; il se jette à mes pieds : « Ah ! sauvez-moi ! me dit-il, ma maison est au « pillage, et ma vie est menacée ! » Je le calme et je lui promets sûreté ; mon fils aîné, second commandant, m'aide à merveille. Nous le dérobons aux yeux de tout le monde ; à dix heures, je le fais conduire dans une maison éloignée, et le lendemain il gagne au large sur son cheval qu'on lui amène.

Je m'explique le lendemain avec les deux maires ; on avait mis tout en pièces chez Limousin, on lui avait volé deux sacs de douze cents francs. On cherche sous main le principal agitateur ; c'était un couvreur, né dans la paroisse, connu pour ses méfaits et sa force. Les principaux habitants me l'amènent et le mettent en prison. On instruit contre lui ; il est conduit à Blois, jugé sur ses vols anciens ; il est fouetté et marqué, et nous en voilà débarrassés.

Cette mesure nous procura un peu de calme pendant quelques semaines ; mais ce n'était pas là le compte des organisateurs. Le club de Blois allait son train ; on y faisait les motions les plus inquiétantes. Romé, le marquis de Romé, avait été nommé commandant de la garde nationale de Blois, cela lui était dû ; bon homme, excellent officier, il n'avait contre lui que sa conduite privée. Deux canons donnés à ses grands-pères, et qu'il offrit à la ville, lui ouvrirent les cœurs des insurgés et du club. Je m'étais fait recevoir du club comme tout le monde, mais je n'y parlais jamais, et je n'y étais allé que deux fois, simplement pour qu'on dît que j'en étais. Un des associés arrive et m'instruit qu'on va chercher les canons à Selles, aussi à Saint-Aignan où il y en a trois ou quatre. On avait dit à la société que j'en possédais, mais il avait assuré que, pour ceux-là, il promettait de les apporter dans sa poche ; c'était vrai, ils étaient grands comme un couteau de cuisine. Je le remerciai, et il n'en fut plus question [1].

Enfin, à force de sagesse, tant des principaux habitants que des autorités, nous obtînmes un certain calme, malgré les malheurs publics. Au bout de trois mois [2], M. et madame

---

[1] Il semblerait, d'après ce qui précède, que nous sommes toujours en 1789. Pourtant le club de Blois, d'après MM. Bergevin et Dupré, ne daterait que de 1791, et M. de Romé n'a, je crois, été nommé commandant de la garde nationale que postérieurement à 1789.

[2] A l'automne de 1789, semble-t-il. Ils revinrent une seconde fois à Cheverny en 1792, comme on le verra plus loin, et ces deux voyages ont évidemment amené dans les souvenirs de l'auteur une confusion dont on ne trouve que trop de traces dans ce chapitre.

de Sanlot se hasardèrent à retourner chez eux à Paris, et nous les vîmes partir avec autant de regret qu'ils parurent en avoir de nous quitter; il s'établit de ce moment-là entre nous une correspondance suivie.

M. de Chevilly avait été obligé, par les conseils de son père, de quitter son intendance; vingt-quatre heures plus tard, des émissaires de Paris lui auraient fait un mauvais parti. C'était ce qu'on appelait un coup monté pour expulser tout ce qui tenait sa force de l'autorité du Roi. Tous ces événements avaient attaqué mortellement mon ami Cypierre; ses forces s'épuisèrent. Quindam venait de mourir de la poitrine; un autre médecin, jugeant sa guérison impossible, l'envoya aux eaux en Auvergne, où son fils l'accompagna. Il était devenu extrêmement dévot, de religieux qu'il avait été. Il m'écrivit de Clermont une lettre touchante : il conservait encore quelques lueurs d'espérance et s'en remettait à la Providence. Ce fut sa dernière lettre; il mourut trois heures après, et je perdis un excellent ami qui n'avait jamais manqué une occasion de me rendre service.

Cependant nous crûmes pouvoir, par des palliatifs, nous opposer au torrent. Les curés de Cour et de Cheverny, tous deux de l'Ordre de Sainte-Geneviève, étaient des hommes de talent, et celui de Cheverny était renommé par sa vertu. Leur influence dans leur paroisse ne tarda pas à les faire nommer maires, et nous travaillâmes ensemble à conserver un peu de calme dans le pays.

Un nommé Duliépvre, jadis sénéchal à Redon, en Bretagne (on ne savait pas s'il avait été chassé ou non de son pays), mauvais avocat, bavard diffus, vint avocasser à Blois, et mit toute sa petite fortune dans l'acquisition d'une closerie, au bout de mon bourg, où il s'établit avec sa femme et sa nièce. Il avait un frère, prieur Carme, qui vint le voir avec ses deux acolytes, jetant feu et flamme contre la Révolution qui lui faisait perdre son état. Duliépvre paraissait avoir la tenue d'un homme raisonnable, et la bonhomie de notre prieur, M. Gouthière, qui ne voit ni ne soupçonne le mal, lui donna une espèce de consistance qu'il ne méritait aucunement.

Nous crûmes que, pour contre-miner les agitateurs, il était nécessaire d'établir un club à Cour; mais, avant d'en parler, il faut que je remonte plus haut. Dans mon dernier voyage à Paris, Beauharnais, qui commençait à prendre consistance à l'assemblée, avait voulu me faire recevoir du club de Quatre-vingt-neuf [1]. Ce club, de la façon de Siéyès, avait pris de l'importance, et était établi dans une maison superbe, rue de Richelieu. Beauharnais m'y avait fait inscrire d'office; mais je lui dis qu'avant d'entrer dans une association, je désirais la connaître. J'y allai donc deux fois le matin, et j'y trouvai tant d'énergumènes, tant d'esprits exaltés, des principes si effrayants, que je fis rayer mon nom.

Je ne pus refuser à Beauharnais d'entrer aux Jacobins [2]. C'était le premier instant de leur fondation; une salle qu'on disait avoir servi aux Seize, du temps de la Ligue, fut leur berceau, et nous étions au plus quarante ou cinquante. C'était le parti de Mirabeau qui se fondait. Le duc d'Aiguillon était président, les Lameth secrétaires. On agitait alors la question des Juifs. Mirabeau y fit un discours de deux heures, et le brillant Barnave lui répondit. Ce jeune homme avait un feu qui lui sortait des yeux, et parlait en impromptu avec tant d'aisance, un choix de termes tel qu'on ne pouvait se lasser de l'admirer. Je n'y vis que des gens d'esprit qui approfondissaient et discutaient les questions. Après plusieurs séances, je fus sollicité pour répondre de plusieurs personnes, parce qu'il fallait être présenté par un député, et être appuyé par cinq sociétaires. Je fis recevoir ainsi Boullongue, le baron de Baert, Sedaine, Pajou, et plusieurs autres. Je quittai au bout de six semaines, sans avoir rien fait qu'écouter et juger, et l'on me remit en partant une carte de sociétaire qui, jointe au titre de député de la ville de Blois, me donnait mes entrées partout. Ne me mêlant de

---

[1] Fondé le 12 mars 1790 et devenu plus tard le club des Feuillants. Le voyage dont parle l'auteur ne peut donc pas être antérieur à 1790.

[2] Club fondé le 6 novembre 1789, sous le nom d'Amis de la Constitution.

rien, causant avec quelques députés que je connaissais, je fus à même de juger et de voir qu'avec toute la prudence humaine on ne pouvait arrêter cette effervescence que par des coups d'autorité dont le Roi n'était pas capable.

Plus je m'enfonce dans les faits inextricables de notre Révolution (où le machiavéliste Siéyès a joué un si grand rôle), plus je vois combien ma plume est insuffisante pour retracer tout ce que j'ai vu depuis quatre ans. Il aurait fallu que je prisse la forme du Journal de l'Étoile. Écrivant tous les soirs, j'aurais pu faire un journal utile à la postérité; mais maintenant, en cherchant à me rappeler les événements, je sens que, malgré moi, il est impossible que je les mette à leurs vraies dates.

Je fus donc consulté pour établir un club à Cour. On s'allilia à celui de Blois, affilié lui-même à celui de Paris, et à l'unanimité je fus nommé président. Il ne me fut pas difficile de l'organiser et de lui donner une forme, d'après ce que j'avais vu à Paris. Assez maître des esprits dans mes deux bourgs, je m'attachai, dans mon mois de présidence, à éteindre toute motion extravagante, et à composer des discours que je faisais lire, où le respect au Roi, aux lois, aux propriétés, était représenté comme la sauvegarde de l'ordre; enfin, j'y introduisis l'esprit de paix et d'union, de telle manière que nous nous croyions à l'abri de la contagion; mais nous étions trop près de l'infernal club de Blois. Trois chirurgiens, ayant des chevaux à eux, allaient à la ville tous les samedis; Duliepvre cherchait à jouer un rôle; les journaliers couraient à tout instant à Blois. Tous ces particuliers, en conséquence de notre affiliation, étaient accueillis par leurs frères de Blois; ils en rapportèrent l'esprit, qui ne parut pas d'abord, mais qui se déploya par degrés, tel qu'un ruisseau qui devient un torrent.

Les enrôlés de bonne volonté [1], qui venaient de Romo-

[1] Ici l'auteur saute tout d'un coup à 1792. Les volontaires dont il est question sont ceux qui s'étaient engagés à la suite du décret du 11 juillet 1792, déclarant la patrie en danger. M. Dufort parle un peu plus loin de la confis-

rantin pour aller à l'armée, inondaient la ville de Blois ; le château en était plein ; on s'avisa de les faire refluer dans les environs. Cour et Cheverny en eurent cent cinquante ; j'en logeai vingt-cinq. Ils étaient sans armes, et l'on payait les uns pour entretenir les chemins ; les autres se louaient pour les travaux à la campagne jusqu'à ce qu'on les fît rejoindre. Pour consigner l'aventure qui les fit renvoyer, il est nécessaire que je remonte plus loin.

Une Anglaise de vingt-huit ans, grande et très-jolie, était venue s'établir depuis trois ans, avec sa fille, au bourg de la Chaussée, à une lieue de Blois ; elle vivait modestement, ne voyant que ses voisins. Sa figure faisait désirer savoir ce qu'elle était. Elle s'appelait madame Dayrell, et se disait veuve d'un officier tué, qu'elle regrettait beaucoup. Elle vint louer un appartement à Blois, et donna tous les maîtres qu'elle put à sa fille.

Cependant on s'aperçut que son projet était de s'établir dans le pays, et qu'elle pourrait fort bien s'y marier. Nous la vîmes en visite et nous lui donnâmes à dîner. Dans les partis qui se présentèrent, il se trouva un jeune homme de bonne famille du pays, l'aîné de cinq ou six enfants, tant garçons que filles, M. Courtin[1], qui, comme aîné, venait d'hériter du fief de Clénord, sis sur la route de Cheverny à Blois, et dans le comté de Cheverny. Ils se marièrent, allèrent faire un tour en Angleterre, et revinrent s'établir à Blois, où ils prirent une petite maison et vécurent avec beaucoup d'aisance.

---

cation des biens d'émigrés : or, le premier décret ordonnant le séquestre est du 9 février de cette même année 1792.

[1] François-Louis Courtin, fils aîné de Georges-Claude Courtin de Clénord et de Antoinette-Madeleine-Gabrielle de Taillevis, s'était vu attribuer la terre de Clénord dans un acte de partage en date du 30 janvier 1792, et le 6 février suivant, il la vendait à M. Edmond Dayrell. (*Documents particuliers.*) Il est à supposer que cette vente fut considérée comme fictive, car M. Courtin ayant émigré, ou du moins étant considéré comme émigré, le domaine de Clénord fut porté sur l'*État général des biens d'émigrés du département de Loir-et-Cher*, daté du 4 octobre 1793. — Je n'ai trouver l'époque du mariage ni les noms de madame Dayrell.

On apprit que M. Dayrell, oncle de la jeune personne, n'avait point d'enfants et destinait sa grande fortune à sa nièce. C'était alors le commencement de la Révolution. On invitait tous les étrangers à acheter des biens confisqués par la nation. Madame Dayrell-Courtin-Clénord acquit donc, pour elle ou pour sa fille, la propriété de Clénord, et elle acheta soit à des particuliers, soit à la nation, dans les environs, pour cinq cent mille livres de biens. Elle fit le projet de bâtir à Clénord une belle maison, et d'y faire des jardins à l'anglaise : c'était une dépense de cent mille écus. Les Polignac étaient en fuite, et le superbe mobilier de Chambord, tant à eux qu'au Roi, fut mis en vente. Elle en acheta pour quatre-vingt ou cent mille livres. Comme elle voulait rebâtir Clénord, elle avait acheté une closerie de l'autre côté de la rivière, tout auprès; elle fit réparer les chambres pour y déposer les meubles qu'elle avait acquis. La voilà donc établie à Clénord, avec son mari et sa fille, vivant honorablement, et attendant un moment plus calme pour exécuter ses projets d'arrangement. Ce n'était pas le compte des misérables qui lui avaient fait placer de si gros fonds dans la République, et qui espéraient bien en profiter.

Le chef-lieu de canton de notre arrondissement était Cellettes. Il s'y trouvait des parents des Phélipeaux, qui étaient, de père en fils, fermiers de Beauregard, et qui avaient mieux aimé rester dans cet état que d'être reconnus. Le dernier, sans esprit et bavard, se fourra dans la tête de jouer un rôle; il était moulé pour un temps de Révolution. Ingrat envers sa maîtresse, la comtesse de Gaucourt, il se mit de tous les clubs; il fit délation sur délation, prouva que les gendres de la comtesse étaient émigrés; enfin, il se fit le persécuteur de cette famille. Maire, commandant la garde nationale, enragé patriote, il exalta toutes les têtes.

La garde indisciplinée se répandit dans le pays, et trois de ces messieurs arrivent un jour à Clénord, demandant insolemment la maîtresse : elle se présente; ils lui disent tout niaisement : « Nous venons vous couper la tête. » Elle ne s'effraye pas, leur propose de boire un coup avant leur opération ; ils acceptent. Bref, elle les renvoie en leur donnant quinze francs, et ils se retirent en lui promettant de revenir la voir. On croirait ce récit une plaisanterie : c'était pourtant une triste réalité. Toute cette machination était pour la faire déguerpir et la déclarer émigrée, et ce qui s'ensuit.

Cette première tentative n'ayant pas réussi, on envoie à Cour deux agitateurs du club : ils travaillent quelques habitants. Le commandant des jeunes gens casernés à Cour était allé à Blois pour les affaires de son corps : on profita du moment. Ils s'insurgent au nombre d'environ quatre-vingts, et courent demander les fusils de la garde nationale, déposés à la municipalité ; on les leur refuse ; ils s'emparent de quatre ou cinq fusils, et les voilà partant comme des forcenés, annonçant qu'ils vont mettre Clénord au pillage et tuer la dame anglaise.

A l'instant du départ, les deux municipalités se rendent chez moi. C'était alors Dulièpvre qui était le maire, et j'avoue que cet homme ne me revenait en aucune manière. Il était sept heures du matin, on me demande de faire assembler la garde nationale pour résister à cette insurrection ; je m'y oppose en leur montrant les inconvénients. J'invite les officiers patriotes, qui avaient laissé aller leurs soldats, ne voulant pas participer à leur insurrection, à nous aider ; il faut observer que c'étaient des officiers faits dans le mois et choisis par les volontaires eux-mêmes. Un jeune homme de bonne volonté, plein d'honneur, dit : « Monsieur, « le commandant n'y étant pas, c'est moi qui le remplace, « et je réponds, si vous voulez nous donner des chevaux, de « vous ramener les volontaires sans faire le moindre mal. » Où trouver des chevaux de selle ? La nation y avait mis bon ordre. Je leur propose de les faire mener tous les cinq dans une petite calèche découverte, ils acceptent. Les chevaux vont à toutes jambes ; il n'y avait pas de temps à perdre. Ils arrivent auprès du pont de Clénord en même temps que les insurgés, qui s'amusaient dans les vignes et étaient comme des chevaux échappés.

Un nommé Rigolet, menuisier à Cour, qui travaillait pour madame de Clénord, était parti dès qu'il avait entendu le projet, et était venu l'en instruire. La dame avait envoyé sa fille dans la closerie où étaient ses meubles, fait sauver son mari, et, montant un cheval anglais, avait pris au galop par la forêt pour aller retrouver sa fille. Elle passe le pont devant les insurgés. Il faisait un grand vent qui enfourna son grand chapeau surmonté d'une plume et le jeta à terre; la dame, habillée en homme, descend lestement à leur nez, reprend son chapeau, reçoit des compliments sur sa légèreté, et continue sa route.

Ma calèche et les cinq officiers rattrapent alors la troupe : ils descendent et les traitent de polissons, de coquins. Alors quatre ou cinq mutins entrent en fureur, le reste de la troupe se débande; les plus avancés, qui travaillaient les portes à coups de hache, reviennent; le premier officier a beau les adoucir, ils tombent sur lui, lui arrachent ses épaulettes et veulent le jeter à l'eau; ils ne lui accordèrent la vie que pour le ramener à Cour faire amende honorable et baiser l'arbre de la liberté. Ce fut à Cour une scène déplorable. Ce pauvre jeune homme fut battu à toute outrance; mais du moins il n'y eut pas mort d'homme; et tout rentra dans l'ordre.

Cependant nous avions détaché un exprès pour faire revenir le commandant et demander le rappel de cette troupe. Heureusement les jeunes gens, au nombre de cinquante, qui logeaient dans le bourg de Cheverny, n'avaient pas trempé dans cette insurrection et la blâmaient. Le commandant revint le soir, avec ordre de punir et de ramener sa troupe à Blois. Il vint se concerter à la nuit avec moi. Les ordres furent secrets. Le lendemain, à huit heures, nous étions sous les armes. Les municipalités se réunirent. Le commandant fit assembler les gardes casernés à Cheverny. A leur tête, il vint à Cour, fit placer les cent insurgents au milieu des autres sur le pavé de Cheverny, vis-à-vis leur caserne. Il leur lut les pouvoirs qu'il avait reçus à la ville de Blois, fit sortir des rangs quatre hommes qui furent conduits par leurs camarades, au milieu de notre garde nationale, aux deux municipalités; ils furent recolés, confrontés, convaincus, et le procès-verbal remis au commandant, qui les fit lier et les emmena à Blois avec sa troupe. Ce fut ainsi que finit une affaire qui pouvait mettre à feu et à sang tout le pays.

Cependant, le baron de Baërt et Boullongne vinrent passer quelques semaines avec nous; ils allèrent à Freschines, chez M. et madame de Lavoisier. L'insurgence était à son comble. On ne faisait pas un pas sans être obligé de crier : Vive la République! On publia la Fédération[1]; j'évitai de me trouver à l'assemblée générale dans la forêt de Russy, et j'y envoyai un détachement. Les municipalités des deux bourgs se réunirent pour célébrer la fête; une grande salle de marronniers, attenant au château, fut prise presque sans ma permission. On s'y établit, on y fit une fédération. Les paysans les plus honnêtes, les fermiers les plus fidèles gémissaient. Dulièpvre parlait sans savoir ce qu'il disait; il voulait que tout soit taxé, et demandait pourquoi j'avais un grand château. Soufflé par le club de Blois, il s'agitait sourdement.

---

[1] Nous revenons à 1790. C'est le 14 juillet de cette année que toutes les gardes nationales du département furent convoquées dans la forêt de Russy. Voir, dans l'*Histoire de Blois*, t. I, p. 174, le procès-verbal dressé à cette occasion par la municipalité de Blois.

CHAPITRE XX

Les Assemblées primaires. — L'auteur s'établit à Blois. — Voyage à Paris. — L'Assemblée; séance orageuse. — Les dispositions de la cour; faiblesse du Roi. — Le baron de Vioménil. — M. Amelot, administrateur du Trésor. — Un dîner avec Dussaulx, Hérault de Séchelles et Beauharnais. — Le club des Jacobins. — Retour à Cheverny. — La situation du clergé. — L'élection de Grégoire; les nouveaux grands vicaires : Chabot, etc. — Élection à l'Assemblée législative. — Les députés du département. — Les curés élus. — Arrivée de Grégoire. — Départ de Mgr de Thémines. — Grégoire au club de Blois. — Visites pastorales.

J'avais été nommé électeur [1] d'une commune voix; m'entendant avec les plus honnêtes, je tâchai de faire faire de bons choix, mais nous fûmes contrariés par des agitateurs de toutes les communes qui se firent nommer. Rien n'était si singulier que ces assemblées. On se défiait des nobles, et il fallait qu'ils se gardassent bien d'attirer les regards, sous peine d'être insultés par le premier malotru, fier d'être électeur. Je sus me tenir à ma place et me faire respecter. Je fus chaque fois nommé président.

Prévoyant qu'on serait plus vexé dans les campagnes que dans les villes, je me déterminai à acheter à Blois une maison que dans un autre temps je n'aurais pas regardée; elle était située rue des Carmélites. Je m'y établis dès le mois de décembre. Plus au centre des nouvelles, dans une maison

---

[1] D'après le décret du 22 décembre 1789, qui divisait la France en départements, en districts et en cantons, les assemblées primaires réunies au canton nommaient un électeur par cent citoyens actifs. Ces électeurs nommaient à leur tour les membres de l'Assemblée nationale, de l'administration du département et de l'administration du district. Les premières élections de 1790 n'eurent pour objet que le choix des membres des assemblées administratives. L'administration du département de Loir-et-Cher fut installée le 6 juillet 1790, et celle du district de Blois le lendemain.

qui ne marquait en aucune manière, j'étais à l'abri des recherches partielles ; nous passâmes très-tranquillement cet hiver [1] avec le commandant, le marquis de Chabrillant.

Nous partîmes pour Paris. La situation s'aggravait. Le Roi était retenu aux Tuileries : je n'y allai qu'une seule fois, et j'eus le cœur navré. J'avais mes entrées partout, et je suivis ce qui se passait à l'Assemblée. Je vais conter une scène dont je fus témoin.

Nous dînions chez le comte de Pilos avec Boullongne, Salaberry et l'abbé de Césarges [2], ci-devant aumônier du Roi, un des six présidents des départements de l'Orléanais [3], et par conséquent mon collègue. Il était nommé suppléant, et il nous dit que le soir on recevrait la députation du Parlement de Bordeaux [4]. A l'instant, je me décidai à assister à cette séance. Quand nous arrivâmes, toutes les places étaient prises, même dans les corridors. Un député, qui connaissait Boullongne, vit notre embarras, nous fit placer derrière lui, sous les loges, à la dernière banquette. C'était ce qu'on appelait le côté droit. Il nous dit : « Vous êtes là « dans l'endroit le plus tranquille de la salle, et où il ne se « passe aucune scène. » Un voisin m'attaque de conversation, je réponds par des oui et des non. Enfin, il me dit : « Monsieur, je vois à votre manière que vous n'êtes pas « député ; mais, soyez tranquille, je ne le suis pas plus que « vous, et comme j'ai affecté cette place, je ne manque pas « une séance ici pour renforcer le côté droit, et l'on ne me « dit mot. Je vous mettrai au fait de tous les noms de ceux

---

[1] L'hiver de 1789 à 1790, d'après ce qui suit.

[2] Joseph-Florimond de Meffray de Césarges, chanoine de Saint-Pierre de Vienne, vicaire général de Fréjus, maître de l'oratoire du Roi depuis 1769.

[3] Il s'agit des assemblées départementales de 1787. L'abbé de Césarges avait présidé celle de Pithiviers et Montargis.

[4] Non pas une députation, mais le président de la chambre des vacations, appelé à s'expliquer sur un arrêt relatif aux fauteurs de troubles : cet arrêt avait été rendu sur un réquisitoire du procureur général, dont les termes avaient vivement choqué la majorité. C'est le 8 avril 1790, à la séance du soir, que le président Augeard comparut devant l'Assemblée. Il s'expliqua avec beaucoup de noblesse et de courage.

« que vous ne connaîtrez pas. » Le cardinal de Rohan arriva ; il me dit où il se mettrait, l'abbé Maury à dix places de lui, Cazalès à quelque distance, et Bouthillier devant nous, en bas, toutes places convenues pour déjouer l'autre parti. Le vicomte de Mirabeau, gros et court, voltigeait indifféremment de banc en banc. De l'autre côté arrivèrent Mirabeau l'aîné, Beauharnais, etc., qui se placèrent sur le même banc ; Camus et les autres, en bas.

La séance commença. Le président Menou arriva avec ses secrétaires, et donna l'ordre à un huissier d'amener la députation de Bordeaux à la barre. L'orateur fit un discours fort noble et fort adroit pour excuser le Parlement. Alors Menou débita un discours écrit de cinq phrases. Il n'eût pas dit la moitié que voilà tout mon côté qui se lève, qui proteste avec un tumulte dont on n'a pas d'idée. On criait : « C'est une bête ! c'est un sot ! oser dire cela ! c'est un coquin ! « il faut le chasser ! à bas le président [1] ! » Le tumulte augmente ; les deux côtés se précipitent dans la salle, qui avait l'air d'une arène ; mon voisin, de sa place, faisait chorus et se démenait comme un énergumène. Dans le moment, j'entends crier de tous les côtés : « Il faut faire sortir ceux qui « ne sont pas députés ! » J'aurais voulu être dehors ; j'étais dans l'obscurité par l'ombre des tribunes, quoique dans le reste de la salle, par la quantité de lumières, il fit clair comme en plein jour.

Enfin, le tumulte s'apaise ; le président avait fait sortir la députation : on la fait rentrer. Il retranche de son discours la phrase et les mots qui avaient déplu à notre côté, et la réponse fut entendue assez bien jusqu'à la fin, lorsqu'un particulier, dans la grande tribune du côté droit, s'avise de crier : « A bas les aristocrates ! » On eût cru que c'était le signal du combat. Le vicomte de Mirabeau saute dans la

---

[1] Plusieurs membres de la gauche accusèrent d'Espréménil d'avoir dit à M. d'Augeard : « Je vous demande pardon pour notre président, mais il ne « sait ce qu'il dit. » Le fait est que le petit discours prononcé par Menou est tout ce qu'on peut voir de plus inepte.

salle, crie : « Qu'on arrête cet homme-là ! » Il s'adresse au président, qui ne va pas assez vite à son gré, donne des ordres et envoie chercher la garde, qui entre dans l'arène. Il se trouvait une échelle couchée le long des barres. Une douzaine du côté droit la dressent contre la balustrade de la tribune, et voilà mon vicomte de Mirabeau qui monte à l'assaut pour aller prendre le particulier qui avait crié. Celui-ci paraissait fort embarrassé, tout le monde le montrant au doigt. Les mêmes cris recommencent : « Il faut « faire sortir ceux qui n'ont pas droit d'être ici ! »

Impatienté de tout ce tumulte, je me lève, malgré mon voisin qui voulait me retenir. Le député qui m'avait dit que j'étais dans l'endroit le plus calme, et plusieurs autres que je connaissais, criaient et invectivaient à ébranler tous les tympans. Je marche le long de mon banc, je descends gravement dans l'arène et m'achemine vers la porte. Un officier m'arrête, je crois qu'il va deviner que je suis un intrus. Sa phrase me rassure : « Monsieur, je vous prie de « me dire si vous pensez que, quoique le président ne m'ait « pas donné l'ordre, je dois faire arrêter cet homme. » — « C'est impossible, lui répondis-je, de ne pas rétablir l'ordre « en faisant arrêter un homme qui le trouble. » — Il me remercie, il me croit député, et il veut m'enfiler d'une conversation. Je n'étais point du tout à mon aise, et je lui dis : « Je vous prie de me laisser sortir, ce que je n'aurais pas « fait si je ne me trouvais pas incommodé. » Il fait ouvrir sa troupe, et je sors aussi gravement que si j'avais été dans ma place. Pendant notre conversation, j'avais vu qu'on avait saisi l'insolent et qu'on le traînait par le collet en faisant semblant de le maltraiter. Je le retrouvai qu'on avait lâché et qui s'en allait bien plus vite que moi. Je suis les corridors en bas, on me fait place comme à un député, et je me fais ouvrir la petite porte en dessous qui donne sur la terrasse des Feuillants.

Le bruit qui s'était passé dans la salle avait mis en émoi tous les inutiles qui faisaient foule sur la terrasse ; il fallait passer par là pour aller trouver ma voiture dans la rue de l'Échelle. On continue à me prendre pour un député; il faut que je rassure, que je fasse le récit en bref pour qu'on me laisse traverser la foule. Après avoir répété dix fois la même chose, je suis seul à peu près au café; il était dix heures, l'allée était éclairée comme les rues. Je m'arrête un moment, la tête occupée de ce que j'avais vu, lorsque je me sens saisir par derrière et embrasser. C'était le vicomte de Beauharnais qui m'avait reconnu, et qui me demande : « Vous venez de « l'Assemblée, moi j'y vais; comment cela va-t-il? — Comme « des fous, lui dis-je, prêts à se battre, d'une indécence qui « ne me fait espérer rien de bon. — Vous croyez? il faut « que cela se passe ainsi pour le moment, et après... — « Et après, lui dis-je, tout ira au diable. Mais entrez, on a « peut-être besoin de vous. Pour moi, de la vie, vous ne « me rattraperez dans la salle. » Et j'ai tenu parole.

Ce fut à peu près dans ce temps-là qu'on fit le changement des provinces en départements[1]. Beauharnais et les autres députés crurent devoir m'appeler pour fixer la circonscription et le chef-lieu des cantons : j'allai assidûment aux comités. J'insistai pour qu'il y eût un canton à Cour, préférablement à Cellettes. J'en fis voir l'utilité, mais la chose était décidée, et, d'après mes observations, on mit simplement : *Canton de Cellettes provisoirement*.

Je suivais avec inquiétude l'esprit des jacobins qui commençait à se développer. Me promenant un matin avec M. de Luzarches le fils, qui revenait d'Angleterre, je m'aperçus que le jardin était cerné; nous allâmes jusqu'au pont tournant, il était fermé, et il s'y trouvait une garde nombreuse. Nous voulûmes repasser par les Tuileries : impossible par le monde qui y était. Avec ma carte, je revins par la salle pour me rendre à la place Vendôme et chez moi. Heureusement que je n'assistai pas ainsi à l'humiliation que reçut la famille royale. C'était le jour qui compromit tant M. de la

---

[1] Décret du 26 février 1790.

Fayette, le jour où le Roi avait résolu d'aller à Saint-Cloud [1], pour de là peut-être se soustraire au malheur qui a déshonoré le nom français. Nous en sûmes toutes les particularités, et nous gémîmes.

Mon ami Sérilly avait loué une maison, passé les Invalides. Ses affaires étaient terminés ; sa femme, déployant toutes les ressources que la nature lui avait données, avait sauvé une partie de sa fortune. Il restait avec sa belle terre de Passy, près Sens, et environ quatre-vingt mille livres de rente. Vivant bien, mais très en particulier, ils ne conservèrent que leurs amis intimes : Boullongne, le président de Salaberry, le baron de Vioménil et d'Étigny leur frère. Nous dînions ensemble tous les mercredis quand j'étais à Paris ; c'était une fondation pour moi. Là, nous parlions à cœur ouvert, et nous gémissions sur les malheurs de l'État.

Le baron de Vioménil, homme de tête, excellent officier *consilio manuque*, était dans l'intimité de la famille royale. Il gémissait de la faiblesse du Roi, de son aversion pour toutes les mesures fortes et de l'impossibilité d'espérer qu'il agirait, après l'avoir vu abandonner ses partisans en février [2]. Il me disait : « Mon ami, j'y périrai, car il n'y a rien à faire ; « mais l'honneur avant tout. Il faut empêcher, si l'on peut, « de plus grands malheurs ; mais quel homme !... » Puis il tombait dans des rêveries dont, malgré sa gaieté et son esprit, il ne réussissait pas à sortir.

Je les quittai tous avec le plus grand regret, et je revins, au commencement de juin, m'établir à Cheverny [3]. Le beau-frère de ma belle-fille, M. Dounant de Grandchamp, homme né rachitique, venait d'être attaqué d'une paralysie : il était tendrement attaché à sa belle-sœur. Elle et son mari se déterminèrent donc à aller s'établir chez lui à Orléans avec

---

[1] Le 18 avril 1791.
[2] A l'affaire des Chevaliers du poignard, en février 1791.
[3] M. Dufort est allé à Paris en 1789, 1790, 1791 et, je crois, 1792. Mais il confond tellement ce qu'il a vu dans ces différents voyages, qu'il est difficile de fixer les dates. Je pense qu'il veut parler ici de son retour en 1790.

leurs deux enfants; de là ils l'accompagnèrent aux eaux de Bourbon, et, le croyant mieux, ils le quittèrent trois jours avant sa mort. Dans son testament, il traita fort bien sa belle-sœur, quoiqu'il ne tînt plus à elle que par les liens de l'amitié. Le voyage des eaux fut orageux, car la France était en convulsions.

M. Amelot de Chaillou, fils du ministre et par conséquent neveu de ma femme, avait fort bien réussi dans son intendance de Bourgogne, et fut un des derniers à se retirer; M. Necker faisait cas de son travail. Dès qu'il fut de retour, il se livra à quelques discours dans sa section, et fut appelé au conseil de la ville. Alors M. Necker, qui tenait encore faiblement le timon de la finance, et qui se regardait comme le premier en France, crut devoir le faire nommer par le Roi administrateur en chef du Trésor national et des assignats [1]. Dès lors, il eut un travail avec le Roi. Mais celui-ci, s'apercevant qu'il n'avait qu'à signer, puisque l'administrateur obéissait aux ordres de l'Assemblée, réduisit son travail à des oui ou des non, ce qui a duré constamment jusqu'au 10 août. Amelot logeait aux anciennes écuries d'Orléans, depuis la régie des domaines, où se faisait la fabrication des assignats; tous les bureaux étaient sous ses ordres, et Le Couteulx du Moley, ancien banquier, était chargé de surveiller la fabrication. Ces deux places entraînaient beaucoup de commis, car la Révolution a été la folie de la bureaucratie. Ils furent l'un et l'autre fort serviables.

Il y avait chez madame Sedaine une demoiselle pleine d'esprit, jeune encore, née à Tours, que madame Sedaine avait retirée par amitié; elle s'appelait mademoiselle Froidure-Réselle, et travaillait à soutenir une famille intéressante. Un oncle, procureur au Parlement, comptait laisser son étude à son frère, jeune homme plein d'esprit; mais la Révolution avait soufflé sur tous ces projets. Ce frère se trouvait sans un sol sur le pavé de Paris; je le vis, lui trouvai

---

[1] Il figure à l'*Almanach de 1791* comme commissaire à la caisse de l'extraordinaire, avec le titre de conseiller d'État.

autant d'esprit que de feu et de vivacité; j'en parlai à mon neveu, et enfin j'obtins pour lui une place de sous-chef. Plein de talents, il ne tarda pas à percer; mais il se livra entièrement à la Révolution, et un beau jour il vint annoncer à M. Amelot qu'il était appelé à être officier municipal par le crédit de Pétion. Amelot lui répondit : « Je souhaite « que votre nouvelle position vous soit profitable; mais vous « retrouverez toujours dans mes bureaux votre place, à « laquelle je nomme votre frère. » C'était son frère cadet, qui était surnuméraire; je parlerai plus tard de la fin tragique de ce Froidure.

Madame Amelot, aimable et spirituelle, était sans cesse obsédée par les députés. Nous fûmes plusieurs fois dîner chez elle; elle avait invité le beau Hérault de Séchelles [1], le vieux Dussaulx [2], auteur, et député depuis, et le vicomte de Beauharnais. Les deux premiers avaient la tête échauffée. Dussaulx, tout fier de son ami Pétion [3], maire, qui faisait tout ce qu'il voulait, fier de son harnais d'officier municipal, nous conta avec emphase qu'en l'arborant il était sûr de se faire obéir de toute la populace de Paris : il nous étourdit des vues patriotiques de Pétion, de ses moyens, de sa popularité. Hérault de Séchelles, âgé de trente ans, grand, bien fait, de la plus jolie figure possible, rivalisait avec Beauharnais d'amabilité vis-à-vis madame Amelot. Dussaulx avait l'air de faire sa cour aux deux députés et recherchait leurs suffrages, comme il avait mendié ceux des jardins du Palais-Royal et des Tuileries, où je l'avais rencontré autrefois. C'est là qu'il m'avait fait faire connaissance avec le fameux

---

[1] Marie-Jean Hérault de Séchelles, le fameux conventionnel (1760-1794). C'était un des plus beaux hommes de France.

[2] Jean Dussaulx (1728-1769), auteur d'assez nombreux ouvrages. Il avait été d'abord commissaire des guerres, puis secrétaire du duc d'Orléans. Il fut suppléant à l'Assemblée législative, puis député en 1792. Il devint membre de l'Institut.

[3] Pétion ne fut maire de Paris qu'en novembre 1791. Ce dîner serait donc postérieur, et probablement du commencement de 1792, M. Dufort ne faisant ses voyages de Paris qu'après Pâques.

abbé Cerutti [1], mort juste après les premiers élans de la Révolution, où il se préparait à jouer un rôle. Nous sortîmes, ma femme et moi, très-effrayés de l'effervescence de toutes ces têtes exaltées.

M. de Salaberry s'agitait à Paris; son caractère le portait malgré lui à l'ambition. Selon son désir, je le fis recevoir aux Jacobins par Beauharnais. J'y avais beaucoup de connaissances, mais je ne disais mot et me gardais bien de faire aucune démonstration. Je vis, un jour, Salaberry applaudir à une motion extravagante : je lui fis un signe, il vint me voir; à l'instant je l'emmenai sans que cela parût, et je n'eus pas de peine à lui prouver que ma conduite était plus prudente.

La marquise de Flamarens vivait grandement à Paris, suivant, comme de droit, le parti de la cour. Fidèle à mes principes, je refusai de dîner et de me lier avec l'abbé Maury, comme je m'étais refusé d'accompagner Beauharnais dans des conciliabules où l'abbé Siéyès jouait un rôle. Je ne voulais me faire l'ami ni l'ennemi d'aucun parti, et je désirais n'être cité en rien, tout en faisant des vœux pour un gouvernement quelconque, car nous marchions à grands pas vers l'anarchie.

Au mois de juillet [2], je repris mon chemin pour Cheverny, et nous y arrivâmes le 5 pour nous y établir, tout à fait comblés des soins de M. et madame Sedaine, et ayant vu, soit chez nous, soit chez eux, nos amis de tous les partis. Ma fille s'était, l'année d'auparavant, établie chez moi avec sa famille pendant plusieurs mois, et nous espérions qu'elle se réunirait à nous, ayant appris que le comte de Toulongeon, mon gendre, colonel du régiment de Rouergue, allait faire son séjour à Blois.

Je fus renommé électeur malgré moi, puisque je ne me

---

[1] Joseph-Antoine-Joachim Cerutti (1738-1792), d'abord Jésuite, ami de Mirabeau, auteur du *Mémoire pour le peuple français* et rédacteur de la *Feuille villageoise*; il fut nommé à l'Assemblée législative en 1791.

[2] 1791 probablement, d'après ce qui suit.

trouvais pas au scrutin, et quoique j'eusse déclaré que c'était le tour des autres : j'étais déjà fort dégoûté de ce qui s'était passé.

L'évêque Thémines tenait bon, vivant exemplairement, et conduisant son diocèse avec toute la capacité possible. Lorsque la dissolution du clergé arriva, je continuai à le voir. Périgord, évêque d'Autun [1], se séparant du clergé, avait entraîné l'évêque d'Orléans [2], espèce de fou, homme de sac et de corde, et commencé le schisme; mais j'étais certain que Thémines ne se prêterait à rien; nos conversations m'avaient appris que c'était un homme d'un caractère décidé [3].

Je fus invité, comme électeur, à la confirmation ou à la nomination de l'évêque. Je n'avais jamais vu Grégoire, curé d'Embermesnil, député; je reçus une lettre de Beauharnais. La voici à peu près :

« Vous allez nommer un évêque constitutionnel. Si M. de « Thémines n'accepte pas, je vous conseille de faire votre « possible pour faire le choix de M. Grégoire; c'est un sujet « pur, spirituel, plein de mœurs, zélé pour la religion, mais, « ce qui est plus important, qui a assez de fermeté dans le « caractère pour rendre des services à son diocèse. Chau-« velin [4], mon ami particulier, ira vous voir à Cheverny. « Permettez que je vous le présente et le recommande. »

---

[1] Le célèbre Talleyrand, évêque d'Autun depuis 1788.
[2] Jarente.
[3] M. de Thémines, qui, dès 1789, avait très-hautement affirmé ses idées politiques, en publiant le *Cahier du hameau de Madon*, Blois, 1789, in-8 (Madon était la maison de campagne des évêques de Blois), avait continué à lutter très-énergiquement contre les tendances nouvelles. En 1790, il avait fait paraître des lettres dans lesquelles il blâmait le serment civique et les autres dispositions légales relatives au clergé. Ces lettres avaient été dénoncées à l'Assemblée nationale, et le rapporteur avait proposé de faire poursuivre leur auteur, mais l'Assemblée refusa de délibérer et se contenta « de plaindre « M. l'évêque de Blois ». (Séance du 15 avril 1790.)
[4] Francis-Bernard, marquis de Chauvelin (1766-1832), ancien maître de la garde-robe du Roi, se prononça dans le sens de la Révolution et devint ambassadeur en Angleterre en 1792, puis ministre à Florence après la mort du Roi. Il fut incarcéré à son retour et sauvé par le 9 thermidor. Il devint préfet sous l'Empire et fut, pendant la Restauration, député de la Côte-d'Or.

Chauvelin ne vint pas. Tous nos députés travaillaient dans le même temps les électeurs. On s'assembla; on nomma pour président le sieur de Villanteuil[1], maire de la ville. Né estropié et sans jambes, il avait donné à l'instruction le temps qu'il était forcé de passer sur sa chaise. Le vœu général était pour lui, et sa conduite y répondait. Je me tenais coi et tranquille; on me nomma scrutateur d'âge; mais, par une machination diabolique, je vis toutes les voix tomber sur moi pour être secrétaire. Je fus forcé de me résigner, mais mon cœur en souffrit; j'étais attaché à l'évêque, et je croyais qu'on ne pouvait avoir mieux.

Frécine[2], nouvel électeur, qui voulait se faire connaître, débite contre l'évêque une diatribe aussi injurieuse que possible. C'était un homme de peu de valeur, sans éducation, et n'ayant en partage que beaucoup d'audace. Je n'avais fait part à qui que ce soit de la lettre de Beauharnais, à laquelle même je n'avais pas répondu, et j'attendais l'événement. J'avais bien un parti d'honnêtes gens, mais nous n'étions pas en majorité. Dans ces élections, il y a une partie des électeurs qui ne savent ni A ni B, et qui vont comme on les pousse; d'autres sont des gens qui veulent le bien, mais qui ne cabalent pas, et ne savent pas se rassembler; enfin, il y a les énergumènes, les ambitieux et les scélérats.

Un abbé Tolin, curé dans le diocèse, le chapeau sur les yeux, donnait le mot d'ordre à ses soldats; un Lépine, fermier de la Beauce, avec des poumons de stentor, entraînait, à force de cris, tous les fermiers ses camarades; il était sans aucun talent, mais entêté et impossible à ramener.

Cependant la masse des électeurs désirait conserver l'évêque; on sentait l'injustice de nommer à une place qui n'était pas vacante. Quoiqu'on attaquât les ministres du

---

[1] Petit de Villanteuil. Il faisait partie de la municipalité nommée le 27 janvier 1790, et avait succédé comme maire à M. Boësnier, neveu de M. Boësnier-Delorme. Il fut remplacé en 1791.

[2] Ex-bailli de Montrichard, président du tribunal du district de Saint-Aignan. Il devint député à l'Assemblée législative et ensuite à la Convention.

culte, on ne déblatérait pas encore contre la religion ; on arrêta donc qu'on enverrait une députation à l'évêque, pour l'inviter à rester et à se conformer à la loi nouvelle ; je me gardai bien d'en être. La négociation finit au premier mot ; l'évêque n'était pas homme à transiger avec les principes. Il fallut donc procéder à l'élection [1]. Deux sujets étaient sur les rangs. Le premier était un nommé Dupont, chanoine de Saint-Aignan, appelé à Blois comme électeur, et qui s'était fourré dans l'administration [2] ; petit, ambitieux, sans talent, mais grand aumônier aux dépens des autres, et travailleur assidu. Le second était Grégoire, qui avait pour lui une cabale, les députés ayant accaparé beaucoup de voix.

Dinocheau, auteur du *Courrier de Madon* [3], attaquait ouvertement l'évêque de Thémines, auquel il avait l'obligation de son existence à Blois, et il avait accaparé le plus de voix qu'il avait pu.

Le scrutin dura depuis quatre heures jusqu'à onze heures du soir. Dupont réunissait presque la moitié des voix. La cabale avait voulu l'évincer en disant que, comme électeur, il accaparait des voix ; il était venu se défendre au bureau, mais sa défense avait été plate et m'avait confirmé dans mon opinion sur son peu de valeur.

Enfin, après s'être balancé, on sentit que dans ces moments de trouble la religion serait perdue, si le successeur de M. de Thémines n'avait d'autre recommandation que les talents les plus ordinaires, et une envie démesurée d'être évêque. On nous disait Grégoire un homme convaincu de la religion, de mœurs pures, éloquent, plein d'énergie. De deux maux, il fallait éviter le pire, et il fut choisi à la pluralité de huit ou dix voix [4]. A l'instant, Grégoire fut proclamé

---

[1] Elle eut lieu le 14 février 1791 à la cathédrale.
[2] Il était membre de l'assemblée départementale.
[3] Avocat, ex-bailli des abbayes de Pont-Levoy et de Saint-Laumer ; il avait rédigé presque en entier le cahier du tiers état de Blois, qui l'envoya aux États généraux. Le *Courrier de Madon*, dont le titre était une malice à l'adresse de l'évêque, n'eut qu'une existence éphémère, de novembre 1791 à mai 1792.
[4] Au troisième tour de scrutin, Grégoire obtint 116 voix, et Dupont 87.

à haute voix[1] ; je ne puis exprimer ce qui se passa en moi au son de toutes les cloches en volée qui annonçaient à notre respectable prélat que l'on venait de disposer de sa place. Immuable comme Socrate, il consolait le peu d'amis qui lui restaient fidèles.

Je lus le procès-verbal le lendemain, et, malgré les observations de Frécine, je réussis à y faire conserver beaucoup de traits qu'il voulait affaiblir ou dénaturer pour insulter à un prélat qu'il craignait encore. Je m'en retournai à Cheverny, le cœur navré, après avoir été acteur dans une des scènes les plus cruelles de ma vie.

La ville envoya un courrier à Grégoire pour lui annoncer son élévation ; sa réponse fut honnête et courte ; mais nous sûmes, par les députés qui avaient tant influé sur sa nomination, qu'en vingt-quatre heures il changea de manières, même avec eux ; sa tête n'était pas assez carrée pour résister à cette élévation, à laquelle il ne devait pas s'attendre.

L'Assemblée avait donné aux évêques constitutionnels un conseil de douze grands vicaires payés. Dans les mauvais prêtres, c'était à qui se montrerait le plus exagéré pour en faire partie. Grégoire, membre des Jacobins, y avait vu Chabot[2], sorti depuis deux ans des prisons capucinières où il était enfermé pour ses méfaits, parleur et frondeur au premier degré. Il le jugea son digne grand vicaire, et l'envoya dans ce qu'il appelait son diocèse. Cet homme commença par accaparer tout le club de Blois. En trois semaines, il n'était plus question que de ses talents ; c'était un missionnaire en sens contraire, c'est-à-dire un diable déchaîné contre toutes les autorités divines et humaines. Petit, crasseux, vêtu d'une soutane dont on voyait la corde, il prêchait au club et dans les rues, entouré des enragés ; on ne parlait

---

[1] Il avait été élu en même temps par le département de la Sarthe. Ce fut, dit-il dans ses *Mémoires*, son affection pour Beauharnais qui le décida à opter pour le siège de Blois.

[2] François Chabot (1759-1794), une des figures les plus répugnantes de la Révolution. Nous le retrouverons plus d'une fois.

que de lui. Mon gendre, le comte de Toulongeon, colonel au régiment de Rouergue, était caserné au château; il fallait désorganiser son régiment : Chabot s'en chargea. Il y eut scission et insurrection. M. de Toulongeon, ferme et prêt à soutenir un siége, ne voulut pas céder. Il y eut une cabale de la moitié du corps, qui s'achemina vers Paris; mais ils revinrent, malgré les insinuations de Chabot et de son parti.

Pour mon malheur, j'étais toujours électeur, et nous fûmes appelés pour le renouvellement de l'Assemblée nationale[1], dont ces messieurs convoitaient les places. Nous arrivâmes à Blois; M. de Rancogne avait été nommé électeur; j'en fus ravi, c'était un honnête homme de plus. Il y avait peu d'anciens électeurs, mais beaucoup de nouveaux dans le sens des sans-culottes. Dès que nous fûmes rassemblés (j'avais une fatale expérience), je vis que les choix étaient faits, les cabales formées et l'insolence du parti à son comble. Nous nous tînmes cois et tranquilles. L'Assemblée commença; Frécine fut nommé président. Sans forme ni tenue, il aurait été chassé au bout de deux jours, si ce n'avait pas été un parti entier qui le portait; il fut insolent et frondeur comme un homme sûr de son fait. Les deux premiers jours se passèrent en cabales; les éclaireurs manœuvraient. C'était un spectacle curieux. Chabot, qui n'était pas électeur et n'avait aucun droit, se promenait dans les bas côtés de l'église des Jacobins, où se faisaient les élections.

Un Besard, maire de la ville de Mer, était électeur. Ancien soldat, il avait une figure assez militaire; mais c'était un homme capable de tout, nullement estimé, vraiment né pour ce temps-ci, grand démagogue, et en imposant à la populace par une parole impérieuse. C'était l'homme que Chabot mit en avant. Ils imaginèrent dans la société de faire une pétition à l'Assemblée pour demander l'éloignement de la ville de tout corps militaire, principalement du régiment

[1] En août 1791.

de Rouergue. Ils représentèrent le marquis de Chabrillant, officier général, et le comte de Toulongeon, colonel, comme des gens impérieux et écrasant le peuple. D'après eux, tous les bons citoyens étaient alarmés. Quoique les électeurs n'eussent que le droit de traiter des élections, Chabot imagina qu'il fallait les associer en globe à leurs manœuvres jacobines, et Besard se chargea de faire signer la pétition par tous les membres. Je vis dans un bas côté de l'église, sur un tonneau, un grand papier écrit et une écritoire avec encre et plume. J'entendis Besard pérorer, et une vingtaine de signatures furent données à l'instant. Je me levai alors de ma place, et allai me promener dans le bas côté opposé. Besard s'avance vers moi, et me dit qu'on m'attend pour mettre ma signature. Je le regarde fixement pendant qu'il parle : « Je suis, lui dis-je, électeur pour donner ma voix; « je connais mes droits, et les vôtres ne peuvent rien sur « moi. » Il voulut répliquer; je repris fermement : « Je vous « dis, monsieur, que je ne signerai pas. Cela doit vous suf- « fire. » Et, lui tournant le dos, je m'éloignai. Cette altercation fit du bruit. L'électeur de Cheverny vint me demander s'il avait mal fait de signer : « Oui, lui dis-je, très-mal. — « Je vais biffer ma signature », continua-t-il. — Je lui dis : « Vous ferez bien », et le quittai. Cette scène fut cause que plusieurs, par prudence, se dispensèrent de signer; mais ils avaient déjà assez de noms. Cependant Besard rendit notre conversation, et des amis lui dirent que j'étais le beau-père de M. Toulongeon. L'imbécile ou le drôle ignorait ou faisait semblant d'ignorer ce que tout le pays savait. Il crut me devoir une excuse en me disant qu'il ne savait pas d'abord les raisons de mon refus, et qu'il voyait combien elles étaient légitimes.

Les élections [1] se firent dans le même sens. Le premier

---

[1] L'auteur a négligé d'indiquer qu'il s'agissait de la nomination des membres de l'administration du département, renouvelable par moitié, conformément au décret du 28 mai 1791 (tit. II, art. 12). Cette élection devait se faire immédiatement après celle des députés.

qui sortit fut Frécine; le second fut Grégoire [1]; le troisième, Brisson, ancien subdélégué de Romorantin [2], nommé procureur-syndic du département, homme totalement nul. Les gens de la cabale ne s'opposèrent pas à sa nomination, espérant en faire un homme à eux. M. Petit de Villanteuil, homme doux et probe, eut tant de voix comme maire qu'on ne put s'empêcher de le nommer; il eut la prudence de refuser, et, nommé chaque fois, il refusa à toutes les élections. J'eus sept voix; les murmures que mon nom excita m'ôtèrent la peine de refuser. Les voix me tombèrent malgré moi, car j'avais déclaré, cette fois comme les autres, que je n'accepterais aucune place. Un nommé Dupont de Veillène [3], de l'ordre de la noblesse, retiré du service et riche, ignorant, sans autre talent que de l'ambition, convoitait la place de procureur-syndic du département; il fit tant de protestations de services aux jacobins qu'il obtint la place, où, pendant trois ans, il montra son inutilité, son incapacité et sa bassesse.

Cependant il manquait un député pour l'Assemblée. On proposait, on cabalait; l'abbé Tolin, curé, vendu à Grégoire parce qu'il avait parole d'être grand vicaire, osa proposer Chabot. Il y eut beaucoup d'opposition. On montait dans la chaire, mais on vous en faisait descendre. Un seul osa dire que Chabot était un intrus, qu'il était depuis six semaines seulement dans le département, qu'il fallait choisir un homme du pays qui eût à cœur de le défendre. A l'instant, la cabale cria : « A bas! » Il voulut continuer, on le prit par son habit et on le jeta en bas.

Ce fut au milieu de cette effervescence qu'on voulut faire le scrutin; la cabale l'emporta de plus de seize voix [4]. Le

---

[1] Il fut nommé président du Directoire du département.

[2] Marion Brisson, ex-bailli de Selles, d'après l'*Histoire de Blois*. Il fut nommé en même temps député à l'Assemblée législative, et l'année suivante à la Convention. Il devint ensuite commissaire du pouvoir exécutif à Blois sous le Directoire, puis juge dans la même ville.

[3] Paul-René Dupont, chevalier, comte de Veillène, chevalier de Saint-Louis. (*Catalogue de* 1789 : *bailliage d'Orléans*.)

[4] Il n'est peut-être pas inutile de donner le nom des sept députés nommés

scrutin était à peine fermé que je vis Chabot, se baissant à moitié corps, arriver, conduit par Tolin, jusqu'au pied de la chaire et se tapir dans l'escalier. Ici commence une scène dont on ne peut avoir l'idée. Ces enragés étaient sûrs de l'élection; les voix étaient comptées. Aussitôt Frécine se lève, fait faire silence, et proclame député le sieur Chabot. Cent chapeaux volèrent jusqu'à la voûte, et l'on cria : « Vive Chabot! » A l'instant, mon homme, qui, étant très-petit, s'était caché dans la chaire, se lève par degrés, tenant ses mains croisées sur sa poitrine, et parcourt lentement la salle du regard. Alors tout le monde se précipite sur les chaises, chacun veut y monter. Tout le monde placé, voici ce que dit Chabot : « Je vous rends grâces, messieurs, de vos suf-
« frages qui m'ont appelé à la nouvelle législature; je jure
« de poursuivre le Roi, les ministres et le pouvoir exécutif
« jusqu'à la dernière goutte de mon sang. » Des bravos, des chapeaux en l'air, des applaudissements l'accompagnèrent en triomphe jusqu'en dehors de l'église.

N'ayant plus rien à faire, Frécine et les nouveaux nommés ne reparurent plus. Il fallut alors procéder aux élections départementales[1] et aux élections des curés, dont presque toutes les places étaient vacantes par l'invention machiavélique du serment. Les électeurs se réunirent dans l'après-midi, et j'appris que j'avais été nommé président. Alors, voulant au moins sauver du naufrage ce qui restait à nommer, les cabaleurs étant tous éclipsés, nous fîmes des choix sur lesquels nous n'eûmes pas de reproches[2].

Pour les curés, besogne qui était bien nouvelle et bien révoltante, nous nous entendîmes et nous nous en rapportâmes aux vœux des électeurs de chaque commune. Les nouveaux curés faisaient publiquement leurs sollicitations,

---

dans cette élection. C'étaient : Chabot, Brisson, Savonneau, Frécine, Marchand-Chéron, Lemaître et Duval. Grégoire, qui avait fait partie de la Constituante, était inéligible.

[1] Dont il a été parlé ci-dessus.

[2] Ceci se rapporte aux élections départementales.

leurs courbettes, leurs promesses, ce qui n'ajoutait pas mal à l'indécence de l'élection. Les choix furent pour la plupart pitoyables. Je ne citerai qu'un exemple. Le bailli de la Tour, à la recommandation de madame de la Brisolière, avait fait nommer dans la paroisse de Tour, près Ville-Savin, un bas Normand appelé Bayeux, jadis chirurgien. Cet homme fit contre eux délation sur délation, et les força à émigrer. Il finit par apostasier et se marier à Bracieux, où il vit actuellement d'un petit commerce d'épicerie.

Les jacobins triomphaient. M. de Toulongeon et son régiment eurent ordre de déloger, et M. de Chabrillant fut chassé par une troupe de brigands dont Chabot était le chef.

Le marquis de Romé continuait à être commandant de la garde nationale. Dinocheau, le député, fut nommé procureur de la commune. Tous ces choix déplaisaient à la cabale; il y avait de petites insurrections, de grands troubles, des mâts de la liberté à tous les coins de rue.

Les choix de l'évêque intrus commençaient à se faire connaître. Un Plassiard, prêtre, ancien maître de mathématiques de Pont-Levoy, fut nommé grand vicaire; on le croyait bon, il devint un infâme. On nomma aussi Rochejean, oratorien, né à Salins, en Franche-Comté[1], jeune, grand, bien fait, l'air doux. Il débuta par chicaner sur le serment qu'on lui demanda, compromit la ville, et se fourra aux Jacobins dont il ne tarda pas à se montrer le soutien. Nous eûmes encore un ancien clerc de notaire, devenu prêtre, nommé [2]..., ayant beaucoup d'esprit, mais homme de sac et de corde. Un grand abbé Nusse, avec de l'esprit et de bons principes, quitta sa cure pour devenir grand vicaire; il n'y put tenir, et se brouilla avec l'évêque et ses acolytes. L'abbé Dulièpvre, jadis supérieur d'une maison de Carmes, se fit aussi recevoir. Tolin l'était de droit pour avoir si bien intrigué. Dupont, qui avait rivalisé avec Grégoire, se trouva

---

[1] D'après l'*Histoire de Blois*, il avait été précepteur des enfants du duc de Sully.

[2] Le nom est resté en blanc.

trop heureux de devenir son second, et crut même avoir acquis, par cette rivalité, des titres à la considération [1].

Grégoire, à la fin, arriva de Paris, traînant avec lui ou à sa suite une femme très-canonique, épouse d'un loueur de carrosses, chez qui il logeait à Paris [2]. Tout cela s'établit dans le beau palais épiscopal.

Les jacobins excitaient la ville à évincer M. de Thémines. Tous les journaux ont parlé de l'indécence des attaques qui furent portées contre lui. Il ne pouvait ignorer qu'on avait proposé de lui mettre un bâillon et de le conduire en bateau à Nantes ; mais sa conduite imposait aux plus fanatiques. Enfin, les gens sensés se réunirent ; lui-même était convaincu qu'il y aurait de la folie à s'opposer au torrent, et, ne voulant pas se trouver avec Grégoire, il annonça son départ, lui qui ne l'annonçait jamais. Il fit mettre des chevaux de poste à sa chaise, alla à pied gagner sa voiture, à quatre heures du soir, sans que qui que ce fût osât l'insulter, et partit avec le même sang-froid que s'il allait faire une visite dans son diocèse. Les enragés, contents de le voir quitter la place, le laissèrent partir sans rien dire. Il n'emporta que ce dont il avait essentiellement besoin, ne disposant d'aucun meuble, ne prenant que ce qu'il avait touché de ses revenus, et abandonnant le courant ; il s'éloigna sans entretenir aucune correspondance, laissant au temps et à Dieu le soin de le faire rentrer dans ses droits. Cette belle retraite lui rattacha tous les cœurs des fidèles, qu'un peu de singularité avait éloignés de lui.

---

[1] « Ma circonspection dans le choix (des vicaires épiscopaux) n'empêcha « pas que je me fusse involontairement trompé par l'admission de plusieurs « individus sur lesquels on m'avait rendu les témoignages les plus flatteurs. « Tel est le capucin Chabot...... » (*Mémoires de Grégoire*, publiés par CARNOT, t. II, p. 24.)

[2] Il s'agit, je pense, de madame Dubois, chez laquelle Grégoire logeait depuis que l'Assemblée avait quitté Versailles. En 1809, on la trouve encore à Sarcelles, dirigeant sa maison. C'était, paraît-il, une femme fort respectable, et si cette longue intimité donna lieu à quelques propos, ils étaient sans aucune espèce de fondement ; j'ai eu l'occasion d'en parler ailleurs. (*Saint-John de Crévecœur*, p. 265.)

Grégoire n'habita ni le bas ni le haut du palais épiscopal : il prit une chambre au second, et il y vécut en sans-culotte.

Grand, bien fait, d'une jolie figure, âgé d'environ trente-six ans, il avait des grâces dans son geste et dans sa parole. Il débuta par les Jacobins; nommé président par acclamation [1], il y fit des discours, échauffa les têtes et fit faire la motion de fabriquer des piques, qu'il appuya. On en commanda, et, un jour, à la fin d'une séance, le soi-disant prélat tira de dessous sa soutane un énorme fer de pique.

M. de Salaberry, qui ne pouvait rester oisif, avait été nommé officier municipal; il s'agitait, se tourmentait et voulait mener tout. Il était ce jour-là aux Jacobins; le cœur lui en bondit, et, ne pouvant y tenir, il se décida à aller le lendemain faire une visite à Grégoire. Il ne put s'empêcher de lui dire que la vue de cette pique, présentée par le pasteur d'un Dieu de paix, l'avait fait souffrir. L'évêque battit la campagne, dit qu'avant d'être prêtre on était né citoyen; enfin tous les lieux communs que les jacobins ont employés si efficacement. Ils se séparèrent, et M. de Salaberry conta à qui voulut l'entendre ce qu'il avait dit et fait.

Grégoire, voulant faire une visite pastorale dans son diocèse, partit en voiture, accompagné d'un grand-vicaire, un abbé Boucher, ancien curé. Il se fit annoncer dans ses paroisses, et la garde nationale vint lui faire cortége. C'étaient partout des entrées triomphales, une exaltation dans toutes les têtes; le schisme triomphait. Il donnait des confirmations et prêchait d'abondance; la parole de Dieu servait à l'esprit jacobinique. Séduisant par les propos et la figure, menant une conduite réellement évangélique, on le recevait avec enthousiasme.

Heureusement que nous étions à Blois, lorsque nous apprîmes qu'il avait pris jour pour se rendre à Cour et à Cheverny. Il arriva au coucher du soleil, et on lui fit voir tout le plain-pied du château. Quoiqu'il se prononçât contre la royauté,

---

[1] Le 13 novembre 1791. On trouve dans l'*Histoire de Blois* (t. I, p. 175) le curieux procès-verbal de son installation.

il admira la collection des costumes des rois, conservés dans de grandes pièces antiques; enfin, il sortit du bourg, accompagné du curé, des sociétaires jacobins, et de la garde nationale qui lui fit cortége jusqu'aux confins de la commune; il était à pied. Il les congédia alors, trouva la commune de Cellettes et y alla coucher. Il revint à Blois le lendemain soir, dans sa voiture, accompagné d'un détachement à cheval de la garde nationale de Cellettes. Mais ce qu'il y avait de plus curieux, c'étaient les piques qu'il avait ramassées dans les communes et qu'il rapportait au club. Le tout sortait par les portières, et ne représentait pas mal un faisceau d'armes.

M. de Salaberry cependant voyait approcher le terme de sa mission comme officier municipal. Les jacobins mirent tant d'opposition à sa réélection que, cette fois, il n'eut aucune voix. Nous l'en félicitions tous, lorsque Romé, son cousin, agissant sur sa garde nationale, et profitant de l'amitié qu'on lui témoignait, proposa à Salaberry de le faire nommer juge de paix. A notre grand chagrin, nous apprîmes en même temps sa nomination et son acceptation. Il remplaçait M. Bourdon, ancien subdélégué et l'un des meilleurs qui eût existé, plein de vertu et de religion, qui, nommé juge de paix six mois auparavant, se retirait sans bruit en se rejetant sur son grand âge. C'était une grande école que faisait M. de Salaberry. Ces fonctions n'allaient guère à un ancien président de la Chambre des comptes de Paris, qui aimait beaucoup mieux parler qu'écrire, quoiqu'il fût capable de l'un et de l'autre, et qui connaissait peu la jurisprudence, encore moins les nouvelles attributions d'un juge de paix. Mais la chose était faite, et je ne lui en parlai pas. Il fut installé, s'aida des conseils de son collègue M. Bellenoue-Chartier, excellent homme de loi et pur, et fit sa place grandement, noblement, sacrifiant à tout instant sa bourse avec une générosité sans exemple pour arranger les affaires et soutenir les malheureux.

CHAPITRE XXI

Le 10 août. — Le baron de Vioménil. — M. de Sérilly. — L'émigration s'accentue. — Persécutions contre ceux qui restent. — L'auteur est dénoncé au club de Blois; il se justifie. — Arrestation chez lui. — Les jacobins envahissent les places. — M. Cellier. — Allées et venues des députés : Couthon, Tallien, Carra. — Motions au club. — Destruction des emblèmes. — Réquisitions. — M. Delorme, officier municipal; anecdote sur les frères Bergier. — Les insurgés de Vendôme marchent sur Blois; ils emmènent tout sur leur chemin. — Ils sont dispersés à Beaugency. — La statue de Louis XV à Ménars. — Le jugement du Roi; sa condamnation. — On ouvre les lettres. — Le comité de salut public de Blois; ses membres. — Arrestation de suspects. — Perquisition chez M. de Salaberry; il est arrêté à Cheverny. — Les prisonniers aux Carmélites. — M. Pajot de Marcheval disparaît à Paris. — Son fils vient à Cheverny; il est dénoncé et prend la fuite.

Cependant la Révolution allait son chemin. Le 10 août [1] arriva. Tout le monde en a su les détails; je n'entrerai que dans ceux qui sont venus particulièrement à ma connaissance.

Le baron de Vioménil était un des pivots sur lesquels roulait le plan de défense des Tuileries. Plein de feu et de capacité, encore leste, quoiqu'un peu gros, il était appelé dans tous les conseils intimes, et ne cessait d'exhorter le Roi à se délivrer de sa captivité en forçant la garde qui le tenait prisonnier. Le Roi, espérant tout sauver en gagnant du temps, faisait consister sa gloire à n'être ému d'aucun des outrages qu'une troupe d'enragés lui faisait supporter. Le jour qu'on lui mit le bonnet rouge, mon ami le baron de Baërt, député, crut de son devoir de se porter près de sa personne, ainsi que plusieurs autres. Le Roi, qui ne lui

[1] 1792.

avait jamais parlé, mais qui le connaissait comme député, lui dit : « Monsieur Baërt, vous qui avez vu tant de pays et « de royaumes, avez-vous jamais vu un roi dans la position « où je me trouve ? »

Le baron de Vioménil ne cessait d'opiner qu'au lieu d'être sur la défensive, il fallait attaquer. Toutes les dispositions étaient prises, mais le Roi remettait la partie à vingt-quatre heures, de sorte que ses défenseurs venaient constamment et étaient renvoyés. Vioménil, dans son désespoir, disait souvent : « Avec un pareil homme il n'y a rien à faire ! Il « paralyse ses meilleurs serviteurs ! »

Je n'entrerai pas dans le récit du 10 août, n'y étant pas; je ne m'arrêterai qu'à ce qui concerne mon ami. L'attaque vint des Jacobins ; Vioménil, dans la confusion, donna des ordres jusqu'à l'attaque générale, où il reçut un coup de fusil dans la cuisse droite. Voyant l'affaire perdue, il rassembla ses forces, et, suivant un escalier dérobé dont il avait la clef, il se trouva sur la terrasse des Tuileries. Un coup d'œil lui apprit qu'il n'avait pas un instant à perdre ; ramassant son courage et mettant un mouchoir sur sa blessure, il arrive au pont tournant avant qu'il soit fermé, par un miracle et grâce à la confusion du moment ; il gagne le logement de l'ambassadeur de Venise[1], qui donnait sur la place, se fait ouvrir, s'adresse à l'ambassadeur qui le connaissait et lui demande retraite. On décide que pour la journée on le mettra dans un caveau. On le couche sur la paille ; on lui donne du linge, et le voilà qui se panse comme il peut. L'ambassadeur lui-même le nourrit. La balle, heureusement, n'avait pénétré que dans les chairs, mais l'inflammation y était.

---

[1] Le chevalier de Pizani, qui demeurait rue Saint-Florentin, hôtel de l'*Infantado* (*Almanach royal* de 1792). Un autre témoignage confirme ce fait : « ...Le marquis de Vioménil y avait été blessé (à l'affaire du 10 août), et M. de « Flahaut lui donna le bras à travers le jardin des Tuileries pour le conduire « chez l'ambassadeur de Venise, rue Saint-Florentin... » (Note manuscrite de M. de Mommerqué, citée par M. de Lescure, *Rivarol et la société française..*, p. 447.)

Cependant on soupçonne le lieu de sa retraite; il faut déloger. Vioménil propose qu'on le fasse coucher dans une belle voiture qu'on couvrira de son enveloppe de toile, et qu'on mènera avec un cheval et un seul palefrenier, comme si elle allait au raccommodage chez un sellier. Tout s'arrange ainsi; Vioménil sort, couché dans la voiture, passe au milieu de toutes les patrouilles et est conduit chez notre ami commun Sérilly, passé la place des Invalides [1]. Celui-ci était prévenu, on remise la voiture, on dételle le cheval, le palefrenier l'emmène, et, lorsqu'on est sûr d'être seul, on retire Vioménil qui était dans un état affreux. On le porta dans le lit même de Sérilly, et il fut convenu que, comme Sérilly était peu connu dans le quartier et qu'il avait eu des accès de goutte, Vioménil passerait pour lui, et que Sérilly serait le valet de chambre; que sous prétexte d'une attaque de goutte, Vioménil panserait sa plaie avec l'aide de son ami, et que, dès qu'il serait guéri, il songerait aux moyens de s'enfuir dans les pays étrangers.

Il semblait, dans ces malheureux temps, que tous les yeux des malveillants étaient ouverts, et il pleuvait des dénonciations. Le bruit courut qu'un chevalier du poignard s'était retiré chez Sérilly. Une visite fut faite à l'improviste, et l'on demanda M. de Sérilly. On conduisit les enragés à son appartement. Vioménil était au lit, entouré d'oreillers et couvert de bonnets de nuit. Il donna ordre à son prétendu valet de chambre et à tous ses gens d'ouvrir partout, s'excusa de ne pas se lever, retenu qu'il était depuis deux mois par un violent accès de goutte. Ils sortirent, après leur visite faite, bien convaincus que la maison ne recélait personne de suspect. La blessure avançait peu du côté de la guérison, et, quelque secret qu'on eût mis dans cette aventure, une indiscrétion était à craindre. Vioménil prit donc son parti, et de peur de compromettre ses véritables amis, il se détermina à

[1] M. Bardoux, dans son intéressante étude sur *Madame de Beaumont*, donne sur l'évasion de Vioménil une version différente. Le récit de M. Dufort, ami intime des Sérilly, me paraît mériter plus de créance.

s'établir dans une cave dont son valet de chambre seul avait la clef. Mais le mauvais air, la privation de secours furent cause que la gangrène se déclara, et il mourut le troisième jour.

Ce fut une perte pour le Roi et la France entière; sa tête et son bras méritaient un meilleur sort, car il était capable de maintenir le Roi ou de le rétablir. Émule de M. de Rochambeau, il avait captivé tous les cœurs en Amérique, et avait un ascendant vraiment militaire sur tous ceux qu'il commandait. Combien cette mort fut fatale à la France et à son ami, M. de Sérilly!

La société, à l'instant, prit une face nouvelle. Tout fuit, même dans les provinces. Le bailli de la Tour et madame la marquise de la Brisolière disparurent; M. le marquis de la Pallu alla, dit-on, rejoindre M. le maréchal de Broglie; le marquis de la Ferté, neveu de ma femme par mademoiselle Amelot qu'il avait épousée, alla trouver son frère établi depuis dix ans en Italie; le comte d'Espinchal, gendre de M. de Gaucourt, s'éclipsa aussi. Madame la marquise de Saumery avait emmené son fils en Suisse pour une maladie grave qui tenait du polype; de sorte qu'en gros propriétaires, il ne restait que M. Foulon d'Escotier [1], ancien intendant aux îles et fils du malheureux Foulon, qui avait acquis tout nouvellement la terre d'Onzain de madame Péan; M. le marquis de Montebise [2], frère du marquis de Cordouan qui avait épousé ma cousine mademoiselle de Bouthillier-Chavigny, et, par conséquent, mon allié, possédant la terre de Montaut; M. le Ray de Chaumont, possédant Chaumont; M. le marquis de Rancogne, possédant Herbault; la veuve de M. le comte de Phélipeaux [3], et madame la marquise de Flamarens, mademoiselle de Vigier en son nom, nièce des Phélipeaux; enfin, moi et mes enfants à Cheverny.

---

[1] Eugène-Joseph-Stanislas Foulon d'Escotier, maître des requêtes de 1776, intendant de la Guadeloupe en 1785, de la Martinique en 1789.

[2] Bernard de Montebise (Auguste-Pierre), seigneur de Montault-sur-Loire. (*Catalogue de 1789 : bailliage de Blois.*)

[3] Marie-Adélaïde de Sturm, veuve de Jean-Frédéric, comte Phélipeaux d'Herbault. (*Ibid.*)

J'étais certain que le comte de Toulongeon, malgré l'attachement qu'il avait pour son frère, dont la sortie avait fait tant de bruit [1], ne sacrifierait pas l'existence de cinq enfants à la folie de s'enfuir en pays étranger. Quoiqu'il eût été fait maréchal de camp, en homme sage, il aima mieux renoncer à tout et se retirer avec sa femme dans sa terre de Dian, en Gâtinais.

J'étais encore commandant de la légion nationale; ne fallut-il pas que je me trouvasse à la tête de mon corps à la fédération de Blois? Elle se fit à la grande pièce en haut; Grégoire et ses adhérents officièrent. Par ordre de la nouvelle organisation, nous fûmes mandés à la commune de Cellettes, chef-lieu du canton. On fit assembler chaque corps dans un espace qu'on appelait Champ de Mars, et tout cela pour réchauffer l'esprit public. L'égalité était si parfaite, que le maître d'hôtel de mon neveu Amelot, envoyé comme régisseur à Madon, se trouva dans le même grade que moi, et que nous dînâmes à la même table.

A peine l'évêque avait-il été si durement évincé, qu'on s'était empressé de piller tous ses effets. Sa belle bibliothèque était destinée pour la nation. La superbe terre de Madon avait été mise en vente [2], et M. Amelot l'avait achetée de seconde main. Sa femme y vint passer deux mois, donna des ordres pour faire un jardin anglais, et meubla les dedans du château avec un goût exquis.

Cependant les jacobins, avec leur esprit de destruction, cherchèrent tous les moyens d'inquiéter les nobles, de leur faire éprouver mille déboires, enfin de les forcer à émigrer. M. de Salaberry fut attaqué en plein club, il y alla, se défendit à la tribune, et on le laissa en repos pour quelque temps.

Mon jeune fils avait vingt-neuf ans; quoiqu'il n'y eût

---

[1] Le marquis de Toulongeon, d'abord député aux États généraux, avait donné sa démission et s'était retiré en Suisse, d'où il envoya des lettres au Roi et à ses frères. Sa dernière lettre, interceptée à Verdun, fut envoyée à l'Assemblée nationale, qui le décréta d'accusation. La première fut trouvée plus tard dans l'armoire de fer.

[2] 14 juillet 1792.

aucun décret le concernant, les terroristes Péan, Hézine, Fouchard, alors les maîtres du département, envoyèrent à la municipalité ordre de le faire partir[1]. Nous nous concertâmes, et j'obtins qu'il restât pour le moment en fournissant un homme à sa place pour se faire tuer, et il le fut six semaines après.

M. de Salaberry aimait beaucoup mes enfants. L'affaire fut discutée au département par toutes les autorités, M. de Salaberry s'échauffa, fit voir l'injustice des procédés. Un Arnaud, maître de pension, établi depuis un an dans la ville, le scélérat le plus battu à froid qu'il y ait jamais eu, était ligué avec Péan. M. de Salaberry ne le ménagea pas, rétorqua tous ses arguments et le réduisit à balbutier. Je fus au désespoir de cette aventure, mon plan étant de me conserver, moi et les miens, par une nullité absolue, et l'on peut juger combien je fus affligé de voir mon beau-frère, que j'aimais de tout mon cœur, se compromettre pour nous; mais, fort de sa conscience et de sa probité, il était à mille lieues de la Révolution.

On cherchait toujours à m'attaquer. Des prisonniers allemands étaient dans la ville; mon second fils se fit, à mon insu, donner des leçons de flûte par l'un d'eux. Dénonciation à l'instant contre moi aux Jacobins. Je l'apprends le soir[2], j'écris au président une lettre ferme et j'explique le fait. On se plaint alors qu'étant reçu aux Jacobins, je n'y aille jamais. Je réponds que ma santé m'en empêche : on me fait demander de m'y trouver afin qu'on puisse me dire qu'on trouve ma justification bonne. J'y vais; on s'empresse de renouveler ma carte. On m'annonce qu'on fait une collecte, je ne sais pour qui; je ne m'en informe pas et donne des assignats. Un président, tout rouge depuis le bonnet jusqu'au visage, jadis cordonnier et élevé à l'hôpital, le nommé Velu, se familiarise. J'ouvre ma boîte pour prendre du tabac : sa main et cinq autres fourrent leurs doigts dedans en forme d'égalité.

---

[1] Probablement au moment de la grande levée de 1792.
[2] Le 21 mars 1793. (*Note de l'auteur.*)

Le président me dit enfin : « Citoyen, est-ce que tu n'as « rien à dire? » Je lui réponds : « Citoyen, le fait est éclairci. « Tout ce que je dirais aurait l'air d'une justification, et je « crois que ce n'est pas le cas. » On lève la séance, et me voilà sociétaire réintégré, quoique déterminé à ne pas me présenter.

Nous connaissions une madame Croisette, veuve, et dont le mari était, avant la Révolution, pourvu de la place de receveur des gabelles. Madame Croisette était généralement estimée dans la ville ; quoique âgée, elle aimait la société où elle était bien vue, et comme elle avait une closerie à une lieue de Cheverny, nous étions dans l'usage de la recevoir à la campagne. Cette année, nous lui avions proposé de passer tout l'été avec nous. C'était une façon honnête de lui alléger les pertes qu'elle avait essuyées. Nous lui avions recommandé la plus grande discrétion sur ce qu'elle entendrait dire dans le salon, et, nous apercevant qu'elle avait la fureur d'écrire tous les jours à son amie madame Cellier, femme du receveur du district, nous avions cru nécessaire de lui renouveler notre prière. C'était une maladie chez elle que ces petits billets doux. Elle se retirait à minuit, écrivait jusqu'à une heure, et envoyait sa lettre le matin, par le premier venu, sans que nous nous en doutions.

Un jour, à trois heures, deux cavaliers de la gendarmerie me font demander ; je les connaissais, et ils n'avaient pas encore le ton qu'ils ont eu depuis. Le brigadier, après m'avoir témoigné sa peine, me montra l'ordre du Département et du comité d'amener dans la journée la citoyenne Croisette, logée à demeure chez le citoyen Dufort, pour être interrogée. Après avoir prévenu ma femme, je fis venir madame Croisette, et nous lui apprîmes avec ménagement la fatale nouvelle. Jugeant que cette arrestation pouvait venir d'une lettre interceptée, nous la questionnâmes pour savoir si elle avait écrit, soit à son fils qui était à Nantes, soit à Blois. Désolée, égarée, elle nous remit un tas de lettres qu'elle avait dans ses poches et que nous brûlâmes à l'instant.

Je convins avec les cavaliers qu'elle ne s'en irait qu'à la nuit tombante, et ils me promirent de ne l'accompagner que de loin. La précaution était d'autant meilleure qu'il y avait beaucoup d'émotion à ce sujet dans les deux bourgs, où j'étais aimé. Tous disaient qu'il était bien fâcheux que nous fussions compromis pour une femme que nous hébergions. A la nuit, elle partit dans une berline. Les murmures augmentèrent à son passage; on demandait pourquoi je ne l'avais pas laissée aller à pied, en charrette ou à âne. Tel était l'esprit du moment : dès qu'on arrêtait quelqu'un, tous les individus égarés se jetaient dessus, comme les chiens dans un chenil. Pour son bonheur, elle arriva trop tard au département; il était fermé. Elle reçut de bons conseils de ses amis, et, le lendemain, sa leçon faite, elle se fit porter au département en chaise, tout empaquetée de linges, et joua le rôle d'une femme de quatre-vingt-dix ans, très-mal à son aise et éclopée.

La cause de tout cela était ce maudit commerce de lettres que nous avions voulu faire cesser, et qui existait journellement à notre insu. Elle écrivait à madame Cellier les nouvelles qu'on débitait, ou celles qu'on recevait par des lettres particulières, et madame Cellier lui rendait ce qu'on disait à Blois. Une lettre, confiée à un homme en réquisition, arrêté, avait été saisie sur lui, portée au Département et décachetée. Les nouvelles, les réflexions étaient prononcées, et elle finissait par dire : « Les maîtres du château me chargent de « mille compliments pour vous », chose que nous n'avions jamais dite, ne nous doutant même pas qu'elle écrivît.

Elle fut donc interrogée. Elle leur parut une radoteuse, dans un état pitoyable, et ils savaient sa fortune dans le même état. Ils la renvoyèrent donc en arrestation chez elle avec deux gardes, qu'elle paya pendant trois semaines. Cette fâcheuse aventure nous inquiéta. Cependant, il ne nous en arriva rien, et nous en fûmes quittes pour nous isoler encore plus. Quinze jours après, notre inconséquente nous écrivit pour redemander ses effets; nous ne voulûmes lui envoyer rien qu'elle ne nous fît remettre ses clefs, et nous fîmes bien ; car nous trouvâmes vingt lettres qui auraient pu lui faire tort, et qui furent brûlées. Elle finissait sa lettre par vouloir encore me dire des nouvelles. C'était chez elle une maladie incurable, et nous la fîmes prier de ne plus nous écrire [1].

Cependant, tout allait de mal en pis à Paris. On parlait de refermer les barrières. M. de Sanlot, obligé de rendre les comptes de la régie [2] dont il était un principal membre, avait été forcé de rester. Heureusement pour lui, il n'avait eu que le titre de fermier général adjoint. Il avait entretenu avec moi un commerce de lettres presque journalier, mais avec toute la prudence requise, et nous nous entendions parfaitement.

M. de Sanlot se décide à l'instant : n'ayant ni chevaux ni voitures, il fait marché avec un fiacre pour les conduire à Blois, moyennant vingt-cinq louis ; et ce n'était pas alors un prix léger, car les assignats étaient au pair [3]. Ils me mandent qu'ils attendront ma voiture à Blois. Le lendemain du reçu de sa lettre, nous les voyons arriver tous : M. et madame de Sanlot, leurs trois filles, un garçon, M. Esmangard, fils de l'intendant, deux femmes de chambre et deux laquais. Nous fûmes effrayés des dangers qu'ils avaient courus en sortant des barrières, arrêtés à tous les bourgs, obligés de montrer leurs passe-ports, menacés souvent. Ils restèrent avec moi jusqu'au commencement de l'hiver, où ils crurent pouvoir regagner Paris [4]. Ce fut dans ce voyage que

---

[1] D'après les détails donnés plus loin, l'arrestation de madame Croisette aurait eu lieu pendant l'été de 1793.

[2] Il avait été l'un des régisseurs généraux des aides et aussi l'un des administrateurs généraux des domaines.

[3] Assertion qu'il ne faut pas prendre au pied de la lettre. Jamais, en effet, les assignats ne furent au pair depuis 1789. En 1792, époque probable du voyage dont il est question, l'assignat de 100 livres flotta entre 57 et 72 livres ; à Blois, comme du reste dans la plupart des départements, sa valeur était toujours un peu supérieure, et je relève pour cette année, comme minimum 74, et comme maximum 82. (*Collection générale des tableaux de dépréciation...* Paris, 1825, in-18.)

[4] Voir t. II, p. 93, note 2.

M. Esmangard l'aîné apprit la dévastation de ses habitations de Saint-Domingue, biens dont il avait hérité de sa mère, et qui lui valaient, ainsi qu'à chacun de ses deux frères [1], cinquante mille livres de rente; il prit cette nouvelle très-philosophiquement. Les dangers qu'on courait personnellement rendaient presque insensible la perte de ses biens.

Le baron de Baert et M. de Boullongne, fidèles à l'amitié, vinrent passer à l'ordinaire trois semaines avec nous; ils avaient évité les malheurs généraux en postillonnant toujours. Heureux si M. de Boullongne ne s'était pas écarté de ce plan! Nous prîmes le parti, vers les fêtes de Noël, d'aller nous établir à Blois. La poste y venait tous les jours, et l'on était au courant de ce qu'il importait de savoir pour sa sûreté. Logés plus que modestement, nous reprîmes la même vie et la même société que les années précédentes.

Les motions du club étaient de plus en plus extravagantes; toute la France a connu son exaltation; il était excité par les grands vicaires amenés et appelés par Grégoire. Toutes les places lucratives étaient convoitées par les jacobins, et la loi agraire, prêchée ouvertement, rendait les sociétaires avides et attentifs à s'assurer des propriétés; leur aliment était la vente des biens nationaux, et le plaisir des dénonciations.

Un nommé Gidouin, marchand de toiles de la ville, ayant reçu une certaine éducation et marié à Orléans, était un de ces coquins qui cherchaient à rétablir une fortune délabrée. Son effronterie, les goûts sanguinaires dont il a donné des preuves depuis, le portèrent aux Jacobins. Il en fut récompensé par une place dans le Département. Il se fit adjuger à bas prix la maison qu'il occupait dans la grande rue et qui appartenait au chapitre, et ne bornant pas là ses préten-

---

[1] Il y avait trois frères : François-Marie-Hyacinthe, qui est celui-ci, né en 1766; Charles-Hyacinthe, né en 1767, et Claude-Florimond. Ils firent tous les trois leurs preuves en 1782 pour entrer au service militaire. L'aîné avait fait le tour du monde avec d'Entrecasteaux. Ils étaient fils de Charles-François-Hyacinthe Esmangard, ancien intendant, et de Françoise Tracot. (*Documents particuliers.*)

tions, quoiqu'il fût administrateur et qu'il ne pût pas posséder deux places, il convoita celle de receveur du district, occupée par M. Cellier-Béreuil. Ce M. Cellier était le gendre de M. Béreuil, l'un des deux receveurs des tailles de Blois [1] évincés par la Révolution, et il avait la survivance de son beau-père. Parent de tout ce qu'il y avait de mieux à Orléans, il était riche, et, au commencement de la Révolution, il sollicita et obtint la place de receveur du district. Le plan machiavélique fut formé dans le plus grand secret. Gidouin monte à la tribune et dénonce Cellier comme ayant volé trois millions, dont un déposé entre ses mains pour soulager les pauvres et les familles des défenseurs de la patrie. Sa motion est appuyée par un autre qui renchérit; tous les jacobins s'électrisent, font motion sur motion, et l'on conclut par demander au District et au Département de s'assurer de la personne de Cellier, d'autant qu'il y avait un motionnaire qui l'accusait d'entretenir un commerce avec madame Dayrell, cette Anglaise mariée à M. de Clénord, et qu'on avait forcée, comme je l'ai dit ci-devant, à émigrer.

M. et madame Cellier soupaient chez nous ce jour-là; nous étions dix à douze personnes jouant tranquillement, et tous à mille lieues de penser à un pareil événement, lorsqu'une petite fille à leur service vient demander M. Cellier et lui annonce en particulier que le District et le Département ont fait une descente chez lui, qu'il y a des sentinelles à sa porte, et qu'on serait venu le chercher si elle ne s'était pas refusée à dire où il était. Il prit son parti à l'instant et courut chez lui, nous disant qu'il n'avait aucune inquiétude. Arrivé chez lui, il trouva ses accusateurs, membres du District et du Directoire, qui lui lurent la dénonciation, posèrent les scellés partout dans sa maison, et, sans vouloir rien écouter, le mirent en arrestation chez lui avec deux gardes à nourrir à ses dépens. Il se trouvait que, par un malheur inconce-

---

[1] M. Béreuil était receveur des tailles depuis 1758, et M. Cellier avait été nommé son survivancier en 1775. (*Calendrier historique de l'Orléanais :* 1777 et 1788.)

vable, c'était déjà la seconde personne qu'on venait prendre chez moi.

M. Cellier, laissé à lui-même, fut visité par des amis particuliers. On était sûr qu'il n'y avait aucune malversation; il était, au contraire, en avance de plus de quatre-vingt mille livres. La cabale l'avait calomnié pour s'emparer de sa place. Un certain Chevalier, perruquier, qui avait coiffé ma femme pendant dix ans, ne manquait pas de talent et avait l'éloquence de son état. S'étant montré jacobin exalté, il en avait été récompensé par une place au Département. Du premier coup, il vit que M. Cellier n'était pas attaquable du côté de sa gestion; il se concerta avec Rochejean, Fouchard, Gidouin, Arnauld, Vourgères, presque tous membres du Département. On changea de batterie; on parla de sa correspondance avec madame Dayrell, qui, quoique sortie avec le passe-port le plus légal, était contre toute règle déclarée émigrée, et dont le bien avait été saisi. On alla chez Jousselin, notaire de cette dame et très-honnête homme, qui n'eut que le temps de s'enfuir; on visita ses papiers. On trouva d'abord une liste de noms; on en conclut que c'était la liste de ceux qui s'étaient transportés chez lui pour signer la pétition au Roi, qui était devenue le flambeau de la persécution. On trouva les contrats de madame Dayrell; quelques lettres éparses donnèrent des renseignements sur des papiers enterrés sous un cep de vigne dans la terre de Clénord. Chevalier, muni de ces pièces, intimide le malheureux ouvrier qui avait fait la cache, s'y transporte, et revient triomphant, faisant un trophée des pièces qui devaient faire traduire Cellier au tribunal révolutionnaire. Gidouin fait nommer un *custodinos* [1] à la place de Cellier, espérant que l'incapacité du sujet la lui ferait tomber un jour.

Cependant on échauffait toute la canaille contre Cellier :

[1] Prête-nom qui garde un office ou emploi, Gidouin eut en effet la place; il fut destitué par Garnier de Saintes à la séance d'épuration du 23 février 1794 comme étant convaincu d'avoir supplanté son prédécesseur par d'indignes manœuvres. (*Histoire de Blois*, t. I, p. 233.)

c'était un voleur, un recéleur d'émigrés, et les honnêtes gens disposés à le secourir étaient surveillés et près de courir la même chance. On conseillait à Cellier de s'éclipser et d'attendre la fin de cette affaire en lieu de sûreté. Une famille de gens de la lie du peuple, qui lui était attachée, se chargea de lui en procurer les moyens. On fait boire les gendarmes, qui n'avaient pas des ordres très-sévères. Cellier endosse un habit de garde national, et, à trois heures du soir, il s'enfuit sans être poursuivi; il court comme un fou en pleine grande route, et va dans une maison de la chaussée, voisine de celle de son beau-père, chez M. de Leyridon[1], ancien avocat au Conseil, homme estimé et considéré. Celui-ci sent le danger, mais toute considération cède à l'humanité. On met Cellier dans une grange vide, et on lui indique une place sur une poutre, où il peut se cacher si l'on vient faire des recherches. Il y reste deux fois vingt-quatre heures, et se risque la nuit à se promener dans un jardin clos de murs.

Cependant, les coquins étaient à l'affût de toutes ses démarches. On savait comment il était parti, qu'il avait couru sur la grande route, et qu'il avait tourné vers le village de la Chaussée. Fouchard informe la municipalité, qui à l'instant lui prête, et son autorité, et sa garde nationale. Il part à la nuit et va droit chez M. et madame Leyridon. On fouille toute la maison; on ne trouve rien. On entre dans la grange; une bouteille de vin et des restes de victuailles donnent des soupçons; cependant on allait sortir, lorsqu'un des gardes nationaux aperçoit quelque chose de gros sur la poutre; tous s'écrient : « Le voilà! » Cellier, ayant peur de pis, se montre et descend au milieu d'eux. Alors Fouchard, qui depuis a prétendu que c'était pour le sauver de la première fureur, demande des cordes; on lie Cellier, on lui passe autour du corps et autour du cou une corde dont Fouchard tient le bout, ayant son sabre dans l'autre main.

[1] Jean de Leyridon, ancien syndic des avocats aux conseils du Roi. En 1790, il avait été président du directoire du district de Blois.

Sept ou huit autres gardes avaient aussi le sabre nu, et dès qu'ils voyaient quelqu'un, faisaient mine de lui couper la tête. Suivi d'une autre partie de la garde, et de la canaille qui l'injuriait, il arriva ainsi dans la ville; on le fit passer tout le long du quai. En face de la Ville, il aperçut quelques membres de la municipalité qui regardaient avec effroi ce triste spectacle; il lève ses mains et leur ôte son chapeau qu'il rabat ensuite sur ses yeux. On le fait marcher le long de la grande rue pour le faire servir de spectacle au peuple. Les marchands se cachent. Quelques coquins semés dans le peuple, tels que Rochejean et l'abbé Dulièpvre, disent qu'il faut faire justice de tous les aristocrates qui sont des coquins comme lui, et dans la même matinée on l'incarcère à la grande prison.

J'étais à Blois et sorti, lorsque cette scène arriva; voyant le peuple courir, criant : « Cellier est pris! » je m'enfuis chez moi et partis pour Cheverny.

La ville n'était pas tenable; les plus enragés des députés qui allaient et venaient, soit à Bordeaux, soit à la Vendée, ne manquaient pas de visiter le club; il était à la hauteur. On eut successivement le scélérat Couthon qui se fit porter à la Ville, au club, au temple de la Raison, et haranguait de dessus son fauteuil; Tallien[1] qui passait et repassait; Gorsas[2] qui retrouva Dinocheau, procureur de la commune, qu'il avait connu lorsque celui-ci était député à l'Assemblée constituante. Il parla dans le sens le plus raisonnable, ce qui, comme on le verra, rendit les meneurs des jacobins furieux;

[1] Ce fut Tallien qui mit la terreur à *l'ordre du jour* à Blois et y institua un Comité de surveillance révolutionnaire.

[2] Je crois que l'auteur fait une erreur de nom. Gorsas ne me paraît pas être jamais venu à Blois, ou du moins y avoir fait acte d'autorité. Il s'agit plutôt de Carra, qui, passant à Blois, cassa, sur la demande de la municipalité, le comité révolutionnaire créé par Tallien. Il fut dénoncé à cette occasion à l'Assemblée le 13 juin 1793. (*Moniteur* du 16.) On décida que l'ancien comité serait maintenu et que Carra serait rappelé de sa mission en Vendée. (V. Bergevin et Dupré, *Histoire de Blois*, t. I, p. 198, et Touchard-Lafosse, *Histoire de Blois*, p. 271; la version de ce dernier est différente, mais ses indications sont généralement peu sûres.)

il plut des dénonciations contre lui, ce qui ne tarda pas à avancer sa fin tragique.

La municipalité était alors le seul corps bien composé et qui luttât contre l'anarchie. Le club, qui voulait tout mettre à feu et à sang, trouva une occasion et la saisit.

Une troupe infernale, moitié de tyrannicides, moitié de septembriseurs, fut envoyée à la Vendée; les Jacobins envoyèrent des motions pour en conserver quelques-uns. Ils arrivèrent un jour [1], et commencèrent par prendre séance aux Jacobins; la société avait eu soin de les bien régaler et de s'échauffer en proportion. C'était ce Velu, dont j'ai déjà parlé, qu'on avait fait président. Les motions les plus affreuses se succédèrent; le président tire un poignard, les autres et la troupe infernale en font autant; on délibère de purger la ville de tous les aristocrates, surtout de la municipalité. Un honnête homme se détache et va prévenir la Ville; à l'instant, une foule de bons citoyens s'y rassemblent. La société et les septembriseurs se mettent en marche et arrivent à la Ville. La séance fut longue; la fermeté que montrèrent la municipalité, le maire et le procureur de la commune, la foule qui les entourait imposèrent aux coquins. Velu, saoûl, fit tout ce qu'il put pour provoquer un massacre, et, voyant sa démarche infructueuse, il s'en alla cuver son vin.

Il y avait une société littéraire, à quelques maisons de la Ville, sur le quai. Le club borna le lendemain ses exploits à en casser les vitres; les sociétaires, dont j'étais, n'y mirent plus les pieds, et le cercle fut fermé. C'étaient les plus honnêtes gens de la ville qui le composaient, et l'on s'assemblait simplement pour lire les nouvelles et jouer au trictrac. Je puis jurer que je n'y ai jamais rien vu ni entendu que le ton de la meilleure compagnie, sans aucune exagération.

Il fallait inspirer la terreur. Rochejean, grand vicaire et

---

[1] Le 6 juin 1793. (*Histoire de Blois*, t. I, p. 195.) Ce fait est antérieur à l'arrivée de Carra et aurait motivé la mesure qu'il prit contre le Comité révolutionnaire.

supérieur du séminaire où il n'existait pas un sujet, mais jouissant de la maison avec deux ou trois maîtres, et faisant sa propriété du jardin et des appointements, fit des motions. On se rappela que le Roi avait donné à l'hôtel de ville, construit à neuf depuis vingt ans, une tapisserie des Gobelins tout en fleurs de lys, pour décorer la principale salle ; les anciens rois en avaient aussi donné qui meublaient d'autres pièces. Les fleurs de lys étaient proscrites par toute la France. Les murs du château en étaient chargés, ainsi que de vieux écussons. Le pont avait un obélisque surmonté d'une croix, et une plaque de marbre où la date de la construction était relatée. — C'était le premier pont fait sous le règne de Louis XV. — On s'échauffe, Rochejean combine le moment de l'insurrection ; tous marchent à sa voix, fondent comme des Vandales dans l'hôtel de ville et déchirent les tapisseries, dont chacun emporte un petit morceau, fracassent les tableaux des rois, enfin mutilent tout. Tous fuient, et, *sans s'armer d'un courage inutile*, comme dit Racine, on les laisse faire, et l'on se contente de dresser procès-verbal.

Les réquisitions se succèdent ; on demande des chevaux, du fourrage, du blé, des chemises, des bas, des souliers, des habits de garde nationale, et, en trois semaines de temps, on se trouve dépouillé, non-seulement du superflu, mais même du nécessaire. Tout le monde obéit ; on aurait donné plus pour obtenir la tranquillité. Les Jacobins seuls ne donnent rien, et profitent en partie des réquisitions, n'ayant jamais rendu compte de celles ordonnées par les Districts, sur les motions faites au club.

Je m'étais bien gardé de renouveler mes chevaux. J'en avais un seul capable de servir, et je l'avais donné à mon second fils, que j'avais fait entrer dans la garde à cheval de Tours pour l'enlever à la persécution. Il y fut six mois ; mais la cavalerie de cette troupe était convoitée par les députés ; un beau matin arrive l'ordre de prendre les chevaux pour la nation, en rendant sur estimation la valeur au propriétaire. Mon fils se trouve donc à pied, et on lui paye quatre cent cinquante livres en assignats un cheval que je n'aurais pas donné pour le double.

M. de Salaberry voulut aller se délasser une partie de l'automne à Pezay; il y rassembla toute sa société et exigea notre parole d'y aller; nous la tînmes et nous passâmes dix jours chez lui. L'évêque d'Orléans Gérente y vint. Cet homme, inconséquent et plus qu'extraordinaire, pour ne pas dire fou, qui a déshonoré son état, fut très-aimable; fort instruit des cabales qui agitaient la France, il nous parlait de Barère et des autres comme de ses amis intimes.

M. de Salaberry n'avait qu'un fils unique [1], qui annonçait de l'esprit, du cœur et un caractère, et il n'avait rien épargné pour lui donner la meilleure éducation. Lorque la Révolution arriva, ce jeune homme venait de parcourir toute l'Europe pendant trois ans; il avait retiré tout le fruit possible de ce voyage, qu'il avait poussé jusqu'à Constantinople. M. de Salaberry, pour lui plaire, se mit à jouer des proverbes, et il se livra à ces amusements avec toute l'impétuosité de son caractère; on eût dit que jamais on ne s'était trouvé dans un temps plus tranquille. Ce voyage finit subitement par le départ du fils, qui désirait suivre les événements à Paris, et nous revînmes à Cheverny [2]. Mais il faut nécessairement que je rapporte un événement antérieur.

M. de Gauvilliers avait un grand désir de passer à la direction des domaines; mais malgré mes sollicitations et celles de M. de Cypierre, il avait vu ses espérances déçues. Ayant appris que l'Assemblée constituante créait une direction dans chaque département, et connaissant le crédit dont jouissait alors M. Amelot qui était à la tête des assignats, nous lui écrivîmes le désir que nous avions de voir nommer

[1] Charles-Marie, comte de Salaberry (1766-1847), celui qui se fit remarquer sous la Restauration par l'ardeur de ses opinions royalistes.
[2] Ceci se passe évidemment à l'automne de 1792, puisque, comme on le verra bientôt, M. de Salaberry fut arrêté vers le mois de juillet 1793.

M. de Gauvilliers. Celui-ci fit un voyage à Paris et revint avec sa nomination.

Cependant, M. Delorme, nommé officier municipal, était au troisième ciel; don Quichotte né de la Révolution, il attendait tout de cet ordre de choses, au moins la république de Platon ou le royaume d'Utopie. Le plus doux des hommes, avec l'air du plus sage, c'était la tête la plus mal organisée. Nos conversations n'étaient plus pleines d'aménité; l'humeur me gagnait malgré moi, je l'exhalais vivement, et elle augmentait lorsque je l'entendais dire : « Est-ce ma faute? » car il s'associait à tous les gens qui avaient écrit sur ces matières, parce qu'il avait fait imprimer deux volumes inintelligibles qui s'appelaient *De l'économie* [1].

Je me rappelle à ce sujet qu'il avait chargé M. Bergier [2], frère de l'abbé Bergier qui a réfuté le *Système de la nature* [3], d'être l'éditeur des rapsodies qu'il avait compilées et mal rédigées. Bergier, que je connaissais, m'avoua que sans l'estime qu'il avait conçue pour M. Delorme, il n'aurait pas entrepris une pareille besogne. Enfin le livre fut imprimé, et je fus chargé d'en distribuer; car, quoiqu'il fût étalé, il n'y en eut pas six de vendus. — Personne ne voulut en lire que la division des chapitres et quelques feuillets. — Nous en fîmes donc faire un ballot qui lui fut fidèlement remis. Ce que j'y gagnai, ce fut une liaison intime avec Bergier, et par conséquent avec son frère. Je n'ai jamais vu une association plus singulière; tous les deux s'aimaient beaucoup. L'abbé réfutait le *Système de la nature*, l'autre frère n'était occupé

---

[1] Les ouvrages de M. Boësnier-Delorme ne sont pas jugés aussi sévèrement par les biographes. Il en est qui vont jusqu'à le comparer à Adam Smith. Blanqui, dans son *Histoire de l'économie politique*, le met au-dessus de la plupart des économistes de son temps.

[2] Claude-François Bergier, avocat au Parlement (1721-1784). On a de lui de nombreuses traductions d'auteurs anglais, notamment d'Adam Fergusson.

[3] Nicolas-Sylvestre Bergier (1718-1790), écrivain très-fécond, qui a fait surtout de la polémique religieuse contre Voltaire, d'Holbach, J. J. Rousseau. Il a rédigé le dictionnaire théologique dans l'*Encyclopédie méthodique*. Un autre de ses ouvrages, la *Certitude des preuves du christianisme*, a été souvent réimprimé.

qu'à traduire ou à faire imprimer tous les livres dans le sens opposé, et ils se consultaient tous les deux. Un jour, devant moi, l'abbé apporta une épreuve d'un cahier de sa réfutation; il nous le lut. Bergier le critiqua, et lui prouva qu'il y avait un autre moyen péremptoire de réfuter ce chapitre-là; il le rédigea séance tenante, et l'abbé le fit imprimer comme sien. Ainsi, chacun se tirait d'affaire comme il pouvait, et l'abbé a fini ses jours, avant la Révolution, confesseur de Mesdames de France [1], et avec sa fortune faite. Pour le frère, je fus à portée de lui rendre des services par M. Rousseau, qui était alors administrateur des domaines. Il périt d'une fluxion de poitrine quelques années avant l'abbé.

Pour en revenir à M. Delorme, il prit une fièvre tierce au Guélaguette et mourut dans les premiers mois de 1794. La fin de sa vie prouva que quand un homme s'égare et que la vanité s'en mêle, il ne sait plus où il va. Un homme d'esprit fit son oraison funèbre en ces termes : « M. Delorme a vécu « trois ans de trop. » Il mourut en vrai patriote et fut porté patriotiquement, et très-scandaleusement, dans le champ destiné à cet effet; sa conduite diminua les regrets de ses amis.

Cependant, le pillage et la dévastation allaient leur train. A la croix du pont de Blois on avait substitué un immense bonnet de la liberté, et la plaque avait été retournée. Un scélérat, employé jusque-là comme subalterne dans les ponts et chaussées, le nommé Pobelle, brutal et ivrogne, n'ayant que l'éloquence d'un charretier, fit la motion de faire disparaître de partout les signes féodaux et les fleurs de lys, et ne s'oubliant pas, il prit cette opération à l'entreprise. En un instant, vingt ouvriers se mirent à tout détruire; mais, voyant que l'opération lui coûterait beaucoup, Pobelle se contenta de détruire ce qui était le plus à portée. La statue de Louis XII sur la porte du château, monument sans goût, mais respectable, fut brisée à coups de marteau; et tout le pont fut mutilé.

---

[1] Il fut aussi confesseur de Marie-Antoinette. (*Correspondance secrète* publiée par M. DE LESCURE, t. II, p. 219.)

Romorantin était ce qu'on appelait à la hauteur ; j'avais eu jadis ce gouvernement pour mon fils, après le marquis de Voyer[1] ; j'y étais fort connu par ma présidence, et parce que je n'en étais qu'à sept lieues et sur le passage. Je fus donc l'auberge de tous les volontaires, qui venaient crier : « Vive la République! » C'étaient des enfants presque sortant du berceau, et que je regardais comme dévoués à une mort certaine. Ma prédiction s'est vérifiée, puisqu'il n'en est pas revenu un seul.

M. et madame de Salaberry, suivant leur usage, devaient passer une huitaine de jours à Cheverny vers le commencement de novembre, et madame de Salaberry avait devancé son mari. Au sortir de table, nous apprenons que des messages se succédaient, portant des ordres à toutes les municipalités, et annonçant que par delà Vendôme s'était formée une insurrection, commandée par deux députés, qui s'apprêtait à marcher par Orléans sur Paris[2]. Ils emmenaient tous les hommes avec eux, et s'acheminaient vers Blois. La ville fut consternée ; c'était comme une nuée de sauterelles qui inonda la ville à quatre heures du soir[3]. Plusieurs des gens les plus importants de Vendôme, qu'on faisait marcher de force, sans savoir pourquoi, sinon qu'on voulait redresser des griefs, profitèrent de la confusion pour s'éclipser, entre autres mon ami, le marquis de Rancogne, qui était excédé d'avoir reçu et hébergé plus de trois mille hommes et de marcher avec eux.

Aussitôt tous les sans-culottes de la ville s'en mêlèrent ; il

---

[1] C'est en 1767, c'est-à-dire à l'âge de dix ans, que Bernard-Marie-Joseph-Pierre Dufort, comte de Cheverny, fils aîné de l'auteur, obtint la survivance du gouvernement de Romorantin. (Archives nationales, secrétariat de la maison du Roi, O¹ 112, p. 887.) Les provisions indiquent comme titulaire le marquis de Voyer. Ce n'est pas le personnage que nous avons déjà rencontré sous ce nom, mais son cousin : Marc-Antoine-René de Voyer, marquis de Paulmy, fort connu dans les lettres. (État de la France de 1789 et Calendrier historique de l'Orléanais.)

[2] D'après l'*Histoire de Blois*, t. I, p. 184, cette insurrection avait pris naissance à Montmirail, dans la Sarthe, parmi les ouvriers des verreries.

[3] Le 25 novembre 1792.

fallut que le Département, le District et la municipalité se missent en marche; on rafla tous les hommes, les femmes s'offrant à faire le service. M. de Salaberry eut bien de la peine à obtenir d'aller dans sa voiture, qui fut aussitôt remplie de ses amis et des plus honnêtes gens de la ville. Heureusement que nos bourgs étaient à plus de trois lieues de Blois; on eut beau pérorer, personne ne bougea. Madame de Salaberry perdit la tête, elle voulait courir à Blois; je refusai de l'y faire conduire, quitte à lui déplaire. Qu'y aurait-elle fait? Tout le monde avait suivi le torrent, mais les plus sensés, dès qu'ils avaient pu s'échapper, étaient retournés tranquillement se coucher. M. de Salaberry, plus en vue dans sa voiture, n'avait pu en faire autant; il était resté coucher chez des connaissances à Mer, et cette inondation de têtes folles s'était répandue dans les granges et les maisons, pour prendre du repos et quelques victuailles.

La nouvelle était arrivée à Orléans, où l'on avait plus de sang-froid et plus de forces. Les gens sensés comprirent que la guerre civile était aux portes. On détacha toute la garde nationale, avec ordre de prendre celle des bourgs et villes sur la route; on fit marcher le peu de troupes de ligne qu'on avait, et on les envoya tous à Beaugency, avec six canons. Tout cela fut fait avec célérité, et tandis que les insurgés couchaient à Mer, les autres couchaient à Beaugency : ils savaient de minute en minute ce qui se passait. Enfin, les insurgés se mirent en marche à la pointe du jour pour se rendre à Beaugency. Excepté quelques paysans de bonne foi, les autres étaient des gens de sac et de corde, vrais jacobins qui s'attendaient au pillage. Ils restèrent comme pétrifiés lorsqu'en avant de Beaugency, ils trouvèrent les six pièces de canon prêtes à faire feu, les canonniers à leur poste, et la troupe présentant un front de près d'un quart de lieue. On parlementa, on se harangua, et chacun regagna ses foyers sans bruit, harassé de cette équipée [1].

---

[1] V. l'*Histoire de Beaugency*, par LOTTIN et PELLIEUX, t. I, p. 255 et suiv.

Rochejean n'avait pas perdu son temps; entouré de sociétaires, il s'était arrêté à Ménars, dont le propriétaire, Poisson de Malvoisin, l'héritier de madame de Pompadour, jeune, à peine dans le service, s'était éclipsé comme tant d'autres, après avoir tenu tant qu'il avait pu. M. de Marigny avait fait construire sur sa grande terrasse une coupole magnifique, de soixante pieds d'élévation, pour recevoir la statue de Louis XV que le Roi lui avait donnée. Elle était plus que de grandeur humaine, toute de marbre blanc du plus beau grain, et faite par Pigalle. C'était un morceau digne du sujet : le Roi était debout, en habit de l'Ordre, aussi ressemblant que possible. Le régisseur, par une inadvertance impardonnable, avait négligé de faire faire un trou et d'enterrer la statue. Rochejean et sa troupe se ruèrent dessus et, en trois heures, la mirent en si petits morceaux qu'il n'y en avait pas un gros comme le poing. Ils revinrent triomphants à Blois, et eurent à la société une mention très-honorable pour cette expédition, ainsi que pour d'autres gentillesses du même genre faites dans le parc.

Nous étions inquiets de tous les événements qui se succédaient avec une rapidité inconcevable. Nous avions appris le départ de Grégoire pour la nouvelle assemblée; on nous avait répété ses propos et ceux de Chabot, qui parlait publiquement du jugement du Roi et de sa mort, comme chose nécessaire.

Affectant une religion à sa guise, Grégoire faisait son métier d'évêque, confessait même, allait le soir au club, et ne marchait qu'entouré de ses fidèles. Il avait joué le persécuté pour la bonne cause et l'humanité. Parce qu'un menuisier saoûl l'avait menacé, on prétendait qu'il avait manqué d'être assassiné. Les gens peu éclairés, ceux qui par peur sont partisans du gouvernement tel qu'il est, faisaient leur cour à l'évêque en allant aux offices; mais ils en revenaient toujours mécontents, parce qu'il tournait sa religion au profit de la cause qu'il propageait, déblatérant contre le Roi, les riches, les aristocrates et les autorités anciennes. Enfin il partit; c'était un poids de moins qui pesait dans la province. Voici le singulier costume de voyage d'un évêque constitutionnel : un chapeau rond et très-haut, une cocarde nationale, une énorme cravate, une redingote noisette, une veste rouge, une culotte noire et des bottines. Il monta lestement dans une diligence avec quelques autres clubs, et disparut de la ville.

Nous nous rendîmes à Blois vers les fêtes de Noël pour nous y établir. Convaincus qu'on ne pouvait trouver le Roi coupable, nous étions encore dans une sécurité qui nous soutenait. Le procès était entamé, les esprits inquiets, les jacobins triomphants. Enfin arriva la fatale nouvelle de la mort du Roi; tous les honnêtes gens dans la province s'étaient bercés, jusqu'à l'exécution, de l'illusion qu'il serait innocenté. A la suite de cette nouvelle, je fus tellement malade et tourmenté que j'eus beaucoup de peine à me remettre. Le pis de la situation des honnêtes gens (on n'osait pas les nommer ainsi), c'est qu'on les examinait, et que le moindre mouvement aurait valu une dénonciation.

J'entretenais toujours ma correspondance avec deux personnes. Nous savions qu'on ouvrait les lettres. On y mettait si peu de mystère qu'on vous les remettait toutes décachetées : on les recachetait au comité de la ville avec un cachet immense, intitulé en rond : *Comité de Blois*. Mais nos précautions étaient prises; il n'y avait que les faits nécessaires, et les réflexions étaient si rares qu'elles ne pouvaient préjudicier en rien.

Après cet événement sur lequel il me répugne de m'étendre, la République fut proclamée, et il y eut une espèce de tranquillité, tous les partis se mesurant pour entrer en lice. Les bonnes gens, les gens confiants crurent que la République proclamée était établie, et alors que tout le monde serait tranquille.

M. de Salaberry fils était resté à Paris. Son père était forcé d'y aller pour l'affaire de la succession Rousseau, une assemblée de créanciers voulant nous frustrer de soixante-dix-huit mille livres qui nous étaient dues en commun. M. de

Romé, son ami, son parent, le pressait de partir; mais M. de Salaberry, tenu par les affaires de la Ville, dont il se tourmentait plus qu'il ne devait, et cédant à l'impulsion de ses amis, le laissa partir seul. M. de Romé avait la fureur d'écrire, et, à peine à Paris, il entama la correspondance la plus active avec son cousin et avec sa femme. Celle-ci répondait à l'instant à chaque lettre. Quant à M. de Salaberry, il les oubliait souvent; au bout de huit jours, il en trouvait dans ses poches qui étaient encore cachetées, et il les fourrait dans un tiroir sans y plus songer. Enfin, persécuté par moi, qui jugeais sa présence indispensable à Paris, il prit son parti; il y alla pendant une quinzaine de jours et revint à Blois. L'hiver était fini; nous retournâmes à Cheverny, et M. et madame de Salaberry nous promirent de venir passer huit jours avec nous.

Le Comité de salut public de Blois, composé de Fouchard, de Péan, de Vourgères-Lambert et d'Arnaud, était arrangé selon le désir du Comité de salut public de Paris, qui avait influé par les Jacobins sur cette nomination. Fouchard, jadis soldat, ensuite curé, était un homme à deux mains, capable de servir et de desservir pourvu qu'il y vit son intérêt, insolent, hardi, impudent, fort comme un taureau; il était regardé généralement comme un homme méchant et sans probité. Péan, procureur à Saint-Aignan, jeune et d'une assez jolie figure, était dans l'âme un scélérat sans foi. Son seul but était de faire fortune, et il espérait s'élever sur les ruines de ceux qu'il ferait assassiner [1]. Vourgères-Lambert, jadis destiné à l'état ecclésiastique, d'une bonne famille de Vendôme, avait épousé la cousine germaine de mon curé prieur, d'une famille honnête, respectée et considérée à Vendôme. Lors de son mariage, nous lui avions donné une espèce de retour de noces, à cause de la famille de sa femme. C'était un homme de peu d'esprit,

---

[1] Touchard-Lafosse, dans son *Histoire de Blois*, et J. B. Delorme, dans l'*Histoire de Saint-Aignan*, ont cherché, sans grand succès, à réhabiliter la mémoire de ce terroriste.

entêté par conséquent, devenu l'âme damnée du parti qui l'influençait, et capable de tout, sans moyens et sans courage.

Arnaud, jadis secrétaire de particuliers, avait épousé la fille d'une femme de chambre de madame la marquise de Lafayette, que l'on disait avoir été comédienne, mais ne pensant en rien comme son mari. Il avait d'abord tenu près de Ménilmontant une pension où il faisait peu fortune. Il s'imagina alors de venir à Blois, où il forma une classe de quarante jeunes personnes. Sa femme et deux demoiselles présidaient à tout ; il avait des maîtres à des heures régulières, et lui-même dessinait, démontrait la géographie et charmait les écolières. Toutes les mères de Blois et des environs avaient été séduites. La pension, en trois ans, était montée à un degré de perfection, et la plus amère critique ne pouvait mordre contre les mœurs.

C'est ici naturellement que je dois rapporter l'histoire d'André, qui a une grande connexité avec celle de cet Arnaud. Lorsque Dobel, grand musicien claveciniste, me quitta pour entrer chez mon ami le marquis de Rancogne, j'écrivis à M. Sedaine, le priant de me chercher un musicien qui pût le remplacer. Il me dit qu'il connaissait un Liégeois, nommé André, excellent professeur, qui était chez Grétry seulement pour son pain. Je lui répondis que les temps étaient bien changés, que mes enfants étaient élevés, que je n'avais plus le moyen de faire jouer la comédie, ainsi que je n'en voulais pas. André trouva à se placer chez madame de la Tour de Clairvaux, à Savonnières, et il venait deux fois par semaine à Blois donner des leçons à mademoiselle de Gauvilliers. Il ne tarda pas à se fixer à Blois pendant l'hiver, et il eut assez d'écoliers pour avoir quelque argent devant lui. Arnaud ne tarda pas à voir combien un sujet pareil serait utile dans ses classes. Lui et sa femme employèrent tout pour le fixer ; André remit à Arnaud environ cent louis d'épargne, alla loger chez lui, et ne tarda pas à prendre tous ses principes. Le voilà jacobin enragé, oubliant ses protecteurs, et plus à craindre pour eux, parce qu'il avait eu jusque-là le ton de la société. Cependant Arnaud, le voyant totalement gagné au parti, se hâta de le salir tout à fait pour qu'il ne pût plus reculer, et le fit faire membre du Département, où il se signala par son ineptie, son insolence et ses propos révolutionnaires.

Hézine était devenu procureur du district : maître de mathématiques avant la Révolution au collége de Pont-Levoy, c'était un Normand transplanté, qui avait épousé la fille d'un garde-chasse. Il était féroce et poltron, quoique ayant des talents pour réussir. Ajoutez un Chevalier, perruquier, dont j'ai déjà fait le portrait. Tels étaient les administrateurs auxquels était confiée la sûreté d'une province, et qui en étaient les proconsuls.

Ces conjurés ne travaillèrent qu'à chasser des places les honnêtes gens qui les remplissaient. Toutes les lettres furent décachetées ; on arrêta quelques gens marquants, entre autres madame Rangeard de Villiers, Mahi de Cormeré en son nom, et sœur du malheureux Favras, qui était mère de deux garçons et de deux filles. Elle avait la tête tournée du supplice de son frère. Un de ses fils, disait-on, était émigré, et l'on prétendait que la mère lui écrivait et lui faisait passer des secours.

M. Cellier, dont l'innocence n'était plus douteuse, était sorti de la grande prison pour être mis dans le couvent des Carmélites, devenu la prison des suspects.

Un M. O'Donnell [1], Anglais naturalisé Français, ayant acheté une petite terre entre Cheverny et Romorantin, bon chrétien, puisqu'il avait sacrifié son bien pour la religion catholique, charitable, mais se vantant d'être l'ami de M. de Thémines, prononcé comme un Anglais sur tout ce qui se passait, avait, malgré sa résistance, été saisi et incarcéré.

Le sieur Baillon, fils du fameux horloger [2], de receveur

---

[1] Jacques-Bruno O'Donnell, chevalier, seigneur de Corbrandes. (*Catalogue de 1789 : Bailliage de Blois.*)

[2] « La charge de premier valet de chambre de la Reine (sans fonction) a été

des tailles à Amboise était devenu commissaire des guerres à Blois. Caressant les sans-culottes, mais se prononçant contre les injustices, il ne tarda pas à être arrêté, et à être traduit au criminel pour des dilapidations avec les fournisseurs auxquelles il n'avait nulle part. Différents autres particuliers, des curés, des prêtres, tous très-honnêtes gens, étaient emprisonnés continuellement, de sorte que la désolation et la terreur étaient non-seulement dans la ville, mais dans le département.

M. de Salaberry, comme je l'ai dit, arrivait de Paris. Quoique la municipalité fût très-bien composée, aucun de ses membres n'avait encore subi l'arrestation. Le bruit se répand que le comité, en décachetant des lettres, trouvait assez de preuves pour faire des visites domiciliaires; il apprend cette nouvelle, et il est le premier à inviter ses amis à brûler toutes leurs lettres. La seule correspondance qu'il eût était de Romé, et il en faisait si peu de cas qu'il mettait souvent ses lettres dans ses poches sans les ouvrir. Son fils lui écrivait en anglais, et lui peignait avec énergie les nouvelles du jour et l'affreuse situation de Paris. Ces lettres, quoiqu'on les eût lues, lui étaient remises fidèlement, pour tâcher d'avoir les réponses et d'en tirer parti; mais il oubliait de répondre et même de lire.

C'était au mois de juin[1], et M. et madame de Salaberry m'avaient assuré vaguement qu'ils viendraient passer quelques jours avec nous. Nous les voyons arriver un soir. M. de Salaberry prend la parole et me dit : « Nous ne sommes pas
« venus plus tôt, à cause d'une singulière aventure qui m'est
« arrivée. J'étais avec un collègue à la Ville, lorsque Fouchard

---

« achetée par le nommé Baillon, *horlogeur*. » (LUYNES, septembre 1743, t. V, p. 147.) — « M. de Richelieu et madame de Luynes furent parrain et marraine, au nom de Mgr le Dauphin et de la Reine, du fils du nommé Baillon, premier valet de chambre de la Reine et horlogeur. » (*Ibid.*, juillet 1753, t. XIII, p. 9.) D'après l'*État de la France* de 1749, il s'appelait Jean-Baptiste Baillon. J'ai cité deux autres horlogers du même nom, peut-être les ancêtres de celui-ci. (P. 180, verbo : *Belin de Fontenay.*)

[1] 1793.

« et un autre sont arrivés et ont dit : *Nous venons demander
« un membre de la Ville pour nous accompagner, comme il est
« décrété, et faire un enlèvement de papiers chez un particulier
« suspect*. Je me suis offert; ils ont accepté en hésitant, et, en
« chemin, ils m'ont avoué que c'était chez moi. J'ai dit que
« j'en étais fort aise, et que je leur livrerais tout ce qu'ils désire-
« raient, étant bien sûr que mes correspondances ne tirent à
« aucune conséquence. Ils sont donc venus chez moi; je leur
« ai livré tout; ils ont fait la même chose chez ma femme. »

M. de Salaberry, avec sa bonhomie ordinaire, était dans la plus parfaite sécurité. Je ne voulus pas la troubler; je fis simplement la réflexion que je ne croyais pas que ce fût le moment de quitter, et qu'il fallait être à la parade; mais nous passâmes la soirée sans aucune inquiétude. Cependant, à cinq heures du matin, M. de Salaberry était dans ma chambre. Il n'avait pu dormir et cherchait à se rassurer, parce que, n'ayant pas eu de nouvelles de Blois, c'était, disait-il, une affaire finie. Je me levai à six, et lui proposai de faire mettre des chevaux sur une petite calèche pour aller voir une ferme; c'était un prétexte pour le distraire. Après avoir déjeuné, nous nous acheminons vers l'écurie pour presser le départ, et il était enfoncé dans le bout de cette écurie, qui est immense, lorsque je vis arriver son maître d'hôtel à cheval. Il a joué un rôle si honnête dans ce malheureux événement, que je vais en faire le portrait.

Bonvalet avait été garçon chez le fameux Bucquet, et le servait dans ses cours. Il avait plu au président de Salaberry, qui les suivait exactement, et qui le prit pour son laquais après la mort de Bucquet. Cet homme montra tant d'intelligence, que M. de Salaberry renvoya un nommé Dossonville, qu'il avait pris dans la terre d'Auneau, et qu'il avait élevé par degrés à la place de maître d'hôtel. (Ce Dossonville s'est depuis rendu fameux sous Robespierre, qui l'avait revêtu d'un pouvoir illimité[1].) Bonvalet se conduisit dans

---

[1] Il en sera question plus loin avec détails.

cette place en homme honnête et intelligent, et remit l'ordre et l'économie dans une maison qui en avait grand besoin.

Dès que Bonvalet me voit, il descend de cheval et me dit : « Je viens avertir M. de Salaberry qu'il va être arrêté ici ; « où est-il ? — Il est là, lui dis-je ; il faut le prévenir dou- « cement. Je vais tâcher de l'amener, et vous ferez le reste. » J'entre, et je lui dis : « Président, voilà Bonvalet qui arrive. » Il le joint. Bonvalet lui dit : « Monsieur, vous êtes un homme, « et vous prendrez sûrement la chose comme vous devez la « prendre. Le comité, non content d'avoir mis les scellés « chez vous, a décidé de vous faire arrêter. » Le président, sans s'émouvoir, répond : « Qu'il le fasse, s'il l'ose, je ne « crains rien »; et nous nous acheminons tous les trois vers le château. Nous ne lui avions pas dit qu'on voulait venir l'arrêter chez moi. Sa femme s'échauffa et le gronda sur sa négligence à garder les lettres; lui, soutenait qu'il n'avait rien. Enfin, nous le forçons à fouiller dans ses poches. A notre grand étonnement, il avait cinq ou six lettres de son fils, et plus du double de M. de Romé. Nous en parcourûmes quelques-unes, qui ne nous firent pas hésiter à les brûler toutes sur-le-champ. Il avait renvoyé ses chevaux, je lui conseille de permettre que je le fasse reconduire à Blois ; il valait mieux aller au-devant, que de se laisser traîner comme un criminel. A l'instant les chevaux furent mis, et ils partirent.

Je me rendis le lendemain à Blois de grand matin ; je le trouvai entouré d'amis, de M. et madame Baron, madame de la Gondinaye et madame Tirat. Tout le monde était dans la joie. M. de Salaberry, en arrivant, s'était présenté au comité et s'était expliqué avec fermeté. Il crut les avoir persuadés, et on lui dit de se retirer et d'être tranquille.

Pendant ce repos, ces scélérats compulsaient les lettres. Ils avaient chargé Rochejean, qui lisait l'anglais en écolier, de traduire quelques phrases des lettres du fils. On en fit des extraits isolés pour servir de pièces probantes. Romé, dans ses lettres, parlait de Chambord, qu'il voulait faire acheter au prince de Conti ; il mettait en abrégé le p. de C., on conclut que c'était le prince de Condé ; enfin, on tirait de tout les conséquences les plus diaboliques [1].

J'avais quitté M. et madame de Salaberry sur les onze heures, aussi tranquille qu'eux. J'allai faire quelques visites, et, rentrant dans la rue des Carmélites, j'aperçus à l'autre bout M. de Salaberry qui venait à moi, suivi à quelque distance d'un brigadier de maréchaussée. « Ils m'ont envoyé « chercher, me dit-il, et m'ont enjoint de me rendre aux « Carmélites. Va voir ma femme, et fais pour le mieux. Voilà « le garde, il faut le suivre. » La porte était ouverte, le geôlier l'attendait. Il m'embrasse, entre avec vitesse, et l'on ferme la porte. Je volai chez ma belle-sœur, et il me fallut essuyer la scène la plus lamentable.

M. de Salaberry trouva bonne compagnie aux Carmélites ; elle était augmentée de Dinocheau [2], constituant, alors procureur de la ville, et poursuivi pour avoir pris le bon parti, et s'être opposé aux massacres et aux dilapidations que les coquins voulaient faire, et d'un M. Robbé de Lagrange, neveu du fameux Robbé, le poëte [3], mis en accusation après avoir été condamné par jugement à six mois de prison [4] ; il avait près de cinquante ans, et pas plus de tête qu'à quinze ; c'était le meilleur enfant possible et le plus aimable, faisant des vers et des bons mots.

Je revins le lendemain à Blois. Je me rendis chez M. Baron, où s'était retirée ma belle-sœur ; les soins de ces honnêtes gens avaient calmé sa tête. On me conseilla d'aller voir le comité ; je connaissais Fouchard pour avoir été deux fois électeur avec lui ; on s'imagine bien que nous n'étions pas

---

[1] M. de Romé s'était servi des initiales L. F. B. C. désignant Louis-François de Bourbon-Conti. Dans une autre lettre, il priait M. de Salaberry de tâcher d'empêcher la destruction du parc de Chambord, jusqu'à ce qu'on eût décidé si la terre devait être ou non mise en vente. (WALLON, la Terreur, t. II, p. 76, et t. III, p. 100 et suiv.)

[2] C'est lui qui avait déterminé Carra à casser le comité départemental, et il avait été pour ce fait suspendu de ses fonctions et incarcéré.

[3] Robbé de Beauveset (1712-1792), poëte satirique et licencieux.

[4] On verra plus loin les motifs de son arrestation.

en société ; mais comme il m'avait vu jouir de quelque considération, et que d'ailleurs j'avais affecté une nullité et une prudence qui ne me mettaient sur le chemin de personne, il fut décidé que j'irais lui parler. Hélas! que n'aurais-je pas fait pour tirer mon ami du précipice où il était jeté !

J'allai donc dans la cour du château trouver Fouchard. Je cherchai d'abord à l'amadouer, en lui rappelant ce que nous avions été ensemble; je finis par lui dire qu'il se doutait bien de la raison qui m'amenait; je fis l'éloge du cœur et de l'âme de M. de Salaberry, un précis de sa conduite, de ses vertus sociales, de son attachement pour les personnes qu'il connaissait, et de son âme reconnaissante. Il eut l'air de la franchise, me dit qu'il n'était pas le maître, mais qu'il ferait de son mieux. Je lui demandai la permission pour entrer aux Carmélites; il m'en donna une, et me dit que chaque fois que je le désirerais, je n'avais qu'à en envoyer demander au comité.

Avant de me servir de la permission, je pris le parti d'envoyer une lettre au député Julien[1], alors à Saumur. Cette lettre était d'un homme de la ville qui se croyait sûr de son amitié. Mon fils, Courson, s'offrit de porter la lettre lui-même en courrier, et le député promit une réponse que l'on n'a jamais eue.

Les communes de Saint-Bohaire, de Fossé, de Marolle, envoyèrent des députés; c'étaient toutes paroisses à M. de Salaberry, et il y était aimé comme un père généreux. On ne voulut pas s'adresser au comité blaisois; Bonvalet se mit donc à leur tête, et les mena à Paris pour porter leurs réclamations à la Convention. Mais plus on montrait d'intérêt aux gens, plus on aggravait leurs maux. La députation fit les démarches les plus chaudes, les discours les plus pathétiques, sous la conduite de Bonvalet, qui y mettait autant de cœur que d'adresse. Tout fut inutile. La députation et mon fils de retour, nous tînmes conseil, et il fut convenu de

[1] Julien de Toulouse, qui avait à cette époque une mission à Orléans et en Vendée.

prendre patience et d'attendre tout du temps, de la justice et des événements. C'était un parti plus difficile à faire prendre à la femme qu'au mari, que son caractère servait bien dans ces malheureuses circonstances.

Il fut résolu que j'irais le voir. J'entrai : le concierge, excellent homme, frère de mon ancien épicier, s'empressa de me conduire dans une grande pièce où un trictrac était dressé, ainsi que d'autres parties de jeu. C'était le salon où tous les prisonniers se rassemblaient. M. de Salaberry me parut aussi tranquille que s'il avait été dans son château; il me dit que son arrestation n'était nullement pénible, puisqu'il se trouvait avec de très-aimables personnes. Il voulut me mener dans le corridor où était sa cellule; M. O'Donnel demeurait dans une autre; une autre, enfin, leur servait de salle à manger. Il me fit aussi voir le jardin. Dès que je pus être seul avec lui, je l'exhortai à une prudence que je ne lui voyais pas, car il parlait des injustices en homme offensé. Je lui conseillai de calmer sa vivacité, et je le quittai en lui promettant de venir un jour, tandis que mon fils viendrait l'autre, ce à quoi nous ne manquâmes pas. Il était servi de chez lui, ainsi que tous les autres, et ils se réunissaient souvent. Le jardin n'était pas encore dégradé, il était tel que du temps des religieuses; c'était l'été, et l'habitation était d'autant plus supportable qu'ils avaient la liberté de tout le local.

Cependant l'intérêt général qu'on prenait à lui força le comité à dire qu'avant de statuer, il fallait l'interroger; ses amis pressèrent l'interrogatoire, ne doutant pas qu'il n'en sortît blanc comme neige. Il en fut instruit, et on lui envoya un plan de réponses, qui probablement auraient désarmé les accusateurs et les juges. Malheureusement M. de Salaberry consulta des gens arrêtés comme lui; mais un homme en arrestation n'est plus de sang-froid : toutes les injustices lui paraissent dix fois plus monstrueuses encore. On lui dit que lui, officier municipal, homme probe, ne pouvait reconnaître la juridiction dont s'étaient saisis des hommes méprisés, et on lui donna le conseil de décliner le tribunal. Enfin, le comité se transporta pour l'interroger; nous espérions tous. Quel fut notre étonnement, lorsque nous sûmes qu'il les avait traités comme ils le méritaient, avait fait sa protestation sur la nullité de cette arrestation, et avait refusé de répondre à aucune question !

Le comité fut enchanté, et, témoignant traîtreusement le plus vif regret de ne pouvoir lui rendre sa liberté, écrivit au comité de salut public ce qui s'était passé. M. de Salaberry s'applaudissait, et ne voulut jamais comprendre que sa conduite était des plus impolitiques; il soutenait toujours que dans les lettres de M. de Romé et de son fils, il n'y avait rien qui pût inculper personne; il était si ferme et, j'ose dire, si entêté, qu'il nous donna la sécurité la plus dangereuse. Alors que tout s'achetait, rien n'était plus aisé que de payer, fût-ce au poids de l'or, jusqu'à la dernière lettre, et de les jeter au feu; mais le destin en avait ordonné autrement.

Je continuai à venir régulièrement, de deux jours l'un, de Cheverny pour le voir; j'en étais quitte pour envoyer demander des permis, mais sans jamais y aller moi-même; car rien ne me répugnait tant que de me présenter aux autorités, et, tant que la Terreur a existé, je puis me vanter de n'avoir parlé à aucun, ne les connaissant même pas de vue. J'allais ensuite dîner avec madame de Salaberry chez madame Baron; mais rien n'avançait. Il s'impatientait par moments comme un enfant, puis il revenait à son caractère aimable. Son fils était à Paris, et travaillait de son mieux; aimable, plein d'esprit, il avait formé des liaisons, même avec Barère, l'homme d'alors, le grand vizir de Robespierre.

Ce fut à peu près dans ce temps-là que M. Pajot, fils de celui dont j'ai parlé, vint avec sa femme à Blois. Il faut rapporter entièrement son histoire. M. Pajot de Marcheval avait été intendant de Grenoble; séparé de sa femme au bout de vingt ans de mariage, ses affaires en avaient beaucoup souffert. Le Roi vint à son secours : il fut fait conseiller d'État avec douze mille livres d'appointements. Il vivotait chez son fils[1], qu'il avait eu le bonheur de marier avec mademoiselle de Guillaudeu, de Saint-Domingue, sœur de madame de Caze, mariée à un maître de requêtes, et de madame Cromot, dont le mari[2] avait eu, à la mort de son père, la place d'intendant de Monsieur, frère du Roi; la quatrième sœur était mariée à un M. de Néel[3].

M. Pajot, le père, était aimable et adoré de ses enfants. La seconde année de la Révolution, son fils et sa belle-fille étant revenus de leur voyage d'Italie, il passait toutes ses journées à un club du Palais-Royal, qu'on appelait le club des Amis, composé de ce qu'il y avait de plus honnête dans les deux sexes, et auquel était jointe une loge de francs-maçons où les dames étaient admises. Toute la jeunesse des plus qualifiées s'y réunissait, et l'on y donnait des fêtes une fois tous les quinze jours, après avoir tenu loge. Le reste de la semaine, plusieurs pièces, remplies de tous les journaux du jour, étaient fréquentées par ceux qui voulaient, ou causer, ou s'amuser au trictrac, et à d'autres jeux qui n'étaient pas ce qu'on appelle jeux de hasard.

Le club fermait entre dix et onze heures, et M. Pajot y restait des derniers. Ses amis l'accompagnent un soir jusqu'à un fiacre, dans lequel il monte en leur disant bonsoir et donnant son adresse rue Saint-Dominique. Onze heures, minuit, une heure se passent; sa fille et son fils prennent de l'inquiétude, jamais il ne passait onze heures. Le lendemain, il ne paraît pas; on va à la police; on compulse les registres de

---

[1] Christophe-François Pajot de Marcheval, avocat général au parlement de Grenoble en 1772, maître des requêtes en 1775, conseiller à la Cour de cassation en 1815. Il avait épousé Marie-Jeanne-Françoise de Guillaudeu du Plessis.

[2] Il semble qu'il ne puisse s'agir que de Marie-François-Joseph-Maxime Cromot de Fougy, né en 1756, maître des requêtes, surintendant des bâtiments de Monsieur, après son père, Cromot du Bourg; mais d'après des actes cités par M. de Chastellux, il aurait épousé une demoiselle de Barral.

[3] Arnaud-Jérôme-Aimé, comte de Néel, mestre de camp en second du régiment de Vermandois, gentilhomme de la maison du duc d'Angoulême, marié en 1787 à Hélène-Augustine de Guillaudeu du Plessis. Le contrat fut signé par le Roi le 15 avril.

dénonciations et de plaintes, vingt-trois personnes montées dans des fiacres avaient disparu; le fait est que depuis ce temps on n'a plus entendu parler de M. Pajot.

L'embarras pour la famille était de constater sa mort, et c'est ce qu'on ne pouvait faire. Le terrorisme arrive; on a la cruauté de le porter comme émigré; on saisit tout, on dévaste la terre de Marcheval, qui était à six lieues de moi, en pleine Sologne, et l'on suit une procédure. Les enfants avaient bien voyagé en Italie, mais ils étaient rentrés dans les temps prescrits; cependant, ils ne pouvaient prouver la non-émigration de leur père. On leur objectait méchamment qu'on devait le supposer émigré, puisqu'ils ne pouvaient représenter son extrait mortuaire. Pourtant la chose était si notoire, et l'injustice si criante, qu'on leur fit entrevoir l'espérance de la radiation, et ils vinrent à Blois pour faire constater le délit qu'on avait fait dans leurs possessions de Marcheval.

Ils s'adressèrent à M. Gauvilliers, directeur des domaines, et se logèrent à côté de lui pour mieux suivre leurs affaires. Je le sus à mon arrivée à Blois, et je leur proposai de venir s'établir à Cheverny. Ils acceptèrent, et le surlendemain je les ramenai tous les deux. Ils passèrent trois semaines avec nous, et nous ne tardâmes pas à être enchantés d'avoir fait une si charmante acquisition. Le mari, doux, honnête, montrait la plus grande tendresse et complaisance pour sa femme.

La femme, sans être une beauté, était pleine de grâces; elle en avait autant dans l'esprit qu'elle avait de talents. Très-forte dans le dessin et la peinture, amie de Natoire, elle avait profité du temps qu'elle avait passé en Italie et surtout à Rome, pour se fortifier. Ménageot [1], le fameux directeur de l'Académie de peinture à Rome, s'était enthousiasmé pour elle, et lui avait donné des conseils. Madame Lebrun, qui avait passé alors [2], lui avait rendu le même ser-

---

[1] François-Guillaume Ménageot (1744-1816), membre de l'Institut en 1809.
[2] Madame Vigée-Lebrun passa environ huit mois à Rome à la fin de 1789 et au commencement de 1790. (Voir ses *Souvenirs*.)

vice. A peine fut-elle établie à Cheverny, qu'elle reprit ses pinceaux. David, que j'avais connu par M. Sedaine, dans un temps où l'on ne voyait que ses talents sans se douter des vices atroces qu'il a montrés depuis, m'avait offert de venir à Cheverny faire un grand tableau, en accompagnant M. Sedaine, qui jadis y venait tous les deux ans passer deux mois. J'avais, en conséquence, acheté une toile immense, marouflée et prête à peindre. Elle se mit à faire sur cette toile un paysage charmant, et en huit jours elle termina ce petit chef-d'œuvre; elle en fit un second avec la même facilité.

M. et madame Pajot étaient fort aimés de leurs anciens vassaux, et ils avaient reçu à Cheverny une députation qui les invitait à revenir à Marcheval. Au fond de la Sologne, les habitants n'étaient pas encore à ce qu'on appelait la hauteur de la Révolution. Cela les détermina à redoubler de soins vis-à-vis du département. Je leur donnai donc une voiture pour aller passer deux jours à Blois et suivre leurs affaires. Le prieur, qui avait à toucher son traitement, me demande une place, et les voilà embarqués tous les trois pour Blois. Le prieur fut ramené le soir; il nous raconta qu'en arrivant, il avait été voir son cousin Vourgères, administrateur, qu'il détestait à cause de ses principes, mais qu'il ménageait. Vourgères lui avait demandé en conversation comment il passait le temps; il lui avait répondu qu'il était toujours chez moi, et que nous avions deux aimables parents, M. et madame Pajot. A l'instant, Vourgères s'écrie : « Ah! c'est donc là qu'ils sont! nous les cherchons partout « pour les faire arrêter. Il y a au comité révolutionnaire « deux lettres de Rome qu'on a décachetées et qui méritent « bien l'incarcération. » Alors le curé se fâche : « Comment! « vous vous servirez d'une confidence que je vous fais comme « parent pour les faire arrêter? Si vous le faites, je ne vous « le pardonnerai de ma vie. » Il insista, pressa, et enfin Vourgères lui promit de ne pas en instruire avant vingt-quatre heures. Le prieur le quitte, court pour aller avertir le ménage, et ne peut les joindre qu'à cinq heures chez M. Gauvilliers.

On tient conseil, il est arrêté qu'ils enverront chercher des chevaux de poste et s'enfuiront à neuf heures du soir. A cette heure ils étaient en voiture sur le chemin de Paris. Leur projet était d'aller s'établir à Neuilly, où était la meilleure compagnie de Paris, et tous leurs parents [1]. Heureusement qu'ils se ravisèrent et s'arrêtèrent à Étampes, où ils vécurent ignorés jusqu'à ce moment. Je crois qu'ils y sont encore, quoique j'aie appris qu'ils sont rentrés en possession de la terre de Marcheval par la loi et le 9 thermidor.

[1] Depuis que l'on avait interdit aux nobles le séjour de Paris, beaucoup de familles s'étaient réfugiées à Neuilly, où elles vécurent d'abord assez paisiblement; mais elles ne purent longtemps échapper à la persécution. (*Mémoires sur les prisons*, 1823, t. II, p. 248 et suiv., etc.)

CHAPITRE XXII

Situation du Blaisois; Grégoire n'y paraît plus. — M. de Salaberry en liberté provisoire. — M. de Toulongeon à Harfleur. — M. Dufort est rayé du club de Blois. — Enlèvement des armes; Dulièpvre. — Velu à Cheverny. — Les réquisitions. — Mots à la mode : *Solide mâtin*, etc. — Garnier de Saintes. — M. de la Porte. — Quelques prisonniers — On coupe le pont de Blois. — Exécution du marquis de Romé. — Le convoi des prisonniers de Saumur; sauvagerie révolutionnaire. — Les prisonniers de Blois à Pont-Levoy.

Jetons maintenant un coup d'œil sur la situation du Blaisois. Grégoire, tout entier à la politique, ne paraissait plus dans son diocèse. Ame damnée de Pétion, il était dans le plan des républiques fédératives; il l'avouait et le prêchait tout haut. Il fut déjoué : les républiques fédératives furent tuées avec Pétion. Grégoire eut peur. Les colons qu'il avait ruinés lui avaient juré une haine éternelle; il la méritait : c'était le démagogue en chef des colonies. Alors il fit le mort. Affectant de tenir à la religion, au sacerdoce dont il était revêtu [1], il ne voulut pas renoncer à son évêché, et, se servant des quelques connaissances qu'il avait dans les arts et dans les sciences, il se livra tout entier à ce genre de travail dans l'Assemblée, espérant tôt ou tard jouer un rôle. De sorte que l'anarchie régnant dans l'Église comme dans le département, les grands vicaires mal payés se plaignirent de lui et agirent à leur fantaisie.

M. de Salaberry était détenu depuis quatre mois, lorsque son fils arriva avec un sieur Bonvalet, ancien procureur au

---

[1] Il y a lieu, ce me semble, de protester contre la sévérité excessive de l'auteur. S'il est un côté du caractère de Grégoire qui mérite le respect, c'est précisément le courage avec lequel il maintint toujours sa qualité de prêtre.

Parlement, qui voulait acquérir la terre de Pezay. Cet homme, lié avec les députés, invoqua la nécessité de traiter, et le fils usa des recommandations dont il était muni pour obtenir que son père fût consigné en arrestation chez lui, avec deux gardes à ses frais.

Il obtint du département d'aller avec ses deux gardes à Pezay, puis à Fossé, où il faisait porter tous ses meubles, et, la vente terminée, M. de Salaberry fils retourna à Paris, espérant obtenir la liberté entière de son père. En chemin, il fut arrêté dans sa voiture et volé, ce qui fait voir qu'on n'était pas plus tranquille sur les routes que dans les villes.

Les arrestations se succédaient avec une rapidité affreuse. Je reçus une lettre de M. de Toulongeon; il me mandait que l'insurrection était très-forte à Montargis, la ville la plus proche de Dian, qu'on l'avait dépouillé de ses armes, et qu'on disait de si horribles choses qu'il ne pouvait plus tenir. Il me demandait de le recevoir, lui, sa femme et ses cinq enfants. Quoique je sentisse le danger d'une pareille réunion, je lui écrivis à l'instant que nous le recevrions, même avec un précepteur. Il m'avait demandé de lui faire une réponse à Orléans, aux Trois Empereurs. Mais l'effroi les poursuivant de plus en plus, il n'attendit pas ma lettre et continua sa course jusqu'au Havre.

A peine y sont-ils arrivés, avec leurs passe-ports bien légalisés, qu'on soupçonne l'instituteur d'être un prêtre, ce qui était vrai. Le comité révolutionnaire se transporte à l'auberge et fait ouvrir les malles; on y trouve un projet de charité signé : l'abbé Bérault. Il n'était pas difficile de voir que c'était le même nom qui était sur le passe-port. Aussitôt on l'incarcère, à la désolation de la famille qui était compromise et qui en faisait grand cas. Alors M. de Toulongeon m'écrit qu'on soupçonne Bérault d'être émigré ou prêtre réfractaire; il me demande d'adresser à la municipalité du Havre un certificat bien légalisé, pour prouver que Bérault est depuis six ans instituteur de mes petits-enfants, et que je l'ai reçu comme tel chez moi à Cheverny.

Comme alors j'avais un peu de consistance vis-à-vis la municipalité de Blois, qu'il était notoire qu'ils avaient passé près d'un an avec moi à Cheverny, et que l'abbé Bérault y avait été connu comme précepteur, je n'eus pas de peine à obtenir les pièces que je demandais, et dans les termes les plus favorables. Je les fis partir à l'instant, et je reçus six jours après la nouvelle que Bérault était sorti de prison au bout de trois semaines d'incarcération.

Ils trouvèrent alors le séjour du Havre trop agité et trop dispendieux, et se déterminèrent à se fixer dans une petite maison, à Harfleur, où ils s'établirent et restèrent trois ans. Ils ne sont revenus à Dian qu'il y a trois mois. On avait mis les scellés chez eux huit jours après leur départ; le système était que dès qu'on voyait sortir un homme de chez lui pour éviter la persécution, on le réputait émigré. Mon gendre eut toutes les peines possibles à prouver et à faire constater le contraire.

Le club de Cour avait été interrompu; les enragés voulurent le rétablir. On y procéda, tandis que celui de Blois s'épurait, c'est-à-dire chassait tout ce qui était honnête. J'appris que je serais épuré; on avait des griefs : je ne m'y présentais plus, et l'on ne me voyait nulle part. Je reçus, en effet, un billet d'un style si singulier que je veux le consigner. La suscription était : *A Dufort père;* la lettre, d'une seule feuille, cachetée du sceau de la société, était ainsi conçue :

« Je suis chargé de t'annoncer que le Club de la Société
« t'a rayé de la liste de ses associés. Je me suis chargé de te
« l'écrire avec la plus grande satisfaction, puisque tu as été
« renvoyé d'une voix unanime.

« *Signé :* ROCHEJEAN, VELU et ARNAUD, secrétaire. »

Comme cette lettre était banale, je la mis dans ma poche sans même en accuser réception, c'est tout ce que la chose valait. Mais je n'en étais pas plus tranquille pour cela.

On m'avait supprimé mes dîmes et mes droits verbaux,

au moment où, selon les décrets, je devais, liquidation faite, toucher à la trésorerie nationale cent trente mille livres [1]. Le décret du brûlement des titres [2] fut exécuté à la rigueur, et l'on n'eut pas huit jours pour s'y préparer. La municipalité de Cheverny, le comité de surveillance se transportèrent chez moi; ils y mirent, du reste, une forme aussi honnête qu'ils en étaient capables. Dans leur première visite, ils firent un ballot de tout ce qui était parchemins et les emportèrent dans des sacs. Nous prîmes alors le parti de nous assembler dans le salon, et de couper ceux qui me restaient de manière à pouvoir en faire de la colle; pour la municipalité, après avoir fait sa tournée chez tous les possesseurs de fiefs, elle choisit un jour de décade et de fête patriotique pour en faire un auto-da-fé.

Vint ensuite l'ordre de l'enlèvement des armes [3], de sorte qu'un homme qui avait cessé volontairement de commander la garde nationale, auquel tout le monde rendait la justice d'y avoir été de quelque utilité, un homme nommé deux fois électeur fut déclaré comme suspect. Son crime était d'appartenir à un ordre proscrit et d'avoir une grande possession. Ce fut Dulièpvre qui se chargea de me désarmer. Ce Dulièpvre espérait jouer un rôle. Il avait été maire et s'en était acquitté au mécontentement général; bavard, écrivailleur sans fin, despote, il faisait des procès-verbaux très-curieux par les termes bas bretons qu'il y employait. Il s'était fait l'ami, l'âme damnée d'Hézine, de Velu et de Chevalier. Sachant que l'on avait reçu l'ordre d'enlever les armes aux ci-devant nobles, il se rendit à la municipalité, pérora, et finit par se faire désigner pour cette commission.

J'appris que, prêchant la loi agraire et le maximum, l'abbé Dulièpvre, sous prétexte de voir son frère, venait au club de

---

[1] Les dîmes inféodées appartenant à des laïques avaient été supprimées, mais moyennant une indemnité qui devait être payée par le Trésor public.
[2] Du 17 juillet 1793.
[3] Décret du 26 mars 1793 : « Les ci-devant nobles, les ci-devant seigneurs... seront désarmés, ainsi que (leurs) agents et domestiques. »

Cour, se promenait sur le chemin et disait aux paysans en regardant le château : « Mes amis, tant que vous verrez « subsister ce château et les aristocrates qui sont dedans, « vous ne serez jamais heureux. » Il était venu, amené par le bon prieur, me faire une visite : elle se passa en discours les plus affreux contre le Roi, qui vivait encore, et contre les autorités. Notre silence lui fit abréger son éloquent panégyrique de l'esprit jacobinique; nous le soupçonnâmes d'être un espion des clubs.

Le club de Cour se réorganisait par la peur. Les honnêtes gens désiraient que j'en fusse, pour imposer un peu aux agitateurs tels que les deux Dulièpvre, et donner une espèce de forme. Je me hâtai d'écrire au président que je croyais plus prudent, pour eux et pour moi, de ne pas me compter au nombre des associés, puisque le club de Blois m'avait expulsé de son sein. Livrés à eux-mêmes, ils nommèrent Dulièpvre et d'autres pareils, et ceux-ci les firent influencer par Velu et Chevalier, qui venaient en députation du club de Blois pour les mettre à ce qu'ils appelaient la hauteur.

Velu s'était fait un renom en se dévouant au parti; gros, assez blanc, âgé de trente-cinq ans, il était devenu la terreur de tout le pays, depuis qu'il avait proposé au club et aux tyrannicides d'aller égorger la municipalité de Blois[1]. Il eut la commission de venir inspecter mon chartrier, pour voir si j'avais tout donné, et si la municipalité avait fait son devoir[2]. Il arrive à l'improviste, rencontre à Cour Bimbenet, mon régisseur, et l'emmène pour venir faire l'inspection. Cette scène a un caractère si singulier que je vais la consigner ici dans le plus grand détail.

Velu ne tenait pas à une bouteille de vin; il aurait vidé un tonneau sans qu'il y parût. Étant donc entré chez le maire, qui était aubergiste, il s'y rafraîchit assez pour que Bimbenet, quoique gardé à vue, pût me faire prévenir. J'avais deux clefs du chartrier : j'en avais donné une à la

---

[1] Le 1ᵉʳ juin 1793.
[2] Le brûlement devait avoir lieu le 1ᵉʳ août 1793.

municipalité, qui l'avait demandée, et j'avais laissé l'autre au régisseur, en lui donnant l'ordre de détruire sous sa responsabilité tout ce qui était suspect, et de conserver cependant tous les titres de propriété, ce qui était fort constitutionnel alors. Bimbenet trouva donc le secret de me faire passer sa clef, et à l'instant nous faisons disparaître quelques registres et quelques cartons qu'on aurait pu visiter. Quand on fut sûr que l'opération était faite, car il y avait quelques particuliers qui me servaient, on achemina Velu vers le château en lui faisant quitter la bouteille.

Velu avait pour manie d'être à la hauteur; en conséquence, il tutoyait et voulait qu'on le tutoyât; il mettait une main sur sa poitrine, vous prenait de l'autre et vous disait : « Bonjour, frère ! » Il arrive donc à neuf heures du matin, s'avance, me prend la main et me dit : « Bonjour, frère, « comment te portes-tu? — A merveille, citoyen, et vous? « — Tu ne me tutoies pas? reprit-il, tu n'es pas dans le sens « de la Révolution. — Nous parlerons de cela; voulez-vous « venir dans le salon? — Oui, frère, je te suis. » Nous entrons, il voit ma femme, qui, j'ose le dire, par sa tenue a un air imposant. Il l'embrasse hardiment en recommençant son geste sur la poitrine, lui prenant la main et lui disant : « Bonjour, sœur! — Allons, dis-je, nous allons déjeuner « ensemble, et, si vous voulez, vous dînerez avec moi; je « vous reconnais, vous étiez mon président aux Jacobins. « — J'y consens, me dit-il, mais à une condition, c'est que « tu me tutoieras. — Je le ferai si je puis, mais ce n'est pas « mon usage. » Enfin il fut convenu que je parlerais comme je pourrais; seulement, il écarquillait les yeux comme une carpe chaque fois que je prenais mon langage ordinaire. C'était une vraie comédie. Nous nous mîmes à causer; il m'exposa sa mission et me dit toute sa capacité. Après lui avoir garni la tête et le cœur d'une bouteille de vin, nous nous en débarrassâmes en l'envoyant avec mon fils et Bimbenet faire l'inspection du chartrier; je l'y laissai environ une heure. Le plaisant, c'est qu'il ne savait lire que dans le moulé, et, ne s'apercevant pas en feuilletant de ce qui était resté de répréhensible, il en laissait l'examen au procureur de la commune et à Bimbenet, qui lisaient les titres en supprimant les féodalités, et il disait : « C'est bon, passe, passe »; de sorte que, montant une heure après, je le trouvai ennuyé, excédé de cette besogne, et qu'il me dit : « C'est fini, tout est bien; « mais fais-moi donc voir ton château qui est si beau. « — Volontiers, suivez-moi. »

Il avait entendu parler d'une très-jolie salle de *fantoccini* que j'avais, presque sous les toits, et pour lesquels, comme je l'ai dit, j'avais fait beaucoup de pièces. C'est ce qui le surprenait et l'intéressait le plus. Arrivé dans la salle des *fantoccini*, il vit mes armes sur le devant de l'avant-scène : un chat qui boit du vinaigre ne fait pas une plus laide grimace. Je lui dis, ce qui était en effet, que c'était un oubli, et je les fis effacer sur-le-champ. Il voulut monter sur le théâtre, vit des interlocuteurs nommés roi, prince, etc., etc. : « Il faut « que tu effaces cela, me dit-il, il faut jouer des pièces « républicaines; tu dois en faire et en jouer. — Vous voyez, « lui répondis-je, l'état où il est; c'est gardé comme une « curiosité. »

Nous descendîmes en bas par un escalier dérobé. Au milieu, il rencontre la femme de chambre de ma femme, fort jolie. Il s'arrête, et regardant mon second fils : « Il faut, en bon « républicain, que tu couches avec elle et que tu l'épouses. » Je le regarde et lui dis : « Monsieur Velu, écoutez-moi bien, « nous avons ici des mœurs, et pareil propos ne s'y est jamais « tenu. Ainsi, respectez la jeunesse et ma maison. » Il parut déconcerté et me répliqua : « On voit bien que tu es « vieux, car dans ton jeune âge tu en auras fait de belles. « — Je ne sais, lui répondis-je, si je vous ai jamais autorisé « par ma conduite à me tenir un pareil propos. Brisons « là-dessus. »

Il me suivit, et nous arrivâmes dans l'appartement de ma femme; il me demanda qu'on lui ouvrît le secrétaire. La petite leçon ne lui avait pas mal réussi; jusque-là, excepté sa manie de tutoyer, il avait eu l'air du respect, mais il redoubla. Ma femme lui ouvrit son secrétaire, il n'y avait rien, sauf un seul parchemin destiné à envelopper quelque chose. Il le prit, et je vis avec surprise que c'était un feuillet de titres féodaux; il le vit comme moi, mais je le lui fis redemander par ma femme, et il le rendit assez adroitement, comme par distraction.

Il se transporta dans mon cabinet et ma chambre à coucher : je lui ouvris mon bureau où je n'avais laissé que du papier blanc. Il vit un tableau couvert, il me demanda ce que c'était. « C'est, lui dis-je, quelqu'un à qui j'étais attaché. » Il me dit : « Quand ce serait Louis XV, il est caché, « ainsi qu'il y reste. » Et, se mettant à son aise, il me dit : « Tu as de l'encre et des plumes sur ton bureau, apporte- « les ici. — Quoi, lui dis-je, pour faire mon inventaire? — « Non, non, reprit-il, mais ils me demandent un procès- « verbal, et tu m'aideras; il sera mieux pour toi, puisque tu « le feras à ta fantaisie. » Ce n'était pas de sa part si maladroit pour cacher son impéritie; je fis donc mettre Bimbenet à la même table, et ils se mirent à écrire tous deux le procès-verbal, que nous arrangeâmes comme nous le voulûmes. Il parlait, contait ses prouesses : c'était une vraie tragi-comédie. Quand le procès-verbal fut fait, il nous pria tous de signer; nous n'hésitâmes pas, parce que je voyais que rien ne pouvait nous compromettre.

Alors, l'heure du dîner arrivant, nous passâmes dans la salle à manger. C'étaient, comme toujours, mes gens qui nous servaient; je ne m'étais point plié au système d'une table générale, qui ne leur aurait pas convenu plus qu'à moi. Tous mes domestiques, excepté deux jeunes, avaient plus de soixante ans. Ils n'avaient pas changé avec la Révolution : le plus nouveau avait douze ans de service, et ils se plaisaient autant chez moi que je me plaisais à les avoir. J'avais été obligé, au commencement, de leur proposer une diminution, et même Quéru, mon cuisinier, qui avait six cents livres de pension, m'offrit de me servir pour rien, ce que nous n'acceptâmes pas naturellement, mais qui nous tira des larmes des yeux.

La curiosité les amena à venir nous voir dîner. En arrivant, Velu me dit : « Frère, est-ce que tous ceux-là ne man-« gent pas avec toi? » Il ne voyait que quatre couverts, les deux membres de la municipalité ayant voulu manger à l'office. Je lui répondis : « Frère, cela ne leur conviendrait pas plus « qu'à nous; consulte-les. » Il mangea peu, but comme un ogre, fut causant, nous conta toute sa vie, ses amours; il s'échauffa et frisa la polissonnerie à faire trembler ma femme, sans cependant s'en permettre aucune. A propos de la Révolution et sur le danger que nous courions, il dit naïvement : « Est-ce que je n'en cours pas autant, moi? J'ai « dans l'opinion que dans trois mois j'aurai le cou coupé, « mais il faut prendre son parti. — Vous avez raison, lui dis-« je, buvons tous un verre de vin à votre santé et pour vous « préserver de malheur. » Il aurait tenu table jusqu'à la nuit. De temps en temps, il lâchait des saillies de sans-culottisme; il prit la main du domestique qui lui donnait des assiettes : « Je t'en prie, frère, lui dit-il, mets-toi à ma place, « et que je te serve à mon tour. »

Nous commencions à être si las, et de sa conversation, et du temps que nous étions à tenir table, que ma femme se leva et rentra dans le salon; nous le régalâmes alors de liqueurs fortes, et au bout d'une demi-heure il prit congé de nous. Lorsqu'il fut parti, nous augurâmes qu'il nous avait pris en amitié, car il dit qu'il viendrait nous voir; il s'exaltait sur la réception pareille que lui avaient faite M. et madame de Rancogne, qu'il louait beaucoup de ce qu'ils mangeaient avec tous leurs gens. Nous ne pûmes cependant lui savoir aucun mauvais gré de la manière dont il se conduisit, car, malgré le tutoiement, il fut amical et respectueux, autant que pouvait l'être un enragé jacobin.

Nous apprîmes qu'en sortant de chez nous, il n'avait quitté le cabaret qu'à neuf heures du soir, rond comme une bedaine et n'en voulant plus, quoiqu'il n'y parût pas plus que s'il sortait de son lit : c'était le tonneau des Danaïdes. Ainsi finit cette scène qui n'eut aucune suite fâcheuse. On me rendit la clef du chartrier, et, moyennant le procès-verbal, je fus à l'abri de nouvelles recherches. Velu alla faire la même visite chez mon fils aîné au Breuil ; elle fut courte, car il ne trouva rien, et il s'y comporta tout aussi décemment.

À cette époque, les réquisitions devinrent continuelles. D'abord ce furent les foins ; on visita les granges, je fus taxé à mener un millier à Blois, et il fallut faire mille démarches pour être remboursé, soit de la voiture, soit du foin. Le tout était taxé à la fantaisie et à la volonté des fournisseurs, qui seuls étaient juge et partie, et se servaient du nom de la Nation pour faire leur fortune.

On fit la même chose pour la paille et l'avoine ; tous les huit jours il fallait en transporter à Blois. Le blé manquait ; les voitures furent requises pour aller en chercher jusqu'à Vendôme ; mon fils et moi, qui avions les meilleurs chevaux, en eûmes la plus grande charge. Il fallait obéir de la manière la plus passive et sans souffler mot ; les moindres réquisitions étaient sous peine d'incarcération : bien heureux lorsque ce n'était pas sous peine de mort.

La Vendée se prononçant fortement (on la disait dans le Mans), un député passa et donna l'ordre de faire faire une réquisition de chevaux. A l'instant, ordre aux municipalités d'envoyer au canton tous les chevaux de leur territoire ; on enjoint d'y ajouter les harnais, les selles et les bottes. J'avais des selles pour trois postillons ; j'en envoie une de poste, une de velours et mes six chevaux. Ils étaient hors d'âge ; un seul leur fait envie, il était sourd et ombrageux : on le garde avec les deux selles, on estime mon cheval 750 francs en assignats ; on l'envoie à Tours où l'on s'aperçoit de ses défauts, et on me le renvoie. A l'égard de la selle de postillon, qui m'avait coûté 150 francs toute neuve, on la garde pour 60 francs, qu'on me paye six mois après. Quant à la selle de velours, la municipalité s'en empare pour son usage ; on me la rend après ; on peut juger de l'état où elle était.

Quinze jours après, on reçoit l'ordre de saisir tous les chanvres, toutes les pièces de toile chez les tisserands, et d'envoyer son linge : le bon, comme les draps, pour faire des chemises aux défenseurs de la patrie, et le fin élimé pour faire de la charpie. Il fallut obéir; chacun cacha ce qu'il put; mais, sous ce prétexte, on faisait des visites domiciliaires. Les réquisitions pleuvaient comme la grêle : on demandait tout.

Ce qui fit le plus de peine et porta le plus grand préjudice, c'est que, le blé mangé, il vint un ordre de faire une réquisition sur les cochons; c'était couper la nourriture à tous les gens de la campagne. Ce fut une Saint-Barthélemy de cochons; chacun tua le sien et le mit dans son saloir, parce qu'on ne voulait les animaux qu'en vie, pour les faire conduire soit à Paris, soit aux armées. Vint ensuite la réquisition des cendres, dont des entrepreneurs, soit de savon, soit d'autres choses, disaient avoir besoin à Blois : il fallait déposer le tout à la municipalité. C'était une pitié, et les autorités, les municipalités, les clubs trouvaient toutes ces déprédations et ces pillages le meilleur des gouvernements possibles.

Il y avait des mots à la mode, parce que la populace donnait le ton; ainsi, ils s'appelaient entre eux : *Solide mâtin*. Un clubiste, en parlant d'un noble dont on faisait l'éloge, s'avisa de dire que *ce n'était pas le Pérou*. Le mot devint un adage général : on ne disait pas un mot de bien d'un individu ou d'une chose quelconque, qu'on ne vous répondit : « Ce n'est pas le Pérou! » Je m'avisai un jour de m'arrêter et de demander ce que c'était que le Pérou. Le plus éloquent de la troupe prit la parole et me dit : « Tu badines? comme « si nous ne savions pas que c'était le cabriolet du tyran! »

Enfin, pour abréger la nomenclature des réquisitions qui durèrent plus d'un an, on opéra vivement et avec une inquisition révoltante, pire qu'à Tunis et Alger, sur les souliers, les bas, les culottes, les chemises, les boucles d'argent et autres, les vestes, les habits, les chapeaux, et l'on finit par prendre l'argenterie, comme on le verra à son temps.

Les ci-devant nobles étaient principalement en butte aux patriotes exclusifs, et il n'y avait pas de municipalité où il n'y en eût trois ou quatre bien prononcés. J'étais obligé d'aller souvent à Blois voir mon beau-frère, et, ne pouvant plus monter à cheval depuis dix ans à cause de mes rhumatismes, je faisais mettre deux chevaux sur une petite voiture à quatre roues, menée par un laboureur qui était bon postillon. Je ne manquais pas, lorsque j'allais à la ville, de mener ou ramener ceux que je trouvais en chemin, sans m'embarrasser de leur façon de penser. J'appris, malgré tout cela, que les surveillants de Cour, bourg par lequel je passais, se disaient que j'allais bien souvent à Blois, que sûrement je me mêlais de trop de choses; j'en fus quitte pour éloigner mes voyages.

Deux sans-culottes par excellence de Blois passèrent à Cheverny; l'un était un porteur de chaise, dont ma femme se servait à Blois. Dans la décoration des dehors du château, j'avais fait entourer le grand chemin de grandes bornes, pour empêcher que l'on ne foulât les gazons, et j'avais établi des chaînes de fer, d'une borne à l'autre, dans le goût antique. Ces sans-culottes passent par ma cour, car tout était libre, et s'écrient : « Voilà encore des marques de despotisme et « de féodalité! Il ne se passera pas huit jours qu'il n'y ait « une motion à la Société de Blois pour venir les abattre. » J'en fus averti, et avant leur retour, — car ils avaient été poser les scellés sur des maisons de prêtres persécutés, — je fis enterrer les bornes si profondément qu'elles me sont restées et que je n'en ai pas entendu parler depuis. Je fis enterrer de même une cloche, monument antique, enlevée d'un couvent par les Hurault, et servant à appeler aux repas. J'avais dans la chapelle du château une vierge en marbre blanc de quatre pieds de haut. Je la fis enfouir secrètement dans le parc, pour ne pas leur laisser le plaisir de la mettre en mille pièces.

Dulièpvre critiquait les dehors du château. Au-dessus de

deux pavillons, qui ressemblent en petit à ceux du vieux Louvre, sont deux lanternes en plomb. J'entends dire qu'il faut les abattre et faire hommage du plomb à la nation : pour cette fois, je m'y refuse, et ne veux pas entendre parler de détruire un monument du meilleur goût. Chaque trumeau du château avait, entre les deux fenêtres, des bustes de marbre que je savais être des empereurs romains; je leur assurai que c'étaient des philosophes sans-culottes grecs, et les conservai. Dulièpvre garda cela dans son cœur de boue pour s'en servir utilement en temps et lieu, mais, comme toute la province s'intéressait à ce beau château, je pris mon parti de me refuser à toute insinuation, d'autant que je ne faisais que conserver ce que j'avais trouvé. J'avais effacé scrupuleusement toutes les armes des Hurault, car je n'avais jamais voulu y substituer les miennes, et l'on ne pouvait me chercher querelle personnellement.

Anciennement toutes les plaques des cheminées avaient des armes, et les Hurault les avaient prodiguées partout. L'ordre vient de les détruire, huit jours après de les retourner; j'obéis à l'instant, et elles sont encore retournées pour longtemps.

Garnier de Saintes, député, jadis avocat à Saintes, partageait avec Tallien le département de l'armée de l'Ouest, c'est-à-dire la Vendée. Petit et d'une tournure recherchée jusque dans ses habits, il vint s'établir à Blois. Ces proconsuls, entourés d'aides de camp, de secrétaires et de clubs, prenaient les meilleures maisons, arrivaient sans linge et sans aucune provision, soit en victuailles, soit en effets. L'évêché, par décret, était revenu à la Nation, et le prétendu évêque, avec les douze mille livres qu'on lui donnait, était obligé de se loger où il pouvait. Garnier arriva donc, s'établit à l'évêché, mit en réquisition le vin des particuliers en arrestation ou en fuite, et poussa la réquisition jusqu'à se faire fournir des peignoirs. C'était un vrai sans-culotte pour tout, excepté pour ce qui lui était personnel. Voyageant dans une berline magnifique, il voltigeait à Tours, au Mans et ailleurs, et revenait fidèlement à Blois. C'est alors qu'il déployait ses talents au club et à la loge des francs-maçons.

M. de Salaberry avait acheté une maison de la Nation, à côté du château : il voulait en faire une loge de francs-maçons, et l'avait décorée en conséquence. Cette loge n'était qu'un amusement, et l'on se préparait à en faire un endroit pour donner des fêtes, lorsque commencèrent les malheurs de M. de Salaberry. Garnier reprit la loge ; c'était le moyen d'avoir de grands repas, de connaître l'esprit de la ville et de l'influencer ; mais M. de Salaberry dans sa maison [1] le gênait. Il avait dans les mains le travail fait d'après les lettres reçues ; il alla au club, tint ensuite une séance au temple de la Raison [2], décoré de son chapeau à plumes, de son écharpe et de son grand sabre. Là, il prononça l'arrestation de plusieurs particuliers, et décida, de sa propre et souveraine autorité, que M. de Salaberry serait enfermé aux Ursulines. Celui-ci, qui s'ennuyait mortellement chez lui, ne regarda pas cette détention comme une chose bien malheureuse ; c'était un emploi agréable de son temps. Lorsqu'il avait été incarcéré aux Carmélites, cette prison était remplie de tous les honnêtes gens de la ville.

C'est ici le moment de revenir à l'histoire de M. de la Porte, qui était notre proche parent par les femmes [3]. Il était

---

[1] On a vu que M. de Salaberry, d'abord arrêté, n'était plus qu'en surveillance, et jouissait d'une liberté relative.

[2] Il n'est question nulle part, dans les Histoires de Blois, de cette séance, qui serait antérieure à celle tenue par Guimberteau le 30 octobre 1793, et dont il sera parlé plus loin. Elles mentionnent seulement une autre séance d'épuration tenue par Garnier de Saintes en février 1794. M. Dufort parle aussi de cette dernière séance. Je crois qu'il y a quelque confusion dans ses souvenirs.

[3] Pierre de la Porte, fermier général, marié à une demoiselle de Soubeyran, en avait eu, en 1710, Pierre-Jean-François, seigneur de Meslay, intendant à Moulins, puis à Grenoble, conseiller d'État, marié en secondes noces, en 1739, à Anne-Élisabeth Le Fèvre de Caumartin. Charles-François de la Porte de Meslay, leur fils, dont il est question ici, naquit en 1745. Il était, en 1789, intendant, non pas à Valenciennes, mais à Nancy (depuis 1778). Sa sœur, Jeanne-Élisabeth de la Porte, avait épousé en 1759 Louis Drummond, comte de Melfort, le favori de la duchesse d'Orléans, dont il a été déjà question. Quant à lui, il s'était marié en 1768 à mademoiselle Meulan des Fontaines,

arrière-petit-fils d'un fermier général. Son père, conseiller d'État, avait épousé mademoiselle Le Fèvre de Caumartin, d'une famille apparentée à ce qu'il y avait de plus grand. Sa sœur avait épousé M. le comte de Melfort. Pour lui, jeune, d'une belle figure, il avait été maître des requêtes, et, lors de la Révolution, il était intendant de Valenciennes. Il avait un fils de quinze ans et une fille plus âgée, pleine d'esprit, de talents et de caractère, comme elle l'a bien prouvé depuis. Pour parfaire l'éducation de son fils, il lui donna un gouverneur, et l'envoya en Italie, un peu avant la Révolution. Il fut dénoncé au club de Vendôme, comme ayant un fils émigré; il avait une terre à deux lieues, la terre de Meslay, et les chouans menaçaient d'une incursion; ce fut assez pour déterminer son arrestation. On le conduit à Vendôme, de là à Blois aux Carmélites, et le voilà en prison avec M. de Salaberry; ils se connaissaient auparavant, le malheur les réunit.

Le fils du malheureux Foulon, intendant aux îles, avait, après la mort de son père, sauvé de sa fortune assez pour acheter de la veuve de M. Péan la terre d'Onzain, où il s'était fixé; il se faisait appeler d'Escotier. Il fut incarcéré aux Carmélites dans le temps des premières arrestations [1].

M. Le Ray de Chaumont, fameux par son amitié pour le célèbre Franklin, à qui il avait donné retraite à Passy dans le temps qu'il était envoyé des États-Unis de l'Amérique, était depuis six ans retiré à Chaumont. Il y faisait des expériences utiles, ayant établi une verrerie, et trouvé une terre excellente pour les creusets de chimie [2]. Cet ancien château, bâti par le cardinal d'Amboise, avait plusieurs tours d'une épaisseur singulière. Franklin et d'autres lui conseillèrent d'en destiner une pour conserver du blé, dont l'abondance

---

qui, d'après l'*Espion dévalisé* (p. 219), était la petite-fille de Gayot, conseiller d'État, ancien préteur royal de Strasbourg et ancien intendant des armées, homme fort influent.

[1] Il fut mené à Paris, mais échappa à l'échafaud grâce au 9 thermidor.

[2] C'est aux fabriques de verres et de poteries de M. Le Ray qu'était attaché Jean-Baptiste Nini, dont les merveilleux médaillons en terre cuite sont maintenant si recherchés.

permettait alors cette expérience. En conséquence, M. de Chaumont en fit emplir une de blé, et fit murer les portes avec toutes les précautions capables d'amener l'expérience à bien. Le fait était oublié, mais une âme damnée se souvient d'y avoir travaillé. Il fait sa dénonciation aux Jacobins, est porté en triomphe au comité où il la signe, et voilà l'ordre donné d'incarcérer M. de Chaumont, qu'on amène aux Ursulines. Mais ce qu'on n'avait pas su, c'est que cinq ans après son expérience, la curiosité avait porté M. de Chaumont à ouvrir la tour. Le blé s'était trouvé non-seulement pourri, mais portant un air méphitique, et comme il plongeait sur la Loire, une belle nuit, il avait fait jeter tout à l'eau. Il ne lui fut donc pas difficile de se disculper de cette dénonciation, et, dans tout autre temps, il serait sorti sur-le-champ. Il n'obtint cependant la liberté de retourner chez lui que six semaines après.

M. de Pérignat [1], ancien officier estimé, retiré à Vendôme, ayant la considération de tout le pays, ancien commandant de la garde nationale, influençant par son opinion tous les honnêtes gens, ne tarda pas à être incarcéré, et le fut à plusieurs reprises. On emprisonna aussi M. Boucherat, ancien commissionnaire, ancien maire de la ville [2], riche vieillard de quatre-vingt-deux ans, et M. Rangeard de la Bossière, vieillard considéré. Enfin, en une belle nuit, il en vint tant que toute la ville, pour ainsi dire, était en prison : cela ne pouvait être regardé comme une mesure sérieuse. Chacun se rassura, et l'on passa son temps plus gaiement qu'on ne l'avait espéré.

M. Delarue, de l'Ordre de Sainte-Geneviève, prieur curé de Cour-Cheverny depuis dix ans, ayant servi jadis, et dont la famille était protégée par M. de Maurepas, tâcha de se rendre utile dans la Révolution. Il fut maire et tint les registres de la municipalité qu'il mit dans le plus grand ordre.

---

[1] De Pérignat, brigadier des armées du Roi, seigneur des Minières, etc. (*Catalogue de* 1789 : *bailliage du Vendômois.*)

[2] Pierre Boucherat, d'abord échevin, puis maire de Blois de 1783 à 1787.

Après avoir fait son serment, il était resté attaché à sa cure, lorsque le système de Robespierre s'établissant de plus en plus, un décret vint pour enlever les cloches. On en conserva à grand'peine une dans chaque paroisse. Elles furent descendues et enlevées dans les quinze jours, portées à Blois, mises en pièces, et conduites à la Monnaie pour faire les pièces de deux sols républicaines qui circulent. Alors, les églises furent destinées à faire des temples de la Raison, et dès lors les sans-culottes cherchèrent querelle au curé. Il était très-aisé de le faire donner dans le piége. Aimant la littérature et le travail, il avait la foi du charbonnier, allant droit son chemin, prêchant l'ordre et la raison.

A jour nommé, comme je l'ai dit, on annonce que la Vendée est au Mans et marche sur Vendôme. Blois, dès l'instant, est regardée comme en état de siége. Le Vasseur de la Sarthe, député, passe par Blois et donne l'ordre d'abattre le pont [1]. L'ingénieur, M. Cabaille, homme d'esprit et de mérite, reçoit l'ordre, avec la responsabilité sur sa tête, de couper le pont en abattant une arche. Il hésite : Guimberteau arrive confirmer l'ordre, et vole à Tours pour des préparatifs de défense. Pourtant, on retarde de vingt-quatre heures, sur la représentation de la municipalité. L'ordre était aussi d'abattre les arbres de la promenade sur le quai, pour empêcher les ennemis de rétablir le pont. Le courrier revient avec ordre de procéder sans délai, et l'ingénieur fait travailler.

Pendant ce temps l'alarme était générale. Ordre aux gardes nationaux de se lever pour marcher sur Blois et de se fournir de vivres pour quatre jours; et la Sologne éprouvait la disette la plus affreuse! Cet ordre arrive à Cour à onze heures; la garde s'assemble, la municipalité aussi; on va partir, lorsque quelques citoyens dévots (c'était pendant les fêtes de Noël) demandent une messe. On requiert le curé Delarue; il veut envoyer demander l'autorisation à la

---

[1] Le 10 décembre 1793. L'*Histoire de Blois* (t. 1, p. 221 et 412) donne des détails un peu différents.

municipalité qui se cache; enfin, on l'oblige à dire la messe. Il fait un petit discours patriotique, et voilà la garde qui part. Cheverny était plus tranquille. Vu mon âge, j'étais claquemuré, et mon fils aîné, dans sa maison du Breuil, éloignée du bourg, n'en fut même pas instruit.

Les zélés de la Sologne inondent bientôt la ville, et surtout le faubourg de Vienne. Les nouvelles devenaient plus rassurantes; on s'effraye de l'affluence du monde, de la famine qui en sera la suite; on les congédie. Les alarmes se dissipaient, mais la sévérité redoublait. On arrêta M. de Vareilles [1], sourd et âgé de quatre-vingts ans, descendant d'un médecin de Catherine de Médicis anobli par elle.

Les dénonciations pleuvaient sur le curé de Cour parce qu'il avait célébré la messe; on l'envoie chercher par deux cavaliers de gendarmerie, et on le conduit en arrestation. Il a beau dire qu'il y a été contraint : c'est un aristocrate qui suit un autre culte que celui du temple de la Raison.

Préservés jusque-là de la grêle révolutionnaire qui tombait autour de nous, nous nous étions renfermés chez nous. Mon fidèle Jumeau, quoique âgé de soixante-huit ans, allait à pied à Blois et nous rapportait des nouvelles, qui nous rassuraient ou nous effrayaient, selon les circonstances. Le prieur et sa cousine venaient; nous lisions les papiers, nous gémissions, et nous faisions une partie; ils nous quittaient à onze heures. Ils venaient l'un et l'autre comme en bonne fortune, car, vu l'esprit du jour, nous étions des brebis galeuses, des ci-devant nobles, des aristocrates. Nous nous bornions à notre enceinte sans, pendant plus de six mois, avoir voulu sortir même une fois dans le village, et nous ne pouvions savoir des nouvelles de ce qui se passait pour les arrestations que par tiers, n'écrivant et ne recevant aucune lettre.

Tout prenait une teinte de cruauté affreuse. Les prêtres non assermentés étaient poursuivis à outrance; leurs biens

---

[1] Jérôme Drouin de Vareilles, écuyer, seigneur de Bouxeuil. (*Catalogue de 1789 : bailliage de Blois.*)

saisis pour la Nation. Les scellés, les ventes, tout s'ensuivait.

On ignorait ce qui se passait à Paris. On avait appris que le marquis de Romé était soupçonné, d'après sa correspondance, d'avoir voulu vendre Blois aux Vendéens; personne n'en croyait rien. C'était une calomnie inventée par les meneurs du club pour perdre les deux cousins, en commentant et rapprochant des fragments de lettres insignifiantes.

Bonvalet, le maître d'hôtel et le seul défenseur officieux de son maître, car on était conspué dès qu'on osait parler pour lui, l'avait défendu à la séance de Guimberteau [1]. Celui-ci s'était rendu à la cathédrale, changée en temple de la Raison, entouré de tous les démagogues; ne connaissant personne, il avait ses notes toutes préparées. Il fait paraître à son tribunal toute la municipalité et autres. A l'un, il dit : « Tu es un mauvais citoyen, je te condamne à tant d'amende « et à l'incarcération. » A l'autre : « Tu es un aristocrate. » On demande des défenseurs, mais le peuple les exécrait, et l'on se tait. Dinocheau, procureur de la commune, n'avait pas paru à la séance; on prononça sa destitution, son incarcération, et Guimberteau donna ordre de fermer les portes, tandis qu'il envoyait deux gendarmes pour l'arrêter.

Bonvalet défend son maître, mais inutilement. A l'instant, il part pour Paris, afin de rechercher chez M. de Salaberry et chez M. de Romé les lettres insignifiantes qui étaient des armes si dangereuses, d'après ce qu'il entendait murmurer de cette correspondance. Il brûle tout, et il a grand'peine à déterminer M. de Romé à en faire autant.

Le lendemain, le Comité envoie chercher Romé; il se défend, on l'écoute, et l'on finit par lui donner un garde et sa liberté. Il ne s'en effraye pas, et continue à mener la vie la plus paisible, à aller aux Variétés, et à se coucher à neuf heures. C'était l'homme le moins capable de conspirer.

---

[1] Le 30 octobre 1793.

Libre de s'enfuir cent fois, il n'y pensa même pas. D'ailleurs, il comptait sur Fouquier-Tinville, qui lui avait des obligations personnelles.

Après trois semaines de garde, le Comité le fait conduire à la Conciergerie; son interrogatoire et sa condamnation furent l'affaire de deux heures. Il se défendit, dit-on, avec sagesse et sang-froid. Fouquier-Tinville prononça son jugement avec une joie inexprimable. Romé dit alors : « Vous « me condamnez injustement; c'est un parti pris, comme le « mien est pris de mourir. Vous retardez l'exécution à « demain; je vois la charrette prête : rendez-moi le service « de m'épargner vingt-quatre heures de souffrances mo- « rales. » Il périt[1] sans même qu'on sût à Blois qu'il fût en jugement. Nous apprîmes qu'on lui avait fait espérer qu'avec une somme d'argent son défenseur officieux le sauverait; c'était un leurre. Des amis avaient envoyé dans ce but quatre mille livres à deux servantes de Blois qu'il avait emmenées, mais on dit qu'elles aimèrent mieux les garder.

Le surlendemain, nous étions à dîner tous les trois, ma femme, mon fils et moi. J'avais toujours insisté pour qu'on ne lût les nouvelles qu'après le dîner; mais la curiosité empoigne mon fils, et, au nécrologe de la guillotine, j'entends le nom de Romé. Nous sortons de table le cœur navré.

Je me rappelle qu'un mois avant le fatal voyage qu'il avait fait à Paris avec M. de Salaberry, ils m'invitèrent à venir manger une matelote à la Galère, avec un nommé Ganin, que M. de Salaberry s'était attaché comme musicien. J'aimais peu ces parties de cabaret, mais je ne pus me refuser à leurs instances. Je savais que Chabot dînait à cette auberge avec des clubistes.

En entrant, je vis un superbe domestique vêtu en courrier; il avait l'air de quelque valet de pied de prince. Une diligence des plus élégantes était sous une remise. Dans sa chambre, on voyait tout ouvert un nécessaire magnifique.

---

[1] Le 14 novembre 1793.

Nous nous enfermâmes dans une autre, et nous entendîmes leurs orgies. Chabot chanta; il nous parut qu'il avait une jolie voix; on faisait chorus. Ces chansons auraient offensé les oreilles les moins chastes. Après dîner, à travers les fenêtres et les rideaux fermés, nous les regardâmes sortir sur la levée. Chabot parut; pour moi, qui ne l'avais jamais vu qu'en soutane grasse, je ne l'aurais pas reconnu · petit, mais bien fait, il avait les bottines les plus élégantes, une culotte de soie, une veste d'étoffe rouge brodée en bordure, un frac brun, une cravate blanche et bordée, une demi-coiffure négligée, quoique poudrée, et un bonnet rouge brodé, en forme de bonnet de police, sur l'oreille. Il cabriolait sur le quai, appelait ses convives par leurs noms, les prenait par-dessous le bras et leur disait des choses fort plaisantes, car ils riaient par écho. Cette horde s'achemina gaiement vers la société.

Lorsque je me rappelle que, simple particulier, isolé chez moi à la campagne, je n'ai pas eu, dans ces cinq ans de révolution, un seul jour où je n'aie été tourmenté, soit par le récit vrai des plus tristes événements, soit par des inquiétudes fondées; qu'il en a été de même par toute la France; que ce département même a été un des moins éprouvés, si l'on veut le comparer aux autres, je certifie qu'un homme qui vit dans un temps de révolution vit plus de cent ans en cinq. Les peines d'esprit amènent une agitation continuelle, qui finit par donner une stupeur, un ennui de la vie qui ne peuvent s'exprimer. On en est tiré par un événement affreux, et l'on passe son temps dans une suite de tourments.

Je reprends la tâche que je me suis imposée pour achever de peindre ce triste événement, et c'est le plus difficile. La prison des Ursulines était encombrée des plus honnêtes bourgeois et marchands, et de religieuses. On y mena aussi la marquise de la Brisolière, sœur des comtes de Flers, dont l'un, nommé général, avait été guillotiné, tandis que l'autre avait eu les deux jambes emportées par un boulet de canon. Elle s'était d'abord enfuie à Bruxelles, puis était rentrée assez à temps pour dilapider le mobilier que le bailli de la Tour lui avait confié. Elle voulait divorcer avec son mari, qu'on disait incarcéré à Rouen. Elle laissait une fille de dix-sept ans presque à l'abandon. Telle était cette femme fort douce, mais inconséquente.

Toute communication nous était interdite avec mon beau-frère; on cherchait les moyens de m'incarcérer, et je n'y donnais pas de prise. Quand, aux Ursulines, on vit dans les journaux que Romé avait péri, on convint de dérober la nouvelle à M. de Salaberry, afin de ne pas l'inquiéter; mais sa femme, qui avait obtenu la permission de l'aller voir, prit sur elle, sans en parler à personne, de l'en instruire. Elle crut sans doute que le coup serait moins fort; mais cela réussit mal. M. de Salaberry tomba dans une tristesse sinistre. Heureusement deux choses faisaient essentiellement la base de son caractère, le courage et le goût de la distraction. Toute la société prisonnière s'empressa autour de lui; on l'accoutuma à penser que M. de Romé s'était perdu par sa seule imprudence, par des propos indiscrets : il le crut ou fit semblant de le croire; d'ailleurs, sa grande vivacité ne lui permettait pas de se livrer longtemps à une pensée pénible, et il redevint bientôt aussi gai et aussi aimable qu'il l'était auparavant.

Ce fut quelques jours après qu'un coquin, nommé Lepetit, vint remplir la ville d'effroi. Lors de l'approche de l'armée vendéenne vers Bargé, ce Lepetit, ainsi qu'un nommé Simon, avait été chargé par le représentant Levasseur de la Sarthe d'évacuer sur Orléans les prisonniers de Saumur, au nombre d'environ huit cents. De Saumur à Orléans, on compta six cents victimes qui succombèrent à la fatigue et à la barbarie : noyades, fusillades, massacres [1].

Le 8 décembre [2], le convoi arrivait à Blois. Lepetit pré-

---

[1] L'auteur reproduit plus loin, *in extenso*, l'acte d'accusation dressé contre les auteurs de ces atrocités. On y trouvera les détails révoltants de tout ce qui s'est passé depuis Saumur jusqu'à Orléans. (V. au chap. xxvi.)
[2] 1793.

sente ses ordres à la municipalité, et demande une auberge. Un officier municipal le conduit au Château-Gaillard, dernière auberge sur le quai, au chemin de Paris. Les femmes sont mises dans des chambres, les hommes et les prêtres dans l'écurie. Le piquet de cinquante hommes offert par la municipalité est refusé, et pour cause. Lepetit se rend au département, et l'on entend Hézine, le procureur-syndic, dire sur les marches de l'hôtel de ville : « Demain matin, on « leur donnera une bonne correction, et nous ferons voir « aux Blaisois comme on les arrange. »

Hézine et Gidouin passent quelques heures le soir avec Lepetit et Simon dans l'auberge du Château-Gaillard ; le lendemain Hézine y retourne et dit qu'il faut fusiller treize prisonniers pour donner l'exemple au peuple, qu'on commencerait par des paysans et qu'on finirait par des prêtres. Bientôt Lepetit fait sortir quatre paysans, les fait conduire auprès de l'eau et les place lui-même ; ils sont fusillés et jetés tout habillés dans la rivière. Gidouin va regarder les morts, et dit : « Ce sont de f..... gueux ; est-ce que tu ne « nous feras fusiller que ces quatre paysans ? » Cinq prêtres sont amenés et exécutés. On se partage les dépouilles, et Gidouin fait part de sa joie à tous ceux qu'il rencontre.

Les âmes étaient glacées de frayeur, et un morne silence régnait dans toute la ville. Nous sûmes l'événement une heure après, tant l'effroi se propageait vite. A Blois, les incarcérés se crurent dévoués à la mort. Le comité disait avoir reçu l'ordre de faire filer les prisonniers. On fit un triage le soir même. Les uns devaient être transportés aux prisons d'Orléans, les autres à l'abbaye-collège de Pont-Levoy, et les derniers rendus à la liberté. M. de Baillehache, M. de la Bossière et d'autres furent renvoyés chez eux. M. de Salaberry, M. de Pérignat, M. Dinocheau et d'autres furent destinés pour Orléans. On les accouplait et triait comme des bœufs. M. de Salaberry obtint, comme grâce, d'aller dans sa voiture menée à ses frais : ils y montèrent trois. Lepetit s'offrit pour conduire le convoi ; cette proposition fit frémir, et les honnêtes gardes nationaux de Blois se chargèrent de l'escorte.

Ils partirent, suivant les traces de Lepetit, insultés sur les chemins par une soldatesque atroce. A Beaugency, on entoura les prisonniers; on les força à descendre au milieu du sang qu'on venait de répandre. M. de Salaberry dit à M. de Pérignat : « Allons, c'est fini; un instant est bientôt « passé; prenons notre parti. » Ils en furent quittes, et arrivèrent à Orléans pour recevoir toutes sortes d'outrages.

Ceux destinés pour Pont-Levoy furent conduits en charrette. Le pont étant rompu, il fallait passer l'eau dans un bac. M. Boucherat, vieillard de quatre-vingt-deux ans, est assis au bout d'une charrette avec un M. Cellier-Renard; il glisse et ne peut remonter assez vite, on le menace avec la baïonnette. On les fait passer sur la levée du faubourg de Vienne; les fusillés et noyés y étaient, nus et attachés à des pieux; on les leur fit voir pour leur insinuer qu'autant leur en était réservé.

Ils arrivèrent à Pont-Levoy à onze heures du soir; à peine le directeur était-il prévenu. On les déposa dans un vaste salon, auprès d'un grand feu; c'est ce qu'on pouvait offrir de mieux à des gens peu accoutumés à voyager aux injures de l'air, au mois de décembre, en charrette, et par une pluie continuelle. Chacun alla ensuite se coucher dans une petite chambre. C'est ici l'occasion de faire l'éloge du vieux Chappotin, ancien Bénédictin, et chargé du collége [1]; je n'ai cessé d'entendre tous les incarcérés rendre justice à son humanité et à ses soins pour les malheureux.

Il y avait déjà huit jours que nous étions aux écoutes et que Jumeau allait à Blois pour savoir des nouvelles de M. de Salaberry, lorsque nous apprîmes que sa femme venait d'aller à Orléans pour tâcher d'être utile à son malheureux mari.

---

[1] V. *Guide historique à Blois et ses environs* (par La Saussaye), Blois, 1855, p. 240, et Touchard-Lafosse, *Histoire de Blois*, p. 291. On y trouvera beaucoup de détails sur Chappotin et sur l'humanité qu'il montra aux prisonniers.

Nous nous flattions, comme il était aimé et estimé à Orléans, qu'il y trouverait de l'adoucissement, quoique l'exemple des atrocités qui s'étaient passées nous fît trembler.

Un nommé Hildebrand, né en Lorraine, bon musicien, et engagé comme tel dans un régiment en Espagne, avait été pris par les Algériens et avait passé cinq ans en esclavage. Dégagé par le consul de Suède, parce qu'il avait servi à montrer la musique à ses enfants, il avait vu dans les affiches une place de musicien vacante à Blois; il s'était présenté, et l'avait obtenue du chapitre et de l'évêque. A la Révolution, il s'était fait maître de musique, et M. de Salaberry se l'était attaché pour avoir une basse de plus à ses concerts. Cet homme, assez rustre, s'échauffait par moments; heureux quand il prenait le bon chemin!

A six heures du soir, on m'annonce deux gendarmes, et je vois entrer Hildebrand. Il me dit qu'on a conçu les plus vives inquiétudes sur les prisonniers de Blois menés à Orléans; qu'Orléans veut les renvoyer à Bourges, où l'on sait qu'on les tue sans miséricorde; que la municipalité l'a revêtu de pleins pouvoirs pour aller les rattraper sur la route et les mener à Pont-Levoy; que leurs chevaux sont harassés, et qu'ils me prient de leur donner deux des miens. A l'instant, cela fut fait; ils n'eurent que le temps de souper, et partirent. Que n'aurais-je pas donné? Ils nous promirent d'aller coucher à Romorantin, et je leur donnai un guide pour se rendre à Vierzon.

Mes chevaux, mon guide reviennent, et nulle nouvelle. Enfin, nous apprenons que Hildebrand est à Blois, revenu de sa mission, et Bonvalet arrive de Pont-Levoy. Il m'apprend que M. de Salaberry et les autres sont arrivés à bon port à Pont-Levoy; que Hildebrand avec son gendarme était allé jusqu'à Orléans; que, muni de ses pouvoirs, il avait déterminé le départ pour Pont-Levoy avec force rebuffades; qu'en route, il s'était disputé avec la garde nationale d'Orléans pour savoir qui commandait l'escorte, que des menaces, des querelles s'en étaient suivies; que M. de Salaberry, toujours dans sa voiture comme il était venu, était arrivé à minuit à Pont-Levoy, et qu'il y avait trouvé la meilleure réception et des soins particuliers.

Bonvalet entra dans les plus grands détails sur les atrocités que les prisonniers avaient éprouvées : comptés comme des bœufs, enfermés le soir chacun dans leur cellule, mal nourris, quoique payant généreusement, ils avaient souffert toutes les humiliations possibles.

Madame de Salaberry, qui s'était établie à Orléans, n'avait pu voir son mari; elle était revenue à Pont-Levoy. Je reçus une lettre de M. de Salaberry, il me demandait de venir à son secours pour payer une imposition révolutionnaire de quinze mille livres, que Guimberteau lui avait imposée. Je lui en envoyai dix, et le reste sur la créance de Rousseau, que nous devions toucher à Paris. Je me gardai bien de lui écrire; je ne craignais pas son cœur, mais sa distraction et l'oubli où il était de brûler les letttres; j'en avais trop de preuves.

Pour lui, toujours le même, il ne montrait rien au dehors. Il fit son établissement à Pont-Levoy, fit venir sa musique et s'y livra avec fureur, ainsi qu'aux charmes de la société qui était très-aimable. M. de Lagrange, M. Ferrand [1], M. Dinocheau, M. de Villiers, madame de la Brisolière et beaucoup d'autres, les maîtres de musique, tous se réunissaient pour lui faire passer le temps. Il me demandait des livres de médecine et d'histoire, et il aurait bien désiré me voir. Le supérieur m'y invitait, mais mes amis de Blois m'en détournèrent; mon fils aîné, comme moins marquant que moi, y alla. M. de la Porte y était, ainsi que sa fille; ils avaient été menés par M. de Salaberry.

Ainsi, tout à Pont-Levoy prit une teinte moins triste. Les soins du sieur Chappotin étaient délicats. Ayant pris leur parole d'honneur, il leur laissait à tous une honnête liberté, et ils auraient pu sortir mille fois. M. de Salaberry,

---

[1] Ferrand Vaillant, ancien procureur de la commune de Blois, plus tard député aux Anciens, dont il sera question en 1797.

seul, paraissait en grand danger, mais il était trop loyal pour tenter d'enfreindre la consigne, quoique la grande porte fût ouverte. Content de courir partout, de jouir d'un grand emplacement, il était distrait par les cent cinquante jeunes gens dont on pouvait suivre l'éducation ; tout le monde l'aimait et le considérait. Cette position dura un mois.

CHAPITRE XXIII

Nouvelles impositions. — Dévastation des chapelles et des tombeaux. — Le temple de la Raison; procession sacrilége. — Le duc et la duchesse de Saint-Aignan sont arrêtés. — M. de Salaberry, conduit au tribunal révolutionnaire, refuse de s'évader. — Les prisons de Paris. — Quelques victimes. — M. de Luçay, décrété d'arrestation, est sauvé par sa femme. — Le vicomte de Beauharnais à Blois: il est arrêté et condamné. — M. Dufort est incarcéré aux Carmélites; compagnons de captivité. — M. de Rancogne.

Les sans-culottes mirent bientôt de nouvelles impositions. Le premier mot pour moi fut de 6,000 livres. Comme tout le pays savait ce que j'avais perdu, je fut réduit à 600, sur la représentation de Jumeau. On fit une réquisition de vaisselle d'argent, des effets d'église; j'envoyai jusqu'au calice de la chapelle, et tous mes plats, reste d'une vaisselle superbe et très-considérable que j'avais été obligé de vendre pour vivre, au commencement de la Révolution.

On détruisit le dedans des églises; les tombeaux des Hurault, décorés de statues, furent mis en pièces. On fouilla dans les tombeaux. Il y avait un caveau dans lequel les Hurault avaient leur sépulture; deux tombes de fonte furent brisées, tous les plombs des cercueils enlevés, les restes jetés dehors, et, sans le curé qui charitablement les fit mettre dans le cimetière, ils étaient la proie des animaux. On trouva un enfant de quatre ans conservé jusqu'aux cheveux et au visage; il fut l'objet d'une indiscrète curiosité.

Les atrocités redoublaient, ainsi que les persécutions pour porter la cocarde nationale, les incarcérations sur les moindres négligences. Le passage continuel des députés commissaires de la Vendée, qui séjournaient à Blois et allaient aux Jacobins, mettait ceux-ci dans une effervescence dont on n'a pas d'idée. Santerre, Gorsas [1], Merlin y parurent; le général Dubayet [2], malgré l'invitation du club, eut le courage de refuser d'y aller, sous prétexte d'affaires. On y vit enfin Garnier de Saintes, proconsul *ad hoc*, puisque Blois était dans son arrondissement comme étant attaché à l'armée de l'Ouest. Le temple de la Raison était à son apogée; on l'avait décoré en carton; on avait fait une montagne avec des inscriptions en papier. Hézine fit des processions civiques [3]; un âne, chargé de tous les attributs pontificaux, avait une mitre sur la tête et une étole au cou. Hézine, avec une chasuble, une étole au côté, un bâton à croix dans la main, menait avec ces enragés tout ce scandale, et brûlait le missel sur la place publique.

Dès que Garnier fut arrivé, on concerta une nouvelle assemblée au temple de la Raison. Le club et les agitateurs dressèrent leurs batteries; on voulut recommencer la scène de l'épuration, déjà faite par Garnier; la motion fut faite, acceptée, le jour pris [4]. Tous les habitants étaient dans des transes; on s'y porta par inquiétude et par curiosité. Toute la garde était invitée et commandée, de même que les autorités. L'ordre était pour midi.

Garnier se fit attendre une heure, arriva mis coquettement, avec chapeau et panache de député, son écharpe, un grand sabre nu à son côté, suivi de ses conseils Hézine, Fouchard et de tout le comité. La montagne dans l'église devait être son trône, mais elle était peu solide; un tonneau croula. Le député trébuche, se relève lestement, tout se rétablit. Il

---

[1] V. t. II, p. 136, note 2.

[2] Aubert du Bayet (Jean-Baptiste-Annibal), 1757-1797, capitaine en 1789, puis député à l'Assemblée législative. Il avait été jugé et absous à la suite de la reddition de Mayence, où il commandait en 1793. Il fut ensuite envoyé à l'armée des côtes de Cherbourg, et c'est alors qu'il séjourna à Blois. Il fut encore arrêté une fois avant le 9 thermidor, devint général de division, ministre de la guerre (1795), et mourut ambassadeur à Constantinople.

[3] BERGEVIN et DUPRÉ, t. I, p. 103. TOUCHARD-LAFOSSE, p. 273.

[4] Le 23 février 1794. Les historiens de Blois parlent longuement de cette séance. M. Dufort confirme ici l'existence d'une séance tenue précédemment par le même représentant, et dont, comme je l'ai dit, je n'ai trouvé aucune trace dans les histoires locales.

profite de cela pour dire que la sainte montagne est travaillée, mais qu'elle est protégée par la Raison en dépit de tous les aristocrates. Ce fut une répétition de la représentation faite par Guimberteau. Dinocheau, déjà incarcéré, fut condamné à rester en prison jusqu'à la paix. Rochejean avait fait l'extrait le plus abominable des lettres trouvées chez M. de Salaberry. Péan les lut, et conclut en affirmant que M. de Romé et M. de Salaberry avaient vendu la ville à la Vendée. Cette accusation étonna, confondit, atterra tous les auditeurs, excepté le comité. Bonvalet monta quatre fois à la tribune, cria à l'injustice, prouva la fausseté de la dénonciation; applaudi par tout ce qu'il restait d'honnêtes gens, il fut sifflé, conspué par les coquins. Garnier, qui voulait avoir l'air de conserver la forme de la justice, loua le zèle du défenseur, et finit par envoyer M. de Salaberry au tribunal révolutionnaire. « S'il n'est pas coupable, ajouta-t-il, la jus-
« tice en décidera. » Les coquins avaient fait afficher dans toute la ville le jugement de M. Romé, où le travail fait contre eux deux faisait la base du jugement. En vingt-quatre heures, les affiches disparurent; les honnêtes gens étaient révoltés d'une si atroce inculpation.

M. de Salaberry, à Pont-Levoy, attendait cette séance avec impatience; sûr de son innocence, il aurait pressé son jugement s'il avait pu. Nous avions de concert supprimé une lettre à Garnier, où il demandait d'être envoyé au tribunal révolutionnaire; nous en sentions la conséquence sans le lui dire, mais nous ne la savions pas aussi atroce.

Dès qu'on fut instruit à Pont-Levoy du résultat de la séance, on prit des précautions pour en informer M. de Salaberry. Hélas! le malheureux fut enchanté; si on l'avait cru, il serait parti à l'instant, tellement il était sûr de son innocence. Pouvait-il s'imaginer les atrocités qui se passaient et dont on lui dissimulait une partie?

Le descendant des ducs de Saint-Aignan[1], l'homme le

---

[1] Paul-Marie-Victoire de Beauvilliers, duc de Saint-Aignan, avait épousé

plus disgracié de la nature, rachitique, haut de trois pieds et demi, la tête dans les épaules, avait épousé mademoiselle de Bérenger, descendante des sires de Bérenger, grande et fort jolie; l'ambition lui avait fait passer sur le désagrément du mari pour acquérir un tabouret. Le mariage s'était fait avec des formes ridicules; le petit duc, ne pouvant entrer dans le lit nuptial, y avait été porté comme une poupée par son valet de chambre. Ce petit être ne manquait pas d'esprit, et la nature lui avait prodigué un goût désordonné pour les femmes. Il fit à sa femme deux enfants qui ne tinrent pas de lui. Élevé à Saint-Aignan, il y était aimé et considéré. Ils y passèrent quelque temps par nécessité, le duc, malgré son duché, ne jouissant pas de 30,000 livres de rente; mais l'ennui prit à sa femme, et ils allèrent à Paris. Le duc prit l'essor, dépensa 100,000 écus en filles, et, vu sa figure, ce goût devait être fort cher pour lui; le feu se mit dans ses affaires, et ses parents les arrangèrent. La femme, sans être séparée, resta à Paris, et le duc vint mener dans son duché la vie d'un gentilhomme de campagne. Ne pouvant habiter le château, il prit une maison à lui dans la ville. C'était sa position, lorsque la Révolution prit son cours. Les enragés, enchantés de tutoyer un duc, se firent ses camarades, et on le mit du club [1].

On sut que les brigands approchaient, les gens censés de ce parti ou les peureux firent un arrêté timide pour composer avec eux. Le bruit et les brigands se dispersèrent, ceux qui avaient signé virent qu'ils étaient signalés comme royalistes; ils convinrent de déchirer le feuillet signé dans le registre des délibérations, mais cela ne put se faire sans que les enragés le sussent. Le régisseur du duché [2], ami intime du député Frécine, lui écrivait tout ce qu'il pensait. Sur la

en 1780 Françoise-Camille de Bérenger, fille de Raymond-Pierre, comte du Gua.

[1] Il le présidait en bonnet rouge, d'après J. B. DELORME (*Histoire de Saint-Aignan*, p. 265).

[2] Un nommé Bretheau, d'après Delorme.

question que Frécine lui fit par écrit au sujet de la mort du Roi, le régisseur lui répond tout ce qu'il pense, Frécine va porter la lettre au comité; autre dénonciation.

Cependant la duchesse, voyant que Paris n'était pas tenable, arrive à Saint-Aignan et y reste, pensant être sûre du pays. Il vient un ordre aux autorités de Carismont, car c'est ainsi que le club avait demandé que l'on appelât Saint-Aignan [1], trop connu par le titre de duché. L'ordre vient donc de mener le citoyen Saint-Aignan et la femme Saint-Aignan à Paris sans délai. Deux cavaliers, gendarmes du pays jadis et leurs serviteurs, s'en emparent, et ils partent dans leur berline.

Il n'y eut sorte d'humiliations qu'ils n'éprouvassent à Blois. Ils descendirent dans un café; la duchesse, la tête haute, alla faire quelques emplettes, accompagnée par ses gendarmes; elle les fatiguait par sa course légère, quoiqu'elle fût au commencement d'une grossesse. A leur départ, la populace s'attroupa, la vue du duc fut un objet de dérision; les cris ordinaire : « A la guillotine! » furent hurlés, avec les gloses : « Il a le cou trop court! Je voudrais bien voir « comment on s'y prendra. » Ils soutinrent tout cet assaut avec courage.

Quatre jours après, les gendarmes arrivèrent à Pont-Levoy pour emmener leurs victimes; il fallait prévenir M. de Salaberry. Le supérieur et ses amis y mirent toutes les précautions; mais il répondit que c'était tout ce qu'il demandait, parut ferme et rassura tout le monde. Les deux gendarmes qui étaient cachés se montrent alors; il les comble d'honnêtetés et veut partir; on fournit des chevaux, il monte dans sa voiture avec Bonvalet et les gendarmes, convient avec sa femme qu'elle le suivra à Paris, et laisse tous ses amis désespérés de la sécurité où il est ou qu'il affecte. Il soupe à l'auberge de Blois, envoie chercher son charron, fait visiter et raccommoder sa voiture, pour pouvoir arriver prompte-

---

[1] Cela voulait dire : Mont-sur-Cher. C'était une trouvaille du curé constitutionnel. (DELORME.)

ment au Comité, et les voilà tous les quatre en route à cinq heures du matin ; ils arrivent pour coucher à Étampes.

Cependant, Bonvalet veillait toujours pour la conservation de son maître. Les gendarmes étaient les meilleures gens possible ; ils s'intéressaient au prisonnier et le lui témoignaient. Bonvalet les fait souper, les pousse de nourriture et de boisson, et les met dans un état à ne vouloir que dormir. Une fois qu'ils sont couchés, il va trouver la servante de l'auberge ; il lui dit qu'il doit aller voir une amie, et que, si elle veut laisser la porte de la maison ouverte, il lui donnera un billet de 100 francs ; elle accepte. Bonvalet remonte, entend en passant les deux gendarmes ronfler, entre chez son maître, qu'il trouve assis tout habillé auprès du feu ; alors il lui dit : « Monsieur, vous ne savez pas le danger que « vous courez en allant à Paris ; j'ai gagné la servante, la « porte est ouverte, les gendarmes dorment. Suivez-moi ; en « trois heures, je vous mène à une ferme, au milieu des bois, « où vous serez en sûreté jusqu'après l'orage. » M. de Salaberry répond : « Quoi ! tu veux que je mette ces deux hon- « nêtes gendarmes dans l'embarras ? J'en suis incapable ; du « reste, je défie aucun tribunal de me condamner. » — Bonvalet, éloquent, persuasif, perd une heure de temps sans rien gagner. Hors de lui, désespéré : « Vous voulez votre « perte, monsieur, je vous quitte. Permettez que j'aille « trouver votre fils à Paris, et que je le sauve de la mort ; je « vais y employer tous mes moyens. — Va, reprit Salaberry, « et n'aie aucune inquiétude. Cela doit finir par mon élar- « gissement. » Bonvalet part, et, à cinq heures du matin, M. de Salaberry, avec ses deux gendarmes, reprend la route de Paris.

Suivons Bonvalet. Il arrive rue Basse-du-Rempart, chez M. de Salaberry fils, qui ne se doutait de rien ; Bonvalet, qui avait vu la maison entourée, le prévient ; le fils court au Comité où il avait des amis. On lui prépare un passe-port ; on le fait sortir par une fausse porte, et il disparait.

M. de Salaberry, en arrivant, se fait conduire chez son

fils; il ne trouve personne et a l'imprudence de déposer son portefeuille dans une armoire. On le fait monter dans un fiacre et on le conduit au Comité. Il est reçu comme un criminel; on s'écrie qu'il est un vrai contre-révolutionnaire; il veut parler, on lui répond que le tribunal en jugera, et l'ordre est donné de le conduire à l'hospice. Ce n'était pas une faveur : l'hospice était un dépôt près de la Conciergerie, qui servait lorsqu'elle était trop remplie. Son courage avait été ébranlé d'abord par une telle réception, mais le mot d'hospice le rassure, et, à dix heures, il entre dans cette prison.

La première personne qu'il rencontre, c'est madame Roslin d'Ivry, mademoiselle Noguez, qui avait épousé, comme je l'ai dit, le fils de M. Roslin. Elle était veuve avec un fils, héritier de l'immense fortune de M. Roslin, qui, en vue de son décès, avait laissé à ma femme et à ses sœurs toute la substitution; le jeune homme ayant dix-huit ans, malgré une fortune de plus de cinquante mille livres de rente, avait été envoyé à l'armée par la réquisition. Les curateurs à la substitution, pour placer les fonds, avaient acheté la terre de Basville, superbe objet, devenu fameux par le suicide du chancelier Lamoignon au commencement de la Révolution. Madame d'Ivry y demeurait, et, ne voulant pas perdre la garde noble, n'avait pas déclaré son mariage avec M. Bellecourt, officier de fortune qui avait beaucoup vécu dans les cours d'Allemagne et surtout en Russie, homme intrigant qui jouait, dit-on, un rôle dans les correspondances, soit du roi de Prusse, soit de l'Empereur [1]. Un beau jour, ils sont enlevés et incarcérés à la Conciergerie. Le lendemain était le jour fixé pour son exécution : elle s'y était résignée avec une bravoure sans exemple.

M. de Salaberry trouve encore beaucoup d'autres personnes de connaissance. On jouait au whist, au trictrac; tous

---

[1] Angélique-Michel d'Estat de Bellecourt avait servi en Russie de 1783 à 1791. Il avait trente-trois ans, et sa femme trente-six. (WALLON, *la Terreur*, t. III, p. 252.) Son nom figure dans le *Petit Almanach de nos grands hommes*, par RIVAROL : « D'Estat, jeune poëte..... que la Russie nous a enlevé......... »

étaient résignés. Madame de Grimaldi, ci-devant madame Legendre de Villemorien, mère de M. de Luçay, une des femmes les plus aimables de Paris, était traduite au tribunal révolutionnaire pour un propos indiscret tenu à son jardinier [1] ; elle s'attendait à son sort, et continuait philosophiquement la vie qu'elle avait menée dans le monde. L'injustice des jugements avait amené une telle indifférence sur la vie, qu'on enviait de passer les premiers. M. de Salaberry ne tarda pas à prendre le même esprit. Tout ce qu'il craignait était son imagination, et la distraction lui était plus nécessaire que jamais.

Cependant Bonvalet ne perdait pas son temps. Le fils évadé, il se chargea de chercher pour le père un bon défenseur officieux ; il crut l'avoir trouvé. M. de Salaberry approuva son choix : l'espérance est ce qui meurt le dernier. Fouquier-Tinville lui avait des obligations directes ; lorsqu'il était procureur [2], M. de Salaberry lui avait rendu des services importants. Bonvalet obtint la permission de voir son maître. Pour madame de Salaberry, logeant en hôtel garni rue des Filles Saint-Thomas, ne pouvant voir personne, craignant tout pour elle, elle était réduite à aller, les après-midi, acheter des livres au Palais-Royal, aux galeries de bois.

Le défenseur officieux, au vu des pièces, répondit de l'affaire, prétendit qu'elle ne serait rapportée qu'à son tour, et, comme la prison était pleine, que ce ne serait pas de sitôt. Il se fit bien payer et mit Bonvalet dans une sécurité qu'il inspira aux autres. Deux jours après, il apprend que le jugement serait prononcé le soir même ; il court chez le défenseur, ne peut le joindre et va prévenir son malheureux

---

[1] Elle avait épousé à Nice, en secondes noces, le 27 août 1791, Joseph, baron de Grimaldi. Elle aurait dit, d'après les dénonciateurs, que si les Prussiens venaient à Paris, elle leur donnerait les appartements qu'elle avait préparés. Elle fut jugée et condamnée à mort le 2 juillet 1794. (WALLON, t. V, p. 12.)

[2] Fouquier-Tinville fut procureur au Châtelet de 1774 à 1783, époque à laquelle il vendit sa charge. Après 1783, il n'est plus qu'homme de loi. (CAMPARDON, le Tribunal révolutionnaire, t. I, p. 13 et suiv.)

maître. Celui-ci le savait déjà et lui dit qu'il regrette seulement ses amis. Il monte au tribunal et se défend avec une énergie étonnante, mais on lui impose silence. Le malheureux Bonvalet le suit, se trouve sur son passage lorsqu'il sort d'être jugé. M. de Salaberry passe à côté de lui, le touche et ne le reconnaît pas : il ne voyait plus rien. Il monte alors dans la fatale charrette, et Bonvalet écrit à Blois : « J'ai vu « tomber sa tête : occupons-nous de sauver le fils. » Madame de Salaberry était dans une telle sécurité qu'à ce moment même elle était à prendre l'air et chez des marchands ; elle ne l'apprit qu'en rentrant chez elle.

Inquiet de son sort, j'étais à Blois ce jour-là, et l'on cherchait à me rassurer ; le surlendemain, j'appris par le *Moniteur*, nécrologe des assassinats, que j'avais perdu mon ami, et qu'il avait fait une fin digne de son honnêteté. Je le pleurai et le pleurerai toute ma vie.

Je ferai mention ici de tous les parents, amis et connaissances que nous avons perdus pendant ces six mois affreux.

M. Dupuis de Marcé, mon cousin, conseiller de grand'-chambre, était incarcéré, ainsi que la tête du Parlement. M. de Saron, premier président, avait signé, ainsi qu'eux tous, une protestation en faveur du Roi. Se voyant perdu, il déposa l'écrit sous une cuvette de marbre de lieux à l'anglaise : un valet, son seul confident, le vendit. A l'instant, on saisit ce prétexte pour les envoyer à la mort. Du même coup, je perdis mon cousin, M. de Gourgues [1], président à mortier ; presque tous les autres étaient de ma connaissance. Ils firent une mort superbe, marchant au supplice comme lorsqu'ils allaient à une cérémonie. La religion, la dignité, les avaient soutenus jusqu'à la fin.

M. de Sérilly, sa femme, son beau-frère M. de Pange-Domangeville, et M. d'Étigny, son frère, avaient été pris à la terre de Passy, près de Sens, et conduits à la Concier-

[1] Armand-Guillaume-François de Gourgues, président à la grand'chambre depuis 1763, guillotiné, ainsi que les précédents, le 20 avril 1794.

gerie[1]. L'histoire du baron de Vioménil avait percé; ils furent jugés et condamnés. Sérilly ne voulut pas se défendre, et, en rentrant à la Conciergerie, il obligea sa femme à déclarer qu'elle était grosse; il s'éleva entre eux un débat héroïque, et elle ne céda qu'au moment de monter dans la fatale voiture. Les hommes seuls furent exécutés; les journaux publics firent seulement mention du jugement, et je ne sus que trois mois après qu'elle était sauvée et libre.

J'apprends par une lettre particulière que mon cousin, le président Chabenat de Bonneuil, venait d'être incarcéré, qu'on le jugeait perdu, et qu'on avait nommé un tuteur à son fils pour sauver sa fortune. Comme j'étais son plus proche parent, il est aisé de juger quel effet me fit cette nouvelle, jointe à tant d'autres qui m'arrivaient coup sur coup.

M. de Sanlot, adjoint à la ferme générale, mais n'ayant été jamais qu'un des membres de la régie des aides, avait toujours entretenu avec moi la correspondance la plus active. Elle ne roulait sur aucun article qui pût nous compromettre, ainsi que celle de M. Sedaine, bien plus rare. C'étaient les seules que j'eusse conservées. Il m'apprend, sans nommer personne, que les fermiers généraux sont incarcérés jusqu'à la fin de leurs comptes. Je n'en connaissais presque plus, excepté M. de Lavoisier, mon voisin, le secrétaire de nos assemblées, homme de premier mérite, et que j'estimais sans être en liaison avec lui. M. de Boullongne était le seul à qui je prisse un grand intérêt; je le connaissais depuis qu'il était au monde, l'amitié que j'avais pour le père était toute transmise au fils, et les soins qu'il nous rendait me le faisaient regarder comme un tendre ami. Il m'avait écrit, un mois avant, qu'il comptait venir nous voir; sa lettre était très-gaie, et je lui avais répondu de même, en l'assurant qu'il serait très-bien reçu, pourvu qu'il vînt avec ses papiers bien en règle.

M. de Sanlot m'apprend qu'ils sont tous prisonniers à

---

[1] Voir *Pauline de Beaumont*, par M. Bardoux. Madame de Beaumont était avec eux à Passy-sur-Yonne et échappa seule à l'arrestation.

l'hôtel des Fermes, qu'ils voient leurs parents, leurs amis, qu'ils n'ont que l'ennui de l'incarcération, et il me dit : « Boullongne fume deux pipes, l'une de tabac, l'autre de ne « plus voyager. » Boullongne n'avait jamais été fermier général que pendant quinze jours. A la mort de son père, il avait cédé sa place à M. Chicoyneau de la Valette, son cousin, le fils de madame de la Valette qui venait souvent à Cheverny, et qui était morte il y avait six ans. La Valette n'était pas riche, et il y eut une dispute de générosité à qui serait incarcéré. Boullongne l'emporta. Il croyait que ce ne serait qu'une peine pécuniaire. Tout d'un coup, la correspondance habituelle de M. de Sanlot cesse. Me méfiant de tout, je cesse d'écrire.

Tout le monde a su l'exécution barbare de ces honnêtes gens. M. de Lavoisier, appelé la veille pour montrer les comptes apurés, est condamné ainsi que les autres. Il les prépara tous à la mort. Ils firent une fin superbe. Ce pauvre M. de Boullongne fut conduit à l'échafaud dans un état pitoyable [1]. Riche de cinquante mille écus de rente, d'une figure agréable, grand, bien fait, spirituel et instruit, connaissant plusieurs langues, excellent musicien et ayant un goût exquis, il finit ses jours à quarante ans. Dans la liste, j'aperçois M. de Sanlot, comme adjoint. Mais sa femme avait remué ciel et terre ; ne pouvant le sauver seul, elle sauva les deux autres adjoints avec lui [2]. M. de Sanlot, aussitôt revenu chez lui, m'écrivit qu'il se portait bien ; je me trouvai mal en recevant la lettre, je le croyais mort.

M. de Luçay, fermier général après son père, s'était fixé à Valençay. Renonçant à Paris, il dirigeait les forges de Luçay, et on ne le connaissait plus que sous le titre d'entrepreneur de forges. Mais on voulait avoir la tête de tous les fermiers généraux, et Dupin le député, élevé dans les emplois

---

[1] Le 8 mai 1794.
[2] Il fut mis hors des débats en même temps que deux autres adjoints, Delahante et Bellefaye. (*Séance de la Convention du 8 mai 1794. Décret rendu sur la proposition de Dupin.*)

de la ferme, voulait leurs dépouilles entières, de concert avec Robespierre. L'ordre arrive d'incarcérer M. de Luçay à Châtillon [1] ; on l'y conduit. Il trouve le secret de s'enfuir, et passe trois jours dans sa forêt de Garsendant, à la belle étoile. Que font la municipalité et le comité de surveillance? Ils font saisir madame de Luçay, jeune femme charmante, et l'incarcèrent au lieu de son mari. Si dans trois jours il ne se présente pas, elle est condamnée à mort. M. de Luçay l'apprend par un de ses gardes, chez lequel, mourant de faim, il va prendre un morceau de pain. Il se rend en toute hâte en prison à Châtillon; madame de Luçay sort, va trouver Ferry [2], député dans les départements, inspecteur des forges, et obtient qu'il défendra la vie de son mari. Cependant on conduisait celui-ci au tribunal; il s'échappe à Selles en Berry. Sa femme, qui revenait de Paris, était sûre que s'il se présentait, il serait absous comme entrepreneur utile à la République; elle le fait chercher, le rassure, et le mène elle-même à Paris, où il obtient le sauf-conduit le plus sûr [3].

Pendant toutes ces traverses, M. de Luçay avait perdu sa mère, et madame de Luçay avait perdu son père, M. Papillon d'Auteroche, le plus digne homme possible. Il avait fait une fin digne de lui, en remettant tout à la volonté de Dieu avec la résignation la plus religieuse. Son frère, Papillon de la Ferté, intendant des menus, vieillard de soixante-seize ans, était mort de même [4]; tous leurs biens étaient confisqués, mais c'était le moindre des maux.

Je vais me dépêcher de tracer tous ces événements, qui me ramènent malgré moi à ce temps affreux.

M. Mercier [5], frère de madame Félix, fermier général retiré,

---

[1] Châtillon-sur-Indre, qui était alors un district et portait le nom d'Indremont.
[2] Ferry, député des Ardennes, était, avant la Révolution, professeur à l'École de génie, à Mézières.
[3] On trouve dans la deuxième édition de la *Biographie Michaud*, t. XXV, d'intéressants détails sur le dévouement que montra madame de Luçay dans cette circonstance.
[4] Papillon d'Auteroche fut exécuté le 8 mai 1794, et son frère le 7 juillet.
[5] Louis Mercier, fermier général, condamné à mort le 14 mai 1794, comme

celui qui, après l'assemblée des notables, avait porté trois cent mille livres à M. Necker comme don à l'État, est compris dans la proscription; la tête de ce vieillard de soixante-dix-huit ans tombe sur l'échafaud. M. le comte de Talaru (Chalmazel)[1], cordon rouge, mon ami particulier, périt aussi. M. de Vermerange[2], homme d'esprit, de plaisir et de capacité, se tenait caché à Bagnolet. La proscription arrive; il s'enfuit à Paris, on le poursuit; il se jette d'un cinquième. Quoique fort gros, il ne se tue pas tout à fait, et va mourir à l'Hôtel-Dieu quatre heures après. Le duc de Villeroi, M. de la Borde, banquier de la cour, le duc du Châtelet, le duc de Biron, le maréchal et la maréchale de Mouchy-Noailles[3], la duchesse de Gramont, sœur du duc de Choiseul, M. de la Borde, fermier général, avec qui j'avais été élevé, terminent aussi leur carrière. L'effroi, le chagrin, la douleur nous bourrelaient à tout instant. Nous apprenons que madame de Saluberry est incarcérée, que M. et madame Amelot sont aussi sur la fatale liste. Pas un seul jour ne s'écoulait sans que nous apprissions un nouveau malheur.

Notre situation à Cheverny était affreuse. Nulle communication avec personne. Le fidèle Jumeau allait à pied chercher les lettres, et nous nous réunissions pendant les longues soirées d'hiver dans une petite pièce, le prieur-curé, sa cousine, mon fils, ma femme et moi. Mon fils aîné et sa femme venaient dîner de temps en temps, et mêler leurs chagrins aux nôtres.

---

conspirateur « mettant dans le tabac de l'eau et des ingrédients nuisibles à la « santé ».

[1] César-Marie, marquis de Talaru, né en 1725, premier maître d'hôtel de la Reine depuis 1763, guillotiné le 22 juillet 1794.

[2] Ou plutôt Veymerange, dont il a été déjà question. On parle souvent, dans le *Moniteur* de 1793 à 1797, d'une créance de la Nation sur un M. de Veimerange, ancien ami de Calonne et fermier général. Je ne crois pas que ce soit le même.

[3] Philippe de Noailles, duc de Mouchy, né en 1715, guillotiné le 27 juin 1794. Il avait été connu jusqu'en 1775 sous le nom de comte de Noailles. Il était maréchal de France depuis 1775. Sa femme, Anne-Claude-Laurence d'Arpajon, monta sur l'échafaud avec lui.

M. le vicomte de Beauharnais, pris et innocenté, s'était retiré dans sa terre, à six lieues de moi. Il avait, malheureusement pour lui, joué trop de rôles; il avait été général en chef, nommé au ministère de la guerre, président de la Convention. Il se présente au club de Blois, s'entend injurier, prend lui-même sa défense et se croit sauvé. Il loue dans ma rue à Blois une petite maison, et, comme plusieurs ouvriers nous étaient communs, il me fait faire mille amitiés et m'annonce qu'il viendra me voir. Les temps étaient bien changés; je l'avais estimé, et je ne l'estimais plus : l'ambition lui avait tourné la tête. Il assurait pourtant qu'il en était bien revenu, et il se croyait inattaquable par sa liaison avec Barère et Vadier. J'eus le courage, vu les circonstances, de lui faire savoir que je ne pouvais le recevoir; il se le tint pour dit. J'apprends quinze jours après qu'il est conduit en arrestation aux Carmes, et, quinze jours ensuite, qu'il a laissé sa tête sur l'échafaud [1].

Dulièpvre, mon voisin, vendu aux Jacobins, faisait tout ce qu'il pouvait pour s'introduire chez moi, et m'importunait pour avoir des nouvelles. Je lui communiquais celles que je recevais; mais lorsqu'il y en avait de meilleures, il les renvoyait ou demandait qu'on ne les lui fît pas passer. Il eut le courage de venir me trouver dans ma retraite, le jour où j'appris la mort de M. de Salaberry; il vit mes larmes, mon désespoir; mais sa vue me fit reprendre ma fermeté. Il venait se plaindre de ce que, vu la disette de Blois, il mourait de faim, et j'eus la bonté de lui offrir du pain qui me restait, quoique j'eusse plus de trente personnes à nourrir journellement.

Nous apprenons qu'il est chargé par Hézine, procureur du district, d'épurer les autorités de Cheverny. Il a l'audace de faire cette épuration tout seul, dresse un état de tous les sujets en place, et met des notes : à l'un : *mauvais citoyen*, à l'autre : *attaché aux ci-devant*, etc. Il présente une liste faite

---

[1] Le 23 juillet 1794.

par lui, où il se désigne comme maire et nomme tous les plus enragés jacobins pour renouveler les autorités. Dès que cette manœuvre fut connue, toute la paroisse se souleva, et avec raison.

On voulait chasser le curé, qui, par religion, tenait à son troupeau. Il avait eu beau prêter son serment, on ne voulait plus de Dieu; les diables étaient déchaînés. Nous eûmes toutes les peines du monde à le déterminer à fuir dans sa famille à Beaugency. Il fit d'autant mieux que, dans la semaine, des ordres furent donnés pour l'enlever. Je recueillis ses meubles; la municipalité s'empara de sa maison et y fit ses orgies.

Cependant, la lutte s'établit entre la municipalité et Dulièpvre. On convoque une assemblée; il veut forcer l'élection en sa faveur, tous s'y opposent; grand bruit. Il déclare que cette opposition vient de plus haut, et qu'il saura en triompher. J'avais des gens qui m'étaient dévoués dans les deux bourgs. On vient m'avertir qu'on doit m'incarcérer; je reste passif. Mon boucher, Étienne Limousin, à qui j'avais donné secours dans la première insurrection, vient me trouver. Il m'avertit qu'on machine contre moi. — Hézine était venu à Cour faire des orgies dans lesquelles il avait dit : « S'il y avait encore un curé à Cheverny, on s'en prendrait « à lui. C'est donc maintenant à votre ci-devant comte. » On veut prendre mon parti en disant que je ne m'étais mêlé de rien; il se fâche et les traite d'aristocrates. Au café, il dit, en regardant le château : « Voilà un beau château! il « m'offusquera jusqu'à ce qu'il soit à la Nation. » Dulièpvre va continuellement à Blois, revient et menace de venir se faire installer avec deux cents gendarmes qui vivront aux dépens de la commune. Je réponds à Limousin que je ne me mêle de rien, que je ne crains rien, et que j'attends l'orage. Je m'étais préparé une retraite où j'aurais pu vivre déguisé : je dédaigne de m'en servir. La vie d'un proscrit qui se cache est pire que la mort, et, à mon âge, ne pouvant ni m'habiller ni me déshabiller, je regardais cette existence comme le plus dur supplice.

Six jours se passent. Tous les matins, nous nous disions, ma femme et moi : « Encore un jour de passé ! » Et, insensiblement, nous nous persuadions que c'était une fausse alarme. Enfin, le jeudi 22 mai 1794, ou 3 prairial an II, je me lève à mon ordinaire, et sors tout habillé à sept heures du matin. J'entre chez mon jardinier; sa femme m'annonce que deux gendarmes sont arrivés à six heures et se sont rendus chez Dulièpvre. Je ne fais aucune question, et je rentre faire part de cette nouvelle à ma femme et à mon fils. Je ne tardai pas à être instruit qu'on avait présenté l'ordre d'arrestation à Dulièpvre, sans lui dire à qui il s'appliquait; qu'il avait été pris d'une forte émotion en ouvrant le paquet, croyant que c'était lui qu'on venait chercher, mais qu'après la lecture il s'était rassuré et avait couru à la municipalité de Cour. Là, sans vouloir s'expliquer, il avait demandé de la cire pour mettre les scellés, et était venu à la municipalité de Cheverny prendre avec lui Michel Guibert, procureur de la commune, menuisier, à qui j'avais fait apprendre son métier, et qui m'était fort attaché. Il avait aussi requis mon serrurier, le nommé Cambon, du comité de surveillance, à qui il avait tourné la tête.

Je fus prévenu une heure avant. Tous mes effets précieux étaient cachés; mon bureau vide, excepté de papier blanc. J'employai l'heure qui me restait à brûler jusqu'aux papiers les plus inutiles. Dulièpvre et ses deux acolytes, ainsi que les deux cavaliers de la maréchaussée, ne tardèrent pas à arriver. L'un de ces derniers avait été chez moi domestique de M. de Barassy pendant dix ans, et m'était fort attaché; je connaissais l'autre comme un fort galant homme, jadis sous mes ordres, comme les autres de la province. Dulièpvre, avec sa voix aigre, après avoir débuté par le mot de citoyen, me fit ses excuses sur la commission désagréable dont il était chargé; je le priai d'en finir, et il me lut alors un ordre d'arrestation pour me conduire aux Carmélites, ainsi que le citoyen Rancogne, en vertu d'un ordre du Comité de salut public, le tout signé : Hézine. Sans me le remettre, il me dit qu'il devait poser les scellés, qu'il me priait de le conduire là où c'était nécessaire, qu'il ne savait pas la forme du procès-verbal, et qu'il me priait de l'aider dans la rédaction, espérant que je voudrais bien le signer ensuite. Je lui répondis que je signerais quand j'aurais lu, mais que je n'étais pas accoutumé à pareille besogne.

Cependant mon fils Courson était descendu, et j'avais envoyé chercher mon fils aîné et sa femme qui étaient chez eux au Breuil; ils arrivèrent à l'instant. Ma femme, qui depuis trente ans n'avait jamais été séparée de moi, était dans un état affreux, quoiqu'elle y mît tout le courage possible. Nous commentâmes les termes de l'ordre d'arrestation, qui portait que je serais mené aux Carmélites. Ma femme demanda à Duliépvre : « Mais, monsieur, croyez-vous que l'on va « mener mon mari à Paris au Comité? » Duliépvre n'adoucit pas sa voix, mais prend un ton piteux pour répondre : « Oui, « citoyenne. » Ces deux mots retentirent à nos oreilles. Ma femme court alors aux cavaliers et leur demande si tels sont leurs ordres; ils répondent qu'il n'en est pas dit un mot, et que les ordres sont donnés pour me recevoir aux Carmélites.

Duliépvre me pressant pour poser les scellés, je les menai tous dans mon cabinet; je leur ouvris mon bureau, une armoire dans la bibliothèque et tous les tiroirs. Quoiqu'il n'y eût rien, il voulut y mettre les scellés. Il fait de même dans ma chambre à coucher et dans le chartrier. Il entre dans la lingerie; la femme, mademoiselle Lagarde, lui ouvre les armoires, il se plaint qu'il y a très-peu de linge, et il avait raison; il y avait plus de trois mois que presque tout avait été caché. On lui répond : « Voilà tout! » Duliépvre reprend : « Ah! il est caché; mais nous saurons bien « le faire retrouver. » Enfin, les cavaliers lui disent qu'il en fait trop. Il redescend au salon, et le voilà à faire son procès-verbal. J'ai dit que c'était l'homme le plus diffus que j'aie connu, glissant à chaque phrase des mots de son pays. Il n'en finissait pas, et sa présence nous était à tous exécrable. Je fus obligé de lui faire simplifier son procès-verbal et de retrancher de vraies bêtises. Le voyant fini, je le signe ; il le serre et s'en va, me recommandant à ses gendarmes. Pour en être plus tôt débarrassé, je ne lui demande aucune copie.

Dès qu'il fut parti, les gendarmes me dirent que je pouvais vaquer à mes affaires, qu'ils ne me suivraient même pas, leurs ordres étant seulement de me conduire dans la journée aux Carmélites, et ils me proposèrent de partir à six heures. Je ne sais comment sont les autres, mais pour moi je ne puis souffrir l'incertitude. Je leur répondis que je partirais dans ma berline à trois heures précises, et ils me dirent qu'ils m'accompagneraient de loin. Je les remerciai, et j'ajoutai que j'étais accoutumé jadis à les voir m'accompagner, — il est vrai que ce n'était pas pour aller aux Carmélites, — mais que je ne m'en estimais pas moins. Ils descendirent à l'office où on les traita, et moi, je vaquai dans ma basse-cour et mon parc comme si rien n'était arrivé ; nous dînâmes en famille. A trois heures, ma berline, avec quatre chevaux et deux postillons, était prête ; j'y montai avec ma femme, sa femme de chambre et mon laquais. Mon fils aîné et sa femme s'en retournèrent tristement chez eux, et je laissai mon second fils pour soigner la maison et empêcher que tout ne fût au pillage.

Mon arrestation avait fait dans tout le pays une sensation étonnante. Quand nous passâmes dans les deux bourgs, tous les passants pleuraient ou se cachaient ; pas une personne dans les rues ; toutes les portes et les fenêtres étaient fermées comme en pleine nuit. Les cavaliers me suivaient à un quart de lieue de distance. Pour Dulièpvre, muni de son procès-verbal et d'un trousseau de cinq clefs, il me suivait aussi de loin, pour rendre compte à Hézine et jouir de son triomphe.

Comme je logeais dans la rue des Carmélites, vis-à-vis ma prison, je me fis descendre chez moi. J'observai sur le quai que tous les passants me regardaient avec une espèce de terreur, et que les personnes de ma connaissance s'enfuyaient. Nous arrivâmes chez nous comme si la rue avait été déserte. Un gendarme resta en bas, et l'autre, après être allé rendre compte de sa mission à Hézine et prendre des ordres, revint m'annoncer qu'il devait me déposer aux Carmélites, et que j'avais une heure à moi. Ma position était si triste, ma femme était si affectée, que pour nous dérober l'un et l'autre à une si triste situation, je n'hésitai pas à me rendre à l'instant à ma demeure forcée.

La porte s'ouvre, j'entre dans la cour et de là dans la chambre du concierge. C'était un nommé Masare, ancien geôlier de la prison, et au demeurant le meilleur homme possible ; sa femme, née à Cour, était avare et revêche, mais elle avait tant de considération pour ceux qui pouvaient la payer qu'ils ne s'en apercevaient pas. Pendant que l'on faisait mon écrou, un grand jeune homme d'une jolie figure m'adresse la parole d'un air riant : « Citoyen, me dit-il, per-
« mettez que je vous demande de vos nouvelles. Je ne puis
« pas cependant vous féliciter de nous retrouver ensemble
« ici. » Du premier coup d'œil je l'avais reconnu pour le fameux Rochejean, grand vicaire terroriste, qui avait alors un procès criminel. Mais il était mis en cavalier, et c'était une raison pour que je pusse avoir l'air de ne pas me souvenir de lui. Je lui répondis donc : « Monsieur, par-
« donnez-moi, mais je n'ai pas l'honneur de vous con-
« naître. » — « Citoyen, je suis Rochejean », répondit-il. Alors je lui fis plusieurs questions auxquelles il répondit très-sagement.

Masare s'offrit pour m'accompagner à mon logement et me fit passer par l'église, par une petite cour. Après avoir monté quatre marches, je me trouvai dans une espèce de cuisine à une croisée, et en montant deux marches de plus, dans une assez grande pièce éclairée par trois croisées donnant sur un grand jardin. On me dit que ç'avait été l'infirmerie ou la lingerie des religieuses. Pendant ce temps, mon domestique, nommé Simon, me dressait un lit de fer qui me servait chez moi, et presque tous mes gens m'apportaient tout ce qui pouvait m'être utile, entre autres une espèce de buffet noir immense, que je n'aurais pas regardé en tout autre temps, et qui nous fut d'une grande utilité.

Il y avait alors dans cette prison le prieur de Cour dont j'ai parlé, et l'abbé Boutault, ci-devant prieur [1] du collége de Blois, le plus respectable et le plus probe des hommes, ayant l'esprit simple comme un enfant, et ayant élevé tous les honnêtes gens de la ville. Les terroristes prétextaient qu'il n'avait pas fait son serment, quoiqu'il prouvât qu'il s'était retiré avant, et, malgré cela, avait offert de le prêter. Craignant la mort ou la déportation, il s'était caché pendant quatre mois ; mais ayant peur de compromettre les siens, il alla se présenter aux autorités, et, à l'étonnement et au désespoir de toute la ville, il fut conduit à la grande prison après mille opprobres. Il y avait deux mois qu'il était renfermé aux Carmélites où on le laissait plus tranquille. Avec eux était Gidouin, l'exécration de tout le pays, qui avait un procès criminel sur le corps; le reste était des gendarmes et des prisonniers, condamnés à des temps déterminés d'incarcération.

Le curé et M. Boutault s'empressèrent de me tenir compagnie ; ils se plaignirent fort d'avoir fait ordinaire avec Gidouin, qui, à tout instant, décelait sa mauvaise âme, son impiété et son inimitié contre les prêtres. De temps à autre il était interrogé, et ne revenait jamais sans leur annoncer les malheurs auxquels il les croyait destinés ; il ne se réjouissait que lorsqu'il leur faisait des récits de toutes les atrocités qui se passaient alors. Ce qu'il y avait de plus étrange, c'est qu'il avait été élevé dans le collége dont M. Boutault était supérieur, et qu'il n'avait eu, comme tous les autres, qu'à s'en louer.

Rochejean et Gidouin vinrent me faire visite séparément. La conversation fut générale, comme entre gens qui vont faire une route longue dans un vaisseau ou dans une voiture

---

[1] Ou plutôt principal, car le collége de Blois n'était pas dirigé par une congrégation. L'abbé Boutault avait quitté la direction du collége en 1790; (*Histoire de Blois*, t. II, p. 548.)

publique. Au bout de deux heures, je vis arriver M. le marquis de Rancogne, mon ami, de vingt ans plus jeune que moi. Il avait passé autrefois sa vie à Cheverny, mais depuis deux ans ces temps affreux l'avaient empêché d'y revenir. Dès qu'il arriva, nos compagnons nous laissèrent discrètement. Il me conta qu'on était venu le prendre tandis qu'il était à Châteaurenaud; qu'en arrivant, et en apprenant l'arrivée des gendarmes, il s'était rendu chez lui; que le gendarme qui était chargé des ordres s'était comporté envers lui avec la plus grande insolence; qu'il était parti avec eux à cheval le plus tôt possible, et qu'il n'avait ni domestiques, ni rien. A l'instant, nous pourvûmes à tout. Il avait dans une maison de la rue des meubles que l'on apporta, et nous couchâmes vis-à-vis l'un de l'autre. Pendant tout cet arrangement, nous parcourûmes la maison; car, une fois entré, on était libre d'aller partout. Il y avait un cloître en bas, un dortoir en haut, des décombres partout, cinq ou six petites cours, un jardin et des greniers immenses dont la vue, assez belle, était libre.

Nous cherchâmes ensuite à nous rendre compte de notre position. L'ordre de nous arrêter ensemble paraissait sans motif; nous vîmes nos écrous, ils étaient pareils. Les gendarmes disaient nous avoir remis à Masare, concierge, et le concierge signait nous avoir en dépôt. Tout cela était peu rassurant, et M. de Rancogne me confia qu'il avait une petite fiole d'opium, dont nous pourrions nous servir en cas de besoin; nous allâmes la cacher dans des décombres. Nous avions l'âme triste et la tête échauffée.

Rochejean chercha tous les moyens de se rapprocher de moi; il vint nous faire une longue visite. Doux, poli, honnête, il parla littérature, anglais, italien, comme un homme qui savait les langues plus par théorie que par pratique; il nous raconta qu'il avait été Oratorien, qu'il était né à Salins. Enfin, il fit toutes les avances; et nous restâmes dans la mesure la plus sage.

Simon, mon domestique, était décidé à ne pas me quitter.

Il y avait dix ans que j'avais été attaqué d'un rhumatisme dans les reins : depuis, je ne pouvais ni me chausser, ni me coucher seul. On n'avait pas la permission de le recevoir; il la prit, de concert avec le concierge. Voilà donc son lit roulé dans la première pièce, et à neuf heures précises arrive le souper, porté par mon fidèle Jumeau et un autre domestique, auxquels on permet de parvenir jusqu'à nous.

Revenons à ma femme. Quand je fus entré aux Carmélites, elle resta dans la stupéfaction et dans le désespoir pendant plus d'une heure. Elle était abandonnée de tout le monde, et nos voisins, qui nous avaient quelques obligations, étaient menacés d'incarcération s'ils la voyaient. Elle prend son parti; elle, qui n'était de sa vie sortie seule, court chez M. Baron et madame de la Gondinaye. — Madame Baron était morte d'une fièvre maligne précisément le jour de l'exécution de M. de Salaberry. — Son entrée les consterna; sept ou huit amis y étaient assemblés, dont mademoiselle de Laduye, et l'on faisait les réflexions les plus tristes sur mon incarcération et celle de M. de Rancogne; on parlait de M. de Laduye qu'on disait avoir été arrêté le lendemain, ainsi que mon fils aîné; de M. le marquis Hurault de Saint-Denis [1], au sujet duquel on faisait courir le même bruit. Toute la ville en était consternée, mais on n'osait rien témoigner. Elle fond en larmes, prie qu'on la mène à Hézine, aux autorités. On la console, on tient conseil, et l'on décide que, comme mademoiselle de Laduye a aussi à solliciter pour son frère [2], elles iront ensemble voir Arnaud, le maître de pension, un des agents les plus ardents du comité. — Mademoiselle de Laduye le connaissait. Elles vont donc chez Arnaud, il n'y était pas; deux heures se passent, et ma femme revient chez

---

[1] Anne-Raoul-Marc, marquis de Saint-Denis, chevalier de Saint-Louis, capitaine au régiment de Caraman. Il avait été président de l'assemblée de la noblesse des bailliages de Blois et de Romorantin à l'élection de 1789. Il était fils de David-Nicolas et d'une demoiselle de Beaumont.

[2] On trouve au *Catalogue de 1789* : *bailliage de Blois*, Michel-François-Marie-Louis de la Fon de Laduye, écuyer, ancien capitaine de cavalerie au régiment de Berry, seigneur de la Picardière.

elle se coucher après la soirée la plus affreuse; elle ne peut dormir, et le lendemain elle est levée à cinq heures du matin.

J'oublie de raconter que M. Olavidès, comte de Pilos, mon ancien ami [1], s'était retiré avec son aumônier, M. Plassiard, de l'Ordre de Saint-Lazare, au château de Meung, que M. Lecouteulx du Moley avait acheté et qu'il lui avait cédé. M. Plassiard m'avait écrit, il y avait un an, parce qu'il était inquiet d'un mal au pied pour lequel on craignait la gangrène : j'y avais couru. M. du Moley y était avec un médecin de Paris, et je m'en revins au bout de deux jours totalement rassuré. Nous nous écrivions souvent, et, comme Meung était un passage, je lui avais offert de se retirer avec moi. Cet homme respectable avait placé toute sa fortune en rentes viagères sur la Ville de Paris, mais, quoique naturalisé Français [2], il se trouva englobé dans la proscription portée contre les étrangers. On avait saisi ses rentes, et pour mettre le comble à la violation de tous les procédés reçus, un ordre du Comité de salut public l'avait fait incarcérer à Beaugency huit jours avant moi; je le savais lorsque je fus conduit aux Carmélites.

Je reviens à l'incarcération. A peine le jour parut, que nous fûmes réveillés. Nous nous aperçûmes que notre première porte ne fermait pas, que la chambre était décarrelée, les murs dégradés, et, comme nos logements avaient servi à mettre des fourrages à la Nation et à loger pêle-mêle les gardes nationaux qu'on punissait, nous nous trouvâmes couverts de puces. Je portai mes plaintes à Masare. A

---

[1] L'auteur n'a pas parlé d'Olavidès depuis le mois d'avril 1790. Bien peu de temps après cette époque, Olavidès, d'après M. Georges Escande (qui lui a consacré deux longs articles dans la *République française* des 6 et 13 mai 1884), aurait fait partie de la députation de proscrits de tous les pays qu'Anacharsis Clootz, l'orateur du genre humain, conduisit à l'Assemblée nationale le 19 juin 1790. Je n'ai pu vérifier le fait, et le *Moniteur* ne donne pas les noms des manifestants. On voit, en tout cas, que son enthousiasme pour la Révolution ne lui avait pas servi de sauvegarde.

[2] Il y a erreur de date. Le décret est du 26 vendémiaire an III (17 octobre 1794). Il porte que Paul Olavidès, dit Pilos, sera considéré comme citoyen français.

l'instant, le chirurgien de la maison, le nommé Delestre [1], officier municipal, se présente : il eut l'air de ne pas me connaître. Il vit les réparations et dit qu'on allait y pourvoir. Je fis voir que la porte ne pouvait se fermer, on me répondit que j'étais le maître de me fermer. Aussitôt, j'envoyai acheter une serrure de sûreté à trois clefs, et elle fut posée, non par mon serrurier, mais par celui de la maison, un des plus enragés clubistes. Tout avait pris une teinte sauvage vis-à-vis de moi; on tremblait de me parler. Je ne disais mot, mais je pensais avec raison que nous étions menacés de quelque malheur.

Telle fut notre vie pendant les premiers dix jours. J'avais le bonheur de voir mes domestiques aux heures des repas, et on les multipliait à trois par jour. Nous devions ces bons procédés à nos manières généreuses vis-à-vis de nos gardiens. Rochejean venait tous les jours, tout habillé et décemment, dès neuf heures du matin, et le soir à quatre heures; on causait sciences, histoire; nous avions les gazettes, nous les lisions sans aucun commentaire, et chaque fois qu'il nous quittait, nous nous interrogions pour voir s'il pouvait faire, d'après les paroles échangées, quelque dénonciation contre nous. C'était une cruelle nécessité que de vivre avec un homme que nous craignions : nous le jugions peut-être trop sévèrement, et je le pense. Je lisais les voyages de Bruce [2], je les lui proposai; il les lut avidement, ce qui nous débarrassa de sa présence pendant quelques heures par jour.

Ma malheureuse femme n'avait pas dormi la première nuit de mon arrestation. A sept heures du matin, elle était chez Hézine; il était au Directoire. Elle y court et lui demande de me voir; il lui refuse; enfin, pour s'en débarrasser, il lui dit que cela dépend du comité de surveillance;

---

[1] Il se nommait, je crois, Gaudicheau de Lestre. Il y avait à Blois, avant la Révolution, trois chirurgiens de ce nom, le père, ancien chirurgien-major, inspecteur des hôpitaux militaires, et ses deux fils. (*Calendrier historique de l'Orléanais.*)

[2] *Voyage pour découvrir les sources du Nil*, traduit par Castéra.

elle s'y présente, — elle n'en connaissait pas un. — Arrive le président, le maître de pension Arnaud ; il l'écoute sans la regarder et lui répond : « Citoyenne, nous ne le pouvons « pas ; nous attendons les ordres ultérieurs du Comité de « salut public sur ces citoyens. » Si elle avait su dans le moment ce que cela signifiait, et l'espoir que ces messieurs formaient de nous faire conduire au Tribunal révolutionnaire pour s'emparer de nos biens, nous aurions été à l'instant en fuite. Heureusement que l'idée ne lui en vint pas. Elle demanda si Hézine avait sollicité comme il l'avait promis. Il lui fut répondu : « Pas un mot, citoyenne. » Elle retourne au Directoire, où Hézine était en tête-à-tête avec Duliépvre ; elle interpelle ce dernier pour qu'il rende justice à ma conduite ; il reste muet. Elle demande que mon domestique Simon reste pour me soigner, disant que, sans cela, il faut que je reste au lit. On renvoie cette demande à la municipalité. Elle sort désespérée, quoiqu'elle eût vu sur tous les visages, même des plus enragés, l'intérêt et l'effroi qu'inspirait notre position, et elle s'en retourne chez elle.

Au détour d'une rue, elle entend la voix aigre de Duliépvre qui l'appelle : « Citoyenne ! Citoyenne ! » Elle se retourne et l'attend. « Citoyenne, je vous jure, dit-il en l'abordant, « que j'ai bien pris votre parti... » Elle ne répond mot. « Citoyenne, ajoute-t-il, il faut que je vous confie un secret. « Hézine vient de donner l'ordre de poser les scellés sur « vos caves à Cheverny. — Comme on voudra, répond-elle, « la nation peut s'emparer de tout, pourvu qu'elle me laisse « voir mon mari ; mais quoi, sur tous nos vins ? Je vous pré- « viens que j'ai du vin de Malaga dont il ne se sert que lors- « qu'il a des attaques de goutte dans la poitrine. — Oui, « citoyenne, c'est pour les hôpitaux. — Mais il y a des eaux, « et surtout des eaux de Vichy. — Ah ! des eaux, c'est diffé- « rent ; vous pouvez les prendre. » Elle lui tourne le dos et revient chez elle. Jumeau venait de partir pour Cheverny ; nul moyen de le prévenir. Duliépvre court à Cheverny, il prend le sommelier Étienne, examine tout et veut mettre les scellés; mais comme il y avait une collection de vins fins dont le moins ancien avait dix ans, le sommelier lui représente qu'il faut la veiller; alors, au lieu de mettre les scellés, il veut prendre les clefs; autre dispute. Comme il n'avait que des ordres verbaux, l'opposition de tous mes gens et de mon fils le força de lui laisser les clefs sous sa responsabilité, et il s'en alla avec la malédiction générale. Ma femme envoya le lendemain chercher plusieurs caisses, remplies des vins les plus précieux, qui furent déposées chez nous à Blois.

Cependant, la ville commençait à se rassurer sur mon compte; tout le monde était attendri sur notre sort, et comme les autres arrestations annoncées n'avaient pas eu lieu, ma femme eut toute l'après-midi beaucoup d'honnêtes personnes qui s'offrirent à lui tenir compagnie. Elle n'accepta qu'une mademoiselle Martin, fille de nos âges, bien apparentée dans la ville, et qui dès lors lui tint compagnie à demeure.

C'est ici le moment de faire le portrait de ma femme. Jadis d'une figure superbe, de mœurs irréprochables, ayant un air imposant, et extrêmement bonne, sa conduite lui avait acquis la considération générale. J'avais toujours été au-devant de ce qui pouvait lui faire plaisir, et, entourée d'amis, elle vivait avec l'aisance de son rang. Tout à coup, seule, isolée, désespérée de notre séparation, il fallait qu'elle courût aux autorités pour essuyer des refus de gens sans éducation. Je ne m'étais pas, non plus qu'elle, sali avec personne; les mots de *citoyens*, de *solides mâtins*, les tutoiements nous étaient étrangers. Jamais nous n'avions arboré aucun de ces accoutrements civiques que tous mettaient alors; nous étions habillés, poudrés, vêtus comme dans l'ancien régime, montrant de la bonté à tout le monde, mais jamais aucune familiarité. Les circonstances et son cœur l'obligeaient coup sur coup à des démarches bien loin de ses habitudes.

Enfin elle s'adresse à la municipalité. Au bout de trois jours, je reçus la permission de garder mon Simon sous la dénomination d'aide. Elle s'était avisée de dire un domestique, mais un enragé avait bien vite su lui répondre qu'un citoyen français n'était point un domestique, mais un aide. Je n'en fus pas du reste privé un instant, car, avant cette permission, il venait à six heures du matin et ne s'en retournait qu'à dix, après que nous étions couchés. Nous pouvions dire jusque-là que notre position était à l'eau rose. La situation de ma maison dans la même rue et presque vis-à-vis, la liberté, que nous avions achetée il est vrai, de recevoir trois fois par jour quatre ou cinq de mes gens, qui se chargeaient chacun d'un plat ou d'une bouteille pour avoir prétexte d'entrer, nous donnaient des relations continuelles avec l'extérieur. Jumeau, qui pouvait entrer à chaque instant, adoucissait autant que possible notre séparation.

CHAPITRE XXIV

Arrestation de la marquise de Flamarens. — Toujours la prison de Blois. — Convois de prêtres déportés. — Les occupations des prisonniers. — Nouveaux venus : MM. du Buc, Robbé de Lagrange, Dinocheau. — Le trésor des Capucins. — Le docteur Gauthier. — La fête de l'Être suprême. — Amours télégraphiques de M. Robbé. — Une lunette indiscrète. — Desmaillot. — Arrestation de Velu, Arnaud et Hézine. — Ils sont envoyés au Tribunal révolutionnaire.

La marquise de Flamarens, dont il faut que je fasse ici mention pour me reposer, était dans une bien plus fausse position. Nièce de M. de Maurepas et de feu l'archevêque de Bourges, elle n'avait jamais habité avec son mari, et elle avait fait les honneurs de la maison de M. et madame de Maurepas jusqu'à la mort du premier ministre. Elle se consacra alors à tenir la maison de l'archevêque de Bourges son oncle. Son âme avait besoin de s'attacher; sans enfants et fort riche, elle prit une nièce de son mari, mademoiselle de Grossolles, à l'âge de six ans, et lui donna une magnifique éducation. J'étais l'ami de collége de son oncle, qui de plus était mon voisin à Herbault en Sologne; nous fîmes une liaison intime, et nous lui procurâmes la connaissance de M. et madame de Gauvilliers. L'archevêque institua sa nièce sa légataire universelle. Elle hérita d'un superbe hôtel à Paris et de ses droits sur la terre d'Herbault; mais quoiqu'elle y eût fait, du temps de l'archevêque, beaucoup d'embellissements, la terre fut mise en licitation. L'archevêque avait un frère, ancien officier, qu'on avait fait gouverneur du château de Blois. Il avait jadis été enfermé pour avoir voulu épouser la fille du bourgmestre d'un village où il avait été en garnison [1]. Il l'avait épousée trois mois avant la mort de l'archevêque et en avait eu une fille. Madame de Flamarens, assez riche pour acheter Herbault, fit venir presque tout son mobilier qui était immense; il fut déposé chez M. de Gauvilliers. La terre fut vendue, mais par la maladresse du procureur et des gens d'affaires, madame Phélipeaux l'eut pour son compte et fit ainsi la fortune de sa fille.

Cependant, madame de Flamarens, qui regardait mademoiselle de Grossolles comme son héritière, m'avait fait des propositions pour la marier avec le marquis de Toulongeon, mon petit-fils. Les deux jeunes gens étaient du même âge; c'était deux ou trois ans à attendre. Mon petit-fils, comme aîné, avait une substitution de soixante-quinze mille livres de rente en terres, en Franche-Comté, dont Champlitte était le principal objet. La Révolution arrive, tout se rompt. Madame de Flamarens veut établir sa nièce. M. le marquis du Saillant [2], neveu des Mirabeau, est sur les rangs; on se donne parole. A peine est-ce fini qu'il émigre. Voilà madame la marquise de Flamarens et sa nièce isolées, ayant des terres et des biens immenses, mais pas une habitable. L'effroi se met dans Paris. La vieille madame de Maurepas, sourde et mourante, ne se doutait de rien; tout fuit, excepté elle; madame de Flamarens et sa nièce se déguisent, prennent un fiacre et arrivent ainsi à Blois. La Terreur alors n'était pas encore venue, puisque c'était vers le 10 août. Ayant des passe-ports, elle loue une petite maison dans la rue des Carmélites, et elle tâche de se faire oublier. Elle se détermine ensuite à louer une maison assez belle où logeait le gueux d'Arnaud, le maître de pension, elle espère s'en faire un bouclier; ce n'était qu'un traître. Madame de Gau-

---

[1] On a déjà donné les noms du mari et de la femme. Le mariage avait eu lieu à Neuvy, près Herbault, le 7 août 1780, à huit heures du soir.

[2] Jean-Charles-Aimé-Victorin de Lasteyrie, comte du Saillant, qui fut colonel de cavalerie, chambellan de Napoléon Ier et préfet. Sa mère, Élisabeth-Charlotte de Riquetti de Mirabeau, était la sœur aînée de Mirabeau.

villiers la sert de son mieux, la recevant au Guélaguette. Pour nous, nous ne communiquions avec elle que rarement.

Dans le moment de la Terreur, on vient la chercher de Paris[1], et on l'emmène en prison avec sa nièce. Elle n'en sortit qu'au 9 thermidor et rentra dans tous ses effets. Enfermée avec tous les gens les plus marquants de la France, elle tint table ouverte en sortant et les reçut chez elle. Par malheur, mademoiselle de Grossolles, tourmentée sans le vouloir faire paraître par tous ces événements, est atteinte d'une fièvre maligne et meurt le huitième jour, tout habillée, croyant n'avoir qu'un simple mal de gorge, sans avoir été alitée plus d'une heure. Elle était âgée de dix-huit ans. Un événement comme celui-là attaqua rudement le cœur et la santé de cette dame tendre, bienfaisante, et très-attachée à une enfant qu'elle regardait comme sa fille. Elle changea tous ses projets; elle se décida à abandonner tout à fait la ville de Blois, fit revenir tous ses effets, et resta à Paris où elle vit encore.

Il n'y avait sorte de soins et d'amitiés que ne me rendît M. de Rancogne. J'étais plus vieux que lui, et il me traitait comme un ami qu'il faut soigner. L'abbé Boutault et le prieur Delarue venaient causer. Gidouin, poli et honnête, nous fuyait et se tenait à une distance respectueuse que nous entretenions par beaucoup de politesse. Pour Rochejean, il venait soir et matin, et sa conversation était du meilleur ton. M. de Rancogne, jouant du violon, fumant, donnant dans les sciences, dans les mathématiques et dans la physique, se détermina à faire venir son microscope solaire. En deux jours notre prison prit l'air d'un atelier de musique et de sciences. Les expériences microscopiques nous prirent deux heures, et nos quatre compagnons y assistèrent régulièrement. Gidouin jouait assez mal du violon; faute d'autre, il

---

[1] C'étaient, dit l'*Histoire de Blois* (t. I, p. 232), une douzaine d'hommes de mauvaise mine se disant commissaires de la section du Bonnet rouge. On attribua généralement cet enlèvement à des vengeances particulières. Il eut lieu en février 1794.

prit le second violon, et lui et M. de Rancogne y employèrent une heure le matin, autant le soir. Nous passions le reste du temps sur nos lits, soit à lire, soit à dormir; nos repas étaient réguliers, et nous attendions ce moment avec impatience, parce que Jumeau et les autres nous rapportaient les nouvelles de la ville.

Cependant ma femme, bercée du bruit qui courait que notre arrestation ne serait pas longue, et ne voyant aucun changement, me fit dire qu'il fallait envoyer Jumeau à Paris, avec une lettre pour Lutaine, que nous savions jouer un rôle très-important dans les bureaux du Comité de salut public. Je lui écrivis donc pour savoir les motifs de mon arrestation, car on n'en donnait pas. Ma belle-fille, qui connaissait beaucoup madame Treilhard, femme de l'avocat, avec qui elle avait été au couvent, voulut lui donner une lettre dont elle croyait l'effet certain. Jumeau s'embarqua donc pour Paris, et cette démarche nous aida pendant quinze jours à prendre notre incarcération en patience.

Malheureusement, il n'y avait pas de jour où nous n'eussions le cœur brisé. Du département de la Meuse et de ceux adjacents, il nous arrivait des convois de dix jusqu'à vingt-sept prêtres, les uns chanoines, les autres bénéficiers ou curés. Ils venaient à pied ou dans des charrettes, conduits comme des veaux. Il y en avait de si vieux, de si infirmes, qu'ils tiraient les larmes des yeux. Deux neveux de l'archevêque de Paris [1] y passèrent. Ils étaient tous résignés à la mort. Ils arrivaient à six heures du soir, et on les mettait sur la paille dans une grande salle. Ils ne faisaient aucun bruit; les uns vaquaient avec une patience merveilleuse à leurs prières, tandis que d'autres étaient leurs pourvoyeurs. L'abbé Boutault, au nom de nous tous, leur procurait avec un zèle évangélique les consolations humaines. Pendant quinze jours, à six heures, nous étions sûrs d'une pareille arrivée; on les emmenait à la pointe du jour. Ils laissèrent

---

[1] Mgr Leclerc de Juigné.

sur les murailles du dortoir la date de leur passage, leur nombre, et le nom du député qui les faisait assassiner.

Un autre passage, en sens contraire, était encore plus triste. C'étaient les personnes condamnées à être menées au Tribunal révolutionnaire. Des femmes de tout rang, de tout âge, des enfants, des hommes, étaient conduits aux Carmélites pour partir le lendemain. Je m'enfermais sans en voir aucun, tandis que Gidouin et Rochejean tenaient leurs assises chez le concierge et s'amusaient des récits des prisonniers. On était sûr que s'il y avait un terroriste, il devenait l'ami intime de Gidouin.

Nous étions cependant très-libres de nos actions, et mon domestique s'aperçut qu'une ancienne porte cochère était toute grande ouverte. Il nous en avertit, et nous en fûmes prévenir le concierge. On avait levé proprement la serrure qui ne tenait qu'à deux clous. Gidouin s'en servait tous les soirs pour aller voir la fille d'un commis principal des effets de guerre. Cette découverte dérangea fort ses bonnes fortunes. Pour nous, à qui il était si facile de sortir, nous nous dîmes qu'il n'y aurait qu'un fil de soie, que nous ne le romprions pas.

M. Baillon, commissaire des guerres, avait été incarcéré aux Carmélites, jugé et blanchi. Il était né avec une âme excellente, et avait montré de l'énergie en plusieurs occasions; sa principale qualité était de se rendre utile aux malheureux. Par sa place, les prisons lui étaient ouvertes, ayant l'inspection sur les militaires. Il vint nous voir dès qu'il le put, et nous pûmes juger de son cœur noble et généreux; il nous offrit courriers, chevaux, ses secrétaires, ses commis, nouvelles particulières, crédit vis-à-vis de Tallien et de Garnier.

Il y avait environ quinze jours que nous vivions dans un calme pire que la mort. Nous charmions cet ennui, car il faisait le plus beau temps du monde, par les expériences du microscope solaire, que M. de Rancogne faisait et démontrait avec une netteté très-intéressante depuis midi jusqu'à l'heure du dîner. Tous les prisonniers y venaient, Rochejean, Gidouin, Boutault et Delarue y étaient fidèles ; lorsque ma femme nous fit dire que notre liaison avec Rochejean faisait un très-mauvais effet dans la ville ; il y était détesté, et on le regardait comme le bourreau et le délateur de tous les honnêtes gens. Nous n'avions personnellement aucun sujet de nous en plaindre ; il était doux, poli, avait le ton de la meilleure compagnie et ne parlait que littérature. Nous l'avions prié une ou deux fois à souper, et nous lisions ensemble les nouvelles sans affectation.

Cet avis nous parut sérieux — nous savions tout l'intérêt que la ville nous portait. — Nous convînmes donc que nous lui ferions connaître tout naturellement ce qui se passait. M. de Rancogne le lui dit avec délicatesse ; Rochejean répondit dès les premiers mots que, sans la manière dont nous l'avions traité, il aurait de lui-même cessé de venir chez nous dans la crainte de nous porter préjudice, mais que dès ce moment il s'abstiendrait de nous voir. M. de Rancogne vint me faire part de l'issue de sa négociation. Je crus convenable de descendre dans le cloître où Rochejean se promenait ; je lui témoignai le regret que j'avais de ne plus pouvoir le recevoir. Comme suppléant à la Convention, il s'offrit à nous servir ; je lui répondis, avec ma douceur et mon urbanité ordinaires, que je ne l'importunerais jamais, quoique dans toute occasion je fusse disposé à lui rendre service. Nous nous séparâmes les meilleurs amis du monde. Je lui prêtais toujours les livres, dont j'avais une abondante provision, et lorsqu'il les reportait, ses visites étaient d'un instant.

Nous apprîmes bientôt qu'il était arrivé un ordre du Comité de salut public de transporter tous les prisonniers de Pont-Levoy aux Carmélites. En effet, le lendemain, il arriva une diligence et deux charrettes ; dans la diligence se trouvaient M. du Buc, son laquais, M. et mademoiselle de Lagrange ; dans les autres étaient M. Dinocheau et M. Menjot, propriétaire de terres.

M. du Buc [1], très-riche propriétaire de la Martinique, avait soixante-dix-huit ans. Homme de cinq pieds dix pouces, fait au tour, il avait une figure superbe et une jambe détachée comme à dix-huit ans. C'était un homme du plus grand mérite, et le duc de Choiseul qui connaissait ses talents lui fit toutes les cajoleries possibles pour lui faire accepter la place de chef du bureau des colonies. M. du Buc la prit par complaisance, car il n'était pas ambitieux et avait 800,000 livres de rente; il s'en acquitta supérieurement. Nommé en 1764, il se retira un an avant la disgrâce du ministre, au grand regret de tous, et resta l'ami du duc et de la duchesse de Gramont. Par attachement pour eux, il avait acheté la terre de Chissay, que lui avait cédée le duc. Cette terre était à trois lieues de Chanteloup et à une demi-lieue de Montrichard. Il avait eu douze ans auparavant une attaque de paralysie, mais, sans un œil qui papillotait un peu, on ne s'en serait pas aperçu. Son fils, qui avait autant de mérite que lui, était passé en Angleterre dès le commencement de la Révolution.

Un homme de ce mérite fut recherché de tous les partis; nommé à l'Assemblée constituante et à l'Assemblée législative, il refusa; inscrit sur la liste du club de Massiac [2], il n'y parut jamais. Il avait vécu deux ans au château de Saint-Germain, chez son ami intime le maréchal de Noailles, mais, craignant qu'on ne le rendît responsable de la conduite de son fils [3], qui avait trente-six ans, il s'était retiré à Chissay,

[1] Jean-Baptiste du Buc, né en 1717 à la Martinique, mort à Paris en 1795. Plusieurs membres de sa famille s'étaient distingués par leurs services. Délégué en 1761 par la colonie auprès du duc de Choiseul, il fut bientôt après nommé chef du bureau des colonies, position qu'il conserva jusqu'en 1770. Il prit alors le titre honoraire d'intendant des deux Indes. Il était déjà syndic de la Compagnie des Indes. C'était un homme de mérite, à idées élevées, dont il est souvent question dans les *Mélanges* de madame NECKER. Voir aussi DUTENS, *Mémoires d'un voyageur qui se repose*, t. II, p. 287, l'Introduction de M. DE LESCURE à la *Correspondance secrète*, p. XII, etc.

[2] Club qui existait depuis le commencement de la Révolution; il n'était composé que de colons ennemis de l'émancipation. Il se réunissait à l'hôtel Massiac, rue Pagevin.

[3] Louis-François du Buc, qui joua un rôle important à la Martinique pen-

où il avait fait une vente simulée à son neveu du même nom, qui avait épousé sa nièce, pour ne donner aucune prise sur lui et vivre ignoré. Mais le Comité de salut public, sous prétexte d'une liste du club Massiac, où il était inscrit, comme je l'ai dit, sans y avoir jamais paru, envoya l'ordre de l'incarcérer [1], probablement pour le faire conduire au tribunal. Les scellés étaient mis partout chez lui, même sur l'argent et les assignats. On l'enferma avec un seul domestique à Pont-Levoy, où le supérieur adoucit autant que possible sa détention.

M. Robbé de Lagrange, dont j'ai déjà parlé, ayant épousé une femme de qualité fort laide et fort vieille, savait, comme dit Sedaine, ce que c'était que vivre en prison; il y était depuis vingt mois. Enfermé d'abord à la grande prison, parce qu'à la tête de la garde nationale il avait suivi par force une insurrection au Mans [2], il avait été acquitté, puis réincarcéré comme suspect. Quoiqu'il eût cinquante ans sonnés, c'était un joli enfant de quinze ans, faisant des vers, étourdi comme s'il sortait du collége, toujours gai, toujours obligeant. Tel était le compagnon de M. du Buc; ils faisaient ordinaire ensemble.

M. Dinocheau, jadis avocat, protégé par M. de Thémines, avait été de l'Assemblée constituante; il se fit connaître alors par le *Courrier de Madon* [3], réponse critique au *Cahier de Madon*, ouvrage de M. l'évêque de Thémines, où celui-ci avait déployé quelques principes faits pour déplaire aux enragés. Ce fut une marque d'ingratitude qui lui fit tort

---

dant la Révolution. Il fut nommé intendant à Saint-Domingue en 1814, député en 1827, et mourut à Paris la même année.

[1] Un décret du 9 mars 1794 avait ordonné l'arrestation des membres de ce club, et en général de tous les colons opposants. Il fut rapporté le 17 novembre de la même année.

[2] L'affaire était fort ancienne. C'était le 7 décembre 1791 qu'avait eu lieu l'insurrection de la commune de Choux (district de Montdoubleau), où M. Robbé de Lagrange avait été compromis. Il avait été dénoncé le 22 à l'Assemblée, et le rapport concluant aux poursuites est du 28. (*Moniteur* des 30 et 31 décembre 1791.)

[3] V. t. II, p. 111.

dans le pays, où l'on savait que l'évêque lui avait tendu une main secourable. Il croyait avoir une grande réputation, parce qu'il avait de l'esprit et qu'il était avocat; anciennement destiné à la prêtrise, il était pourtant un des premiers détracteurs de la religion. Il fut nommé premier juge criminel du département, et s'acquitta de ses fonctions avec une grande distinction, de la noblesse et des talents. A l'élection suivante, il fut nommé procureur de la ville, et s'entoura des plus honnêtes gens. Connaissant Carra, Gorsas, Tallien, de l'Assemblée constituante, il plaida la cause des citoyens contre les jacobins, et par sa fermeté il empêcha les clubs, et les troupes révolutionnaires qui passaient continuellement, allant en Vendée, de massacrer les meilleurs habitants. Cela suffit pour que dans l'assemblée tenue par le député Guimberteau, on décidât d'incarcérer Dinocheau, qui fut traîné de prison en prison, aux Carmélites, aux Ursulines, à Orléans, et à Pont-Levoy, d'où il revenait aux Carmélites.

M. Menjot[1], propriétaire d'une terre près Montrichard, arrêté pour ce seul titre, était marié et avait des enfants. Homme plein de force et privé d'exercice, il avait demandé à faire le voyage à pied.

On faisait aussi des arrestations dans la ville. M. le marquis de Baillehache, âgé de cinquante ans, qui, pour se sauver, s'était prêté à tout, venait d'être incarcéré. Ce n'était pas pour sa fortune, mais pour son titre. Il arriva dans le corridor de telle manière que nous crûmes qu'il venait nous faire visite; nous ne tardâmes pas à être détrompés. Un chirurgien de village était venu à la ville un jour de fête en habits des dimanches; ayant dit qu'il s'était fait si beau à cause de la fête, il fut incarcéré sur-le-champ. Un frère capucin, jadis garçon apothicaire de l'Ordre, étant saoûl, avait envoyé la République au diable; il vint aussi nous tenir compagnie. C'était un bonhomme à peu près nul, excepté sur

---

[1] Paul-Philippe-Antoine Menjot, vicomte de Champfleur-Groustel, dont le fils aîné, Paul-Louis-Augustin, épousa en 1824 l'arrière-petite-fille de l'auteur, Edme-Gabrielle des Meloizes-Fresnoy.

les plantes. Il nous raconta la querelle de l'Ordre au commencement de la Révolution ; elle est trop plaisante pour ne pas la rapporter ici.

Il y avait à Blois une capucinière, ou hospice des Capucins, située hors de la ville dans le plus beau site possible, à côté du pâté de Gaston [1]. Cette capucinière était desservie par trois Pères et deux Frères ; ils avaient la confiance de la ville, quoiqu'on ne fût pas fort dévot. M. l'évêque de Thémines avait choisi le gardien pour confesseur ; il l'avait tous les jours à dîner avec lui quand il résidait dans son évêché. Ces Pères affectaient la plus grande misère, quoique chez eux tout fût charmant, et ils envoyaient les deux Frères quêter dans la ville. La Révolution arriva ; le gardien de Tours, qui était dans le secret de l'Ordre, vient au couvent ; tous les cinq se rendent au trésor en dépôt : il était de neuf mille cinq cents livres. Grande dispute : on demande le partage égal, mais les supérieurs s'y refusent. L'humeur prend à l'un des Pères qui était fort violent ; il court faire sa déposition à la municipalité, qui envoie avec lui deux gendarmes et la force armée. On s'empara du trésor, qui fut envoyé à Paris. Les gens sensés plaignirent ces vieux célibataires à qui on enlevait leur dernière ressource, d'autres rirent de leur inconséquence [2].

De tous les arrivants, M. Dinocheau seul vint nous voir. Nous étions prévenus que les sans-culottes nous feraient un crime de le recevoir ; nous le lui dîmes, et il fallut bien qu'il se contentât de nous avoir vus un instant.

Jumeau était revenu de Paris sans avoir pu rien faire ; il ne nous apportait que des espérances éloignées. Nos lettres avaient été remises ; Lutaine, vêtu en terroriste, à la tête du bureau des impressions, et logeant dans l'appartement de

---

[1] Qu'on nomme maintenant la butte des Capucins, et qui domine la ville. On croit que c'est un ancien tumulus.

[2] D'après l'*Histoire de Blois* (t. II, p. 453), il y aurait eu, en effet, désaccord entre les Capucins pour le partage, mais ils se seraient bornés à soumettre leur différend à l'arbitrage du maire, qui, ne pouvant les concilier, fit verser la somme litigieuse dans la caisse du gouvernement.

Madame Élisabeth, avait fait des promesses. Il paraissait pouvoir tout et ne pouvait rien. Quant à madame Treilhard, malgré toutes ses anciennes offres de service, elle n'avait pas daigné répondre.

Les arrestations redoublaient. On incarcérait impitoyablement ceux qui n'avaient pas de cocardes. M. Desaires et M. Dufay vinrent augmenter le nombre des malheureux. M. Dufay était un homme d'esprit et de talent qui avait beaucoup perdu à la Révolution. Il était lié depuis plusieurs années avec M. Robin [1], peintre d'histoire, qui était marié à Blois et y avait des possessions.

Cet artiste s'était fait connaître par le salon italien que M. de Thémines avait fait construire à Blois; l'évêque, qui était un homme de goût, lui avait fait faire aussi plusieurs grands tableaux, soit pour la cathédrale, soit pour différentes églises, un entre autres, représentant saint Louis [2], qui était fait pour augmenter sa réputation, et il y avait dans Paris plusieurs peintures de lui qui avaient quelques droits à l'estime des connaisseurs. Dans les commencements de la Révolution, le comité de Blois saisit une lettre dans laquelle il envoyait à son ami Desaires une chanson qui courait en l'honneur de Louis XVI, en lui recommandant de la montrer à ses amis particuliers, tels que Dufay.

Le sieur Dufay, frère du maître de la poste aux chevaux, régisseur de la terre de Saumery, passait pour un très-honnête homme et l'était en effet. Madame la marquise de Saumery (mademoiselle de Menou) était sortie de France avant la Révolution, avec tous ses passe-ports, pour soigner la santé de son fils, le marquis de la Carre-Saumery, qui était menacé d'un polype au cœur. Elle avait été traitée comme émigrée; les fermes avaient été vendues, les meu-

---

[1] Jean-Baptiste-Claude Robin, né en 1734. Il en est question dans la *Correspondance de Grimm* (expositions de peinture de 1773, 1779, 1783, 1787 et 1789). C'était, en outre, un critique d'art estimé, et il a fait des notices historiques sur plusieurs artistes.

[2] Il est encore à la cathédrale de Blois, dédiée à saint Louis.

bles, les vins, les bijoux livrés à l'encan. Le sieur Dufay, en honnête homme, y avait mis opposition et les avait défendus d'une façon si prononcée qu'il avait irrité contre lui tous les faiseurs et dilapidateurs de Blois. La lettre de Robin fut une trouvaille pour les coquins : on en prit une copie et on l'envoya au Comité de salut public avec une bonne dénonciation. Desaires et Dufay sont arrêtés; Robin prend la fuite et se cache dans Paris. Après quatre mois, ils sortent et vivent tranquilles. Garnier, le député, revient à Blois; les terroristes semblaient avoir le dessous. On cherchait à appeler dans les places les gens probes et capables. Desaires est nommé par Garnier au Département, il s'en défend et il tarde de s'y rendre. Cependant, le comité de Blois s'assemble, furieux; il fait revivre la dénonciation, fait incarcérer Desaires et Dufay, et le Comité de salut public donne ordre de saisir à Paris Robin, qui revient se cacher chez lui à Blois.

C'est ici qu'il faut que je fasse mention d'une personne dont les soins et l'amitié m'ont été d'une grande consolation. Le sieur Gauthier, né à Blois, appartenant à tout ce qu'il y a de plus honnête dans la ville, était orphelin, sans aucune fortune, et vivait avec une sœur aînée non mariée et pleine de mérite. S'ennuyant à quinze ans de vivre dans l'oisiveté, il partit un beau matin en sabots et se rendit à Paris. Né avec de l'esprit, une grande facilité à parler et de l'énergie, il se détermina à prendre l'état de chirurgien accoucheur, pour lequel il se sentait des talents. S'adressant au sieur Lambot, notaire, né à Blois, à titre de parent ou d'ami, il l'intéressa en sa faveur, fit des progrès étonnants et finit par se marier très-avantageusement et gagner sur le pavé de Paris trente mille livres de rente et beaucoup de réputation [1]. Devenu veuf avec une fille, il se remarie avec une demoiselle de Saint-Domingue qui lui apporte une habitation. Aimant la littérature, il y met tout son superflu et se forme une superbe bibliothèque.

[1] C'est probablement Gauthier de Claubry; il n'y a pas d'autre Gautier parmi les chirurgiens de Paris dans les années qui ont précédé la Révolution.

La Révolution arrive ; il est appelé à la Ville et forcé de prendre la présidence du bureau [1]. Il l'accepte, à condition de ne donner aucune signature et de n'avoir aucune responsabilité ; il est assez heureux pour sauver la vie à plusieurs personnes illustres. La Révolution tourne en sens contraire ; il est dénoncé, proscrit ; on brûle sa bibliothèque ; son habitation de Saint-Domingue est saccagée, sa fortune se trouve à vau-l'eau. Obligé de se cacher, voyant son nom affiché à tous les coins de rue, il s'enfuit à Blois, où il n'avait pas paru depuis l'âge de quinze ans, mais où il avait conservé quelques maisons, anciennes propriétés de sa famille. Il y retrouve M. et madame Lambot qui l'avaient précédé. La réputation de ses talents l'y avait suivi. Ses yeux étaient dessillés, il ne voyait plus que les abus de la Révolution.

Depuis un an, malgré la jalousie des gens du métier, il prenait de plus en plus consistance. J'avais fait connaissance avec lui, et, me voyant incarcéré, il demanda au Comité, sous prétexte de ma santé, la permission de venir me voir tous les deux jours, et il vint chez ma femme jusqu'à trois fois par jour. Il était dans ce moment bien plus le médecin de mon esprit que de mon corps. Ayant des relations intimes avec Tallien, il prévoyait déjà la chute du pouvoir de Robespierre et raffermissait nos faibles espérances.

Je ne connaissais en aucune manière M. Desaires, mais feu M. de Cypierre m'en avait dit toute sorte de bien. Avec notre parti pris de ne communiquer avec personne, il serait bien venu un millier d'incarcérés que nous ne leur aurions pas parlé. Mais le sieur Gauthier nous conta la manœuvre diabolique qu'on avait employée contre M. Desaires, et de ce moment il se forma entre nous une intimité qui probablement durera toute notre vie.

Ce fut à peu près dans ce temps-là qu'il y eut une fête à l'Être suprême [2]. Nous nous transportâmes dans un grenier

---

[1] Je ne le trouve pas sur les listes de la municipalité de Paris.
[2] MM. Bergevin et Dupré (t. I, p. 237) en reproduisent un curieux compte

pour en juger, car elle avait lieu en partie sur le pâté de Gaston. Tout ce que les sauvages ont imaginé de plus horrible en musique n'était rien en comparaison ; des tuyaux de fer-blanc en porte-voix, imitant le mugissement des bœufs, faisaient la base fondamentale de ces hurlements patriotiques. Toutes les autorités en costume, des comédiens, des filles de la ville, des bœufs, des instruments aratoires, un prêtre de l'Être suprême, des discours, des chansons patriotiques, rien n'y fut épargné. M. du Buc fut conduit par moi à une croisée de grenier où nous étions seuls. Son cœur déborda à cette vue : il parla avec un feu, une éloquence telle que je ne pus le quitter qu'en voyant approcher des curieux ; je changeai alors de conversation et me retirai le plus poliment que je pus.

Je n'avais jamais vu M. du Buc ; par un hasard singulier, nous ne nous étions pas rencontrés à Chanteloup, quoiqu'il y fût presque à demeure. En vingt-quatre heures, nous nous décidâmes à lui proposer de manger ensemble. A l'instant, je monte chez lui et je lui fais ma proposition ; il me répondit : « Je ne m'oppose jamais au bien qu'on veut me faire. » M. de Lagrange faisait ordinaire avec lui, et il fut convenu qu'il ferait la partie carrée, ainsi que sa sœur, qui, quoique libre, ne le quittait jamais. Notre société devint intime avec M. du Buc ; son esprit, ses connaissances, sa philosophie religieuse et éclairée adoucissaient l'esprit satirique dont il se servait très-agréablement. Notre chambre, comme étant la plus commode, servit de salon et de salle à manger. Avec un peu de prestige, on pouvait se figurer être à la suite de la cour dans les voyages de Compiègne ou de Fontainebleau.

Cette compagnie contribua à adoucir nos maux réels. Chaque *Moniteur* nous apportait la nomenclature de toutes les personnes sacrifiées, presque tous parents, amis ou connaissances. La sensibilité de M. du Buc fut affreuse pour madame

---

rendu dans le style du temps. Cette fête eut lieu le 8 juin 1794, le même jour qu'à Paris.

de Gramont et les Noailles. Quand il se mettait sur la politique, il parlait avec un feu étonnant. Il attribuait tous les maux de la Révolution aux œuvres qui étaient entre les mains du peuple; il n'épargnait ni Rousseau, ni Montesquieu, ni Raynal, ni les encyclopédistes, ni les économistes; il n'attribuait qu'au défaut de religion et de morale tous les maux qui nous avaient assaillis. Il se plaignait de la maison royale, dont tous les membres étaient incapables de se frayer un chemin au trône. Il disait que si, comme Henri IV, ils avaient eu un peu d'ambition, la maison de Bourbon aurait acquis l'empire de l'univers; qu'il y avait longtemps qu'il avait donné le projet de disséminer les princes de la maison royale et les princes du sang en leur donnant de grandes possessions; qu'un roi à Pondichéry, un autre à Saint-Domingue, un en Amérique auraient donné des racines à cette maison; qu'il était inutile d'avoir des possessions lointaines qu'on ne pouvait pas gouverner; qu'elles seraient bien plus utiles, régies par le même sang, d'après les mêmes intérêts, et réunies par un commerce actif.

Il maudissait M. de Maurepas pour son insouciance, M. Turgot pour ses folies d'économiste; il reprochait à la Reine d'avoir foulé aux pieds l'étiquette, d'avoir laissé ridiculiser son mari. Il prouvait que le peuple français, accoutumé à respecter son roi comme une divinité sur terre, avait profité de cette déconsidération pour l'assassiner, tout en méprisant celle qui par son inconséquence en était l'auteur; il rapprochait les circonstances, montrant le Roi conduit à la mort en berline, et la Reine menée ignominieusement en charrette.

Ses conversations étaient variées. Gai, d'une très-bonne santé, il prenait quelquefois un violon et faisait voir par son jeu qu'il avait été de première force.

Pour M. de Lagrange, il faisait des vers, ne pouvait se fixer un instant, courait, apportait des nouvelles qui souvent n'avaient nul fondement, et se berçait d'espérances qu'il fondait sur un commissaire du pouvoir exécutif, jadis chanteur dans les cafés du boulevard. L'histoire qui m'arriva avec lui à ce sujet est trop plaisante pour que je ne la consigne pas ici.

M. de Lagrange, qui avait une maison sur le haut de la montagne, près Saint-Nicolas, en avait loué une partie à un nommé Champignole, ayant avec lui sa femme et une fille de dix-huit ans qui, disait-on, était jolie comme un ange. Mademoiselle de Lagrange, qui cherchait tous les moyens de faire sortir son frère de la captivité, voyant que ces dames étaient amies intimes du chanteur pouvoir exécutif, leur fit tant d'éloges de Lagrange, qu'il noua une intrigue par lettres avec mademoiselle Champignole. Peu discret, il montrait à tout le monde les lettres et les réponses. Je ne fus pas des derniers, quoique je reçusse la chose avec une grande indifférence. Il avait emprunté une lunette à M. de Rancogne, et disparaissait des trois ou quatre heures. Il nous conta qu'en montant dans le grenier du clocher des Carmélites, il découvrait avec sa lunette tout ce qui se passait dans l'appartement de mademoiselle Champignole, qu'il était en relation de signaux avec elle, et qu'il était le plus heureux des hommes. Je pensais en rester là, mais pendant quatre jours ce fut une vraie persécution pour que je l'accompagnasse au grenier. Le quatrième jour, il avait pris rendez-vous à une heure fixe et annoncé qu'il m'amènerait. Enfin, je cède et j'arrive au grenier ; il me montre une grande fenêtre vis-à-vis, me prête sa lunette et me dit : « Regardez! » Je regarde. « Voyez-vous cette jolie personne? — Oui, je la vois, il y a « un homme avec elle. — Est-ce vrai? reprit-il, c'est le com- « missaire du pouvoir exécutif. Elle ne nous fera pas de « signes tant qu'il y sera. » Je lui passe froidement la lunette : « Regardez, lui dis-je, vous avez plus d'habitude que moi de « la lunette. Examinez bien. » — Il regarde, saute, cabriole comme un jeune homme, riant et criant : « Ah! morbleu, je « suis c..u. » J'éclate de rire et viens conter cette scène à notre chambre.

Cependant le sieur Rochejean, qui avait été mis par le juge

aux Carmélites, fut transporté à la grande prison. Il était accusé de dilapidation comme supérieur du séminaire, mais on voyait clairement qu'on voulait l'atteindre sur ses forfaits comme révolutionnaire. Il n'eut que le temps de nous renvoyer quelques livres, et mon domestique se trouvant sur la porte comme deux gendarmes l'emmenaient, il le chargea de nous faire ses adieux et ses compliments.

Un nommé Desmaillot [1], jadis, disait-on, instituteur de Saint-Just, vivant sur les boulevards aux petits spectacles comme versificateur à gages, avait trouvé le secret, introduit par Lutaine, secrétaire du comte de Pilos, de venir piquer parfois sa table sous prétexte de lui lire quelques pièces de vers. Grâce à ses intrigues, il fut nommé par Robespierre commissaire du pouvoir exécutif depuis Paris jusqu'à Blois. On se flattait qu'il aurait les pouvoirs les plus amples pour rendre justice aux incarcérés, mais ce n'était pas le but de Robespierre. Il l'envoyait pour inspecter les pouvoirs, les trouver coupables, — ce qui n'était pas difficile, — les faire conduire au Tribunal révolutionnaire, et ainsi supprimer tout ce qui pouvait lui faire opposition. Desmaillot avait pour ordre d'enlever toutes les procédures, même celle contre Rochejean. Tenant ainsi dans les mains les coquins qui lui auraient obligation de la vie, Robespierre pouvait s'en servir pour un temps, quitte à les détruire après.

On annonça donc Desmaillot un mois d'avance; on prôna la justice qu'il faisait des coquins à Orléans, en les faisant arrêter et conduire au Tribunal révolutionnaire. Il s'arrêtait partout, ayant l'air de faire des actes de justice. Il arrive à Beaugency; il ignorait que le comte de Pilos y était incarcéré avec M. Lecouteulx du Moley. Il le traite avec respect et considération, avoue qu'il n'a pas le pouvoir de le faire

[1] Antoine-François Ève, dit Desmaillot (1747-1814), soldat déserteur, puis comédien et auteur dramatique. Il avait, parait-il, conservé les manières de son premier état. Un jour qu'il était à la tribune du club, raconte M. Lottin, la mémoire vint à lui manquer. Sans se déconcerter, il saisit un violon et se met à jouer un air de contredanse au milieu de l'hilarité générale. (*Histoire de Beaugency*, t. I, p. 266.)

sortir, mais promet de retourner à Paris et d'être le premier solliciteur. Enfin, il arrive à Blois. Les deux premiers jours, il fut à sa besogne, et prit tous les renseignements sur le Comité révolutionnaire, le procureur Hézine et les autres. Ma femme lui fit demander une audience pour lui parler de M. de Rancogne et de moi. Il la lui accorda, et elle en fut fort contente; il lui montra du respect, la rassura, fit l'éloge de Robespierre, de son humanité, de sa justice, disant qu'il ne faisait aucune acception de personnes, et qu'il aimait la noblesse quand elle se conduisait aussi sagement que nous. Il lui assura que notre arrestation ne pouvait être longue, et qu'il allait retourner à Paris prendre des pouvoirs *ad hoc*. Rien n'est si aisé que de flatter des incarcérés. Nous jouîmes de ces bonnes paroles sans trop espérer, et il partit pour retourner à Paris sans que nous en fussions plus avancés.

Huit jours après, il était près de onze heures du soir, je m'étais couché le premier, et M. de Rancogne était prêt à en faire autant, quand le curé de Cour, Delarue, entre dans notre chambre et nous dit : « Il y a quelque chose de nou-
« veau; les chiens aboient, et la sonnette va grand train. » M. de Rancogne, le curé et Simon vont se poster dans l'église, à une grille qui donnait sur la porte d'entrée. Ils voient arriver deux membres du comité : c'étaient Arnaud, le maître de pension, un des plus forcenés, et ensuite Velu, le maître d'école. Le lendemain matin, nous envoyons aux renseignements, et nous apprenons qu'Arnaud et Velu sont incarcérés par l'ordre du Comité de salut public. Nous n'avions pas eu le temps de faire nos réflexions quand la porte de l'escalier qui donnait dans le jardin s'ouvre, — elle n'était pas à une toise de nos fenêtres, — et nous voyons déboucher Hézine, en bottes, Arnaud et Velu, accompagnés du concierge. Nous pensions qu'Hézine venait pour inspecter la prison, lorsque le concierge s'échappe et vient nous dire : « Les voilà tous dedans à leur tour! » On peut juger de notre étonnement. Nous descendons tous les deux dans la cour; les trois scélérats étaient fort embarrassés de leur con-

tenance. « Citoyen, dit Hézine à M. de Rancogne, a-t-on des
« nouvelles ici ? — Oui, lui répondit-il, il y en a ; mais
« pourquoi les voulez-vous ? Vous les avez en ville. — En
« ville ! citoyen, reprend-il, je suis incarcéré. »

Nous allâmes aux renseignements. L'ordre était arrivé à
neuf heures du soir de les incarcérer ; Arnaud et Velu
avaient été pris au comité. Pour Hézine, il avait été la veille
à Chambord, et il y avait couché. Deux gendarmes étaient
arrivés à une heure du matin, avaient montré leur ordre au
commandant de Chambord, s'étaient introduits dans sa
chambre, l'avaient saisi au moment où il sautait sur ses
pistolets, et l'avaient amené lié sur son cheval. C'était à son
arrivée qu'il était entré dans le jardin. Les drôles firent à
l'instant venir du vin. Gidouin, leur ami intime, s'empressa
de leur donner son appartement, et nous les vîmes tenir
leurs petits conciliabules.

On n'était pas si calme dans le dortoir où étaient le sieur
Dinocheau, Lagrange et tant d'autres. Dès qu'ils surent l'incarcération des trois scélérats, ce furent les joies les plus
bruyantes ; on les traita de gueux, de vrai gibier de guillotine. Ils se plaignirent amèrement d'être insultés et menacés, mais l'autorité n'était plus pour eux. La journée se
passa dans des allées et venues continuelles. La femme d'Hézine, fille d'un garde-chasse, obtint de venir le voir. Elle
intéressait, parce qu'elle était mère et sensible. M. Baillon,
commissaire des guerres, vint visiter les nouveaux incarcérés. Ces messieurs le détestaient ; mais, par politique, ils
le traitèrent bien. On lui demandait presque sa protection
et ses conseils. Pour moi, retiré avec M. du Buc, je ne me
mêlais point de tous ces mouvements.

M. de Rancogne, voulant faire de l'exercice, imagina de
faire venir des ballons, et, deux heures par jour, dans ce qui
était jadis l'église, il s'escrimait avec Simon et les allants et
venants des Carmélites. Hézine et consorts y assistaient,
faisant bonne mine contre mauvais jeu. J'y passai un moment, et Velu, à qui j'avais autrefois donné à dîner, s'avança

vers moi, la main sur la poitrine, et me dit : « Bonjour,
« frère! » Ce n'était plus le moment de l'humilier, et je lui
répondis : « Bonjour, monsieur, je ne vous ferai pas com-
« pliment de vous trouver ici ; je suis pourtant bien aise de
« vous voir. » Je m'éloignai de lui, et continuai mon chemin.

Gidouin, Hézine, Arnaud et Velu se promenaient en
partie carrée dans le cloître ; ils chuchotaient qu'ils devaient
partir le soir pour le Tribunal révolutionnaire. M. le marquis
de Baillehache, qui était incarcéré sans cause légitime, seulement parce qu'il était noble et par conséquent suspect, les
rencontra. Gidouin, insolent comme un valet de bourreau
et se sentant soutenu, le toisa d'un air menaçant. Au second
tour, sans se parler, ils se firent des gestes de menace, au
point qu'Hézine se mit entre eux : « Messieurs, leur dit-il,
« quand on est en prison, on n'est pas le maître de se que-
« reller. Vous n'avez sûrement pas envie de rendre votre
« position pire. » Ce peu de mots fut la seule explication,
et M. de Baillehache se retira, après avoir dit quelques mots
capables de faire rentrer Gidouin sous terre.

Dès cinq heures du matin, la rue des Carmélites était remplie d'une populace considérable ; on savait que les enragés
partaient pour le Tribunal. A cinq heures et demie arrivèrent
devant la porte deux cabriolets à quatre places ; les cavaliers
de la gendarmerie étaient prêts. Rochejean devait être de la
fournée, et il fut amené de la grande prison aux Carmélites
à cinq heures trois quarts. Il n'avait su son sort qu'à son
réveil, et s'était habillé très-proprement. Leur départ ne fut
pas prompt ; la foule les invectivait, et l'on applaudit lorsqu'on vit mettre dans la cave[1] la boîte qui contenait les
menottes de fer, pour le cas où ils feraient résistance ; ils
montèrent huit, un gendarme se trouvant vis-à-vis de chaque prisonnier. Le peuple les accablait de malédictions et
leur souhaitait la mort, leur reprochant leurs cruautés et
leurs forfaits. On les conduisit au pas le long de la ville et

---

[1] Caisse de la voiture.

des quais; des mariniers les apostrophaient, et l'un d'eux paria que dans huit jours il rapporterait la tête d'Hézine à Blois. Les prisonniers soutinrent tout cela avec un silence morne.

Ce coup de force et d'autorité rafraîchit un peu les têtes jacobines, et les honnêtes gens reprirent courage. La ville seule était tourmentée par un nommé Camelin, procureur de la commune. Terroriste par calcul, cet homme avait une fortune de deux cent mille francs. Ancien procureur et avare, il avait imaginé sauver son bien en se livrant aux jacobins. Il montrait toute la dureté d'un procureur, tourmentait le peuple pour les cocardes, et envoyait une grande quantité de femmes aux Carmélites par forme de correction; sa femme était encore plus méchante que lui.

Cependant le bureau de la Ville nous rendait tous les services possibles en nous laissant voir qui nous voulions, et nous ne manquions pas de société. Ma femme séchait sur pieds; étant sûr de la condescendance des autorités, je la fis prévenir qu'elle pourrait entrer à six heures; le concierge était payé et d'accord. Elle arriva; on peut juger de notre sensibilité après une séparation de près de deux mois, la seule depuis notre union. De ce moment jusqu'à notre élargissement, elle vint tous les soirs à cinq heures, et ne s'en retourna qu'à onze heures. Mes enfants vinrent régulièrement tous les jours ou tous les deux jours. Les autorités y mirent toute la complaisance possible, malgré les ordres sévères qu'on recevait de Tours et du Comité de salut public.

Les habitants de Cour et de Cheverny voulurent se lever en masse pour me redemander; on voulut le faire aussi chez M. de Rancogne. Nous nous y opposâmes, à cause des conséquences. Cet intérêt, connu de Robespierre, eût suffi pour nous conduire au supplice; nous en avions trop d'exemples, et le plus sûr était de se faire oublier. Ce qu'il y eut de plus attendrissant pour moi, ce fut le zèle que quelques habitants mirent à venir me voir. Leurs larmes, leurs touchantes exclamations me déchiraient le cœur, tellement que je ne me rendais à leurs empressements que quand je ne pouvais faire autrement.

Un jour, nous vîmes arriver le procureur de la commune, Camelin, et un membre, nommé Verdier, frère d'un paysan de Cour, qui n'avait d'autre mérite que d'avoir fait fortune dans la Révolution, *per fas et nefas*. Ils furent incarcérés à cinq heures, à la joie universelle, et partirent le lendemain comme les autres pour le Tribunal révolutionnaire. Ainsi débarrassée de six effrontés coquins, la ville commença à respirer, et les arrestations devinrent moins fréquentes.

Il m'arriva à ce moment deux contrariétés très-désagréables. Ferry, député en mission, s'imagina de mettre en réquisition tous les fers de la Touraine; pour obliger les sans-culottes, il en fit autant pour le Blaisois. A l'instant, la commune de Mer, qui se distinguait par des mesures ultra-révolutionnaires, prit tous les fers, même les grilles des balcons, pour leur en faire hommage : on n'épargnait que les domaines confisqués appartenant à la nation, sous prétexte qu'on en disposerait quand on voudrait. Tout Blois fut mis à contribution [1]; les grilles de défense n'étaient pas exceptées. Trois grilles furent démontées à Cheverny, et l'on crut me faire une grande grâce en me laissant, dans l'intérieur, des rampes qu'on ne pouvait ôter sans risquer la vie des habitants. Je ne perdis pas la tête. Je sus que, dans les arrêts des autorités, il était dit qu'on laisserait une partie des fers à ceux qui pourraient en avoir besoin pour les réparations des biens de campagne. Je fis un mémoire, et ma femme agit à ma place. Je prouvai qu'ayant beaucoup de domaines, je ne pouvais me passer d'une partie du fer. Le District délivra un ordre pour qu'on n'enlevât rien, avant que j'eusse fait constater la quantité dont je pourrais avoir besoin pour mes réparations. Je remets cet ordre à mon second fils, il le porte; mais la municipalité était

---

[1] *Histoire de Blois*, t. I, p. 239.

fermée, et on lui donne rendez-vous pour le jour de la décade. Dans ce court intervalle, j'apprends qu'on a fait enlever par deux voitures la moitié de mes fers, et qu'ils sont déposés dans la cour du Département. C'était un encombrement général; les serruriers brisaient les plus belles grilles; les municipalités les achetaient sous divers prétextes à quatre sols la livre, les réduisaient en barres et les emportaient. La chose était sans remède; il fallait s'en consoler et attendre un moment plus propice.

L'autre contrariété fut plus forte. Nous étions sûrs qu'il n'y avait aucun domaine engagé dans ceux de Cheverny. Cependant, sous prétexte qu'il y avait eu un échange avec Gaston, il y a deux cents ans, l'ordre vint de faire une saisie de mes plus beaux domaines[1]. C'était une manière de s'emparer de mon bien comme si j'étais exécuté. Je sentis le coup, et je fis demander des éclaircissements; il se trouva que tout avait été fait de zèle et témérairement, et, à ma grande satisfaction, cet embargo fut levé dans les huit jours.

Un jour, ma femme vint nous avertir que le juge de paix, homme qui nous était fort attaché, lui avait fait dire qu'il était arrivé un ordre du Comité de sûreté générale pour nous faire manger tous à une même gamelle, à trente sols par tête, les riches payant pour les pauvres. Nous aurions été plus de quatre-vingts personnes à une même table, depuis le mendiant jusqu'aux sujets punis par la police correctionnelle. Nous n'en eûmes que la peur, grâce aux honnêtes gens qui étaient dans les autorités constituées, et qui gagnèrent du temps.

Huit jours après, le bruit se répandit que nous ne verrions plus personne du dehors. La femme du concierge en profita pour vouloir interdire la visite régulière de ma femme. Comme elle était née chez moi à Cour, je pris le haut ton,

[1] Il y a sur les domaines engagés toute une législation, dont la loi du 22 novembre 1790 est le point de départ. Elle était basée sur l'inaliénabilité du domaine public dans le passé comme dans l'avenir.

je me fâchai, et il n'en fut plus question, grâce aux assignats dont je redoublai les doses, quoiqu'elles fussent déjà très-fortes.

Fouchard, un coquin de prêtre terroriste, avait voulu engager ma femme à signer un mémoire contre Hézine ; nous nous y étions refusés de concert.

M. Gauthier venait me voir régulièrement de deux jours l'un. Il cesse pendant huit jours, et arrive. Il nous dit : « Il y a « une lutte considérable à Paris; Tallien y joue un grand « rôle. Il m'a renvoyé toutes les lettres que je lui ai écrites, « ne voulant compromettre personne s'il succombe. Mais « soyez tous tranquilles : vendredi, vous apprendrez la mort « de Robespierre. » Cette nouvelle n'avait nulle apparence de vérité; d'ailleurs, trompés par Desmaillot qui en faisait son héros, qui parlait de son humanité et prétendait qu'on lui forçait la main, nous crûmes au premier coup d'œil que notre condition allait empirer.

CHAPITRE XXV

Le 9 thermidor. — La dénonciation contre MM. Dufort et de Rancogne est attribuée à Dulièpvre. — L'abbé Boutault manque d'être fusillé. — Le représentant Brival à Blois. — Assemblée au temple de la Raison. — On décide du sort des prisonniers. — Mise en liberté. — Retour à Cheverny. — Mort de Barassy. — Ce qu'étaient devenus les parents et amis de l'auteur. — Les victimes de la Terreur dans le Blaisois. — Le jeune Salaberry reparaît. — Mission de Laurenceot; son origine. — Les légistes de Besançon et le marquis de Ségur. — Laurenceot à Cheverny. — Pertes subies par M. Dufort. — Départ pour Paris. — Olavidès à Meung. — La réaction à Orléans. — Les Pajot de Marcheval à Étampes. — La famille Sedaine. — Une émeute à l'Opéra. — La section du Louvre. — Histoire de la famille de la Porte. — Caillon. — Retour à Blois.

Le 9 thermidor[1] arriva; la nouvelle en fut sue le lendemain : toutes les physionomies changèrent. Les enragés firent contre fortune bon cœur. C'était à qui rejetterait la faute sur le malheur des temps.

Pour Dulièpvre, il ne s'était pas endormi; voulant être maire en dépit des habitants, il avait pris jour avec Hézine pour se faire installer. Tout était prêt, lorsque celui-ci fut pris à Chambord. Dulièpvre, apprenant la nouvelle, était revenu s'enfermer dans sa closerie pour ne plus reparaître.

Nous reçûmes les félicitations de tout le monde; il semblait que les portes allaient nous être ouvertes à l'instant. Mes amis s'occupaient de moi à Paris. J'ai parlé de mademoiselle Froidure de Réselle, sœur du malheureux Froidure[2], guillotiné par Robespierre, qui voulait se débarrasser d'un

---

[1] 27 juillet 1794.

[2] Nicolas-André-Marie Froidure, ancien commis à la caisse de l'extraordinaire, officier municipal, administrateur de police, guillotiné le 7 juin 1794, à vingt-neuf ans. (WALLON, *la Terreur*, t. II, p. 124, et t. IV, p. 254, et *Biographie moderne de* 1806.)

officier municipal honnête homme. Elle avait la clef de tous les bureaux. Elle se réunit avec M. Guyot, mon intendant, homme de mon âge, et qui me donna les plus grandes preuves d'attachement. Nous avions fait faire toutes les démarches pour savoir les causes de nos arrestations, mais on n'avait trouvé qu'un simple ordre du Comité de salut public. Nulle trace n'en existait à Blois. Ma femme reçoit enfin une lettre de M. Guyot. Il lui mande qu'il a fait, de concert avec mes amis, sans les nommer, des démarches au Comité de salut public pour rechercher la dénonciation, et qu'il l'a enfin trouvée. En voici la copie littérale :

« *Extrait d'une lettre d'un citoyen voyageur* (et à la marge
« était écrit au crayon : BARAUDIÈRE) *envoyée au Comité*
« *de salut public, en date du 24 floréal*.

« J'instruis le Comité que le ci-devant comte de Dufort est
« toujours dans son ci-devant château de Cheverny, où les
« signes féodaux existent encore. A Herbault, un ci-devant,
« nommé Ranconne, a sa mère à Saint-Lubin, aristocrate
« et fanatique. Les deux nommés ci-dessus sont parents
« d'émigrés et d'hommes punis par la loi.

« Sur la proposition de Robespierre, le Comité de salut
« public, par son arrêté du 30 floréal, a ordonné l'arresta-
« tion.

« *Pour extrait :*
« (*Signé :*) LEJEUNE, chef de bureau [1]. »

Ce fut un grand poids de moins pour nous lorsque nous connûmes les motifs qui nous avaient été celés jusqu'à ce moment. Nous craignions l'un et l'autre des dénonciations plus graves, soit sur mes liaisons avec feu M. de Salaberry, soit sur des lettres que nous avions pu écrire au commencement de la Révolution. Dans de pareilles situations, on est

---

[1] En vertu d'un décret du 18 thermidor (5 août 1794), tout individu détenu comme suspect avait le droit de se faire délivrer copie des motifs de son arrestation.

ingénieux à se tourmenter. Nous rapprochâmes les circonstances, et l'on nous assura qu'un des deux Dulièpvre avait porté dans son jeune âge le nom de Baraudière.

Les motifs de l'arrestation de M. de Rancogne n'étaient nullement fondés. Il y avait quinze ans qu'au vu et au su de toute la province, madame la marquise de Rancogne, la mère[1], femme d'esprit et de mérite, était devenue maniaque. Elle ne voulait rien croire de la Révolution; pour elle, le Roi était encore vivant, et elle ne se prêtait à aucune circonstance. Folle sur certains articles, elle était du reste très-sage pour la régie de ses biens. Heureusement elle s'était confinée dans sa terre de la Vrillière, et son fils, sans la voir, parait à tout ce que sa manie pouvait lui procurer de désagréable. Lorsque l'abbé Dulièpvre, mourant de faim, avait été nommé grand vicaire et s'était dévoué aux jacobins, il avait obtenu de desservir provisoirement la cure de Saint-Lubin, dont le vrai curé était en fuite. C'était la paroisse de madame de Rancogne. Ce digne coquin n'y allait que pour faire sa main. Apprenant qu'une femme maniaque, ayant de l'aisance, était casernée, il fit semblant de croire qu'il était de son devoir de s'introduire chez elle. Mais on avait les ordres les plus sévères de ne la laisser parler à personne; d'ailleurs, elle ne donnait aucune prise sur elle, étant entourée de domestiques anciens et attachés, et surveillée sans qu'elle s'en doutât par ses enfants. Ne pouvant y pénétrer, il se transporte chez le fils à Herbault, ne le trouve pas, et déclame révolutionnairement. M. de Rancogne, à son arrivée, lui écrivit une lettre sèche et foudroyante. Il était aisé, en rapprochant les circonstances, de voir que la dénonciation partait de ces deux enragés, attendu que lui et moi, nous pouvions dire que nous n'avions aucun ennemi. Leur perfidie fut donc connue de tout le monde, et ils furent estimés à leur juste valeur.

---

[1] Marie-Agnès-Michelle-Françoise de Foyal de Donnery, veuve de Charles-François de Vezeaux, seigneur de Rancogne, marquis d'Herbault, dame de la Cour-Saint-Lubin. (*Catalogue de* 1789.)

Nous n'étions cependant pas à la fin de nos peines et de nos tribulations. J'ai parlé du sieur Boutault, ancien supérieur du collége de Blois, auquel nous étions singulièrement attachés. J'ai dit quel était son prétendu crime. Les plus habiles praticiens le regardaient comme hors d'inquiétude, et il attendait son sort de l'humeur la plus égale. Il venait toutes les après-midi faire une partie de trictrac avec ma femme, moi et M. Desaires; tandis que M. du Buc, M. de Baillehache, M. de Rancogne et M. de Lagrange faisaient une partie de whist. Ma femme arrive, me trouve jouant tête à tête avec lui ; nous étions fort gais. Elle nous laisse finir la partie, m'emmène dans l'église et me dit : « Je suis « hors de moi; je viens d'apprendre qu'il est arrivé un ordre « du Comité de salut public pour fusiller l'abbé Boutault « demain, à neuf heures. » Desaires survient et nous confirme la chose. Cette nouvelle me frappe comme un coup de foudre; la consternation était sur tous les visages. L'abbé s'en aperçoit; il se met aux écoutes, et apprend ce qu'on voulait lui cacher. Il n'y avait nul ordre cependant; mais les coquins, pour faire un coup qui effrayât la ville, voulaient l'assassiner publiquement. La garde nationale s'y refusait, mais un perruquier s'offrait à être son bourreau.

Les deux fils de M. Pardessus, le praticien le plus vertueux et le plus habile de Blois, jeunes gens pleins d'esprit et de mérite, vinrent aux Carmélites. Nous tînmes conseil avec le sieur Dinocheau, le sieur Ferrand et le sieur Desaires, et il fut résolu qu'on enverrait un courrier au représentant en mission à Orléans, pour avoir un ordre de surseoir : j'en fis les frais. L'abbé Boutault s'agitait et se désespérait; enfin je trouve le moyen de le consoler et de le rassurer, en lui montrant tous les moyens que l'on employait pour le sauver. J'y parviens au bout d'une heure, et, en vérité, nous avions tous autant besoin que lui de consolation. Le courrier, fils du maître de poste, son élève, revient après douze heures sans avoir trouvé le représentant; mais nous étions déjà rassurés. Nous avions la certitude qu'il n'y avait nul ordre, et que c'était une manœuvre digne des scélérats qui l'avaient trouvée.

Cependant les honnêtes gens de la ville se remuent; on compulse les registres de l'hôtel de ville, et l'on trouve non-seulement la supplique de l'abbé Boutault, mais la réponse officielle de la Ville, signée et relatée. L'affaire change pour lui du tout au tout. Il demande non-seulement à être mis en liberté, mais encore à rentrer dans ses biens, comme s'étant conformé à la loi. Alors le Département et le Comité révolutionnaire retrouvent tous les actes subséquents. Gidouin, que l'abbé Boutault avait pris à témoin pendant toute cette affaire, et qui avait gardé le plus profond silence, avoue qu'il avait connaissance des faits et qu'il était prêt à les certifier, double noirceur qui le couvrit de honte. Boutault, plus tranquille, fut cependant obligé d'attendre encore deux mois sa sortie, comme je le dirai dans son temps.

Insensiblement nos liens se desserraient. Nous avions la liberté de voir parents et amis. Tous les habitants pouvaient nous témoigner leur intérêt, et le faisaient publiquement; dans les cabarets, dans les assemblées, aux Jacobins même, on demandait notre sortie. Des prisonniers de Paris arrivaient en foule et se retiraient chez eux.

Le maire de Tours et sa femme nous furent amenés; ils nous donnèrent des nouvelles de M. et madame Amelot, les seules directes que nous eussions encore pu avoir. Ils avaient habité le Luxembourg avec eux. M. Amelot avait perdu la tête, ce qui l'avait sauvé; madame Amelot, après une fièvre maligne soignée par une de nos parentes, madame de Bois-Bérenger, l'avait vue entraînée à la guillotine avec le marquis et la marquise de Maleyssie[1], ses père et mère. Ils attendaient leur sortie.

[1] Antoine-Charles Tardieu de Maleyssie, maréchal de camp, et sa femme, née Élisabeth-Marie Paignon, avaient été guillotinés le 9 juin 1794 avec leurs deux filles, Claire-Félicité, non mariée, et Charlotte-Hyacinthe, femme divorcée du marquis de Bois-Bérenger, émigré. Les mémoires du temps parlent du dévouement filial de cette dernière. (V. *Mémoires de Riouffe* et *Biographie moderne*.)

Nous apprîmes que, grâce au 9 thermidor, nos quatre terroristes avaient échappé au supplice, et qu'ils étaient libres. Camelin et Verdier étaient revenus. Ils l'avaient échappé belle, et faisaient des récits affreux de ce qu'ils avaient éprouvé [1]. Camelin, honteux, la tête égarée, s'était enfui dans son bien, peut-être corrigé, tout au moins effrayé. Le représentant Brival [2], jadis évêque constitutionnel à Tulle, jacobin, était envoyé en mission pour épurer les autorités et rendre la liberté aux détenus; mais il tardait singulièrement. Il traînait à sa suite la femme d'un receveur des tailles, avec laquelle il vivait publiquement. C'était, disait-on, le seul qui pût prononcer notre sortie. Il avait plusieurs départements, et était annoncé à tout instant. Cette situation dura une quinzaine de jours.

Cependant M. Sedaine et M. Guyot, secondés par mademoiselle Froidure, apprirent qu'avec des sacrifices on obtiendrait un ordre du Comité de salut public et de sûreté générale pour faire sortir M. de Rancogne, sans attendre l'arrivée de Brival. Mademoiselle Froidure prétexte un voyage à Tours, parce que cela ne pouvait s'écrire, et vient nous trouver en passant. Elle eut aussitôt notre consentement, et nous en attendions les effets, lorsque Brival arriva.

Il commença sa mission par épurer les autorités dans une assemblée générale du peuple. Le mémoire que nous lui adressâmes fut très-laconique. Nous demandions justice sur une incarcération de quatre mois non motivée. Quant à M. du Buc, il ne voulait faire aucune démarche; je dus le forcer à rédiger un mémoire comme les nôtres. L'assemblée du peuple au temple de la Raison, autrement dit la cathédrale, fut annoncée pour le 23 fructidor [3], à quatre heures

---

[1] M. Dupré raconte que Velu, reconnu à Orléans dans une voiture publique, fut contraint à descendre et à se mettre à genoux pour recevoir sur la tête un seau plein de sang d'animaux de boucherie. (*Souvenirs de la Terreur à Blois*, p. 90.)

[2] Brival, conventionnel régicide. Il avait été sacré évêque de Tulle le 13 mars 1791.

[3] Le 9 septembre 1794.

du soir. Cette journée nous parut la plus longue de toutes, et nous nous mîmes à faire un whist avec M. du Buc. Les messages se succédaient. Brival, bon jacobin, peu éloquent, peu maniéré, fit passer d'abord toutes les autorités, mais surtout les sans-culottes; nous ne devions venir que les derniers, comme à la procession. Des murmures se faisaient entendre, et l'impatience gagnait tous les honnêtes gens de ne pas entendre nos noms.

La séance tirait à sa fin, lorsqu'on nous désigne pour être mis en liberté, en demandant au peuple s'il nous en jugeait dignes. A l'instant, il se fit des applaudissements si généraux, si prolongés, que le député en fut étonné. Mes enfants et le fils de M. de Rancogne venaient nous annoncer de minute en minute ce qui se passait. Les nouvelles de Paris venaient d'arriver. M. du Buc les lisait comme s'il avait été seul dans son cabinet; il n'était pas encore question de lui, et il montrait comme toujours la plus grande philosophie.

Enfin, après trois quarts d'heure, un nommé Avérous, chapelier, et deux autres officiers des autorités, arrivèrent pour nous faire sortir; nous étions seize. On nous fit descendre chez le concierge; Avérous était un peu soûl, et il crut devoir faire une phrase à chaque incarcéré. Son compliment pour moi fut trop singulier pour ne pas le consigner ici : « Citoyen Dufort, le peuple, par une acclamation una-
« nime, t'a rendu à la liberté; je suis chargé de te dire de te
« conduire toujours comme tu t'es conduit, en honnête
« homme. »

Je remontai dans notre chambre féliciter M. du Buc sur sa sortie; mais nous ne savions pas que, quoiqu'il eût les meilleurs témoignages, on ne lui avait accordé la liberté qu'à la condition d'avoir un garde jusqu'à ce qu'on l'eût consigné chez lui à sa municipalité. Boutault, Dinocheau, Lagrange et un autre restèrent, et tout le reste fut mis en liberté [1].

[1] L'auteur a donné ici : 1° une copie de son écrou, en date du 3 prairial an II; 2° une attestation délivrée en sa faveur par les membres du comité de

M. du Buc n'avait ni feu ni lieu, et décida qu'il resterait aux Carmélites jusqu'à son départ pour Chissay. Ce qui le contrariait le plus était le garde qu'on lui donnait, chose ridicule pour un homme de soixante-dix-huit ans.

Nous sortimes trois quarts d'heure après; il faisait très-chaud et le plus beau clair de lune possible; je pris mes deux enfants et allai me promener sur le bord de l'eau pour respirer un air plus pur. Je revins chez moi, où je trouvai plusieurs personnes qui venaient me féliciter. J'appris que tous les habitants de Cour et de Cheverny comptaient venir au-devant de moi jusqu'à Clénord; c'était le plus mauvais tour qu'on pût me jouer. Je les fis remercier, et leur fis dire que différentes affaires me retenaient à Blois, que je ne voulais aucune félicitation, que j'arriverais de nuit, et que ce serait m'obliger que de regarder cette triste aventure comme non avenue, et de ne pas même m'en parler.

Pendant les quatre jours que je passai à Blois, je fus accablé de témoignages d'amitié; lorsque je sortais dans les rues, je recevais des félicitations de tout le monde, comme si j'avais échappé à une bataille meurtrière, et l'on n'avait pas tout à fait tort. Des gens que je n'avais jamais connus me prenaient la main, m'embrassaient, pleuraient, gémissaient, déclamaient, de manière que je pris le parti de me tenir chez moi jusqu'à mon départ pour Cheverny, où j'arrivai à neuf heures du soir. J'avais pris la précaution d'obtenir la levée des scellés, ne voulant plus voir de trace de cette aventure. Mes portes étaient ouvertes; mais les clefs, déposées chez Hézine, étaient égarées.

M. de Barassy, toujours faible, était couché quand j'arrivai. Le lendemain, dès huit heures du matin, j'étais chez lui; il s'habillait. Comme je connaissais la faiblesse de sa tête,

---

surveillance de Cheverny, en date du 28 prairial; 3° un certificat de non-féodalité signé par le maire et les officiers municipaux de Cheverny, en date du 13 fructidor an II; 4° une attestation de civisme délivrée par la Société patriotique de Cour, visée au district le 14 fructidor. Il nous a paru inutile de reproduire ces pièces.

j'abrégeai la conversation et ne voulus lui permettre aucune réflexion. Il m'annonça qu'il allait descendre (ce qu'il n'avait pas fait depuis quatre mois) et passer la journée avec moi. Il me tint parole; à dix heures il était dans le salon. Sa parole était la même, mais ses idées n'étaient pas éclaircies. Un peu plus tard nous nous mîmes à table; à peine eut-il pris la première bouchée que, nous regardant tous, il s'appuya contre le dos de sa chaise comme s'il se trouvait mal. Je le fis prendre par deux domestiques et porter au grand air. On n'avait pas fait deux pas que sa tête tomba sur son épaule, et mon fils aîné s'aperçut qu'il était mort. Cet accident, dans tout autre temps, aurait fait sur nous tous un effet épouvantable. Il est vrai qu'il finissait comme il l'avait toujours désiré, et que depuis deux ans sa tête était d'une faiblesse qui ne faisait qu'augmenter. La joie qu'il avait eue de me revoir avait pu amener cette apoplexie si subite, et avancer ses jours de quelques instants.

J'avais laissé MM. de Lagrange, Dinocheau et l'abbé Boutault en arrestation. Je n'hésitai pas à aller leur faire visite et à les aider autant qu'il m'était possible. Je procurai à M. de Lagrange les moyens de réclamer efficacement auprès du Comité de sûreté générale, et il fut délivré six semaines après. Les autres sortirent aussi, et l'abbé Boutault, bien servi, obtint non-seulement sa liberté, mais encore la main-levée sur tous ses biens mis en séquestre. Il se retira chez lui à Vineuil.

Ce fut alors que je commençai pour ainsi dire à renaître, et que je pus savoir au juste ce qu'étaient devenus mes parents et mes amis. M. et madame Amelot étaient sortis du Luxembourg; M. Amelot, la tête totalement aliénée, était mourant. M. Amelot de Chaillou, veuf de sa première femme et remarié, avait été incarcéré par deux fois à l'Abbaye, et avait vu faire les fosses destinées à mettre tous ceux qui auraient été massacrés, si le 9 thermidor n'était arrivé. Madame de Salaberry était sortie de prison après neuf mois. A l'égard de son fils, sujet bien intéressant, on ignorait ce qu'il était devenu. M. Lecouteulx du Moley et M. Olavidès, comte de Pilos, étaient sortis de l'incarcération de Beaugency et s'étaient retirés au château de Meung.

Nous avions perdu quinze habitants du département par le règne de la Terreur; ils étaient de tous les états.

1° M. le président de Salaberry, homme aimable, bon parent, bon ami, et incapable d'aucun crime contre la société.

2° M. le duc de Saint-Aignan, contrefait, être nul, mais qui avait le malheur de porter un grand nom [1]. Sa femme s'était déclarée grosse et était sortie saine et sauve.

3° M. le vicomte de Beauharnais, âgé de trente-trois ans, d'une très-jolie figure, fort bien fait, très-aimable, plein de moyens. L'histoire impartiale appréciera sa conduite.

4° M. Bimbenet [2], fils d'un officier de l'élection, pour avoir trop prononcé ses sentiments. Il finit sa carrière dans les sentiments les plus religieux, et l'on a ses lettres imprimées. Mademoiselle Poulain [3], d'Orléans, fut guillotinée pour lui avoir donné retraite.

5° Saunier [4], prêtre estimé; la supérieure de l'hôpital de Blois, madame Roger, femme de la plus éminente vertu, l'avait caché tandis qu'il était atteint d'une fièvre maligne. Le club en eut connaissance, il fut saisi, incarcéré, ainsi que

---

[1] Il fut condamné et guillotiné le 27 juillet 1794. D'après Touchard-Lafosse (*Histoire de Blois*, p. 297), la fille à qui la duchesse donna naissance, et qui mourut jeune, avait reçu le nom de *Sauve-la-vie*.

[2] Barthélemy Bimbenet-Laroche, prêtre, fils d'un conseiller à l'élection de Blois, exécuté le 25 février 1794.

[3] On trouve sur les listes : Poulain (Marie-Anne), sans profession, exécutée le 21 décembre 1793. Il paraît cependant peu probable qu'elle ait été condamnée avant Bimbenet.

[4] « Jean-Baptiste Saunier, prêtre, convaincu d'émigration, condamné à « mort. — Marie-Félicité Roger,..... convaincue d'avoir recélé ledit Saunier, « condamnée à être exposée attachée à un poteau pendant six heures aux « regards du peuple, et à être ensuite renfermée dans la maison de force « du département de Loir-et-Cher. » (*Moniteur* du 1er novembre 1793.) Voir aussi CAMPARDON. (*Tribunal révolutionnaire*.) MM. Bergevin et Dupré ont publié de curieux extraits de lettres du comité de Blois demandant la condamnation de ces deux malheureuses victimes.

la supérieure. Elle fut condamnée à six ans de gêne et à une exposition pendant cinq heures sur la place de la Révolution. On poussa la cruauté jusqu'à exécuter l'innocent Saunier pendant qu'elle supportait son supplice. Elle eut le courage de lui crier de sa place : « Heureux martyr, je me « recommande à vous! »

6° Chabot, l'exécrable Chabot, c'est dire tout sur son compte; il était venu pour notre malheur à Blois, appelé par Grégoire.

7° M. le marquis de Romé-Vernouillet, cousin de M. de Salaberry, homme incapable de crime.

8° Le nommé Boisguyon [1], de Châteaudun, fou avec de l'esprit et mauvais sujet.

9° Cuper [2], fils d'un horloger de Blois, d'une des plus anciennes familles de la ville, exerçant cette profession depuis quatre cents ans, guillotiné quoiqu'il fût en pleine démence, ce dont il donna des preuves non équivoques pendant son interrogatoire au Tribunal révolutionnaire.

10° Mesnard de Chousy, contrôleur de la maison du Roi, ancien ministre à Ratisbonne, ancien premier commis de la maison du Roi.

11° Son fils [3].

12° L'abbé d'Espagnac, qui avait la terre de Cormeray [4].

13° Giton, né à Courmesmin [5].

---

[1] Gabriel-Nicolas-François de Boisguyon, dont il a été déjà question. Il était devenu adjudant général dans l'armée des côtes de Brest. Il fut condamné à mort le 20 novembre 1793 pour complot (*Moniteur* du 25). Riouffe (*Mémoires sur les prisons*, t. 1, p. 591) l'appelle « un philosophe pratique d'une vertu « douce et bienfaisante ».

[2] Probablement Cuper (Paul-Claude), gantier, exécuté le 3 juillet 1794. (CAMPARDON, *le Tribunal révolutionnaire*.)

[3] Jean-Didier-René Mesnard de Chousy, ancien capitaine de dragons, âgé de trente-cinq ans, guillotiné avec son père le 18 août 1794. Il avait épousé une demoiselle Le Normant.

[4] Marie-René Sahuguet d'Amarzit d'Espagnac, ancien conseiller au Parlement, instruit et capable, mais spéculateur sans vergogne. Il s'était fait, sous la République, fournisseur des armées. Il fut guillotiné le 5 avril 1794.

[5] Il m'a été impossible de trouver ce nom, ni aucun qui s'en rapproche.

14° Dabin-Buret [1], née à Blois, actrice de la Comédie italienne, exécutée avec madame de Sainte-Amarante et M. et madame de Sartine. Sa femme de chambre l'avait dénoncée, comme ayant reçu une lettre d'un émigré qui la remerciait de lui avoir fait passer quelque argent.

15°. Le marquis de Favras, qui avait épousé une bâtarde d'un prince de Nassau [2]. Il fut l'une des premières victimes de la Révolution. Il était fils de M. Mahi de Corméré, dont j'ai déjà parlé. Sa sœur, qui avait épousé M. Rangeard de Villiers, fut incarcérée, comme je l'ai dit, à cause d'un de ses fils qui avait émigré, et auquel elle envoyait des secours; mais, comme elle inspirait de l'intérêt à tout le monde, ses lettres originales furent soustraites du procès. Cependant le Comité de Blois, influencé par Péan, voulait la perdre. Elle fut donc traduite au tribunal révolutionnaire deux mois avant le 9 thermidor. Son départ fit la plus forte impression de terreur, d'autant que cette dame, extrêmement charitable, montra un courage et un héroïsme au-dessus de tout. La quantité de prévenus était si considérable, heureusement pour elle, que le 9 thermidor arriva pendant qu'elle attendait son tour à la Conciergerie. On la transporta à la maison d'arrêt du Plessis, où elle souffrit encore plus de deux mois avant d'être rendue à la liberté.

Le pauvre Mesnard de Chousy vivait avec une femme qui avait voulu revenir à Paris. Ils avaient été pris l'un et l'autre, ainsi que son fils, et ils avaient été condamnés ensemble.

---

[1] Les procès-verbaux du Tribunal révolutionnaire portent : « Marie Grand-maison, ci-devant Buret, ci-devant actrice des Italiens, âgée de vingt-sept ans, native de Blois..... » Elle fut exécutée le 17 juin 1794. M. Campardon donne des détails sur son procès. (*Le Tribunal révolutionnaire*, t. I, p. 497.)

[2] Victoire-Hedwige-Caroline d'Anhalt, fille d'un prince d'Anhalt-Schauembourg, légitimée en 1775. Elle avait été impliquée dans l'affaire de son mari et détenue avec lui à l'abbaye de Saint-Germain. M. de Chastellux cite l'acte de naissance d'une fille, en date de 1786, où Favras est qualifié comte de Saint-Simon, marquis de Favras. (V. *Mazy* [par erreur].) Madame de Favras, devenue veuve, s'établit à Vienne, et un de ses petits-fils, M. de Stillfried-Raterrie, a publié dernièrement sur son aïeul, Favras, un ouvrage indiqué par M. Forneron (*Histoire des émigrés*, t. I, p. 87).

Chousy était tombé sans connaissance. Sa maîtresse s'était élancée pour le secourir, et elle s'était écriée : « Quel pauvre « homme ! il ne sait pas mourir. » Et les barbares spectateurs d'applaudir !

Je reçus à peu près dans ce temps des nouvelles de madame de Salaberry. Elle avait obtenu mainlevée des effets qu'on n'avait pas vendus ; l'innocence de son mari était reconnue. Je lui offris ma petite maison à Blois ; elle y arriva avec l'homme d'affaires de feu son mari, muni de tous les certificats nécessaires. Je lui avais indiqué le sieur Ferrand-Vaillant, avocat à Blois, fort jeune alors, et qui avait pris le titre d'avoué. Il lui manquait quelques pièces, et le Département objectait toujours l'émigration de M. de Salaberry le fils, quoiqu'il y eût un décret d'amnistie pour ceux qui avaient fui pour cause de terreur. Elle ne jouissait donc que par tolérance de sa terre de Fossé, attendu que son fils ne paraissait point. Cet état dura tout l'hiver, lorsqu'un beau jour, M. de Salaberry parut. Il était armé de certificats dans la meilleure forme, qu'il avait eu la précaution de prendre partout où il avait séjourné. Sa présence ôtait tout prétexte à la mauvaise volonté, et il n'était plus question que de rentrer en possession de ses biens et de retrouver ses meubles, dont une partie avait été colloquée à Chambord pour servir aux gens préposés aux haras. M. de Salaberry le père paraissait du reste avoir mangé à peu près toute sa fortune, plutôt par le malheur des temps que par sa faute ; car c'était un homme généreux, mais non un dissipateur.

Au commencement de l'hiver, on annonça que Laurenceot, représentant du peuple, était nommé [1] pour rendre justice à Blois et remettre les choses dans un plus juste équilibre. Laurenceot était né en Franche-Comté, entre Dôle, Salins et Champlitte, de parents honnêtes et aisés. Après avoir fait ses études, il s'était destiné au barreau ; sa bravoure et sa franchise l'avaient fait élire par le corps des étu-

---

[1] Par décret du 20 janvier 1795.

diants de Besançon comme leur procureur. Dans cette ville, où il y avait de fortes garnisons, ces jeunes gens étaient toujours aux prises avec les officiers, et ils avaient formé une association tolérée plutôt que permise. On les appelait les légistes. Il n'y avait pas d'année où les bourgeois, souvent vexés par les airs des jeunes officiers, ne se fissent défendre par ces légistes, tous jeunes gens de famille et riches, qui fréquentaient les salles et repoussaient les insultes par de bons coups d'épée.

M. le marquis de Ségur, cordon bleu, avait succédé au maréchal de Vaux dans le commandement de la province, et résidait à Besançon. C'était un protégé de la maison d'Orléans. Il était le fils d'une bâtarde du Régent [1], qui, élevée dans le palais de son père, avait pris un grand ascendant par son mérite personnel, et est morte très-âgée et très-considérée. Elle avait avancé son fils qui, ayant perdu fort jeune un bras à l'armée, s'était toujours bien conduit.

Lorsqu'il arriva à Besançon, les régiments du Roi et de Bourbon dragons (dans lequel mon fils aîné était capitaine) s'y trouvaient en garnison. Ces deux régiments le portaient très-haut, et il n'y avait pas de jour où il n'y eût des rixes entre les légistes et les officiers : déjà trois de ces derniers avaient été tués. M. de Ségur, voulant mettre fin à ces tristes événements et faire un coup d'autorité, envoya chercher le procureur spécial des légistes ; c'était Laurenceot. Dès qu'il fut dans son cabinet, il lui dit : « On assure que « vous commandez les légistes ; je vous ai envoyé chercher « pour vous prévenir que demain, devant le Gouvernement, « il y aura une potence dressée, où je ferai pendre le premier « légiste qui aura une affaire avec un officier des troupes du « Roi. » — Laurenceot se trouve piqué et lui répond : « En « ce cas, ce sera moi qui l'étrennerai ; car je vous préviens « que ce soir j'ai un rendez-vous, et que je n'y manquerai

[1] Henri-François, comte de Ségur, père du maréchal, avait épousé, en 1718, Marie-Angélique de Froissy, fille naturelle du Régent, qui mourut en 1785, âgée de quatre-vingt-cinq ans.

« pas. » Et il se dirigea vers la porte. Cette réponse hardie étonna M. de Ségur, qui, le rappelant, lui dit : « Monsieur, « vous me parlez bien vivement. Asseyez-vous et voyons « ensemble comment nous pourrions empêcher de braves « gens de se tuer. » Cette manière de traiter désarma Laurenceot. Il conseilla à M. de Ségur d'éloigner les deux régiments et d'enjoindre aux officiers qui avaient des rendez-vous de reprendre leur parole, s'engageant de son côté à calmer les légistes. M. de Ségur consentit; la convention fut exécutée, et Laurenceot fut bien vu de tous les partis.

Lorsque la Révolution éclata, il fut nommé commandant de bataillon pour mener les volontaires à l'armée; il devint officier général et fut élu représentant à la troisième législature. En même temps, le fils d'un closier de son père, élevé comme légiste et son ami, perçait par un mérite transcendant; c'était le fameux Pichegru. Leur intimité était telle que ce dernier logeait toujours chez Laurenceot, lorsqu'il revenait voir ses parents.

Ce fut dans cette affreuse législature que le procès du Roi eut lieu. Laurenceot ne vota point contre son maître[1]; aussi fut-il des soixante-treize qui furent incarcérés. Promenés de prison en prison, remplaçant à l'hôtel des Fermes les fermiers généraux qu'on venait d'assassiner, ce qu'ils avaient souffert était épouvantable. Enfin le 9 thermidor arriva, et ils reprirent leurs places à la législature. Ce fut alors que Laurenceot fut nommé pour venir à Blois.

Depuis la première Assemblée, où j'avais parents et amis, j'avais bien résolu de ne jamais voir aucun représentant; je n'avais pas cru nécessaire d'aller voir Brival, qui n'avait fait que me rendre justice; mais le sieur Baillon, commissaire des guerres, qui m'avait si bien traité dans mon arrestation, m'invita à aller dîner chez lui avec Laurenceot et Marmé, son beau-frère et secrétaire; je prétextai une affaire et m'en dispensai. Laurenceot, qui n'avait rien à se reprocher, dit

---

[1] Il vota la réclusion et le bannissement.

que si je le connaissais, je lui rendrais justice, et, sachant que je donnais tous les jours à souper, il nous fit demander la permission d'y venir, ce que nous ne pûmes refuser.

Dès le soir même, il arriva, sortant du club où il avait été rétablir le calme. On jouait ; il se mit à jouer au trente-et-quarante et à d'autres jeux, avec noblesse et indifférence ; enfin, il nous conta ce qu'il avait souffert, et nous présenta Marmé, son beau-frère, qui avait partagé son incarcération. La connaissance une fois faite, tout le temps qu'il passa en mission, il vint souper régulièrement, soit chez nous, soit dans notre société, et jamais nous ne trouvâmes rien de répréhensible dans sa conduite ou dans ses sentiments. Quoiqu'il ne fût pas en état de jouer le rôle d'intendant, ou plutôt de proconsul, il eut le talent de plaire à tout le monde, excepté aux enragés. Il en a depuis reçu la récompense, ayant été nommé par les assemblées primaires pour être un des anciens députés réélus. — Il entra ainsi au conseil des Cinq-Cents.

Il allait de temps en temps visiter les districts et y rétablir l'ordre. M'ayant dit qu'il comptait aller à Romorantin, je lui proposai de le mener à Cheverny, où il prendrait les chevaux que l'agent militaire lui fournissait. Je l'emmenai dans ma voiture à Cheverny, où je le traitai avec sa compagnie. Dès qu'il eut vu la beauté de l'habitation, il s'écria avec une naïveté pénétrante : « Comment, vous vivez encore ! » Et nous eûmes la conversation la plus franche et la plus intéressante sur le système de destruction générale de Robespierre.

Je lui fis voir que mes grilles avaient été enlevées par la réquisition du représentant Ferry, et je demandai qu'on me les rendît, ainsi qu'aux autres particuliers. On pouvait dire qu'elles avaient été volées sans objet, car presque toutes étaient encore dans la cour du District et du Département. Il écrivit comme représentant aux Comités, et il y eut un ordre de rendre à chacun les fers qu'on lui avait pris, s'il pouvait les découvrir. Mes grilles étaient démontées, mais je les retrouvai à peu près, et il m'en coûta, pour les rétablir comme elles étaient, environ onze mille livres en assignats, ce qui représentait à peu près douze cents livres en numéraire.

J'avais perdu, dans les trois premières années de la Révolution, vingt-trois mille livres de rente en droits seigneuriaux, en dîmes, droits sur les sels à Oléron et Brouage, ma pension sur le trésor royal accordée par Louis XV, et plusieurs autres objets dont je ne fais pas mention [1]. J'avais eu à subir les passages des gardes nationales, les contributions énormes mises par les jacobins, les réquisitions de tout genre, la saisie, sous le nom de don patriotique, de ce qui restait de vaisselle d'argent. J'avais fait des frais considérables pour empêcher mon second fils de servir (quoiqu'il ne fût d'aucune réquisition), en fournissant d'abord un homme à sa place, et ensuite en l'envoyant lui-même tout équipé servir dans la garde nationale de Tours. Ma détention de quatre mois avait entraîné des dépenses excessives. J'avais manqué perdre plus encore. Le député Eschasseriaux avait, dans le temps de la Terreur, proposé et obtenu que l'on détruisît tous les étangs, sans aucun plan d'administration, sans même en discuter les inconvénients; j'en avais cinquante et un, on ordonna d'en dessécher quatre, et je fus obligé de faire constater que les autres ne pouvaient être bons à rien [2].

J'avais planté une avenue de peupliers à quatre rangs, en droite ligne, d'une lieue et demie : la motion était faite de les abattre tous pour ôter l'air de féodalité ; j'eus un instant la crainte qu'elle ne fût adoptée. On prit mes plus beaux arbres pour la marine, et il n'y avait pas de semaine où je n'eusse à faire transporter dans les magasins militaires de Blois mes grains mis en réquisition ; heureux lorsqu'on n'envoyait pas mes voitures chercher du blé jusqu'à Vendôme! Les manœuvres, les charretiers ne se louaient plus que pour un mois, et les prix augmentaient à vue d'œil ; je me suis vu

---

[1] On trouvera au chapitre XXIX un état détaillé de toutes ces pertes.

[2] Décret du 14 frimaire an II (14 décembre 1793) : « Tous les étangs..... « seront mis à sec avant le 15 pluviôse prochain... » Abrogé le 1ᵉʳ juillet 1795.

obligé de payer toute une année quatre maçons pour réparations urgentes, chacun à vingt écus par jour en assignats. On peut juger des autres ouvriers à proportion.

Je ne fais pas mention des arbres de la liberté qu'on venait prendre dans mon parc, du brûlement de tous les titres féodaux, du décret, rapporté plus tard, par lequel on confisquait tous les livres et estampes qui portaient des armoiries, de l'ordre d'abattre tous les murs et de fouiller dans les églises, de la réquisition des armes, qui ne me furent rendues qu'en partie, de l'ordre de faire brûler tous les faux bois pour faire des cendres et en extraire le salpêtre, enfin tout ce que peut imaginer l'esprit de destruction et de brigandage.

Depuis le 9 thermidor, tout rentrait dans un état plus facile, mais le mal était à son comble, et l'on ne pouvait revenir que peu à peu à une situation meilleure. Cependant, les autorités écoutaient les réclamations et y faisaient droit autant que possible, et les honnêtes gens pouvaient voyager et se promener dans les rues sans être insultés ou méprisés comme jadis.

Mes affaires exigeaient ma présence à Paris, et je me déterminai à aller y passer une dizaine de jours avec mon ami M. de Rancogne. Nous nous mîmes donc dans ma berline, Jumeau, M. de Rancogne et moi, pour nous rendre à Orléans. Je remplissais un objet cher à mon cœur, celui d'aller voir mon ami, M. Olavidès, comte de Pilos, qui occupait, comme je l'ai dit, le château de Meung. Nous partîmes le 23 avril 1795 et fûmes coucher chez mon ami à Meung. Il est aisé de se douter du plaisir que nous eûmes à nous revoir. Mon ami, dans la haute dévotion, avait avec lui un M. Reinard, prêtre, ancien professeur de physique à Amiens, qui avait accompagné des Anglaises dans un voyage d'Italie, et était revenu avant la grande Révolution se faire oublier à Meung. C'était un homme d'esprit, d'instruction et religieux.

Nous partîmes le lendemain de grand matin pour nous rendre à Orléans, où nous avions retenu trois places dans la voiture publique. Il n'était plus question de voyager avec ses voitures et ses chevaux; les fourrages manquaient sur la route, et, sans l'avoine que j'avais emportée, nous n'aurions pu arriver jusqu'à Orléans. Nous sûmes que nous ne partirions que le lendemain; je renvoyai ma voiture, et, après avoir dîné à table d'hôte, nous allâmes le soir à la comédie. On l'avait établie dans une église, vis-à-vis l'Intendance qui était changée en hôtel des administrations. La comédie fut bruyante. Il parut un bonnet rouge aux troisièmes, on le jeta sur le théâtre. Deux officiers de la ville en écharpe faisaient la police. Il se trouva qu'un ancien procureur estimé, frère du sieur Bimbenet, mon homme d'affaires à Cheverny, y était en fonction; dès qu'il m'aperçut, il vint me trouver à l'orchestre et me mit au fait de la police exacte qu'on y faisait contre les jacobins : deux avaient été bâtonnés le matin sur la place du Martroi. Dès qu'on pouvait les joindre, c'était une vraie fête pour la jeunesse de la ville de les étriller d'importance.

Nous partîmes le lendemain dans une voiture ronde, au nombre de huit, à onze heures du matin, pour aller souper à Étampes. A Étampes, mon premier soin fut de m'informer de M. et madame Pajot de Marcheval; j'eus toutes les peines du monde à les trouver. Ils avaient l'espoir de rentrer dans leurs terres; je leur offris mes services, et je partis pour Paris, où nous arrivâmes dans la rue de la Comédie-Française [1], près le Luxembourg, à neuf heures du matin.

Je laissai le soin de mes affaires à Jumeau; M. de Rancogne partit de son côté, et moi je m'acheminai doucement pour me rendre au vieux Louvre, chez mon ami M. Sedaine, où j'étais attendu. Ce fut une vraie joie de nous revoir; je les avais secourus en victuailles le plus qu'il m'avait été possible, et ils avouèrent que sans cela, malgré leur aisance, ils seraient morts de faim. Ils avaient chez eux mademoiselle Froidure de Réselle, leur fils aîné, qui était revenu de Strasbourg couvert de gale, après avoir servi et pensé périr mille fois, leur fille aînée et la cadette qui avait seize ans et était

[1] De l'Ancienne-Comédie.

belle comme un ange. Il y avait trois ans que nous ne nous étions vus.

Tous les soirs de mon court voyage, je fréquentai les spectacles : j'entendis chanter partout le *Réveil du peuple*, et je vis là, mieux que partout ailleurs, l'effervescence des jeunes gens contre les buveurs de sang. Il n'y avait pas une pièce où il ne fût question d'eux. J'allai à l'Opéra, où je vis une scène comme on en voyait souvent, mais qui était très-nouvelle pour moi. Lays, acteur de l'Opéra, avait été un terroriste décidé [1]; croyant l'effervescence passée, il se décida, de concert avec ses camarades, à reparaître sur la scène, et se fit annoncer sur l'affiche comme devant jouer le rôle d'Oreste dans l'opéra d'*Iphigénie* de Glück. J'étais dans l'amphithéâtre; toute la salle était pleine. Dès qu'il parut, ce furent des sifflements, des hurlements continuels; il resta les bras croisés. Il voulut parler, il voulut chanter; les cris redoublèrent, et les femmes, dans toutes les loges, tirèrent leur mouchoir pour lui faire signe de se retirer. Au bout d'une heure, il sortit au bruit des applaudissements. Alors, un officier municipal s'avança sur le théâtre, il prononça : « Au nom « de la loi ! » Toute la salle se tut. Il fit une phrase aussi plate qu'insignifiante; les cris, les hurlements recommencèrent de plus belle, et ce fut le même train. Enfin, à huit heures, le spectacle commença, et ce fut un autre acteur qui joua le rôle. A neuf heures, je me retirai. On m'avait prévenu que les rues de Paris n'étaient plus sûres le soir, et il n'y avait pas moyen de se procurer une voiture.

Dès le lendemain de mon arrivée, je m'étais présenté à la section du Louvre, sur laquelle je demeurais. Elle siégeait à la Samaritaine sur le pont Neuf. Il me fallait deux répondants, sans compter M. Sedaine chez qui je demeurais. Pajou et Houdon [2], les deux plus fameux sculpteurs de Paris, que

---

[1] Voir à ce sujet la *Biographie moderne* (1806) et MM. DE GONCOURT, *la Société française sous le Directoire*, p. 357.

[2] Jean-Antoine Houdon (1741-1828). Si nous avons rencontré à différentes

je connaissais beaucoup, se présentèrent pour m'en servir. Ainsi accompagné, je me rendis au bureau, où l'on enregistra mon passe-port. Après une demi-heure d'attente, on vérifia mon signalement, on reçut mes cautions et l'on me rendit mon passe-port avec injonction d'aller dans les deux jours au Comité de sûreté générale, pour obtenir la permission limitée de rester à Paris tant que mes affaires l'exigeraient.

J'y allai le lendemain avec M. Sedaine et Jumeau. Le comité était en face de la rue de l'Échelle, dans l'ancien hôtel de La Vallière. Nous montâmes l'escalier et entrâmes dans une antichambre fort remplie de peuple; des cavaliers de gendarmerie faisaient la police. Après une fort longue attente, j'entrai dans une pièce qui avait été jadis un grand salon, et où huit députés étaient autour d'une table. Apparemment que ma tenue, plus propre que celle des autres, les frappa. Ils se passèrent mon passe-port et m'accordèrent une décade comme je le demandais. Je sus qu'Ysabeau, député de Tours, et qui sûrement avait entendu parler de moi, était celui qui m'avait le plus fixé.

Après avoir fait timbrer mon passe-port, je descendis l'escalier avec Jumeau, et nous vîmes venir à nous le trop fameux Rochejean, avec la même tenue qu'il avait aux Carmélites. Fidèle à la parole donnée, il passa à côté de nous comme si nous ne nous étions jamais rencontrés.

Dès que j'eus mon passe-port, je m'assurai d'un fiacre à vingt-cinq francs en assignats pour chaque matinée, étant assez mauvais piéton. J'allai chez M. et madame Amelot, et je trouvai mon beau-frère dans un état bien triste; il ne me reconnut pas. Madame Amelot se flattait qu'au beau temps sa tête et sa santé reviendraient. Nous dînâmes tristement avec madame la marquise de Roncherolles, madame Justine et un chirurgien, et à cinq heures, je courus la ville.

Huit jours sont bientôt passés lorsqu'on a des affaires; je pris une matinée pour aller voir Mittié, mon médecin; il

---

reprises dans ces Mémoires le nom de Pajou, c'est la première fois qu'on y trouve celui de Houdon.

demeurait faubourg Saint-Honoré, tout au bout de la rue de l'Union[1]. M. de Salaberry m'offrit de m'y accompagner. M. de Salaberry avait alors trente ans. Il avait de l'esprit, de l'instruction, de la vivacité et une âme extrêmement honnête. Son caractère charmant, pareil à celui de son père, lui avait attiré mille amis des deux sexes qui l'avaient servi à merveille. J'allai voir aussi M. et madame de Luçay, qui demeuraient dans la même rue; de là, je passai chez mon ami Richebourg. Sa femme me conta que quoiqu'il eût été directeur de la Poste[2], il avait échappé aux persécutions, grâce à l'amitié qu'on lui avait portée à la section du Roule. J'allai de là voir mademoiselle Legendre, ma belle-sœur, établie dans sa maison de Chaillot; elle avait été obligée de se cacher pendant six mois.

J'allai dîner chez madame de Salaberry, rue des Filles-Saint-Thomas, à l'hôtel des Trois Empereurs. A peine étions-nous sortis de table qu'on vint nous dire que la garde nationale entourait le Palais-Royal, que les patrouilles parcouraient les rues, et qu'on parlait d'une révolte. Malgré l'effroi des dames, chacun partit de son côté, moi pour retourner au Louvre, et M. de Salaberry pour se rendre à sa section.

Je trouvai les dames déjà instruites du mouvement qui se préparait; à chaque instant, on venait leur dire des nouvelles; c'étaient des rixes de jeunes gens, que l'on appelait la troupe dorée de Fréron, contre des terroristes : quelques voies de fait et beaucoup de menaces. Au bout d'une demi-heure, je les quittai. Je suivis la rue du Coq, vis-à-vis la barrière des Sergents; la rue Saint-Honoré était aussi tranquille qu'à l'ordinaire. Il en était de même au Palais-Royal; j'allai jusque chez Le Bret, mon libraire, dans ce qu'on appelait les baraques de bois ou le camp des Tartares : il m'assura que tout était fini. Tel est Paris, et j'en avais fait l'expérience dans le temps de l'affaire de Réveillon : on se

---

[1] Rue d'Angoulême Saint-Honoré, puis rue de Morny et rue de la Boëtie.
[2] Il avait été, en 1792, président du directoire des postes et relais, comme on l'a dit ailleurs.

tuait, s'assommait, se fusillait dans une rue, dans tout un quartier, tandis que le reste de la ville l'ignorait.

J'avais rencontré M. de La Porte, dont j'ai déjà raconté l'arrestation ; je vais en parler avec plus de détails. Lorsque la Révolution arriva, il était marié et avait une fille et un garçon, à un an de distance l'un de l'autre. Son fils ayant seize ans, il voulut le mettre à l'abri et, comme je l'ai dit, l'envoya voyager en Europe, principalement en Italie, avec un gouverneur. Il garda sa fille avec lui et se confina à Meslay, sans se mêler de rien. N'imaginant pas qu'on pût regarder comme émigré un enfant qui ne voyageait que pour s'instruire, il le laissa se fixer à Rome et entretint avec lui un commerce suivi de lettres. Ce fut l'occasion de visites domiciliaires impromptu et des saisies les plus outrageantes. Vourgères, de Vendôme, alors membre du Comité de Blois, fut l'instigateur de toutes ces mesures. Les coquins Hézine et Péan s'attachèrent à faire éprouver à M. de La Porte tous les genres de persécution, et l'on finit par l'incarcérer avec M. de Salaberry. M. de Pérignat, de Vendôme, vint bientôt les rejoindre. Mademoiselle de La Porte, âgée de dix-neuf ans, de la physionomie la plus intéressante, ayant eu une éducation soignée, et remplie de talents, resta seule à veiller aux intérêts de ses parents, fit toutes les démarches pour leur procurer la liberté, et montra une énergie, un courage actif et un caractère au-dessus de tout ce qu'on pourrait en dire.

Enfin, un moment plus doux arriva : ils venaient d'être mis en liberté, lorsque l'infernal Comité de Blois répandit le bruit qu'on avait trouvé dans les interlignes des lettres de M. de La Porte fils, passant pour émigré, une correspondance compromettante. A l'instant M. et madame de La Porte furent incarcérés à Vendôme, et l'on assura qu'ils allaient être conduits au Tribunal révolutionnaire, d'où personne ne revenait, tout accusé étant considéré comme coupable. La terre fut mise en vente, les meubles à l'encan. Mademoiselle de La Porte était aimée, considérée. La mort de M. de Salaberry faisait trembler pour eux tout ce qu'il y avait d'honnêtes gens à Vendôme. On s'occupa de les faire évader. La fille conduisit tout, et ils purent se sauver.

La mère partit avec l'abbé Bailly, ancien vicaire à Cour, et alors curé à Danzé, homme d'esprit et de tête; elle alla se confiner dans les vallons des Pyrénées, chez des particulières dont elle passait pour la nièce [1]; on craignait sa tête trop vive. Pour M. de La Porte, sûr de son sang-froid, il se rendit à Blois. Un chirurgien, le plus honnête possible, nommé Verger, le cacha pendant cinq mois; logé au milieu de la ville, il fut assez heureux pour attendre tranquillement la fin des orages jusqu'au 9 thermidor.

Mademoiselle de La Porte, qui seule conduisait tout avec un M. Monnier de Vendôme, connaissait un nommé Caillon, ancien procureur, fort livré à la Révolution, mais que l'on croyait jouer le patriote. Elle lui confia argent, bijoux, linge, habits, meubles précieux, enfin tout ce qu'elle avait pu sauver. Voyageant sans cesse de Vendôme à Blois, logeant dans toutes les auberges sans jamais y séjourner, allant tantôt à pied, tantôt à cheval, tantôt en charrette, tantôt par le messager, elle montrait une activité et un dévouement dont on ne peut avoir d'idée. Elle voyait son père furtivement, et courait où le besoin de sa présence auprès des autorités pouvait être nécessaire. Les enragés avaient été furieux de l'évasion, car ils regardaient l'exécution comme sûre et comptaient sur la confiscation. Leurs projets déjoués, ils n'en parlèrent plus.

Enfin le 9 thermidor arriva; mademoiselle de La Porte court à Paris, assiège les Comités; jeune et belle, armée de ses moyens de défense, qu'elle employait avec les larmes de la persuasion, elle attendrit les plus cruels. Un commis, les larmes aux yeux, lui rend l'ordre de la sortie de son père en disant : « On me punira si l'on veut, mais je ne puis pas
« vous refuser une chose juste que des manœuvres sourdes

---

[1] Voir chapitre XXIX.

« retardaient encore. » Elle revient triomphante, et son père sort de sa retraite.

J'étais libre depuis deux jours, et nous allâmes nous voir réciproquement. Il avait été bien plus malheureux que moi. Je vis les honnêtes gens qui l'avaient sauvé et la chambre où il avait vécu, entouré des soins les plus tendres. Il obtient son entière justification, on pense qu'outre ses papiers, on va lui rendre la mainlevée totale. Mais les choses traînent, les mesures contre les émigrés deviennent de plus en plus sévères, et le fils étant toujours regardé comme émigré, M. de La Porte est laissé seulement en possession provisoire de ses biens.

Cependant, Caillon avait été frappé comme d'un coup de foudre à la nouvelle que M. de La Porte allait reparaître. Mademoiselle de La Porte remarqua sa froideur, et elle se rappela à l'instant qu'elle avait vu madame Caillon portant son linge et vêtue d'une robe à elle. Elle réclame ses effets; Caillon dit n'en avoir pas l'état; elle demande cent louis qu'elle lui a remis, Caillon répond qu'il est prêt à les lui rendre en assignats; il est vrai qu'il les avait remis lui-même au Comité, en laissant croire que c'était un don qu'il faisait à la patrie. Le fait s'ébruite; on force M. et mademoiselle de La Porte, qui étaient à Paris, à faire leur déposition. Par générosité, ils accusent Caillon le moins possible. Il perd seulement sa place de greffier criminel.

M. de Salaberry le père avait vu dans sa prison la charmante personne qui montrait tant de dévouement à ses parents, et il avait formé, de concert avec M. de La Porte, le projet de la marier à son fils. Tous les deux avaient de l'esprit et de l'énergie, et avaient passé par l'école du malheur. Le mariage fut décidé entre les deux pères, à la condition que les jeunes gens se conviendraient. Tel était l'état de cette affaire à mon voyage de Paris.

Après avoir terminé quelques affaires personnelles, j'allai chez M. et madame de Sanlot. Je les trouvai en famille, heureux de l'espérance de marier incessamment deux de leurs filles [1]. Je voulus aller à la Chaussée d'Antin voir M. de Lafreté et le président de Bonneuil, mon cousin, qui n'eût pas échappé au supplice si la chute de Robespierre avait tardé de huit jours. Je ne les trouvai ni l'un ni l'autre.

Il n'y avait pas de rue qui ne m'inspirât de pénibles réflexions. Chaque maison, chaque hôtel où j'avais connu quelqu'un était vide. L'hôtel Talaru, rue Vivienne, demeure d'un de mes amis, était devenu une prison, et le maître avait été exécuté; l'hôtel de Gramont, sur le boulevard, me faisait souvenir de la triste fin de la femme de France la plus altière et du meilleur ton; l'hôtel de Malesherbes me rappelait un crime qui couvrira de honte dans tous les siècles cette malheureuse Révolution.

J'allai chez madame Lecouteulx du Moley; elle était la seule qui tint une maison dans ces temps difficiles, où l'on mangeait à Paris du pain qui tenait au couteau comme s'il eût été fait de sarrasin. J'y dînai une fois.

Je n'avais plus rien à faire; j'entendais journellement parler d'émeute, j'étais obligé de revenir à pied des spectacles, qui ne me faisaient aucun plaisir à cause du genre des pièces qu'on y jouait, et des scènes continuelles qui s'y passaient. Je me décidai donc à partir. J'empruntai un cabriolet, je louai au poids de l'or deux chevaux pour me mener à la Croix de Berny, car il était impossible d'avoir des chevaux de poste à Paris, et, dûment muni de mes passe-ports, je partis à la pointe du jour.

Trois fois dans la route on me demanda mon passe-port; à la dernière, un bonhomme, après l'avoir bien regardé, me le remit en me disant : « Citoyen, je vous souhaite un bon « voyage, et que le bon Dieu vous accompagne! » langage bien étonnant et bien remarquable dans un temps où tous les diables étaient déchaînés. Les postes étaient mal servies; mon cabriolet s'était cassé dans la forêt de Cercottes, et il

---

[1] M. Sanlot avait trois filles, dont l'une épousa M. Esmangard; la seconde, M. Bonfils, et la troisième, le général Corbineau. (*Saint-John de Crèvecœur*, p. 230.)

avait fallu le ramener au village pour le réparer. J'arrivai donc fort tard à Orléans, où mes gens m'attendaient depuis le matin avec mes chevaux et ma voiture. Nous devions tous aller coucher à Meung, mais il fallut attendre le lendemain, et j'arrivai pour dîner chez mon ami Pilos.

Laurenceot, le député, était venu faire un voyage de cinq jours à Paris, et m'avait proposé de revenir à Blois avec moi. Mais il avait retardé son retour, et j'avais pris le parti de revenir seul, d'autant plus que mes deux chevaux, à l'auberge d'Orléans, me revenaient à vingt louis par jour en assignats. On croyait à Blois que le député revenait avec moi. Je trouvais donc à mon arrivée le commissaire des guerres, l'agent national, enfin tous les gens qui dépendaient de lui. Je ris avec eux de l'honneur qu'ils me faisaient, honneur qui m'avait été rendu autrefois comme lieutenant général, mais dont actuellement je n'étais plus digne et que je n'enviais pas du tout.

CHAPITRE XXVI

Mesures contre les terroristes; on instruit contre Dulièpvre. — Départ de Laurenceot. — Vie à Blois. — Les Amelot, etc. — On poursuit les auteurs du massacre de la levée. — Rapport de l'accusateur public. — La procédure est supprimée. — Convocation des assemblées primaires. — Acceptation de la constitution de l'an III. — Difficultés pour la réélection des membres de l'ancienne Assemblée. — Troubles de Paris. — Les jacobins reviennent sur l'eau. — Mission de Sevestre.

On travaillait les terroristes à Blois à l'instar de Paris; tous furent désarmés. On n'oublia pas les frères Dulièpvre, dont la conduite avait révolté toute la ville. Les autorités avaient été renouvelées et composées de tout ce qu'il y avait d'honnête dans la province. M. Bellenoue-Villiers, homme probe, éloquent et de beaucoup d'esprit, était procureur général du Département, mis en place par Laurenceot. Il crut nécessaire d'expliquer par des pièces le désarmement des terroristes. Je reçus donc une lettre, par laquelle il m'invitait à me rendre à son bureau, et à faire connaître mes griefs contre Dulièpvre. Le rôle de délateur m'a toute ma vie déplu; je commençai donc par lui déclarer que je ne savais rien. Il me dit alors : « Monsieur, vous désirez que les « honnêtes gens soient en place, qu'ils poursuivent les ter-« roristes, et, dès qu'ils font leur devoir, vous les abandonnez. « En ce cas, il faut qu'à l'instant je remette ma place. » Je le quittai, et, réfléchissant à ce que ce galant homme venait de me dire, je me décidai à rédiger un mémoire que je lui remis le lendemain, et dans lequel je relatais toute la conduite de Dulièpvre [1].

---

[1] L'auteur reproduit ici ce mémoire, que j'ai cru devoir supprimer, comme ne faisant que répéter des faits qui ont été racontés en leur temps.

Chevalier, jadis perruquier de ma femme, était, comme je l'ai dit, devenu administrateur par ses intrigues. Dès qu'il vit que la Révolution se tournait dans un autre sens, il changea comme elle. Avant ma sortie de prison, quelques jours avant le 9 thermidor, il vint à Cheverny épurer, dit-il, les autorités. C'était pour traiter Dulièpvre comme un gueux et lui ôter ses prétentions à aucune place. Les coquins étaient amis quand il s'agissait de piller ; mais quand l'un pouvait faire sa main aux dépens de l'autre, il n'était plus question d'amitié. Dulièpvre se le tint pour dit et se confina dans sa closerie sans voir personne ; bafoué, conspué dans les deux bourgs quand il était obligé d'y passer, recevant dans la ville des injures comme délateur, il se tint coi et il fit bien. Depuis deux ans, ni moi ni personne des deux bourgs n'en avons entendu parler.

La mission de Laurenceot étant finie, il rentra à la Convention, craint des terroristes. Il aimait le plaisir plus que le travail et n'avait pas la gravité d'un administrateur, mais il laissa une réputation d'exacte probité, et on lui savait gré de la persécution qu'il avait subie.

Nous revînmes passer l'hiver à Blois, et nous vécûmes aussi tranquillement qu'un temps de Révolution peut le permettre.

Tout notre désir était de nous réunir à notre ami, M. Olavidès, comte de Pilos. Je lui proposai de venir vivre avec nous, me chargeant de le nourrir, lui, son ami et un valet de chambre. C'était pour nous une société charmante, et pour lui l'agrément de sa vie. Il était connu dans le Blaisois, ayant passé à Cheverny plusieurs mois à différentes époques. Il arriva donc au mois de juillet de l'année passée, 1795, et depuis ce temps nous vivons tous en frères. La littérature, les journaux, les soins de la campagne, nous font mener une vie très-douce.

Nous sommes rentrés ici ensemble pendant l'hiver, ma maison de Blois étant trop exiguë pour nous contenir tous ; comme j'espère l'augmenter d'une autre l'année prochaine, nous irons y passer trois mois l'hiver. Quelques amis viennent nous voir, mon fils aîné et sa femme dînent chez nous deux fois par semaine avec leurs enfants. Ils ont aussi une fort jolie maison à Blois dans la rue des Carmélites, rue que j'habite ; nous sommes donc à même de nous voir souvent, soit à la ville, soit à la campagne.

M. de Toulongeon, mon gendre, après avoir passé trois ans à Harfleur, près du Havre, est revenu dans sa terre, il y a six mois, avec sa femme près d'accoucher de son sixième enfant. Madame veuve Amelot vit à Paris avec ses deux filles : madame la comtesse Justine, non mariée, et madame la marquise de la Ferté, séparée de son mari par les circonstances de la Révolution, ayant une fille avec elle, son mari ayant emmené son fils. M. Amelot, mon neveu, devenu veuf de mademoiselle de Biré, après avoir couru les plus grands dangers, s'est retiré à Madon, terre qu'il a achetée, à quatre lieues d'ici, et qu'il habite de préférence à sa terre de Chaillou. Madame la marquise de Roncherolles, n'ayant plus avec elle ses enfants, qui sont dans les pays étrangers, vit chez sa belle-sœur, madame Amelot.

M. le président Chabenat et ses fils, mes cousins germains, vivent à Paris rue de la Chaussée d'Antin ou à Bonneuil près Paris. M. le marquis de Bouthillier-Chavigny, mon cousin issu de germain, et ses sœurs mariées sont tous sortis de France. M. et madame de Gauvilliers et leur fille, que nous avons tous élevée, jouissent, depuis la mort de M. Delorme, de la terre du Guélaguette, à cinq quarts de lieue d'ici, et continuent à nous tenir fidèle compagnie. Tel est le tableau de notre famille et de notre entourage.

Enfin, j'ai terminé aujourd'hui, 1er mai [1], l'histoire entière des événements qui se sont passés sous mes yeux et qui me sont personnels. Je vais, maintenant, dans un bref exposé, rapporter les principaux faits qui ont eu lieu dans le pays jusqu'au moment où je suis ; alors, changeant de manière, je ferai un journal comme *L'Étoile*, où je mettrai successive-

---

[1] 1796, d'après ce qui précède.

ment, non les grands événements de la nation, mais les faits particuliers qui se passeront dans la province, que l'on connaît maintenant sous le nom de département. On y verra jour par jour les événements d'un petit pays. Ils donneront une idée de l'ensemble ; tout se passe de même partout, à quelques nuances près.

Je reviens au départ de Laurenceot. Les corps renouvelés, les administrations et la justice, composés de gens probes et se croyant appuyés par le gouvernement, ne tardèrent pas à attaquer juridiquement les scélérats qui s'étaient joués de la vie et de la propriété des honnêtes gens. On incarcéra ceux qui avaient commis sur la levée de Blois les assassinats que j'ai relatés en leur temps. Je consigne ici le rapport de l'accusateur public, pièce rare et curieuse, qu'on a soustraite depuis[1] :

« Du 13 thermidor, an IIIe de la République française[2].

« Acte d'accusation contre les nommés : Le Petit[3], Simon[4], « Bonneau[5], Le Moine[6], Vaulivert[7], Hézine et Gidouin.

. . . .

FAITS.

« Lors de l'approche de l'armée vendéenne vers Beaugé, « la ville de Saumur fut mise en état de siège. Le représen-« tant du peuple Le Vasseur de la Sarthe donna des ordres « pour l'évacuation des prisonniers sur Orléans ; il confia « l'exécution de ses ordres aux nommés Le Petit et Simon, et

---

[1] Malgré la longueur de la pièce que l'on va lire, on a cru devoir la reproduire *in extenso*. Elle paraît en effet inédite, et c'est un document des plus curieux pour l'histoire de la Terreur.

[2] 13 juillet 1795. Les Mémoires donnent l'intitulé et toutes les formules juridiques.

[3] Membre du Comité révolutionnaire de Saumur.

[4] Commandant de l'escorte. « Simon était un jeune soldat de vingt-deux « ans, d'une jolie figure, et marié à une jolie femme de son état. » (*Note de l'auteur.*)

[5] Membre du Comité révolutionnaire, et administrateur du district de Chinon.

[6] Mêmes qualités.

[7] Membre du Département d'Indre-et-Loire.

« obtint du général Commère le commandement de l'escorte...;
« cette escorte fut composée de quatre cents hommes. Il
« paraît que ces ordres furent concertés; les registres des
« autorités de Saumur et les registres destinés à recevoir les
« écrous n'en font aucune mention.

« Les prisonniers étaient de huit cents à huit cent cin-
« quante; on peut les diviser en quatre classes. La première
« était d'hommes et de femmes habitants de la Vendée. La
« deuxième, d'hommes incarcérés comme suspects d'après
« la loi du 17 septembre 1793. La troisième, de prêtres, la
« majeure partie assermentés. La quatrième, d'hommes et
« de femmes reclus pour simple cause d'attachement au culte
« catholique.

« Le 12 frimaire[1] fut le jour fixé pour le départ; c'est
« dans l'ombre des ténèbres et à la lueur des flambeaux que
« se fait cette expédition. Le Petit et Simon, accompagnés
« de la force armée, se présentent dans les prisons sur les
« neuf heures du soir, mais le nombre des prisonniers est si
« grand que peu d'entre eux peuvent se placer sur les voi-
« tures qui leur sont destinées; hommes, femmes, filles, gar-
« çons, enfants même depuis l'âge de treize ans, sont obligés
« d'aller à pied, liés deux à deux, devant les charrettes.

« A peine fut-on sorti de la ville, l'ordre de fusiller tous
« ceux qui ne pourraient pas marcher fut donné par Le Petit.

« Depuis Saumur jusqu'à Orléans, on compte six cents
« malheureuses victimes de la fatigue, du besoin, et plus par-
« ticulièrement de la barbarie de leurs chefs; noyades,
« fusillades, massacres, vols, tels sont les crimes qu'offre
« cette cruelle translation : monstruosité inouïe, car ils
« n'étaient pas commandés par la nécessité; aucun procès-
« verbal n'annonce que les prisonniers se fussent révoltés,
« aucune pièce ne fait connaître ce dont ils étaient coupables,
« aucun jugement ne détermine ce dont ils étaient con-
« vaincus; obéissance et soumission pour les ordres du

[1] 2 décembre 1793.

« représentant du peuple et de ceux qui les conduisaient,
« voilà ce qui perce de toutes parts.

« Que l'on juge de ce qui se passa depuis Saumur jusqu'à
« Montsoreau; on pouvait suivre le convoi aux traces de sang
« qui se trouvaient sur la route; à chaque instant on tuait,
« de l'ordre des chefs, des malheureux qui, exténués de
« fatigue, ne pouvaient se soutenir; la vieillesse et l'enfance
« n'étaient même pas une cause d'exception.

« A Montsoreau, un malheureux est laissé pour mort dans
« la plaine des Adaux, il était percé de coups de baïonnette;
« on le réintègre dans les prisons; la municipalité, travaillée
« par la terreur, le fit jeter sur le fumier, où il fut immolé par
« un volontaire qui passait.

« Au coteau des Moncenières, entre Saumur et Montso-
« reau, un malheureux succombait; il est impitoyablement
« tué par les soldats de l'escorte, qui déclarèrent obéir aux
« ordres de leurs chefs.

« La nuit vint jeter son voile lugubre sur ces scènes
« d'horreur, mais de nouveaux forfaits se préparaient pour
« le lendemain. Au lever de l'aurore, le 13, en la commune
« de Landé[1], un malheureux vieillard cède à l'affreux destin
« qui le poursuit, les forces l'abandonnent, il succombe.
« Une voix lui crie de marcher. — Je ne puis. — Je vais te
« tuer. — Tue-moi. — Commandant, faut-il le tuer? —
« Tue, répond le commandant de l'escorte, portant un habit
« vert et une épaulette garnie de fils d'argent. Le malheu-
« reux est fusillé, jeté dans l'eau; au sein de l'onde il palpi-
« tait encore, mais ses bourreaux terminèrent son existence
« à coups de pique.

« Un raffinement de barbarie se manifeste dans les ordres
« que donne Simon; il fait défendre de sortir des rangs sous
« peine d'être tué.

« Un instant après, un jeune homme de seize ans tombe
« de besoin; il rompt les rangs, un coup de pique lui est

---

[1] Plutôt Candes (Indre-et-Loire), au confluent de la Loire et de la Vienne.

« porté à la figure ; elles se croisent sur son corps, et il est
« enlevé à l'aide de cet instrument fatal et tué à la sortie de
« Landé.

« Un émissaire de Le Petit, chargé d'un réquisitoire pour
« la municipalité de Chinon, y devance les prisonniers, et
« répand le bruit dans cette commune que ce sont des bri-
« gands de la Vendée, pris les armes à la main, qu'on con-
« duit à Orléans. La fureur se manifeste, et ils sont reçus
« avec les imprécations les plus fortes ; les chefs profitèrent
« adroitement de cette disposition du peuple. Un malheu-
« reux vieillard, passant sur le pont de Chinon, tombe de
« fatigue ; deux volontaires le saisissent au collet, veulent
« le contraindre de marcher, s'emparent de ses assignats,
« et, par l'ordre de Simon, il est jeté par-dessus le pont.

« Le convoi arrive dans la commune de Chinon ; les pri-
« sonniers sont divisés ; les uns sont déposés dans l'église
« de Saint-Même, les autres aux Ursulines. Des commis-
« saires de la municipalité et du Comité de surveillance
« se rendent à l'église pour y maintenir le bon ordre ; le
« commissaire de la municipalité se renferme dans les bornes
« de sa mission ; mais les membres du Comité de surveil-
« lance, Bonneau et Lemoine, participent aux horreurs qui
« s'y commettent. A leur arrivée, ils blâmèrent ceux qui
« apportaient de la nourriture aux prisonniers ; ils firent
« mettre en prison deux femmes pour leurs œuvres de cha-
« rité, et déclarèrent qu'il ne fallait rien apporter à des
« brigands pris les armes à la main.

« On fait mettre les prisonniers sur deux rangs. Lemoine
« les fait défiler en sa présence ; son collègue et lui déclarent
« que quiconque d'entre eux quitterait son chef de file serait
« privé de la ration de pain, et que quiconque sortirait des
« rangs serait fusillé.

« Les prisonniers crurent trouver dans les membres du
« Comité de surveillance des hommes qui compatiraient à
« leurs infortunes, mais ils se trompaient ; ils rejetèrent leurs
« demandes et écartèrent leurs sollicitations. Tant de pré-

« paratifs, une aussi mauvaise réception, annonçaient pour
« le lendemain quelque chose d'extraordinaire. Un bruit
« sourd de la fusillade qui devait avoir lieu le lendemain se
« répandit dans la commune ; le soir même, on en parlait
« au Comité de surveillance ; une garde avait été mise par
« le commandant de la place pour surveiller les prisonniers ;
« la nuit se passa dans le calme, sans plaintes ni agitation.
« Le Petit et Simon se rendent dès six heures du matin à
« Saint-Même ; Bonneau les y accompagne ; on fait le dénom-
« brement des détenus, on les met sur trois rangs ; les vic-
« times qui devaient être sacrifiées furent laissées dans la
« nef, et les hommes regardés comme suspects furent mis
« dans le chœur. Heureux qui pouvait obtenir cette place !

« Bonneau et Lemoine parcouraient les rangs et partici-
« paient aux dispositions hostiles qui se préparaient. Sur
« les huit heures du matin, on bat la générale, et les citoyens
« se rendent sur la place ; l'ordre portait que l'on devait s'y
« présenter, sous peine d'être déclaré suspect. Simon distri-
« bue la force armée, invite les citoyens de se joindre au
« détachement, et, quand ils font résistance, menace de les
« faire fusiller ; ils se retirent. Des cartouches leur avaient
« été distribuées par le garde-magasin des poudres sur la
« réquisition du commandant de la place ; il en fit la distri-
« bution à son détachement.

« Déjà les voitures commençaient à défiler, lorsqu'un des
« membres des corps administratifs vint inviter Le Petit de
« se rendre au Comité de surveillance ; il y va avec Simon.
« On lui demande de quel ordre il se dispose à faire fusiller
« sur le territoire de la commune des prisonniers dont le
« convoi est destiné pour Orléans ; on lui demande où est le
« jugement qui porte leur condamnation. Il déclare avoir
« des pouvoirs illimités du représentant Le Vasseur de la
« Sarthe, dont il n'est comptable à personne. Cependant il
« en excipe, et les membres, après en avoir pris lecture,
« déclarent, ainsi qu'il est porté par leur arrêté du 14 fri-
« maire, *que, vu les termes dans lesquels leurs pouvoirs*

« *sont conçus, signés du représentant du peuple, Le Vasseur*
« *de la Sarthe, ils se reposent pour l'exécution de la mission*
« *dont sont chargés lesdits commissaires sur leur zèle et pru-*
« *dence,* pouvoirs qui, d'après les recherches faites sur les
« registres des autorités constituées de Chinon, n'existent
« inscrits sur aucun d'eux.

« Simon, au retour du Comité, se rend à l'église, où il
« entre comme un furieux; il jette sa rage sur un malheu-
« reux, le traite de brigand, le menace de lui couper le cou,
« et le frappe à coups de plat de sabre. Inhumainement, il
« disait aux uns et aux autres : *Tu danseras la carmagnole!*
« paroles insignifiantes, mais terribles pour les circonstances.
« Pendant ce temps, Le Petit était sur la place, qui, avec
« profusion, faisait distribuer du vin au détachement; les
« citoyens étaient également invités à en prendre. Simon se
« joint à lui, l'aide dans la distribution; il harangue les sol-
« dats : *Mes amis,* leur dit-il, *buvons; il faut du courage;*
« *frappez sans pitié les ennemis de la patrie.*

« Une scène inattendue, mais préparée avec intention, se
« développe au même instant, dans l'église de Saint-Même.
« Un individu est tiré de la maison d'arrêt par les militaires
« de la garnison, et conduit dans la nef; on le réunit à six
« individus destinés à être fusillés. Qu'avait-il donc dit?
« qu'avait-il donc fait? quel crime avait-il donc commis?
« Lemoine l'explique : *C'est ce scélérat,* dit-il à quelqu'un
« qui l'accompagnait, *qui a travaillé chez Goulard, chape-*
« *lier, qu'on a arrêté ces jours derniers; il est venu pour*
« *espionner.* Le malheureux proteste de son innocence : *Tais-*
« *toi,* dit Lemoine, *scélérat, tu seras fusillé comme les autres;*
« *l'arrêt est prononcé.* Recherché dans les prisons, recherché
« sur les registres des écrous, rien n'atteste son existence;
« qu'est-il donc devenu?

« Au milieu de ces différentes scènes, les détenus défi-
« laient. Une plus tragique se préparait. Un malheureux, en
« sortant de l'église, pouvait à peine se traîner; un coup de
« baïonnette lui perce le dos, on le rentre dans l'église, son

« corps résiste aux coups redoublés des piques, et il est tué
« de deux coups de fusil. Quoique les prisonniers prévissent
« bien le sort qui les attendait, on a cependant la précaution
« inhumaine de leur déclarer qu'on les conduisait au sup-
« plice. Pendant la route, le soldat impatient disposait de
« leurs dépouilles; il prenait leurs chapeaux, il leur arrachait
« leurs mouchoirs du cou; il leur enlevait leurs boucles,
« leurs portefeuilles. A peine les prisonniers sont-ils hors
« des murs de la commune, à peine ont-ils gagné le chemin
« de Tours, Simon s'empare du cheval d'un gendarme;
« l'exécution commence. Un vieillard ne peut marcher, il
« donne ordre de le tuer, et, portant la parole, il dit : *En*
« *voilà un de tué..... ils ont massacré nos frères d'armes;*
« *enfants, courage! n'épargnons pas ces gueux-là.* Les vic-
« times s'accumulent sous les mains de Le Petit et de Simon;
« impatientés, dans leur rage, ils coupent à coups de sabre les
« cordes qui liaient ces malheureux; la liberté ne leur est don-
« née que pour recevoir la mort..... on donne l'ordre....: un
« feu de file, qui se fait entendre au loin, apprend à tous les
« bons citoyens l'attentat horrible qui vient de se commettre;
« deux cent quatre-vingts malheureux sont assassinés; ceux
« qui n'étaient qu'estropiés ne demandaient pour grâce der-
« nière que la mort la plus prompte. On vit, au milieu de ce
« carnage affreux, des enfants prendre des masses de pierre
« et en écraser les cadavres qui palpitaient encore. Mais qui
« l'eût cru? On vit des citoyens présents à cette terrible scène :
« Bonneau, Lemoine et Martin. Lemoine prit part à l'action
« par ses discours, et Martin par des faits. Le premier re-
« proche à un gendarme son humanité de ne vouloir pas
« tuer ce qu'il appelait *ces coquins-là.* On vit le second faire
« usage tour à tour du couteau et de la pique pour égorger
« ces infortunés. Les dépouilles ensanglantées de ces mal-
« heureux furent la récompense de tant d'atrocités; les
« hommes, les femmes se les disputaient. Le Petit, encore
« teint du sang qu'il venait de répandre, écrit aux membres
« du Comité de surveillance de Chinon que, malgré la sur-

« veillance et les précautions qu'il a prises, il n'a pu con-
« tenir plus longtemps l'indignation des soldats, et qu'ils ont
« satisfait leur juste fureur en répandant le sang des bri-
« gands aux cris mille fois répétés de : *Vive la République!*
« d'une multitude de citoyens dont ils avaient été suivis.

« Un malheureux était échappé à cette scène sanglante; il
« est pris le lendemain, 15, dans la commune de Beau-
« mont, et de suite conduit au Comité de surveillance de
« Chinon. Au moment où on lui faisait subir son interroga-
« toire, entre Vaulivert; il s'empare de la parole, et, après
« quelques questions, il dit aux membres du Comité : *Cela*
« *me regarde naturellement, j'en fais mon affaire.* Il donne
« les ordres à un officier de garde; on va chercher quelques
« soldats, et le malheureux est conduit à la prairie Saint-
« Jacques, où il est fusillé. Tel est l'usage que Vaulivert
« faisait de ses pouvoirs illimités.

« Depuis Chinon jusqu'à Tours, il paraît qu'il y eut quel-
« ques malheureux de fusillés; mais les circonstances de leur
« mort sont inconnues. Toujours même tactique de la part
« de Le Petit. Il arrive le premier à Tours, il y prévient le
« peuple contre les prisonniers; on demande qu'ils soient
« noyés. Son vœu est bientôt exaucé; un des prisonniers
« s'étant écarté des voitures et ayant été menacé par les
« soldats de l'escorte, le commandant le prend de la main
« d'un officier de garde, ordonne de le fusiller sur-le-champ;
« il est amené près du parapet, fusillé et jeté à l'eau. Le Petit
« rendu à la municipalité, on lui proposa, d'après les décla-
« rations qu'il fit du nombre des prisonniers, de lui donner
« des rations de pain et la paille nécessaire; il eut l'inhuma-
« nité de répondre que *ce n'était pas la peine, que ces gueux-là*
« *étaient mourants, n'avaient besoin de rien et ne pouvaient*
« *arriver à Orléans;* remontrances qui firent que le pain ne
« fut distribué que le lendemain. Ce trait peint la férocité
« de son caractère et ses desseins perfides.

« Le convoi arrive à Amboise. Deux Allemands et le
« citoyen Péan, ci-devant curé de Cherai, sont immolés à

« la fureur de Le Petit. En vain l'humanité réclame plus
« particulièrement en sa faveur; il était âgé, et n'avait au-
« cune condamnation contre lui. — *J'ai l'ordre*, répond
« Le Petit, *il faut qu'il périsse*. Cet infortuné est conduit
« derrière les voitures, et est fusillé. Il paraît qu'à Amboise
« une partie des prisonniers fut conduite à la Tour, et que
« l'autre resta de l'autre côté de l'eau. Ceux qui sont destinés
« à passer l'eau sont conduits dans une charrière. Dans cette
« traversée, deux malheureux paysans sont jetés à l'eau; en
« vain ils luttent contre la mort, en vain ils veulent se
« cramponner au bâtiment, on les sabre, on les tire à coups
« de fusil. En débarquant une malheureuse femme, âgée de
« quatre-vingt-six ou quatre-vingt-sept ans, dont l'esprit
« était aliéné, Le Petit ordonne de la fusiller; sa nièce se
« jette sur elle, elle lui fait un rempart de son corps, elle
« s'écrie qu'il faut les tuer toutes deux. Ce généreux dévoue-
« ment sauva la vie à la tante, excita la pitié des volontaires,
« qui la relevèrent et l'aidèrent à remonter le port.

« Le 18, le convoi se rendit à Blois; à un quart de
« lieue de cette commune, Le Petit ordonne aux prêtres de
« mettre pied à terre. Les prisonniers, en entrant, y furent
« reçus aux cris de : Vive la Nation! Vive la République!
« Quelques enfants criaient : A la guillotine! Mais la pré-
« sence du magistrat sut écarter cette première efferves-
« cence. Le Petit se présente à la municipalité, excipe l'ordre
« de translation et demande une auberge. L'officier muni-
« cipal le conduit au Château-Gaillard; les femmes qui
« étaient dans des voitures furent déposées dans des cham-
« bres, les hommes et les prêtres dans des écuries. Un piquet
« de cinquante hommes de garde avait été commandé pour
« aller au-devant du convoi et protéger les prisonniers;
« mais cette garde n'était pas celle qui convenait aux inten-
« tions de Le Petit, il fit tous ses efforts pour l'éloigner.

« Deux officiers municipaux conduisirent ensuite Le Petit
« au Département, où le séjour qu'il demandait lui fut refusé.
« Là, en peu de mots, Le Petit fit connaître son caractère

« bouillant et irascible, et ses intentions perfides. Sur le
« refus qu'on lui fit, il déclara qu'il prendrait son parti, et
« qu'il saurait bien se défaire des détenus. Il était alors
« entouré des Plucquet, des Goulu et autres commissaires
« qui, pour le malheur de la commune, y avaient été vomis
« par le département du Loiret. Hézine était présent, et
« sourit à cette première attaque; mais une seconde fut portée
« par un des commissaires, qui demanda que les hommes
« incarcérés comme suspects à Blois fussent confiés à Le Petit
« pour leur translation à Orléans. Cette proposition couvrit
« de honte celui qui la fit, et la fermeté de l'assemblée
« l'éloigna. Les habitants de cette commune étaient inquiets
« sur le sort des malheureux prisonniers; déjà le bruit des
« atrocités de Le Petit se répandait, déjà même on parlait
« de fusillade pour le lendemain. Un propos tenu par Hézine,
« qui avait alors de la prépondérance parmi le peuple, se
« communiquait; il avait dit devant la maison de la com-
« mune : *Demain, au matin, on leur donnera une bonne cor-*
« *rection, et nous ferons voir aux Blaisois comme on les*
« *arrange;* mais, malheureusement, cette première rumeur
« ne fut pas connue des autorités. On ignore si, jusqu'à cette
« journée, Hézine et Gidouin avaient eu quelques liaisons
« avec Le Petit et Simon; mais bientôt elles se firent con-
« naître d'une manière plus ostensible. Le Petit et Simon
« étaient logés à la Montagne; Hézine y fut le soir, 18 fri-
« maire, veille de la fusillade. Quel motif l'y conduisit?
« quelles affaires y avait-il à traiter? Le même soir, Hézine,
« sur les onze heures, se rendit à l'auberge de la République,
« où il soupa. Il fut question de la fusillade; il dit qu'elle
« devait avoir lieu le lendemain, à sept heures du matin, et
« qu'il comptait s'y rendre. Qui lui avait dit l'heure où la
« fusillade devait avoir lieu? comment l'avait-il appris? et
« pour quel motif?

« Le lendemain 19, Hézine est mémoratif de l'enga-
« gement qu'il avait pris la veille. Dès six heures du matin,
« il va voir les prisonniers; il dit à quelqu'un qui l'accom-

« pagnait *qu'il fallait fusiller treize prisonniers à Blois pour
« donner l'exemple au peuple, et que c'était lui qui était la
« cause qu'on fusillait à Blois, qu'on commencerait par des
« paysans et qu'on finirait par de saints prêtres.* Il ajouta
« *qu'il avait soupé avec Le Petit dont il avait reçu une lettre,
« et qu'il devait y avoir deux autres fusillés à Beaugency,
« disant que la fusillade de Blois aurait lieu à huit heures du
« matin.* A moins d'avoir assisté au conseil de Le Petit, à
« moins d'avoir participé à ses projets, on ne pouvait être
« plus prévoyant, car tout ce que dit Hézine arriva.

« Ce jour-là même Hézine vint trouver Le Petit à son
« auberge, causa avec lui, et sur quelques observations que
« fit quelqu'un qui l'accompagnait, la conversation étant sur
« la fusillade qui devait avoir lieu, Hézine répondit : *Mort
« aux aristocrates! faut-il donc des ordres pour les tuer?* En
« attendant l'heure fatale, Le Petit, Hézine et Gidouin se
« promenaient dans la cour de l'auberge du Château-Gaillard,
« se tenant sous le bras. Gidouin et Hézine disaient à Le
« Petit : *Tu vas nous en faire fusiller, de ces sacrés gueux de
« prêtres, afin de faire un exemple au peuple et montrer à ces
« sacrés aristocrates de quelle manière on les arrange.* — *Ce
« que tu voudras,* répondit Le Petit, *ils sont à ma disposition.*
« — Est-ce à cette provocation que les infortunés durent
« leur malheureux sort? ou avait-il été arrêté dans le conci-
« liabule qui eut lieu la veille au Château-Gaillard entre Le
« Petit, Gidouin et Hézine?

« Entre huit et neuf heures du matin, tout était disposé
« pour le départ. Le Petit donne l'ordre pour faire partir
« les voitures, il va même en avant. Il rencontre Hézine et
« Gidouin à la pointe qui fait face au Château-Gaillard,
« Hézine lui dit : *Eh bien! vas-tu nous en faire fusiller?
« combien en vas-tu fusiller? Les voilà partis.* Le Petit répond
« d'un air farouche : *Ceux qui sont à fusiller ne sont pas
« encore partis.* Un instant après, Le Petit rentre à l'auberge,
« fait sortir quatre paysans de l'écurie; il les fait conduire
« au bord de l'eau, les range lui-même les uns après les

« autres, et ils sont fusillés par ses ordres et jetés tout habillés
« dans la rivière. Hézine et Gidouin sont les premiers à
« applaudir à ce spectacle par les cris de : *Vive la Nation!*
« Gidouin dit alors à Le Petit : *Est-ce que tu ne nous feras*
« *fusiller que ces quatre paysans-là? tu ne nous feras pas*
« *fusiller quelques curés?* Ces mots à peine prononcés, il
« descend au bord de l'eau, regarde les cadavres, et dit :
« *Ce sont de f..... gueux, de f..... scélérats, on fait bien de*
« *les fusiller.* C'est probablement dans ce moment que Le
« Petit dit ou crie : *Vive la Nation! il n'y a qu'à aller chercher*
« *de ces b..... de prêtres, on va leur en faire autant.* L'impa-
« tience de Gidouin ne tarda pas à être satisfaite, cinq prêtres
« sont amenés sur le bord de l'eau, Le Petit les range lui-
« même, l'un d'eux ôte son habit qu'il donne aux volontaires
« et les prie de *ne pas le manquer;* l'ordre cruel est donné,
« ils sont tous fusillés, mais l'un d'eux n'est pas frappé à
« mort, un officier plus humain donne l'ordre de tirer à sa
« tête, et il tombe à ses pieds. Bientôt les vautours partagèrent
« leurs dépouilles ; ils les portèrent en triomphe et les dépo-
« sèrent dans les charrettes. La consternation était peinte
« sur toutes les figures, toutes les âmes étaient glacées
« d'effroi, un morne silence régnait dans la commune. Il n'y
« avait que celui qui avait pris un barbare plaisir à faire
« rouler les cadavres dans l'eau, qui pût être gai après une
« scène aussi sanglante; il n'y avait que celui qui se per-
« suadait que la France se purgeait en versant illégalement
« le sang de ces malheureux, qui pût n'être pas agité; il n'y
« avait que celui qui se faisait un triomphe de porter sur ses
« habits du sang de ces infortunés, qui pût ne pas avoir
« l'âme bourrelée; il n'y avait que celui qui disait qu'il
« n'avait pas regret de mourir après avoir joui d'un si beau
« spectacle, qui pût être tranquille; il n'y avait que celui qui
« posait en principe que le gouvernement ne pouvait s'établir
« que par de pareilles atrocités, qui pût encore songer à son
« plaisir. Aussi Gidouin fit-il part de sa joie à tous ceux
« qu'il rencontra, et chercha-t-il à la leur faire partager

« De Blois, le convoi fut conduit à Beaugency[1], où les
« prisonniers arrivèrent et furent déposés à l'auberge de la
« Forêt; un piquet de la garde de Beaugency leur fut donné.
« On les fit défiler dans l'écurie, leur domicile ordinaire. Un
« des malheureux, qui avait les jambes nues et gelées, était
« conduit par ses camarades qui le tenaient par-dessous les
« bras. Le Petit et le commandant de la force armée com-
« mandèrent au citoyen de Beaugency qui était de garde de
« le tuer. Le volontaire, indigné de cette proposition, s'y
« refusa. *En ce cas,* lui dirent-ils, *nous le ferons tuer demain
« matin.* Toutes les dépouilles des malheureux fusillés
« n'étaient point abandonnées aux soldats, les chefs parta-
« geaient ce qu'il y avait de plus précieux. Le Petit fit monter
« dans sa chambre à Beaugency une boîte qui appartenait à
« l'un d'eux, il la brisa et disposa des effets qu'elle contenait.
« Il y vendit dans la cour de l'auberge un lit et un matelas.
« Cette vente attira sur lui les reproches des soldats. Ils
« furent poussés si loin qu'il ne put les apaiser qu'en pro-
« mettant d'en rendre compte le lendemain à la halte; ils
« reprochèrent à Le Petit d'en avoir ainsi agi à Blois et à
« Tours.

« Le 20 frimaire, jour où finirent tant d'atrocités, le
« convoi se mit en marche sur les sept heures du matin
« pour se rendre à Orléans, lieu de sa destination. Des
« citoyens de garde entrèrent dans l'écurie de l'auberge de
« la Forêt; ils y trouvèrent trois malheureux exténués de
« fatigue et étendus sur la paille; l'un d'eux était aveugle.
« Ils s'en saisirent et le montèrent sur une des voitures; ils
« revinrent ensuite vers les deux autres; en vain ils leur
« firent envisager les dangers qu'ils allaient courir. Le com-
« mandant de l'escorte et Le Petit, instruits de cet événe-
« ment, quittèrent leur chambre et descendirent à l'écurie.
« Le Petit voulut faire fusiller ces malheureux, la maîtresse
« de l'auberge s'y opposa. Aussitôt Le Petit appelle quelqu'un

---

[1] Voir l'*Histoire de Beaugency*, par LOTTIN et PELLIEUX (t. I, p. 268).

« de son détachement. Ces deux malheureux sont traînés au
« dehors, la figure contre terre. Alors Le Petit était entouré
« de la garde citoyenne. Elle refusa d'obéir à ces ordres
« inhumains. Elle refusa même de donner ses armes. Le
« commandant de la force armée se saisit d'un fusil à deux
« coups, tire sur l'un et sur l'autre de ces malheureux, et il
« est à l'instant imité par sa troupe ; les cadavres sont laissés
« sur place, et le détachement fait route.

« On assure que dans cette circonstance, une malheureuse
« femme, ex-religieuse, serait tombée sous le fer de ces assas-
« sins si un des citoyens de la garde ne l'eût prise dans ses
« bras et mise sur une voiture, action digne d'éloges tant de
« la part de ce citoyen que des autres, dans ces temps de
« calamités publiques où la vertu et le courage étaient réduits
« au silence. Le juge de paix a constaté ce cruel événement
« par ses procès-verbaux du 20 frimaire an II.

« Les prisonniers arrivés à Orléans y trouvèrent secours
« et assistance ; ils furent mis sous la protection de la loi.

« Les dénégations les plus formelles ont été les réponses
« de Gidouin, Hézine et Bonneau. Simon a prétendu qu'il
« n'était qu'un être purement passif, soumis aux volontés de
« Le Petit, qui n'agissait, disait-il, que d'après des ordres
« supérieurs et auxquels il croyait devoir une obéissance
« aveugle [1].

. . . .

« Fait au cabinet de l'accusateur public, le 13 thermidor
« an III.

« *Signé* : P. N. DOUBLET. »

Le 30 fructidor [2] suivant, les accusés furent mis en jugement ; les débats durèrent huit jours, et l'affaire était sur le
point d'être terminée, après avoir coûté plus de six cent
mille livres à la Nation, lorsqu'un décret survint qui, en

---

[1] Je supprime ici le réquisitoire. Suit l'ordonnance de prise de corps rendue le même jour par le tribunal criminel de Blois.
[2] 16 septembre 1795.

annulant la loi du 4 messidor dernier [1], ordonna que la procédure serait recommencée d'après les formalités de la loi du 15 septembre 1791. On s'en occupait; les coupables étaient réintégrés en prison, lorsque la législature finissant, on donna aux assemblées primaires le tour d'une nouvelle constitution [2]. C'était un piége, la nation se crut prête à reprendre ses droits.

Les assemblées primaires furent convoquées. J'allai à celle de mon canton à Cellettes. Je me présentai des premiers. Il n'y avait que six personnes, et je me retirai; bientôt l'assemblée commença. On m'avait vu; trois messagers vinrent me chercher coup sur coup. J'appris qu'il n'y avait qu'un cri dans l'assemblée pour que je me présentasse. Je n'en tins pas compte, sous prétexte que j'étais fatigué; toutes les voix se réunissaient pour me donner la présidence, et je sentais combien cette place était scabreuse pour moi, parce qu'un noble ne devait pas être en évidence. Je ne parus que lorsque je sus qu'on s'était décidé à nommer le sieur Serreau [3], juge de paix. Il était important de faire de bons électeurs. Toutes les voix tombaient sur moi, mais je priai qu'on m'oubliât et qu'on nommât plutôt mon fils aîné; il fut nommé, ainsi que M. Boitot [4], et le choix était bon. Les secrétaires furent bien choisis. La constitution fut acceptée, sauf la réélection des membres [5]. On sait tout ce qui est arrivé en conséquence. Notre canton ne fut cependant pas tourmenté, quoiqu'il n'eût pas agi dans le sens des gouvernants.

[1] 22 juin 1795, décret qui attribue aux tribunaux criminels la connaissance des meurtres et assassinats commis depuis le 1er septembre 1792. Il fut rapporté le cinquième jour complémentaire an III (31 septembre 1795).

[2] C'est-à-dire que l'on soumit à l'approbation de ces assemblées la Constitution de l'an III. Elles durent se réunir à cet effet au plus tard le 6 septembre.

[3] Ancien bailli de Cormeray; son fils avait épousé la fille de la marquise de la Brisolière et la perdit après un mois de mariage.

[4] Dont il sera question un peu plus loin.

[5] D'après un décret portant la même date que la constitution (22 août 1795), les assemblées électorales étaient tenues de nommer les deux tiers des membres de la Convention en activité. Deux des sections de Blois protestèrent énergiquement et adhérèrent au soulèvement des sections de Paris. (*Histoire de Blois*, t. II, p. 139.)

L'insurrection arriva à Paris [1] et fit la force des députés; on écrasa tous les honnêtes gens. Une chose remarquable, c'est que les habitants de Paris furent aussi nuls qu'ils l'avaient toujours été; s'il y en eut de tués, c'étaient des curieux. On sait que les présidents et les secrétaires des élections, grands parleurs qui n'avaient pas de plans arrêtés, furent persécutés et tourmentés; deux furent mis à mort.

Dès que l'Assemblée et le parti se virent triomphants, ils envoyèrent de leurs membres avec des pouvoirs de proconsuls; on sent parfaitement que c'étaient des jacobins. Ce fut Sevestre [2], député, qui fut envoyé à Blois. La première chose qu'il fit fut de donner la liberté à tous les scélérats qui étaient en jugement.

Mon neveu, M. de Salaberry, avait plus de droits qu'un autre à se prononcer. Il était resté treize mois sous le couteau, et il avait la mort de son père à venger. Il s'était donc prononcé dans les assemblées primaires de Blois avec une telle force, une telle éloquence, qu'il avait entraîné tous les honnêtes gens contre les gueux. Ces derniers, plus rassurés, le poursuivirent par tous les moyens. Sevestre, sans aucun droit, voulut l'incarcérer, mais il s'enfuit à Paris, où il prouva son innocence devant les Comités.

Cependant la nouvelle constitution s'organisait, et le Directoire prenait de l'autorité; le premier usage qu'il en fit fut de mettre en place comme commissaires tous les scélérats et les buveurs de sang, tels que Hézine, Simon, Bonneau, tous gens à rouer. La peur de la chouannerie faisait alors agir le Directoire, mais il s'aperçut bientôt qu'il organisait le crime, l'assassinat et la révolte.

---

[1] A Paris, la majorité des sections, tout en adoptant la constitution, avait voté contre la réélection. La Convention ayant proclamé, le 1ᵉʳ vendémiaire (23 septembre), que les décrets étaient adoptés par la majorité des assemblées primaires, les sections de Paris se soulevèrent. La Convention triompha de cette insurrection le 13 vendémiaire. On sait le rôle que joua Bonaparte dans cette occasion.

[2] Achille Sevestre, d'Ille-et-Vilaine, conventionnel régicide, que nous retrouverons plus loin simple messager d'État.

C'est au moment où l'on s'occupe de rappeler les honnêtes gens dans les places, soit à Paris, soit dans les départements, que je finis cette partie de mes Mémoires, pour prendre, à partir de ce jour, la forme des Mémoires de L'Étoile.

CHAPITRE XXVII

Les Mémoires prennent la forme d'un journal. — Mariage de M. de Salaberry. — Dangers auxquels il échappe. — L'insurrection de Palluau. — L'emprunt forcé. — Arrestation du général Bonnard; son évasion. — Deux émigrés dans la prison de Blois. — Démission de plusieurs juges. — Tentative de délivrance. — Conspiration jacobine. — Le général Bonnard condamné par contumace. — On nomme des juges terroristes. — Encore l'emprunt forcé. — La haute cour de Vendôme : procès Babeuf. — Grégoire perd son influence. — Anecdotes sur quelques nobles. — La vicomtesse de Beauharnais épouse Bonaparte. — Le haras de Chambord; le directeur Salar. — Caillon. — Dossonville, agent de police; son origine; sa carrière. — Voyage à Vendôme; les inculpés; les juges. — Une séance à la haute cour; l'acte d'accusation; les défenseurs : Réal. — Arrestation d'Hézine.

Mois de mars 1796. — M. de Salaberry allait combler les vœux de feu son père et de M. de La Porte en épousant mademoiselle de La Porte, cette aimable personne dont j'ai peint le caractère. Il était parti pour Paris avec sa mère et mon second fils. Il était temps qu'il sortît de Blois. Un certain général Bonnard[1], envoyé à Blois pour la réquisition des jeunes gens, voulait faire déclarer la ville en état de siége, et se servait de tous les moyens de vexation que ces gens-là savent mettre en usage dans un temps si malheureux.

On avait envoyé pour commissaires à Blois un nommé Venaille[2], fils d'un riche marchand de Romorantin qui avait commencé avec des sabots, et le nommé Fousse-

---

[1] Il ne peut s'agir ici du général Ennemond Bonnard, qui a eu une très-belle carrière militaire et a commandé, de 1804 à 1812, la division de Tours; il était alors à l'armée de Sambre-et-Meuse. — Mais il existait, d'après la *Biographie Michaud*, un autre général Bonnard, qui avait été aide de camp de Carteaux en 1793, et qui se donna la mort en 1801.

[2] Conventionnel régicide. Il fut, pendant toute la durée de l'Empire, substitut du procureur impérial de Romorantin.

doire ¹, ancien maitre d'école à Saint-Aignan, tous deux jadis députés, tous deux connus pour jacobins, et le dernier enfermé au château de Ham ².

La crainte de quelques désagréments hâta le départ de M. de Salaberry, et le mariage fut conclu en quinze jours. Croyant n'avoir plus rien à craindre, ils revenaient tous à Blois par Vendôme, lorsqu'un courrier leur fut dépêché pour leur dire que M. de Salaberry serait arrêté en arrivant, comme émigré. C'était une calomnie, une noirceur; le jeune homme était rentré de ses voyages avant le premier décret. Il n'avait fui, depuis, qu'au moment où son séjour compromettait sa vie; tous ses papiers, ses passe-ports étaient dans la plus grande règle, mais les jacobins de Blois le regardaient comme un homme dangereux. Il fallait parer le premier coup; ils repartirent donc, bien résolus à ne pas revenir qu'ils ne fussent sûrs de leur tranquillité. A Paris, il obtint tout des comités, alla trouver l'ancien député Sevestre, devenu simple messager d'État, et lui prouva qu'il avait été trompé. Celui-ci n'était plus rien, mais il s'y prêta autant qu'un homme de ce parti en était capable, et M. et madame de Salaberry revinrent chez eux, munis de pièces en règle et avec une injonction de les laisser en repos.

Cependant les jeunes gens de la réquisition se cachaient. Bonnard se faisait payer, et malgré cela les faisait partir. Baillon, commissaire des guerres, qui voyait ses comptes, nous conta qu'il lui avait payé neuf cent mille livres en assignats en douze jours, et quatorze cents en vingt jours; sur le mémoire, il y avait pour cinquante-trois mille livres de plumes, canifs, encre et papier.

Il y eut une petite insurrection à Joubeau, en Berry ³. On

¹ Aussi conventionnel régicide. Madame d'Oberkirch (*Mémoires*, t. II, p. 348) rend témoignage de l'humanité dont il fit preuve à Schelestadt, en 1794.
² Par un décret rendu sur la proposition de Fréron, le 1ᵉʳ avril 1795, l'Assemblée avait ordonné que tous les individus frappés d'un décret d'arrestation ou de déportation seraient envoyés au fort de Ham.
³ Il faut lire : la Joubardière, nom d'un château appartenant à MM. de Chollé (voir ci-après). Cette prise d'armes, connue sous le nom d'insurrection

la fit valoir beaucoup : c'était un moyen de déclarer la ville en état de siége. On envoya des troupes; une cinquantaine de pauvres paysans furent tués. C'était un M. Fauconnet[1], jeune homme et mauvaise tête, qui avait fait cette insurrection; trois MM. de Chollé[2] furent obligés de s'enfuir. Cette triste aventure désola cette partie du Berry.

Avril 1796. — En conséquence du décret de l'emprunt forcé[3], il parut une première liste; j'en fus pour cent vingt mille livres en assignats, ou douze cents livres en argent. C'est une somme, car on ne voit pas un écu. Je me hâtai de satisfaire la Nation; l'imposition vint à peu près dans le même temps. Ma part fut de deux cent quatre-vingt mille livres en assignats. La façon de procéder à l'emprunt forcé était barbare. Le Directoire envoyait au Département une première quotité; le Département suivait le plan tracé et dicté d'imposer par classe[4]. Au lieu de publier la somme à laquelle il était taxé et de la répartir par commune, ainsi qu'on le faisait anciennement pour la taille, et de laisser ensuite les communes s'imposer, il fixa lui-même la taxe. Il s'ensuivait que des fermiers et autres, qui avaient d'avance porté des quatre, cinq et dix mille francs au receveur, comme

---

de Palluau, eut lieu au commencement de l'an IV et se termina le 15 mars 1796 par la défaite des royalistes près de Buzançais. On en trouve un compte rendu succinct au *Moniteur* du 4 floréal an IV. M. Albert des Méloizes me signale comme documents à consulter les travaux de la Société du Berry (3e année : 1855-1856, et 5e année : 1857-1858), ainsi qu'un roman historique intitulé : *la Vendée de Palluau* (Châteauroux, 1858, in-8), par M. J. VEILLAT, qui en a puisé les éléments aux archives de la préfecture de l'Indre et au greffe de Châteauroux.

[1] Son nom véritable était Adrien Dupain; c'était le fils d'un épicier de Paris, d'abord destiné à la prêtrise, qui avait servi dans l'armée des chouans avec le grade de capitaine. Chargé de provoquer un soulèvement en Berry, il s'était mis en rapport avec MM. de Chollé. Fait prisonnier à Buzançais, il parvint à s'échapper de prison.

[2] Condamnés à mort, ils vinrent quelques années après purger leur contumace et furent acquittés.

[3] Loi du 19 frimaire an IV (10 décembre 1795). L'emprunt était fait en numéraire, et les assignats étaient reçus pour le centième de leur valeur nominale.

[4] Il y avait seize classes : la première payait 50 francs; la quinzième, 1,200; la seizième, de 1,500 à 6,000.

comptant être imposés, ne se voyant sur aucune liste, allaient retirer leur dépôt. Le Département, voulant juger des fortunes, demanda des états à chaque imposé et, pour avoir un air de justice, constitua en conseil la municipalité de chaque canton. Chacun se refusait à être commissaire pour un pareil objet; on prit donc ceux qui ne refusaient pas. J'eus pour estimateur et appréciateur un tourneur de Cour. Consulter un homme d'une fortune si différente pour apprécier un gros propriétaire, c'était le mettre dans les mains de l'envie.

Je fus taxé en tout à six cent mille francs. J'envoyai un homme sûr réclamer au canton. On lui répondit que ma taxe avait été décidée unanimement, dans un conseil de vingt-trois personnes, que mon fils était à cent mille écus, mon neveu Amelot à un million; que M. Étienne Feuillant, acquéreur de la terre de Cormeré, était à vingt mille livres en argent. Mon homme lui répondit que la comparaison n'était pas juste, que je défendais les biens de mes pères, et que M. Étienne Feuillant [1], jadis clerc de notaire, avait gagné sa fortune dans la Révolution, à faire des feuilles qui ont été dans les mains de tout le monde pour deux sols. C'est dans ces pourparlers que s'est passé tout le mois d'avril.

Dans le courant de ce mois, le général Bonnard fit créer une garde soldée, composée de tous les jacobins les plus abjects. Cette garde se porta à des excès, et fut frottée d'importance par les mariniers; deux de ces mauvais sujets furent tués. Le général était brouillé avec le commissaire Venuille, et, sur des plaintes appuyées, un ordre vint du Directoire de le faire incarcérer, à la joie de la ville et du département. Il se disait marié avec une jolie femme qui vivait avec lui; on sut alors que c'était une fille, et qu'il avait abandonné sa vraie femme, qui était de bonne famille. On

---

[1] Étienne Feuillant avait fondé au commencement de la Révolution la *Feuille du soir*, journal incolore, qui eut un grand succès et lui procura une fortune considérable. En 1814, il fit paraître le *Journal général de France*, journal ultra-royaliste. Il devint député en 1815.

mit les scellés chez lui. Cet homme, qui avait commencé par être soldat, passa le temps de sa prison en orgies. Les jacobins ses amis le firent bientôt échapper : on grisa le geôlier, qui était le meilleur homme possible. Bonnard s'enfuit à Orléans, et de là à Paris. Le général Canuel [1] vint de Tours, fit incarcérer l'adjudant, cassa la garde soldée et fit rechercher les fauteurs de la fuite.

Le mois dernier, quatre insurgés de la Vendée, menés à Paris pour être jugés, et qui avaient séjourné huit jours à Blois, furent délivrés dans la forêt d'Orléans par plusieurs hommes masqués. On disait que l'un des prisonniers était le secrétaire intime de M. le comte d'Artois.

Un cousin du marquis de Montlivault, M. Le Moine, jeune homme plein d'esprit, avait été, quoique n'étant pas de la réquisition, enlevé furtivement pour être conduit de brigade en brigade à l'armée du Nord. Il fut sauvé par quatre hommes de Mer.

M. de la Roche-Mouhet [2], ancien garde du corps de M. le comte d'Artois, était revenu voir sa femme ; il y avait plus d'un an qu'il vivait tranquille. On s'aperçoit que sa femme était près d'accoucher ; il n'en fallut pas davantage pour le faire prendre et conduire au Tribunal révolutionnaire de Blois. Ç'aurait été une vraie délectation pour Foussedoire et les autres enragés de le faire exécuter dans les vingt-quatre heures. Heureusement, le Tribunal, composé d'honnêtes gens, ne se trouva pas compétent et décida qu'il serait renvoyé à Versailles, devant ses juges naturels ; on gagna du temps, et il est encore dans la prison de Blois. M. de la Roche-Mouhet est un homme des plus intéressants ; âgé de trente-trois ans, il est grand et d'une très-belle figure ; sa patience, sa douceur, sa résignation et sa politesse excitent la compassion de tout le monde.

---

[1] Simon Canuel (1767-1841), d'abord révolutionnaire exalté et aide de camp de Rossignol, fut, à la fin de sa carrière, un royaliste ardent ; il devint sous la Restauration grand officier de la Légion d'honneur et baron.

[2] Martin de la Rochemouhet (Pierre), qui figure en 1789 au *Catalogue du*

La dernière affaire de ce genre qui a occupé tout le pays est celle du marquis de Beauxoncles[1], homme d'une très-ancienne maison du Vendômois. Il avait émigré, et comme sa tête était faible, les événements de la Révolution la lui ont tournée complétement ; il se figura (et voilà sa folie) que le comte d'Artois avait pris de la jalousie contre lui à propos d'une femme ; il rentra en France, se présenta, il y a deux mois, au général qui commande à Orléans, lui conta son histoire, lui donna son nom, ses titres, enfin en dit tant qu'à l'instant il fut incarcéré. On fait ce qu'on peut pour le sauver, on le persuade à grand'peine ; il s'empare du chapeau et du manteau d'un gendarme et s'évade. On le croyait sauvé, mais il n'était pas homme à prendre un parti. Au bout de quinze jours, il arrive chez M. de Montaudouin[2], propriétaire de la Source, qu'il ne connaissait pas, et se fait annoncer : le marquis de Beauxoncles. Son affaire avait fait beaucoup de bruit, et M. de Montaudouin, craignant pour son hôte autant que pour lui-même, lui dit qu'il ne peut le cacher et lui donne de l'argent et des conseils. Enfin, il se fait prendre dans ce département ; on le conduit à Blois. Il demande à aller chez sa tante, mademoiselle de Beauxoncles, qui demeurait à Blois, où elle avait des parents ; elle était morte depuis six semaines, âgée de quatre-vingt-sept ans. Il passe deux heures chez elle à jeter les hauts cris, tandis qu'il pouvait employer ce temps à se sauver, ce qui lui était facile. Enfin, on le mène à la prison et on le met avec M. de la Roche-Mouhet. En entrant, il lui saute au cou et lui dit : « Ah! monsieur, nous nous trouvons dans une position bien « différente que lorsque nous étions ensemble à Coblentz! »

Limousin, bailliage de Limoges. On trouve aussi son nom sur l'*État général des biens d'émigrés de Loir-et-Cher* (1793), déjà cité.

[1] Jules-Éléonore, marquis de Beauxoncles (*Catalogue de* 1789, *bailliage de Blois*). Il fut condamné plus tard au bannissement par une commission militaire, en qualité d'émigré. (*Moniteur* du 24 août 1798.)

[2] On trouve au *Catalogue de l'Orléanais* (*Orléans*) : Thomas-Tobie de Montaudouin, ancien capitaine de cavalerie au colonel général, seigneur de Cornay.

M. de la Roche-Mouhet, qui ne l'avait jamais vu, reste confondu. Il assure n'avoir jamais été à Coblentz; on les laisse seuls; ils s'expliquent, M. de Beauxoncles convient qu'il a tort et promet de réparer cette folie, ce qu'il fit tant bien que mal devant témoins, en assurant qu'il avait été trompé par une fausse ressemblance.

Mois de mai 1796. — On ne voit pas un écu; on demande le surcroît d'impôt forcé; on exécute partout le décret qui défend de sonner les cloches[1]; les prêtres de tous les partis se modèrent. Le 6, arrive le décret, passé aux Cinq-Cents, qui chasse vingt mille prêtres de la République. Cette sévérité attriste tous les fidèles, on espère qu'il ne passera pas aux Deux cent cinquante[2]. Le sieur Gouthière, mon curé, homme des plus sages, examine s'il se trouve dans le cas. Il se résigne à tout avec une douceur évangélique. Il a fait le premier serment et ne l'a pas rétracté; il a toujours prêché l'obéissance aux lois et en a donné l'exemple. On ne peut lui reprocher que de s'être détaché de Grégoire, comme intrus à l'épiscopat, pour suivre M. de Thémines; mais c'est une opinion qui tient à la liberté des cultes.

11 *mai*. — Cinq des juges criminels nommés par le peuple, effrayés de voir dans les prisons les deux prétendus émigrés (M. de la Roche-Mouhet et M. de Beauxoncles), se sont retirés. C'est d'autant plus fâcheux qu'on en dit du bien. Parmi eux est M. Leconte, possesseur de Roujou, ancien avocat.

Hier dimanche, à midi, ont été menés aux Carmélites: Lacaille fils, âgé de seize ans, armurier; Courtois, portefaix; Compain, marchand de morue, jadis laquais de M. de Maupas; Girard, tapissier, et un apprenti chirurgien de chez Vallon. Ces particuliers ont été pris par la patrouille à quatre heures du matin, et sont accusés d'avoir voulu faciliter l'évasion des deux émigrés détenus dans la prison. Ils avaient

---

[1] Loi du 22 germinal an IV (11 avril 1796).

[2] La résolution des Cinq-Cents fut en effet rejetée par les Anciens le 9 fructidor an IV (9 août).

près d'eux par terre une échelle de corde très-bien faite, mais on n'a pas d'autre preuve. On prétend qu'on a resserré les deux prisonniers.

On apprend une nouvelle révolution, en sens contraire du 13 vendémiaire; les jacobins sont découverts en pleine conspiration [1].

Le président du tribunal criminel motive sa démission sur les insolences et mauvais traitements du commissaire du pouvoir exécutif, Foussedoire. Tout le monde regrette M. Bellenoue, mais la place n'est plus tenable. On interroge les cinq jeunes gens détenus aux Carmélites, ils se défendent à merveille. Trois chefs de voleurs s'enfuient des Carmélites. L'adjudant de Bonnard, un des massacreurs des Carmes, est toujours détenu. Le général venu de Tours pour informer contre Bonnard se conduit bien, et remplace la garde soldée par une compagnie qu'il fait venir, et qu'on dit sage. Il paraît clair que Bonnard voulait, à force de vexations, amener une insurrection pour faire déclarer le département en état de guerre, établir le gouvernement militaire dont il aurait eu le commandement, et aider ainsi la conjuration. Il paraît que ce plan est déjoué.

Pour faire un contre-poids au voisinage de Dulièpvre, j'avais dans le bourg de Cheverny plusieurs particuliers de Blois qui venaient de temps à autre pour soigner leurs biens; pour me servir du terme à la mode, je veux ici en faire mention honorable.

M. Fleury [2], fils d'un juge de Blois, avait acheté une closerie près de moi. C'était un jeune homme d'esprit, qui était dans les eaux et forêts sous l'ancien régime, et qui avait conservé pendant la Révolution la place de chef. Bien connu par sa probité et ses bons sentiments, il avait été nommé

---

[1] C'est la conspiration de Babeuf, dénoncée par le Directoire au conseil des Cinq-Cents, le 21 floréal an IV (10 mai 1796).

[2] Il était, en 1789, procureur du Roi à la maîtrise des eaux et forêts. Il fut élu, en l'an III, juge au tribunal de Loir-et-Cher. Lors de la réorganisation du service des forêts, il fut nommé inspecteur.

juge par le peuple; mais à la suite des événements du 13 vendémiaire dernier, il a donné sa démission, au grand regret du public.

M. Boitot, âgé d'environ vingt-huit ans, que nous avons engagé à prendre l'agence de cette commune [1], homme sage et raisonnable, était marié à mademoiselle Druillon, fille du Canadien, parent de toute la ville de Blois; ce ménage est on ne peut plus intéressant. Par feu sa mère, il vient d'hériter d'un tiers dans la succession de M. de Bonnefond, d'Orléans, ce qui lui fait un assez gros objet pour pouvoir vivre avec aisance.

MM. Bellenoue sont deux frères, pleins d'esprit et de mérite. L'aîné a fait ses preuves dans toutes les occasions, et dans la place de procureur de la commune; le second, dans les places de juge de paix, de juge, de président, etc., etc. On a l'habitude, à Blois, de joindre à son nom celui de sa femme; cela est surtout en usage pour les commissionnaires en vins, et les négociants et marchands; c'est aussi une manière de distinguer les personnes lorsqu'il y en a plusieurs du même nom. L'aîné s'appelle donc Bellenoue-Villiers, et le second, mon voisin, Bellenoue-Chartier. Ce dernier, bon mécanicien, s'occupe de perfectionner les instruments d'agriculture. Après avoir été juge de paix avec feu M. de Salaberry, il fut nommé juge et devint président.

Foussedoire, que la probité de M. Bellenoue gênait dans l'affaire des deux émigrés, a fait tout ce qu'il a pu pour l'éloigner. M. Bellenoue, ayant appris qu'on venait de saisir un fils de M. le comte de Beaumont-la-Ronce [2], aussi soupçonné d'émigration, et qu'on voulait le conduire à Blois, répugna si fort à ces lois de sang qu'il donna sa démission, de sorte que notre société s'augmentera de son aimable voisinage.

[1] La constitution de l'an III avait supprimé les municipalités des petites communes, dont l'administration avait été reportée au canton. Les communes inférieures à cinq mille habitants n'avaient plus qu'un agent municipal et un adjoint.

[2] Un des treize enfants que Anne-Claude de la Bonninière, comte de Beaumont, avait eus de sa femme, née de Gauville.

Le général Canuel, venu de Tours, avait fait remplacer les volontaires battus par d'autres qui ne se sont pas trouvés meilleurs; on a fait partir cette troupe pour Vendôme. Un détachement de carabiniers, dont on est fort content, restera. Le général Canuel avait fait établir un camp hors de la ville; c'est le moyen de les tenir sous la discipline. On dit qu'on en fait autant à Orléans.

M. de la Grandière[1], le fameux maire de Tours, qui s'est distingué à l'assemblée des notables, est venu dîner avec moi le 9.

17 mai 1796. — Il paraît constant aux personnes réfléchissant un peu, que la conjuration avait des ramifications dans tous les départements. A Cour, à Bracieux, les jacobins disaient publiquement que dans quinze jours on promènerait la tête des cinq directeurs au bout d'une pique dans les rues de Paris.

Le jury, à Blois, a innocenté le concierge Masare et sa femme, accusés de collusion dans l'évasion du général Bonnard. Sur les cinq jeunes gens soupçonnés d'avoir voulu faire évader les deux émigrés, la Roche-Mouhet et Beauxoncles, deux ont été renvoyés d'accusation; ce sont Compain et Lacaille. Les trois autres sont en jugement. Toute la ville est révoltée de cette iniquité. On attribue cette manœuvre à Foussedoire et à Caillon, greffier du tribunal criminel. Les trois prévenus demandent, comme ils en ont le droit, à être jugés à Orléans; leurs dénonciateurs ne se présenteront pas, car le peuple y fait justice, comme en Turquie, à coups de bâton.

Venaille a deux conseils : Fouchard, ancien soldat et ancien curé, et Berger, ex-Cordelier, marié, devenu dragon, convaincu d'être revenu, après dix ans, trouver le supérieur

---

[1] Étienne-Jacques-Christophe Benoît de la Grandière, ancien procureur du Roi à la maîtrise des eaux et forêts, conseiller du Roi au bailliage et siége présidial de Tours, maire de Tours de 1780 à la fin de 1789. Il avait été anobli en 1788. Il en est question à différentes reprises dans la *Correspondance secrète* publiée par M. DE LESCURE (t. II, p. 311, 313, 315).

des Cordeliers, et, lui mettant le pistolet sur la gorge, de s'être fait livrer le trésor du couvent. Venaille, pour les récompenser, a voulu les placer commis au bureau des émigrés, dont le sieur Quentin est le chef. Quentin a répondu que, n'étant pas fonctionnaire public, il ne donnait pas sa démission, mais qu'il cesserait de faire le moindre service si ces deux hommes déshonorés entraient dans ses bureaux. Il était appuyé sous main par le Département. Venaille a donc été déçu de son projet. On espère qu'il joue de son reste.

Une demoiselle Vallon, fille pleine de mérite et d'obligeance, est interrogée devant le jury comme ayant commandé vingt-sept brasses de corde, pour faire l'échelle qui devait sauver les prisonniers. Elle avoue avoir commandé la corde, mais elle dit qu'elle existe encore dans son grenier, ce qui est vrai. Ainsi, elle est absoute.

Au surplus, les deux émigrés sont, si l'on peut se servir de ce terme, insauvables. La Roche-Mouhet est apathique et avoue tout ce qu'il sait, et de Beauxoncles a des moments où il est fort maniaque, d'autres où il se défend fortement, mais en employant les moyens d'un fou. Il a voulu qu'on fît mention dans le procès-verbal d'un émigré chez lequel il a été reçu à Caen, et qui vit tranquillement chez lui. Il pensait, par cette comparaison, améliorer sa propre situation, sans songer qu'il compromettait son ami en pure perte. Heureusement que les juges ont cessé à propos cet interrogatoire.

20 *mai* 1796. — On se dit à l'oreille que l'armée française d'Italie veut passer par le Tyrol et aller à Vienne. Un mandement de sept évêques constitutionnels, à la tête desquels est Grégoire, enjoint aux curés de faire chanter un *Te Deum* pour les victoires d'Italie. Le schisme s'établit et deviendra un fléau de plus, si le peuple s'en mêle.

1ᵉʳ *juin*. — Les trois individus accusés d'avoir voulu enlever les émigrés partent pour Orléans. On a fait une quête pour eux.

2 juin 1796. — La conspiration se découvre de plus en plus. La ville de Blois serait la plus tranquille de la République, sans une trentaine de coquins dont il n'y a pas quatre qui soient du pays. Voici l'article qui concerne Blois dans le compte rendu de la situation de la France, publié par le *Messager du soir* :

« La situation de la commune de Blois mérite aussi de « fixer l'attention du gouvernement. Depuis quelque temps, « Venaille, notre commissaire général, faisait à son gré « distribuer des armes dans des communes à ses patriotes « exclusifs. Gidouin rassemblait dans une maison, à Saint-« Denis, la horde de brigands à la tête desquels on distingue « Fouchard et Berger, les deux principaux commis de Ve-« naille, tous deux secrétaires de ses commandements et ses « fidèles agents, pour préparer tous les genres d'insurrec-« tions qu'il voudrait faire éclore là par suite des instructions « que les conspirateurs de Paris lui avaient fait passer. On « avait décidé, au jour même indiqué pour Paris, ou plutôt « la même nuit où Paris devait être livré aux horreurs médi-« tées, de faire mettre le feu aux villages de la Chaussée, « des Granges, de Villebarou et de Vineuil. Leur projet « était, lorsque toute la ville en alarme se porterait sur les « incendies pour les secourir, de faire assassiner les per-« sonnes désignées dans une liste qui était dressée, et de « piller les maisons qui s'ouvriraient ou resteraient sans « défense. Voilà tout ce qui se découvre dans ce moment, « et ce qui paraît étroitement lié avec ce qui devait se passer « à Paris. »

4 juin. — Les trois jeunes gens sont absous à Orléans; on parle de les ramener en triomphe.

6 juin. — Hier, une rixe a eu lieu à Blois entre les mariniers et les troupes de ligne, en face de la commune. Le commandant, placé par le général Canuel, sauve la ville en promettant de faire justice et de faire fusiller le premier de la troupe de ligne qui tirera. Au moment de la rixe, les trois prisonniers sont ramenés en triomphe dans une voiture, conduits par Brunet, cafetier, jadis commandant de la garde nationale, et estimé par tout le monde. Le corps de garde les invective en criant : *Aux chouans!* La querelle s'échauffe, et ne se calme que par la prudence du commandant. Deux gendarmes sont frottés par les mariniers, au grand plaisir des honnêtes gens. Ce corps s'est perdu dans la Révolution : tous les gens probes l'ont quitté.

26 *juin* 1796. — A Tours, le général Bonnard est condamné par contumace par le tribunal militaire à six ans de fers et à restitution. Hézine est hors de place. On espère qu'il en sera de même pour Foussedoire et Venaille. Les jacobins, les terroristes se tiennent cois et tranquilles, mais on ne s'y fie pas.

Fin de juillet. — Le Directoire louvoie; cependant Venaille est destitué et renvoyé. Les tribunaux de Blois ne fonctionnent plus. Les juges civils et criminels ont donné leur démission.

Le sieur du Juglard[1], homme de qualité et de mérite, spirituel, d'une belle figure et dans la force de l'âge, vient d'être mis au rang des émigrés, parce qu'il y avait une lacune sur ses passe-ports. Il avait prouvé par des certificats sa non-émigration, et était rentré dans ses droits. Veuf depuis un an de mademoiselle de Boissière, avec deux enfants, il jouissait tranquillement de sa fortune, lorsqu'un ordre du Directoire a fait mettre les scellés sur toutes ses possessions, l'a déclaré émigré, lui donnant dix jours pour sortir de France. Il court à Paris pour se justifier, agit, tout en se tenant caché; mais il parait que les jacobins ont soustrait les pièces justificatives, et il lui manque onze jours. Quoiqu'il vécût ignoré, on s'est figuré qu'avec ses talents il pourrait jouer un rôle.

4 août. — La lutte est établie entre Foussedoire et les juges; les plus probes ont donné leur démission. On disait

---

[1] On trouve au *Catalogue de* 1789, *bailliâge de Blois* (p. 7) : Antoine-François du Juglard, chevalier, officier au régiment de Vintimille, seigneur de Roche, le Fresne et Savary.

Foussedoire nommé dans les charrois ; il était prêt à accepter, mais il s'est rassuré et garde sa place.

On vient de surprendre au Directoire, si cela est le terme, une liste de nouveaux juges, tous terroristes, excepté le sieur Leconte et le sieur Leddet. Ils ont refusé tous les deux. Les jacobins nommés n'osent accepter. On a écrit pour faire annuler cette mesure. On a nommé provisoirement au Département, comme commissaire exécutif, à la place de Venaille, un sieur Lefèvre, notaire ; il a accepté. C'est un fort honnête homme, et l'on espère qu'il restera en place.

Chevalier Le Rond a donné sa démission de commissaire exécutif à la Ville, à la grande satisfaction de tout le monde ; on espère qu'il y aura d'autres changements dans ce bureau, surtout celui de Besard.

Le sieur Baillon, commissaire des guerres, le meilleur et le plus facile des hommes, vient d'être incarcéré aux Carmélites, d'après un ordre du Directoire rendu sur la demande du général Hoche, comme impliqué dans l'affaire de Bonnard. Baillon avait refusé d'abord d'aller en prison et était resté chez lui avec des gardes. Il fut enfin obligé de se soumettre à l'ordre du Directoire. L'affaire s'éclaircit ; il avait donné sa confiance à un secrétaire, nommé Duval, jadis musicien, qui a abusé de sa signature. Au premier bruit de l'arrestation du commissaire, Duval a sauté par la fenêtre de son bureau sur la place, ce qui était fort aisé, et a disparu.

Baillon rentre chez lui avec une garde et finit par n'en plus avoir ; tous les partis le voient de bon œil, parce qu'il est facile, obligeant, mais d'une imprudence rare, quoiqu'il soit très-honnête du côté de l'argent.

10 *août* 1796. — Malgré les impositions immenses levées en Italie et en Allemagne, on finit par exiger l'emprunt forcé en entier. Comme je suis à un supplément de quatre cent quatre mille livres en mandats, et qu'ils ne valent que six francs le cent, je me hâte de payer, et tous en font autant. L'intérieur de la France est tourmenté comme pays conquis. Les besoins augmentent, les députés agiotent sur la vente

des biens nationaux, et leurs appointements sont assez forts pour ruiner tous les propriétaires, si l'on ne met pas les impôts indirects. On parle de rétablir les entrées à Paris, l'imposition de la gabelle, etc., etc. ; c'est ce qu'on peut faire de plus raisonnable. Tout le monde se presse de payer la moitié de ses impositions en mandats, comme il est décrété, parce que, passé l'époque de messidor, on payera en mandats trente fois plus.

On nous apprend que le sieur Robbé de Lagrange, resté en arrestation après moi, et que j'ai efficacement servi pour en sortir, a réussi parfaitement auprès du Directoire. Il a obtenu pour une compagnie les vivres de l'armée d'Italie, à vingt-six sols par personne, au lieu de trois livres que la Nation payait. La compagnie a fourni quinze cent mille livres de caution et lui a accordé la place de munitionnaire inspecteur général, avec un traitement de cinquante mille écus par an, ses voyages payés; il donne des places de douze mille livres. C'est à lui que le Directoire a confié madame Bonaparte, ci-devant Beauharnais, pour la conduire à son mari à l'armée d'Italie[1]. Ainsi vont les choses de ce monde : avec de l'esprit et peu de tête, comme je l'ai dépeint, il est sur le chemin d'une grande fortune, mais il est à parier qu'il n'en profitera pas[2].

Septembre 1796. — La haute cour établie à Vendôme[3] oblige à prendre des précautions à Blois; on surveille les coquins. Foussedoire et Venaille sont renvoyés, et on leur

---

[1] L'auteur donnera plus loin des détails circonstanciés sur ce voyage, d'après le récit de Lagrange (chap. xxviii).

[2] Je supprime ici une suite de discours moraux que M. Dufort avait composés, dit-il, à la demande de quelques amis, pour être lus aux fêtes décadaires, mais qui paraissent être toujours restés en portefeuille. En voici les titres : *De la vigne et des excès du vin; De la raison et de la sottise; De la vie et de la mort; De la paresse.* On y trouve un grand nombre de citations de philosophes et de poëtes. Les intentions, est-il besoin de le dire? en sont excellentes, et le style, quoique loin d'être parfait, est très-supérieur à celui des *Mémoires*.

[3] Il avait été décrété le 8 août 1796 que la haute cour de justice se réunirait à Vendôme pour juger Babeuf et ses complices.

substitue d'honnêtes gens ; mais les jacobins s'agitent, et la ville de Blois, dont la commune est mal organisée, reste dans la même position. Bénézech [1], le ministre de l'intérieur, arrive à Blois pour prendre l'argent de toutes les caisses ; il ne peut trouver que vingt-deux mille livres, et court à Vendôme pour verser cet argent aux ouvriers. Voyageant aussi magnifiquement qu'un prince de l'ancien régime, il annonce la volonté du Directoire de poursuivre les jacobins, mais on entrevoit que tant que Merlin [2] sera ministre de la justice, le Directoire qui tremble ne sévira que très-faiblement.

Grégoire est exécré et n'a plus d'influence sur aucun parti ; avec ses petits, très-petits talents, il cherche à jouer un rôle dans l'Institut national [3]. Il revient à Blois, sous prétexte de donner la confirmation. A son arrivée, il a vu ses affidés, surtout les mauvais sujets du pays. Le village des Granges, attenant à la ville, lui est dévoué. Il a annoncé qu'il célébrerait l'office le jour de saint Solenne [4], patron de l'église de l'évêché ; tous les musiciens sont invités. Les curieux, les indifférents iront comme à un spectacle, d'autres pour scruter sa conduite. Tous les yeux sont ouverts sur lui ; on craint qu'il ne travaille pour sa prochaine élection.

Foussedoire, maître d'école à Saint-Aignan, puis député, connu pour avoir été détenu au château de Ham et amnistié, nommé par le Directoire commissaire exécutif près le tribunal, a donné sa démission comme je l'ai dit. Chassé de Blois par le décret qui défend à aucun amnistié d'être à

---

[1] Pierre Bénézech, un des hommes, très rares en ce temps, dont le caractère fut irréprochable.

[2] Merlin de Douai, le célèbre jurisconsulte, qui avait été nommé ministre de la justice en novembre 1795 ; il était passé à la police en 1796, pour revenir à la justice au mois d'avril de la même année. Il montra toujours une extrême rigueur, principalement envers les émigrés.

[3] Créé par la loi du 3 brumaire an IV (25 octobre 1795).

[4] On peut lire dans le *Guide à Blois*, par M. DE LA SAUSSAYE (Blois, 1855, in-12, p. 25), la curieuse légende locale de ce saint. Grégoire rapporte dans ses *Mémoires* qu'il avait proposé à ses ouailles de prendre saint Solenne pour patron du diocèse à la place de saint Louis. Il lui reprochait cependant d'avoir été en trop bons termes avec Clovis ; mais, faute de mieux...

moins de dix lieues de la haute cour[1], il a été obligé d'aller
prendre un passe-port à la Ville, dont les membres sont pour
la plupart fort tarés ; il était accompagné de Gallien, adjudant du général Bonnard, et de Caillon, autre personnage
déshonoré et éhonté. Foussedoire s'est écrié : « Je ne mour-
« rai pas content que je n'aie fait rôtir sur le gril et mangé
« un chouan. » Gallien, mettant la main sur son sabre a dit :
« Je ne suis pas un anthropophage, mais ceci me fera raison
« d'eux, j'en jure ! » Caillon n'a pas ouvert la bouche.

Chevalier Le Rond, commissaire du pouvoir exécutif à
la municipalité, avait été, comme je l'ai dit, forcé de donner
sa démission par injonction du Directoire. Il vient d'être
nommé deuxième juge de paix de la ville. Cette nomination
fait d'autant plus pitié, que son collègue de Benne est
regardé comme insuffisant, quoiqu'il ait pour conseil Dinocheau, de l'Assemblée constituante.

M. du Juglard est toujours à Paris, sollicitant la levée des
scellés. Il n'a obtenu jusqu'ici pour sauvegarde qu'une carte
de député ; ce galant homme intéresse tout le département.

Mademoiselle Poisson de Malvoisin, épouse du marquis
de la Gallissonnière[2], avait hérité avec son frère, jeune
homme de vingt-cinq ans, des biens de madame de Pompadour, entre autres de la belle terre de Ménars. Au moment
de la Révolution, le jeune Malvoisin disparut et passa pour
émigré. Le château de Ménars fut, comme on l'a vu, dévasté
par les terroristes. Madame de la Gallissonnière et son mari
se virent obligés de se cacher au milieu de Paris, et choisirent
leur asile chez M. ***, qui, faisant l'enragé, était président de
sa section. Enfin, le danger augmentant, M. de la Gallissonnière sortit du territoire de la République, et sa femme, de
concert avec lui, divorça et épousa juridiquement M. *** selon
les nouvelles lois. Elle se présenta après le 9 thermidor

---

[1] Sous peine de déportation. (Loi du 17 fructidor an IV.)

[2] Augustin-Félix-Élisabeth Barrin, comte de la Gallissonnière (1742-1828),
qui était en 1789 maréchal de camp et grand sénéchal d'épée de l'Anjou. Il
avait épousé mademoiselle de Malvoisin en 1779.

pour rentrer dans la moitié des biens, et tous convenaient de la justice de sa prétention ; mais, comme cette demande, si légitime qu'elle fût, faisait tort aux mandats et à leurs gages, elle eut seulement la permission de soumissionner les biens de son frère. Elle allait le faire lorsque trois chefs vendéens, amnistiés par le traité de paix, déclarèrent juridiquement que Poisson de Malvoisin, ayant pris du service dans la marine sous un nom supposé et se rendant à Nantes, s'était trouvé à l'attaque de Saumur et qu'il y avait été tué. Ainsi ses biens n'étaient pas acquis à la Nation, puisqu'il était compris dans l'amnistie. Elle sollicita en conséquence de rentrer dans les biens de son frère, comme étant sa seule et unique héritière, ce qui lui fut aussi refusé. Alors elle divorce de son second mariage, reprend son nom de la Gallissonnière, et prouve qu'elle n'a contracté ce mariage que de concert avec son mari et pour éviter la guillotine; elle vend une partie de ce qui restait de Ménars, pour conserver le château et une vingtaine de mille livres de rente, faible débris de toute la fortune de la marquise de Pompadour.

Mademoiselle de Bérenger, duchesse de Saint-Aignan, sauvée de la mort qu'on faisait subir à son mari, en se déclarant grosse, s'est retirée à Saint-Aignan, avec ses enfants et la fille qui lui a sauvé la vie. Femme d'esprit, par un retour de fortune, elle a trouvé moyen d'intéresser les membres du Directoire, et se sert de son crédit pour rendre beaucoup de services.

Mademoiselle de la Pagerie, devenue la marquise de Beauharnais [1], femme d'Alexandre Beauharnais, avait de lui un fils âgé de quinze ans [2]. Beauharnais, spirituel, d'une très-jolie figure, d'une grande coquetterie avec les femmes, avait

---

[1] Marie-Joseph Rose (1763-1814), fille de Joseph Tascher de la Pagerie, lieutenant d'artillerie de la marine, et de Rose-Claire Des Vergers de Sannois, mariée le 13 décembre 1779 au vicomte de Beauharnais.

[2] Eugène de Beauharnais, depuis le prince Eugène, né en 1781. L'auteur ne parle pas de leur fille, Hortense-Eugénie (la reine Hortense), née en 1783.

excité la jalousie de la sienne; il en était résulté entre eux une grande froideur[1], quoiqu'il eût confiance en elle et dans ses lumières. Ces derniers malheurs les avaient réunis, lorsque la guillotine les sépara pour toujours.

Madame de Beauharnais ne tarda pas, à ce qu'on prétend, à fixer Barras, un des cinq rois[2]. Celui-ci était étroitement lié avec Bonaparte, dont il voulait faire la fortune. A peine l'année de deuil fut-elle passée, que Barras la lui fit épouser malgré la disproportion d'âge, Bonaparte n'ayant que vingt-sept ans, et elle environ trente-trois ans. Tout le reste appartient à l'histoire, et je n'en parle que parce que tous les biens des Beauharnais sont dans le département, et que Beauharnais, Ménars et Saint-Aignan sont à une égale distance de Cheverny.

6 *octobre* 1796. — M. et madame Pajot de Marcheval se trouvent dans la même position que madame de la Gallissonnière. Ils ne peuvent prouver la mort de leur père[3], quoiqu'il soit constant qu'il n'est pas émigré. Ils ont donc été forcés de soumissionner en mandats la terre de Marcheval, sise à cinq lieues d'ici. Ils viennent de nous quitter pour aller procéder aux estimations; ils mettent autant de courage que de sagesse dans leur conduite.

18 *octobre*. — Grégoire parcourt le département. Sous prétexte de la confirmation, il a rassemblé sept paroisses à La Chaussée. Il y avait vingt-huit enfants et presque personne. On connaît maintenant les motifs de son zèle, il travaille à accaparer des voix pour se faire nommer et continuer lors des nouvelles élections; mais il y a encore quatre mois, et

---

[1] Madame de Beauharnais n'avait pas eu seulement à se plaindre des infidélités de son mari, mais encore de sa jalousie, fort peu fondée, paraît-il. Au retour d'une campagne à la Martinique, en 1783, il déposa une demande en séparation. Elle fut rejetée par le Parlement, qui autorisa madame de Beauharnais à ne plus habiter avec son mari. Ils s'étaient réconciliés en 1790.

[2] Ceci a beaucoup été dit dans les pamphlets du temps, mais M. AUBENAS, dans son *Histoire de l'impératrice Joséphine*, a réfuté ces calomnies. Le caractère de Napoléon permettrait du reste difficilement d'admettre qu'il ait pu consentir à un pareil marché.

[3] Qui avait disparu à Paris sans qu'on pût savoir comment. (T. II, p. 156.)

les gens sensés ne peuvent rien prévoir de ce qui arrivera. L'absence de presque tous les députés marquants de la tête, du ventre et du bas prouve que chacun d'eux va travailler les départements dans le sens qui lui est propre.

On doit se rappeler que Chambord fut donné au comte d'Artois. Dès l'instant qu'il en fut en possession, le marquis de Polignac, son premier écuyer, en eut le gouvernement; son neveu, le duc, en eut la survivance. A l'instant tout prit une forme nouvelle; le prétexte fut d'en faire un haras. Les plus beaux étalons y vinrent, soixante juments des plus belles furent logées, la moitié des équipages de chasse venait s'y rafraîchir, et les relais doubles s'y refaire; tous les ouvriers nécessaires et superflus y furent fixés. La Révolution vint; à l'instant tout fut mis au pillage ou vendu par la Nation. On propose de vendre Chambord; des quakers anglais se présentent, soutenus par Grégoire; l'affaire ne s'arrangea pas, et l'idée de conserver un haras prévalut[1]. Quelques députés faiseurs imaginèrent, vu la guerre de Vendée, d'en faire un dépôt pour la cavalerie. Aussitôt tout fut arrangé en conséquence; on fit venir quelques beaux étalons, on avait vendu les poulinières et les poulains; tout fut créé à nouveau, et un nommé Salar fut nommé commandant du haras. Comme toutes les fortunes révolutionnaires ont leur singularité, je citerai celle-ci pour exemple.

Le sieur Salar est un homme de trente-cinq à quarante ans; il a une figure spirituelle, un maintien sage et noble; il est né dans la ville de Grignan, en Provence. Son père était tailleur, et il a encore actuellement un oncle du même état dans la ville du Pont-Saint-Esprit. Son père l'avait placé comme enfant de chœur au chapitre de Grignan; un nommé Maison, chanoine, assez bon musicien et touchant l'orgue du chapitre, s'intéressa à lui et lui apprit tout ce qu'il savait. Son éducation finie, le jeune homme, avec le costume ecclésiastique, fut chercher fortune à Aix et ne tarda

[1] Ni M. MERLE (*Chambord*, 1832, in-18) ni M. DE LA SAUSSAYE (*Histoire de Chambord*, 1854, in-8°) ne disent un mot de cet établissement.

pas à être nommé organiste de l'église de Saint-Maximin en Provence, ville où il y avait un couvent de Jacobins qui tenaient la paroisse. Il y resta deux ans; sa bonne conduite et son talent le firent ensuite appeler à Marseille, où il eut une place plus lucrative, celle d'organiste des Minimes. Il y resta trois ans, et fut ensuite nommé organiste au Puy en Velay. Une histoire qui lui arriva dans cette ville avec une comédienne le fit partir pour Paris. Il y fut présenté à l'archevêque d'Aix, Boisgelin, qui a péri dans la Révolution. Celui-ci lui procura un état de maître de musique chez les religieuses de la ville de Lambesc; son traitement fut alors de douze cents livres, et six cents livres de rente assurées au bout de dix ans. Ce fut là qu'il épousa la fille d'une veuve très-honnête, qui l'avantagea d'une terre de 60 à 80,000 livres à un quart de lieue de Lambesc. Au moment de la Révolution, il se montra fort prononcé contre ce qui se passait, et se retira à Paris. Sa tournure, ses talents, son esprit, le firent considérer même par les révolutionnaires; il entra au service, y resta peu de temps, et réussit à se faire nommer commandant de Chambord. Tout y était dans le désordre le plus républicain. Il rétablit l'ordre, se fit estimer et considérer, fut attaqué par les Comités, se défendit, soutint le haras et le dépôt pendant un an, quoiqu'on eût décidé de le détruire, et ne le quitta que lorsque le défaut de fonds le fit supprimer tout à fait. Il est retourné dans sa province, attendant des événements l'occasion de faire une fortune qu'il paraît mériter, car il n'est pas venu à ma connaissance qu'il se soit mal conduit en aucune occasion. Je dois être d'autant moins suspect que je l'ai à peine connu.

1ᵉʳ *janvier* 1797. — Une affaire fait grand bruit dans ce petit département, je veux la consigner ici. Il s'agit d'un ancien procureur dont j'ai déjà parlé, le nommé Caillon, âgé de trente à quarante ans, grand, fort, vigoureux, avec une figure bien prononcée, et des poumons de stentor. Jadis sans fortune, dans les premières élections, il fut mis en avant pour la place de greffier criminel et l'obtint; quand les jacobins se formèrent, il devint un des piliers de la société. Il entretenait des correspondances secrètes avec le trop fameux Tallien et Garnier de Saintes, le tyran et le fléau du département. Il eut cependant le secret de mettre les honnêtes gens pour lui en se déclarant l'ennemi d'Hézine et de toute la séquelle d'assassins à gages. Lors de la chute de Robespierre, on le regardait comme un homme dévoué au parti des honnêtes gens; allant à Paris tous les quinze jours, bien reçu au Comité, on le crut dans le secret du gouvernement; c'était le bouclier des malheureux. Il vint nous voir, M. de Rancogne et moi, s'offrit à nous servir, et nous le crûmes sans cependant l'employer.

Cependant les formes terribles s'apaisèrent; Laurenceot vint à Blois, Caillon lui fit sa cour et vint dîner avec lui à Cheverny. Arriva l'affaire de M. de la Porte; Caillon, se voyant abandonné des gens probes, se jeta à corps perdu dans le parti des coquins, et se fit le défenseur officieux de tous les scélérats qui ont été amnistiés. Il avait conservé ses allures révolutionnaires; la dénonciation, la calomnie étaient ses armes naturelles. Il avait fait secrètement une dénonciation au ministre de la justice, Merlin[1]. Soit erreur de bureau, soit méchanceté, Merlin, en envoyant aux dénoncés la copie de la lettre, avait raturé en tête le nom du dénonciateur, mais oublié de le raturer à la fin. On venait de juger le procès de M. de la Porte, et Caillon, convaincu d'être un fripon et un dépositaire infidèle, avait été condamné à restitution et à ce qui s'ensuit. Deux jours après arrive la dénonciation; les avoués s'assemblent et conviennent de ne jamais se trouver avec lui, et Caillon reste signalé comme un homme digne du mépris public.

L'histoire du fameux Dossonville me donnera occasion de revenir sur mon ami, mon beau-frère, M. le président de

---

[1] La pièce se trouve reliée dans le manuscrit des *Mémoires*. Les personnes dénoncées avaient fait imprimer la dénonciation en même temps que leur réponse. Il a paru inutile de donner même une simple analyse de ces écrits, qui ne présentent aucun intérêt.

Salaberry, que je crois toujours voir à mes côtés, et dont mon imagination ne s'éloigne jamais.

Comme je l'ai dit, une des deux sœurs de M. de Salaberry avait épousé M. Hariague, seigneur d'Auneau, près Chartres, terre de plus de soixante mille livres de rente en grains ; elle mourut jeune, et ne laissa qu'une héritière qui a épousé le comte de Moges, gentilhomme normand et neveu du capitaine aux gardes. Ce M. Hariague, fils d'un receveur général du clergé, était maître des comptes. M. de Salaberry, qui n'avait que quinze ans lorsqu'il perdit son père, logeait avec sa mère et M. Hariague, rue Sainte-Anne, à côté des Nouvelles catholiques, et il allait tous les ans passer l'automne à la superbe terre d'Auneau. La chasse du pays est superbe, et comme c'est un pays de plaines, on la faisait par des rabats comme dans les plaisirs du Roi. — On prend une vingtaine d'enfants de douze à vingt ans qui, conduits par les gardes, font un grand cercle et renvoient le gibier sur les tireurs. — Le jeune Dossonville se distinguait au milieu d'eux par son zèle et son intelligence, et, à la fin de la campagne, il pria M. de Salaberry qui l'avait pris en amitié de lui permettre de s'attacher à lui, ce qu'il accepta. Ce fut alors que je le connus ; en quatre ans de temps, il devint grand et bien fait. Je n'ai jamais vu d'homme si leste ; plein de bonne volonté, il était aimé et estimé.

M. de Salaberry, ayant acquis la terre de Pezay, s'y fixa. Frémon, son valet de chambre, devint maître d'hôtel, et Baptiste Dossonville valet de chambre. Sa figure se déployait, il plut à la fille du maître d'hôtel de l'ambassadeur de l'Empereur, et il l'épousa à peu près dans le temps du mariage de mon fils. Lui et Frémon, qui l'aimait comme un père, quittèrent M. de Salaberry un an après ; il prit alors un café dans un endroit populeux ; il y réussit. A la Révolution, les jacobins le poussèrent, et, sans qu'il fît le moindre effort, il fut nommé juge de paix. Sa fonction était au spectacle, et, dès qu'il pouvait rencontrer un des nôtres, il était toujours à ses ordres ; il faisait tout ce qu'il pouvait pour se faire aimer, estimer et considérer dans son nouvel état. Je fus plus de deux ans sans en entendre parler.

Cependant, on citait un nommé Dossonville comme l'inspecteur de police le plus adroit. Les jacobins le redoutaient; il avait arrêté Robespierre et tous les autres scélérats; il avait lui-même été incarcéré[1]. Un des prisonniers dont j'ai oublié le nom, et qui s'était trouvé détenu avec lui à l'hôtel Talaru, me fit dire qu'il témoignait le plus grand attachement pour moi et les miens. J'appris qu'il avait empêché l'incarcération de mon gendre et de ma fille au Havre; envoyé comme inspecteur dans le pays pendant ces temps affreux, sans avoir l'air de les connaître, il leur avait rendu les plus grands services. On avait connaissance de ses pouvoirs; jamais député, satrape, vice-roi n'en avait eu de plus amples. Maître de la vie de tous, il n'avait été terrible que pour les coquins. Je ne pouvais croire que ce fût le même homme, lorsque je reçus, sous le contre-seing du ministre Cochon, les pièces justificatives ci-jointes[2], accompagnées d'une lettre à laquelle je répondis.

Le sieur Baillon, commissaire des guerres à Blois, arrive de Paris; il l'a vu et l'a accompagné en allant assister par curiosité à la dernière exécution du camp de Grenelle. Dossonville est le chef des inspecteurs de police, tous sont à ses ordres; il commande d'un coup d'œil. Monté superbement, il a l'air d'un homme qui jouit d'une grande autorité et d'une grande confiance.

Depuis le mariage de M. de Salaberry, mon neveu, avec mademoiselle de la Porte, M. de la Porte était venu à différentes reprises passer quelque temps avec nous. J'avais

---

[1] Dossonville avait été impliqué, après le 10 août, dans la conspiration de Dangremont, qui fut condamné à mort comme convaincu d'avoir fait des enrôlements pour les émigrés, mais il trouva moyen de se faire acquitter. (*Biographie moderne*, 1800.) Il fut arrêté une seconde fois après le 10 thermidor et resta fort longtemps en prison. (*Mémoires de Sénart*, chap. XVII.)

[2] Les pièces imprimées et les lettres manuscrites de Dossonville sont en effet jointes aux *Mémoires*. Il m'a paru inutile de les analyser. Les *Mémoires de Sénart* peuvent donner une idée de ses moyens de défense.

tardé à lui rendre ses visites. La haute cour nationale établie à Vendôme éveillait ma curiosité. Je remplissais donc les deux objets en allant les voir à Meslay. Je convins avec le sieur Baillon, commissaire des guerres, que je l'accompagnerais à son premier voyage, et nous partîmes de Blois, le mercredi avant celui des Cendres, à neuf heures du matin; nous fûmes escortés par l'adjudant et un autre officier du 20° régiment, deux jeunes gens de trente ans qui étaient depuis seize ans dans la troupe. Je ne tardai pas à m'apercevoir que l'esprit de leur régiment était excellent, ce que je vérifiai ensuite à Vendôme. C'étaient deux officiers brillants, pleins de bravoure, et ayant cet esprit de corps qui exclut toutes réflexions et toutes combinaisons politiques. Le chemin de Blois à Vendôme aurait été impraticable s'il n'avait fait depuis quinze jours une gelée superbe; ainsi nous arrivâmes fort lestement à quatre heures à Vendôme. J'allai loger chez mademoiselle Lambert, cousine germaine de M. Gouthière, ci-devant chanoine de Sainte-Geneviève et prieur de Cheverny, maintenant curé. Elle habitait avec sa sœur, madame Vourgères, veuve d'un fameux terroriste qui était mort dans son lit; elles me firent la meilleure réception.

J'étais extrêmement lié avec M. Pajon de Chambaudière [1], le second juge de la cour, homme d'esprit et de littérature. Dans les temps des assemblées provinciales, il avait été syndic, tandis que j'étais président [2], et notre union s'était resserrée de plus en plus; j'allai déjeuner chez lui, et j'y trouvai M. Gandon [3], président du tribunal, M. Vieillard [4], accusateur public, et M. de La Lande, juge suppléant. Ces messieurs logeaient tous ensemble chez M. de la Bretonnerie, et faisaient la dépense à frais communs.

M. Pajon me remit sa carte de juge, car sans cela on ne

[1] Charles Pajon, ancien maître de la poste aux lettres à Blois, dont il a déjà été question.
[2] De l'assemblée départementale.
[3] Yves-Nicolas-Marie Gandon (1754-1834), juge au tribunal de cassation.
[4] René-Louis-Marie Vieillard, d'abord avocat à Saint-Lô, puis député du tiers aux États généraux. Il était aussi membre du tribunal de cassation.

peut entrer même dans la première cour de la haute cour. Le sieur Besson, jadis curé, et pendant la Révolution bibliothécaire de la bibliothèque nationale à l'évêché de Blois, était maintenant concierge général de tout le haut jury national. Je le connaissais comme homme d'esprit et bon littérateur; il vint me prendre, et nous nous acheminâmes vers le tribunal.

Après avoir passé deux portes, je me trouvai dans une rue formée par des planches en pointes, hautes de huit pieds; à gauche était une cour avec une petite porte d'entrée; cette cour servait à clore le guichet des prisonniers. Deux sentinelles en défendaient l'entrée. A droite, en continuant mon chemin, je vis, pratiquée dans le mur en bois, une porte charretière, conduisant à une grande cour et à des bâtiments de service qui n'avaient rien de commun avec le tribunal.

Le sieur Besson me proposa de voir la cuisine des prisonniers. Un petit homme fort gracieux, qui avait l'entreprise de la nourriture des prisonniers, me fit voir tout dans le plus grand détail; il me montra avec emphase la quantité de viande destinée pour eux, et me conduisit jusqu'à la pièce à côté où étaient leurs provisions de vin rouge et blanc; il fallut que j'en prisse une gorgée dans ma bouche. Ce petit homme était entrant, sémillant, questionnant; il me dit qu'il avait été cuisinier du Roi, il me parla de beaucoup de gens de la cour que je connaissais mieux que lui, et déclama contre le terrorisme. A la fin, il nous conta ses scènes avec les prisonniers, entre autres avec Babeuf.

Ces messieurs mangeaient seuls dans leurs loges, et on leur laissait une assiette ou deux de terre faïencée. A l'heure du repas, le cuisinier, suivi de deux geôliers et de deux sentinelles, partait accompagné d'un garçon qui portait une grande marmite. Babeuf lui dit un jour : « J'ai cassé mes assiettes. » Le cuisinier lui répond : « Je ne suis pas chargé de t'en « fournir; dans quoi veux-tu être servi? — Dans une que tu « m donneras, dit Babeuf. — Oui, dit l'autre, pour ton « argent. » — Babeuf : « Je n'en ai pas. » — Le cuisinier : « Ah

« çà! veux-tu finir! où veux-tu que je la mette? » — Babeuf impatienté : « Dans mon pot de chambre! » Et en même temps, il le lui présente. Le cuisinier obéit, et met dedans la soupe, le bouilli et l'entrée. Babeuf le laisse faire, puis, s'emparant du tout, il le lui envoie par la figure. Ce jour-là Babeuf se passa de dîner ou bien mangea ce qu'on lui laissait. Cette querelle fit grand bruit entre les détenus, et dès ce moment le cuisinier fut en butte à leur mauvaise humeur.

Après m'être débarrassé de mon cuisinier bavard, j'entrai avec Besson dans la salle du conseil, qui me parut fort belle et fort décente; puis dans une salle de délibération, dans la grande salle d'audience, et ensuite dans le local des jurés, qui se composait de trois grandes salles, l'une pour se rassembler, l'autre pour les seize jurés, et une autre pour les suppléants. Par les fenêtres donnant sur le préau des prisonniers, j'en aperçus une dizaine qui jouaient tranquillement au petit palet.

Besson m'introduisit ensuite dans la cour où se trouvait un corps de garde. La force armée était de plus de cent cinquante hommes, avec six pièces de canon chargées, placées vis-à-vis des fenêtres des prisonniers, qui étaient grillées de toute leur hauteur, et garnies de planches de façon qu'ils ne pussent voir ce qui se passait; les réverbères étaient à vingt toises chacun vis-à-vis, de sorte que la nuit on devait y voir très-clair. Un cavalier montait sa faction à cheval et se promenait continuellement au pas le long du bâtiment. Le sieur Besson me fit voir aussi les loges des femmes, c'était le bâtiment en retour d'équerre qui tient à l'église. Je fus prévenu de ne pas m'approcher trop près pour n'être pas invectivé par les citoyennes qui ne s'en privaient pas, pouvant malgré leurs grilles dominer aisément sur ce retour, qui était gardé avec les mêmes précautions.

Nous sortîmes alors de l'enceinte pour nous trouver sur la promenade de la ville, bordée par la rivière du Loir et dominée par la montagne. Là encore il y avait des sentinelles et des corps de garde.

Je dis adieu au sieur Besson à la grand'porte, et je m'acheminai avec M. Pajon, M. Vieillard et M. Rivière vers Meslay, qui n'est pas à une demi-lieue de Vendôme, et qui est situé dans un paysage distribué comme le plus superbe jardin anglais ; je revins passer la soirée à Vendôme.

Le lendemain, M. de la Porte vint me chercher à huit heures ; nous nous acheminâmes d'abord chez M. Rivière, juge, avec qui j'avais dîné, et qui nous fit faire connaissance avec plusieurs autres ; il nous donna la liste des jurés et des prévenus dans l'ordre où ils étaient placés au tribunal. Comme nous voulions être placés avantageusement, M. de la Porte me mena chez M. de Lestrange, le général commandant, qui me parut avoir une politesse d'usage et du bon ton. Il nous assura qu'il donnerait des ordres en conséquence ; nous trouvâmes, en effet, en passant par les salles des juges, un officier de maréchaussée qui nous attendait. Il nous fit mettre sur des banquettes de velours jaune aux places destinées depuis aux témoins. M. de Rancogne et son fils ne tardèrent pas à arriver, et un instant après parurent tous les détenus.

Un gendarme ouvrait la marche, puis deux détenus, et ainsi de suite jusqu'à ce que tous eussent pris place. Les jurés et suppléants parurent, ensuite les accusateurs, les juges, etc. Les officiers de maréchaussée s'assirent aux places numérotées dans le plan[1]. Successivement arrivèrent les experts d'écritures et les témoins. Lorsque Grisel[2] parut, tous les détenus lui adressèrent des menaces et des invectives ; il se mit sur une banquette du côté où nous étions, et s'assit de manière à leur tourner le dos. A chaque bout du banc où nous étions était assis un gendarme, l'épée nue et le visage tourné vis-à-vis des prisonniers ; leur commandant La Voypière était placé contre le bureau des greffiers en

---

[1] Aux *Mémoires* se trouve joint un plan manuscrit de la salle avec la place des juges, des jurés, des accusés, etc., et le nom de chacun.

[2] Le capitaine Grisel, celui qui avait dénoncé le complot de Drouet et Babeuf.

dehors. Le service était bien fait, et cela était fort nécessaire, comme on le verra par le récit fidèle de la scène que j'ai vue, et qui s'est répétée journellement depuis. Les discours prononcés sont dans les mains du public, mais on n'a pas donné tous les détails de l'audience, et c'est à cela seul que je m'arrêterai.

Je tombai précisément sur une séance des plus intéressantes. C'était le jour où les accusateurs nationaux lisaient leurs actes d'accusation, ce qui dura, sauf les interruptions, depuis dix heures du matin jusqu'à quatre heures du soir. Il n'y avait pas un quart d'heure que la séance et la lecture étaient commencées, lorsque, sur le mot de conjuration, Babeuf[1] et Germain[2] se mirent à interrompre; ils finirent par riposter à l'accusateur Vieillard que c'était lui qui était un conspirateur. Réal[3], défenseur officieux, placé avec les parents des détenus, s'en mêla; c'était un énergumène. Le président lui demanda de quel droit il prenait part à la discussion. « J'en ai le droit, dit Réal, je suis le défenseur « officieux de Babeuf, Germain et d'autres » qu'il nomma. — Le président : « Vous n'avez pas prêté serment. — Je « ne fais que d'arriver, dit Réal, et je suis tout prêt. — Ce « n'est pas le moment. » Et la séance continua. Vieillard reprit sa lecture. Pour appuyer son accusation, il renvoyait aux deux livres imprimés contenant les pièces trouvées chez

---

[1] François-Noël Babeuf (1764-1797), l'âme de la conspiration, avait recruté de nombreux adhérents à ses idées communistes, et s'était en outre assuré le concours de quelques députés proscrits en thermidor. Il allait fixer le jour de la prise d'armes, lorsque le complot fut dénoncé au gouvernement par ses agents secrets. Les conjurés, au nombre de soixante-cinq, furent traduits devant la haute cour, l'un d'eux, le député Drouet, ne pouvant être jugé par les tribunaux ordinaires.

[2] Charles Germain, ancien lieutenant de cavalerie, âgé de vingt-cinq ans.

[3] Pierre-François Réal (1757-1834), d'abord procureur au Châtelet, épousa au commencement de la Révolution les principes de ses amis Camille Desmoulins et Danton, et fut, après la mort de ce dernier, emprisonné jusqu'au 9 thermidor. Il se fit ensuite défenseur officieux, et, avant de défendre Babeuf, il avait été l'avocat des membres du comité révolutionnaire de Nantes. Il prit une part active au coup d'État du 18 brumaire, occupa sous l'Empire de hautes fonctions dans la police, et devint comte et conseiller d'État.

les prévenus. Alors le sieur Goëslard, jeune homme choisi pour lecteur parce que le sieur Jalbert, greffier, n'avait pas la voix assez forte, commença à lire; mais tous les accusés se mirent à crier d'une façon indécente : « Lisez dans le « livre, parlez distinctement. » Germain riait avec audace à chaque phrase criminelle, comme s'il avait fait un chef-d'œuvre. Quelques-uns jetaient les yeux sur les spectateurs, espérant visiblement qu'il se ferait un mouvement en leur faveur.

Je m'arrêterai ici un moment. Si j'entre dans d'aussi minutieux détails, c'est pour montrer que des motifs puissants paralysaient l'énergie des juges. Ils avaient autant de probité et de lumière que les anciens tribunaux ; mais il s'en fallait bien qu'ils fussent entourés du même respect. Ils sentaient, malgré les assurances qu'on leur donnait, que s'ils ne prenaient pas les plus grandes précautions, ils perdraient peut-être le procès, ou que l'arrêt serait entaché de nullité. Ils laissaient donc toute la latitude aux prisonniers, pour bien faire voir leurs hideux projets et soulever contre eux l'opinion ; mais elle était lente à se former. D'un autre côté, la troupe militaire, influencée par le parti jacobin, offrait peu de garanties, excepté le corps de la gendarmerie nationale, composé presque uniquement d'honnêtes gens en place avant la Révolution, et le 20⁰ régiment de cavalerie, vieux corps estimable dans le principe, et qui n'avait pas dévié un instant. La troupe à pied était travaillée de main de maître et avait déjà été changée deux fois.

La lecture finie, Vieillard reprit son acte d'accusation ; il n'eut pas lu un quart d'heure que sur le mot scélérats, dont il se servit, tous les détenus se levèrent ensemble. Il semblait qu'un mouvement électrique les avait tous frappés ; leurs mouvements étaient variés comme s'ils en avaient fait une répétition ; les cinq femmes, buveuses et vendeuses d'eau-de-vie, criaient sans suite; Babeuf, Germain, Vadier [1] tonnaient.

---

[1] Marc-Guillaume-Alexis Vadier, ex-conventionnel, une des plus odieuses figures de la Révolution. Il fut acquitté.

On entendait confusément : « C'est toi qui es un scélérat ;
« c'est toi qui veux nous mener à la mort ; étions-nous au
« 2 septembre ? Où étais-tu le 10 août ? Et nous, toujours pour
« le bon peuple ! tu te déclares notre ennemi. » Tous les
gendarmes étaient levés. Le chef La Voypière s'avance pour
les calmer. « Oui, oui, criaient les femmes, laissons-nous
« flatter par celui qui nous égorgera. » On voyait Antonelle[1],
les yeux lui sortant de la tête, vociférant avec les autres ;
derrière nous était Réal, qui, quoique non encore admis pour
défenseur officieux, parlait continuellement. Il criait : « Mes
« clients sont purs ; à quoi sert de les faire entourer d'une
« force armée ? un ruban seul les contiendrait. Ils sont sûrs
« de leur innocence ; ils ne veulent ni ne doivent s'enfuir. »
Et tous les détenus : « Oh ! non, sûrement ! » Quelques
femmes de l'amphithéâtre faisaient déjà des mouvements
pour sortir, par l'effroi que cette scène leur causait. Pour les
juges, ils attendaient dans le plus grand silence que l'effervescence fût calmée. Vieillard, seul debout, les regardait
fixement et sévèrement, sans prononcer un mot ni faire
aucun geste.

Au bout d'un quart d'heure, tout se calma ; alors l'accusateur reprit où il en était resté et renvoyait à lire toutes les
pièces du procès ; le lecteur commençait, annonçant la page,
et tous les détenus feuilletaient pour le suivre. De temps en
temps, il était interrompu, chicané sur des mots, et alternativement les scènes furent de même pendant toute la lecture
des pièces et de l'acte d'accusation, faite tantôt par Vieillard
et tantôt par Bailly[2]. Le lecteur étant sorti un instant, Jalbert le greffier voulut lire. Nouvelles vociférations. « A bas !
« il ne sait pas lire, on ne l'entend pas. » Ceci finit par l'arrivée du lecteur, qui reprit sa place. Lorsqu'il fut question

---

[1] Pierre-Antoine, marquis d'Antonelle (1747-1817), juré, puis directeur du jury au Tribunal révolutionnaire, incarcéré jusqu'au 9 thermidor. Impliqué dans le complot sans beaucoup de preuves, il fut acquitté. Il avait été arrêté par Dossonville.
[2] Nicolas Bailly, second accusateur public

du plan d'une nouvelle constitution, alors Babeuf se leva et dit : « Lisez-la distinctement, afin que tout le monde « l'entende », et se délectant dans son plan, il avait l'air d'interroger le peuple et d'espérer qu'il se ferait un mouvement, mais tout resta indifférent. Dans une de ces scènes où il fut question du ministre Cochon, ils jouèrent sur le mot et l'insultèrent.

Enfin, après une répétition de scènes aussi scandaleuses, l'accusateur public, venant à établir des distinctions parmi les accusés, désigna les membres de la Convention comme ayant des projets moins sanguinaires. Nous aperçûmes une expression de joie sur leurs visages altérés. A trois heures trois quarts, l'accusateur public finit, après un résumé très-sage, et le président prononça que la séance était levée. Réal demanda alors à prêter serment comme défenseur. Il le fit ; ensuite prenant un ton plus modeste, il demanda à être placé à la prochaine séance plus près des prévenus et des témoins, ce qui lui fut accordé. Les prisonniers sortirent alors comme ils étaient entrés, mais sans chanter ; on nous dit que Réal les en avait dissuadés ; ils recommencèrent depuis.

M. de la Porte et moi, nous allâmes dîner avec MM. Gandon, Pajon, Vieillard, la Lande, M. de Rancogne et son fils, et M. de la Bretonnerie ; M. de la Voypière y vint aussi. Au dîner, on parla beaucoup de la séance ; nous nous étonnions de la patience des juges, mais, comme je l'ai dit, leur conduite était réfléchie. Ils montraient beaucoup de réserve sur le sort probable des détenus. Cependant je vis qu'ils espéraient voir la fin du procès, car il fut convenu qu'ils viendraient tous se délasser une couple de jours à Cheverny après le jugement ; ils se promettaient aussi d'aller jusqu'à Valencay.

Après avoir passé le reste de la journée avec eux ; je n'eus rien de plus pressé que de fixer mon départ au lendemain, en ayant assez vu ; le procès dût-il durer autant que le siège de Troie, je me promis de ne pas revoir de pareilles scènes. A la séance, j'avais pris la précaution de tracer quelques lignes sur un papier blanc, pour pouvoir tirer ensuite le plan de la salle, avec la place des prisonniers et des juges. Ce fut fait au plus en cinq minutes. J'appris que dans les débats du lendemain, Vadier, qui m'avait remarqué, dit en désignant la place où j'étais, que Cochon avait envoyé des dessinateurs pour les graver.

Mars 1797. — Quelques jours après, le fameux Hézine, qui faisait le journal des séances dans le sens de Babeuf, fut signalé par le Directoire qu'il diffamait, pour être pris et jugé. Cet homme, le plus affreux et le plus indigne démagogue qui ait existé, défiait toutes les autorités; s'habillant de l'uniforme des troupes, il fraternisait avec les soldats dans les cabarets, et, soutenu par eux, il évitait tous les mouchards. Deux fois on l'avait manqué de quelques instants, quand enfin le nommé Lami, de Chaumont-sur-Loire, vint à mourir subitement; Hézine avait des papiers en dépôt chez lui; il fallait les retirer. Il s'y rendit par des chemins détournés. Cette commune, enchantée de la mort d'un homme exécré, ne voulait pas, dit-on, le faire enterrer. Hézine pérorait, entouré d'enfants, lorsqu'un cavalier de gendarmerie se trouva vis-à-vis de lui. C'était celui à qui Hézine, dans le temps de sa puissance, avait ordonné d'arrêter M. Le Ray de Chaumont. « Ah! te voilà, Hézine, dit le cavalier. — « Pourquoi me tutoies-tu? répond Hézine, je ne te connais « pas. — Ah! tu ne me connais pas, reprit le cavalier; « quand tu me donnais tes ordres, tu m'appelais par mon « nom. Je t'arrête tout seul. » Il se jette sur lui; trois garçons de ferme viennent à son aide; on sonne le tocsin, et on le conduit aux Carmélites à Blois. Le peuple était dans l'ivresse; il fut agonisé de toutes les injures possibles jusqu'à la prison où il passa la nuit. Visité par les inspecteurs et commissaires des guerres, il était aussi fier, aussi insolent que par le passé. Le lendemain, quatre gendarmes le conduisirent pour être interrogé par le juge de paix, comme ayant enfreint son ban et prêché la loi agraire. Il se disculpa de ce dernier grief en faisant voir qu'il n'avait fait que copier les écrits de Babeuf sans y changer un mot. Mais, comme amnistié, il était coupable de s'être trouvé dans l'enceinte défendue, et il fut renvoyé à la grande prison de Blois pour attendre son jugement. Ses amis terroristes ne l'abandonnaient pas ; à son départ pour Vendôme, quatre exclusifs l'accompagnèrent et le tinrent par-dessous le bras jusqu'au bout de la ville [1].

[1] Il fut condamné à la déportation, mais, comme on le verra plus loin, le jugement ne fut pas exécuté.

CHAPITRE XXVIII

Nouvelles élections. — Le tour des chapeaux. — Les électeurs et les élus. — Organisation de la garde nationale de Blois. — Nouveaux détails sur le procès de Vendôme. — La famille de Paroy. — Mort de Baudouin; son cabinet de tableaux. — Une lettre à Jelyotte; sa réponse. — Mort de Sedaine. — Olavidès à Cheverny. — Fin du procès Babeuf. — La délibération du jury. — L'exécution. — Le bourreau Sanson. — Voyage à Paris. — L'Odéon. — Le costume des femmes. — Le Palais-Royal. — Les Anciens et les Cinq-Cents. — La salle de l'Institut. — Pajou et la statue de Turenne. — Détails sur le procès des Sérilly. — La comtesse de Beaumont. — MM. de Richebourg, Sanlot, Lafreté. — Fortune de Robbé de Lagrange. — Il accompagne madame Bonaparte en Italie. — Dossonville; curieux renseignements qu'il donne à l'auteur. — Les émigrés rentrés. — Retour à Blois. — La foire. — Le passage des déportés de fructidor; le commandant Dutertre. — Madame Barbé-Marbois.

Cependant, on était impatient d'organiser les assemblées primaires. Les honnêtes gens espéraient, non sans raison, que le plus grand nombre des électeurs ne seraient point terroristes, et que, la majorité de la Convention étant bonne, la minorité des enragés, qui n'avait plus qu'un an d'existence, ferait place à des gens probes et point chargés de crimes. Les jacobins se coalisaient, tandis que les propriétaires et les gens qui n'aimaient que la tranquillité s'entendaient sans coalition. C'était le moment de payer de sa personne, et tout homme bien pensant s'était promis de ne refuser aucune place où on le nommerait, pour en fermer la porte à tous les jacobins.

D'après la nouvelle constitution[1], il n'y avait plus par canton une seule assemblée, mais, selon la population, deux,

---

[1] De l'an III. Les instructions pour les élections dont il s'agit sont du 5 ventôse an V (23 février 1797). Les assemblées primaires devaient se réunir le 21 mars.

trois ou quatre sections. Le nombre des électeurs était diminué; au lieu d'en avoir deux pour Cheverny, deux pour Cour et deux pour Chitenay, leur nombre était réduit à quatre. Notre section, composée de ces trois communes, se réunissait à Cour; je m'y rendis. Nos choix furent faits dans la journée. Président d'âge, je fus continué à l'élection; j'eus, sur 110 votants, 70 voix pour être électeur; la majorité n'étant que de 56 voix, je fus le premier. Cour devait, vu sa population, avoir deux électeurs. Le sieur Bimbenet, François, notaire, eut 65 voix, et M. Serreau, juge de paix, 60 pour Chitenay. Ainsi, au premier scrutin, trois électeurs furent nommés; il fallait un second scrutin pour nommer le quatrième, et le sort tomba sur M. Duchêne, propriétaire, homme estimable. Il n'y eut donc aucun terroriste dans nos choix.

Le canton de Cellettes était divisé en trois sections; le choix de Cellettes fut excellent, mais à Vineuil, commune voisine de Blois et travaillée en conséquence, l'élection fut détestable.

A Blois, sur 16 électeurs, il s'en trouva 11 de bons. Je vais consigner ici quelques scènes particulières qui ont caractérisé ces élections.

A Blois, il y eut quatre sections; celle de l'évêché, composée de ce qu'il y avait de mieux et de plus instruit, redoutait les paysans, devenus presque tous propriétaires de biens d'Église pendant la Révolution, et échauffés par les jacobins qui les effrayaient de l'idée de perdre leurs propriétés par le retour à l'ancien régime. Le président d'âge était M. Bourdon, ancien subdélégué, âgé de soixante-dix-huit ans, mais ayant toutes ses facultés comme à quarante. Homme estimé et du plus grand mérite, il savait conduire la populace dont il avait été fort aimé. Son ton plaisant fit beaucoup rire; il arrêtait tous les paysans : « Allons, viens donc, toi, souve- « rain! » Et ils arrivaient. Un seul crut, comme c'était vrai, qu'il se moquait de lui. « Je le suis, dit-il, autant que « vous. — Oh! répond Bourdon, je t'en défie; je suis prési- « dent, et pour le moment j'en vaux deux comme toi. » Cepen-

dant le fameux Gidouin faisait des listes pour tous ces paysans, lorsque quelqu'un s'en aperçut, et, sans faire semblant de rien, passa auprès de lui et s'en saisit. A l'instant Gidouin s'avance pour les reprendre, l'autre les tient dans sa main derrière son dos, et, sur un geste de Gidouin, il lui applique un coup de poing dans l'estomac, et le fait reculer. La querelle s'engage. Un M. Pointeau, échappé des mitraillades de Lyon, s'avance vers Gidouin. « Que veut ce misé-
« rable? » crie-t-il d'une voix enrouée, « je ne puis plus
« parler depuis que, le jour où l'on allait m'assassiner à Lyon,
« j'ai bu d'un trait une bouteille d'eau-de-vie. Va, retire-toi,
« infâme, couvert du sang des prêtres assassinés sur la levée.
« Toutes tes démarches ne sont que des crimes! » Les citoyens faisaient cercle; Gidouin balbutia, devint blanc, s'éclipsa, et, dès la première séance, il disparut de manière qu'on ne l'a pas revu depuis.

Du mardi, l'assemblée fut prolongée jusqu'au samedi au soir. On n'avait encore nommé que deux électeurs, M. Bellenoue et M. Fleury, tous deux propriétaires de biens nationaux, mais considérés dans la ville par leurs talents. On songea à remettre la séance au lundi. Les habitants des Granges ne le voulaient pas, parce qu'étant libres le dimanche, ils pouvaient venir seconder les jacobins. Le président Touzard décida que ceux qui voudraient remettre la séance au lundi ôteraient leur chapeau et le tiendraient en l'air. Arrive au bureau en députation un paysan des Granges, le chapeau sur la tête. « Citoyen président, je voulons que la
« séance soit pour demain dimanche, je sommes les maîtres.
« — Qu'est-ce que tu dis? dit Touzard, approche-toi. Sais-
« tu qu'il ne faut pas avoir le chapeau sur la tête? Tiens, fais
« comme moi. » Il ôte son chapeau et l'élève. Le paysan en fait autant, et le président prononce que, d'après la majorité, la séance est remise au lundi. Le paysan se couvre tout en colère. « Mais, morgué! ce n'est pas ce que je voulions. —
« Regarde, dit le président, tu vois la quantité de chapeaux
« en l'air. » Ce qu'il y a de plaisant, c'est que tous ceux qui

l'avaient envoyé en députation avaient suivi ses mouvements, et que presque tous avaient ôté leur chapeau. La séance fut remise au lundi, ce qui procura deux choix excellents : M. Touzard et M. Baron Germonnière.

Le dimanche, le nommé Boutet, anciennement garde traversier[1] au service de ma belle-mère au château de Betz, s'était chargé de travailler le bourg des Granges. Il leur dit : « Ne voyez-vous pas qu'on vous trompe? Les honnêtes gens « ne veulent pas plus que vous qu'on rentre dans les biens « vendus, puisque les deux électeurs déjà nommés sont de « ceux qui en ont le plus acheté. » Le fait était vrai, et ce raisonnement les convainquit tellement que le lundi pas un paysan des Granges ne se trouva aux élections.

Les électeurs étaient 230, à peu près comme dans les anciennes élections. Environ 180 étaient des gens honnêtes et probes; les autres étaient très-mauvais, mais on pouvait se rassurer sur les choix, ayant la majorité.

J'arrivai à Blois le dimanche matin pour les élections. Tous les bons électeurs n'avaient qu'un plan, celui d'expulser les jacobins. On savait que les électeurs de Romorantin étaient tous très-mauvais; mais, comme je l'ai dit, en calculant nos forces, nous comptions 180 bons électeurs sur 230. Tout Vendôme était bien pensant, les campagnes et la ville dans une union excellente. Blois, mené par une demi-douzaine de personnes, avait négligé les campagnes; on s'était imaginé que l'influence de la ville départementale devait tout faire. Ils se trompèrent, mais l'honnêteté des électeurs suppléa à leur impéritie.

Mon voyage de Vendôme avait eu pour principal objet de m'aboucher avec ceux que je croyais les plus capables. Ils m'avaient décidé à prendre la place d'électeur, quoique j'eusse préféré ne plus me charger de pareille chose. Tout le Vendômois portait ses vues sur M. Turpin, pour le nommer

---

[1] Traversier, chargé de percevoir le droit de travers, sorte de péage féodal. (LACURNE DE SAINTE-PALAYE, *Dictionnaire... de l'ancien langage...*, et DUCANGE, *Glossaire* : Traversum.)

président d'un tribunal quelconque ou accusateur public. Sa conduite, d'une prudence excessive dans toutes les positions où il s'était trouvé, avait rendu impossible son élection comme député. Comme il n'était pas encore temps de prendre dans la classe des ci-devant possesseurs de terres, il fallait se résoudre à choisir parmi les procureurs, les avocats ou les juges actuels.

Ce qui, tôt ou tard, amènera la chute de la République, c'est que l'honneur n'est compté pour rien dans l'ambition d'avoir des places. Autrefois, un homme payait l'achat d'une charge 40 à 50,000 livres, pour n'avoir que 300 livres de revenu; mais la considération qui y était attachée, et l'assurance qu'il y resterait toute sa vie, le dédommageaient de ce sacrifice; et plus il la gardait, plus il prenait de poids pour lui et ses enfants. A présent que tout le monde est ruiné, les avocats qui se sont bien conduits pendant la Révolution sont dans la pauvreté; ils ont perdu les bailliages de seigneuries qui étaient bien payés. Le champ maintenant leur est ouvert pour toutes les places, et ils en profitent, en se fondant tout naturellement sur leurs besoins.

J'appris qu'il se tenait un comité chez un M. Delatour. Je n'y étais pas invité, et le lieu de la réunion me déplaisait; je gardai donc le silence.

M. Delatour avait commencé sa carrière par être avocat, puis procureur à Saint-Domingue; il y avait fait si prodigieusement ses affaires, au lieu de faire celles des autres, qu'il avait été chassé de Saint-Domingue par un jugement. Je tenais ce renseignement du sieur Hachin, un de ses juges. Arrivé à Orléans, il avait voulu être président des trésoriers de France [1], et il y avait réussi, tout en essuyant beaucoup de désagréments. Enfin, il avait fini par se confiner sur les bords du département, dans une petite terre en Sologne, appelée Savonnière. Depuis le 9 thermidor, il avait été appelé au Département et se vantait de tout faire, quoique ses collègues

---

[1] Delatour, premier président du bureau des finances d'Orléans, de 1784. (*Calendrier historique de l'Orléanais.*)

assurassent que c'était un des plus minces travailleurs.

M. Pardessus [1], avocat estimé, mais le plus fanatique de tous les hommes, était un des membres du comité, ainsi que Guyon de Montlivault, ambitieux qui n'avait la confiance de personne. Le reste du comité était composé de M. Touzard, président du tribunal civil, avocat aimé et estimé, ayant du talent, jadis subdélégué et électeur actuel, et de M. Fleury, juge et employé dans les eaux et forêts, aussi électeur. Ce fut ce petit comité qui distribua les places et qui se concerta avec les électeurs de Vendôme; car, pour la masse des électeurs, pourvu qu'il n'y eût pas de jacobins d'élus, tous les choix leur étaient indifférents.

L'assemblée se réunit. On nous dit de porter comme président le sieur Touzard, pour secrétaire le jeune Boishardi de Vendôme, et trois scrutateurs aussi désignés. Au premier scrutin, nous connûmes nos forces. Nous n'étions que 209 électeurs. Touzard eut 161 voix, Venaille de Romorantin n'en eut que 46.

Touzard avait fait son plan d'être nommé président du tribunal criminel, place dont les appointements valaient 2,500 livres; mais les Vendômois, ceux de Montoire et ceux de Mondoubleau se réunirent pour vouloir nommer à cette place le sieur Moulnier, qui en était déjà pourvu.

On procéda d'abord à l'élection des deux membres du conseil des Anciens et de celui des Cinq-Cents. Tous les électeurs savaient bien que le parti de Pardessus voulait Jousselin pour les Anciens, à cause de son dévouement à la religion; malgré cela et faute d'autres, il fut nommé à une majorité de 50 voix contre Dubois-Crancé [2], que portaient

---

[1] Je ne pense pas qu'il s'agisse de Jean-Marie Pardessus, le célèbre jurisconsulte, qui, dix ans plus tard, devint maire de Blois et député au Corps législatif. Il était cependant déjà avocat en 1796, mais son âge (vingt-quatre ans) ne permet guère de penser qu'il eût encore une grande influence politique. Il est donc à supposer qu'il est plutôt question de son père, avocat comme lui, et royaliste dévoué, qui avait été incarcéré pendant la Terreur. Le frère aîné de Jean-Marie périt à Savenay, dans les rangs des Vendéens.

[2] Conventionnel régicide très-connu, qui était ministre de la guerre au 18 brumaire et dut donner sa démission.

les jacobins. Le sieur Deschamps [1] fut nommé avec le même avantage, porté par tous les électeurs du Vendômois, quoiqu'on pût dire la même chose pour lui que pour Jousselin. Ils passent pour de fort honnêtes gens et capables.

Les élections finies, on s'était divisé en bureaux selon la loi. J'arrivai avant l'ouverture de l'assemblée. Je fus alors chambré par quelques électeurs du Vendômois qui avaient confiance en moi. Ils me dirent que messieurs de Blois voulaient accaparer les meilleures places, et qu'ils ne le souffriraient pas; que si Blois voulait faire scission, ils étaient assez pour faire face à tout, et qu'ils voulaient la place du tribunal criminel pour Moulnier. J'allai trouver Touzard et Fleury, je leur dis combien j'étais étonné des intrigues et des menées que je voyais faire, qu'ils avaient près d'eux deux personnes qui, possesseurs de biens considérables, devaient avoir quelque poids sur les électeurs, M. de Rancogne et moi, et qu'ils ne les avaient pas consultés; que leurs plans étaient déjoués, d'après ce que je voyais, par les électeurs de Vendôme, et que, connaissant mieux qu'un autre la capacité de M. Touzard, je venais à lui par amitié, pour tâcher de le tirer de cet embarras. J'ouvris alors l'avis que, pour ne pas faire de scission, il fallait que Touzard cédât la place à Moulnier, et qu'il se contentât de celle de juge. Ce n'était pas son compte, il tenait au revenu; enfin, on se décida à le faire nommer accusateur national.

Moulnier fut donc nommé président du Tribunal criminel, et Touzard, accusateur public; les autres juges furent nommés comme la cabale l'avait décidé. Delatour fut juge, pour quitter le département au bout d'un an, et l'on négligea de placer Potel, ancien accusateur public, qui le méritait plus qu'un autre.

Ainsi se font ces élections qui forcément suivent au fond l'opinion publique, mais qui, dans les détails et les intrigues, sont pitoyables.

---

[1] Avocat à Vendôme.

20 *avril* 1797. — On nous fait part aujourd'hui du mariage du marquis de Saumery avec mademoiselle de la Chateigneraie [1]. La Nation s'était emparée de ses biens; mais on les lui a rendus. Il apporte vingt-quatre mille livres de rente et vingt-quatre ans; sa femme, dit-on, en a vingt-huit. Le mariage se fait en Suisse.

Bésard, terroriste, jadis soldat, devenu maire de la ville, a été condamné à restituer différents effets et des vins précieux. Il invoquait l'autorité de Garnier de Saintes, représentant en mission à Blois; mais Garnier n'a donné des ordres que de vive voix, et Bésard les a commentés à son profit. La nouvelle municipalité, en conséquence du jugement prononcé, l'a prié de ne plus revenir à l'hôtel de ville, et lui a signifié de cesser les fonctions de commissaire pour la vente des effets et outils de l'arsenal.

La garde nationale de la ville vient de s'organiser supérieurement avec les personnes les plus estimées de la ville. C'est un M. Levrad, ancien quartier-maître de Royal-Comtois, ensuite officier, qui a été jusqu'à Taïti, qui la commande. On s'empresse de se ranger sous le drapeau; les habitants commencent à respirer et, petit à petit, à chasser tous les coquins, auxquels on ôte les armes pour les rendre aux propriétaires montant la garde.

Les sieurs Gandon, président de la haute cour, et Vieillard, accusateur public, sont venus à Blois passer un congé de huit jours. A peine arrivés, on leur écrit que la femme de Didier [2], l'un des accusés, a été prise avec onze autres femmes de détenus qui avaient organisé un massacre général de toutes les autorités à Vendôme et à Blois. Ils attendent tranquillement à Blois. Il paraît que ce sont des efforts impuissants, et que le jugement sera prononcé avant la fin du mois prochain. On espère que la ville de Vendôme va être

---

[1] Louis-Marie de Johanne de la Carre, marquis de Saumery, marié à Angélique-Françoise Fournier de la Chateigneraie.

[2] Jean-Baptiste Didier, âgé de trente-sept ans, serrurier, ex-juré au Tribunal révolutionnaire. (*Note de l'auteur.*)

déclarée en état de siége jusqu'au jugement définitif, d'autant que l'infanterie qui y est depuis deux mois est gagnée par les coquins.

Réal a reçu, on ne sait de qui, douze mille francs pour défendre certains accusés, et s'il les sauve, il touchera douze autres mille francs. Aussi fait-il, *per fas et nefas*, tout ce qu'il peut pour gagner cet argent.

J'apprends à l'instant la mort de Monville [1], mon ancien concurrent pour la place d'introducteur, dont j'ai dépeint la figure, le goût et la magnificence. C'était pour moi une connaissance intime, sans être un ami; car avec son caractère d'égoïste parfait, on n'a pas d'amis. Il est mort le sang décomposé; un abcès à la gencive, qu'il a fait opérer, a déterminé la gangrène, qui l'a emporté en quatre jours. Il avait mangé jusqu'à son dernier écu, et ne laisse que des dettes. Après avoir sacrifié à toutes les filles, dont il changeait chaque nuit, il vivait depuis six ans avec une jeune personne des petits spectacles.

M. de Toulongeon, mon gendre, et ma fille, voulant procurer quelque éducation à leurs cinq garçons et à leur fille, se sont déterminés à quitter leur terre de Dian pour aller passer l'hiver à Fontainebleau, qui n'est qu'à six lieues de chez eux. Mon second fils, Courson, partit au mois de février pour aller les joindre. J'appris alors qu'il y avait à Fontainebleau beaucoup de ci-devant persécutés qui formaient une réunion de société. Parmi eux était le ci-devant marquis de Paroy avec sa famille. J'étais inquiet de lui depuis longtemps, et je n'osais demander de ses nouvelles. Il m'écrivit à l'instant, et voici une lettre dans laquelle il me donne les plus grands détails; il ne faut pas oublier qu'il était ex-constituant.

« De Fontainebleau, le 14 mars.

« ...Vous me demandez, mon cher ami, l'état de ma
« famille. L'aîné, qui était dans la plus belle position pos-

---

[1] Racine du Jonquoy, que nous avons vu aussi porter le nom de du Thuit.

« sible, est maintenant à Paris, réduit au métier de graveur
« pour nous faire tous vivre, et s'est fait une grande répu-
« tation dans les arts par un talent qu'il ne cultivait que
« pour son plaisir. Le second [1], ci-devant capitaine de vais-
« seau, est marié en Saintonge, où il est dans les terres de
« sa femme; il a trois enfants. Le troisième, abbé, a été
« fusillé par la faction de Santonax. L'autre est au Cap, réduit
« à conduire un cabrouet pour vivre. Il ne lui est pas permis
« de mettre le pied sur mes habitations, et l'on en a séquestré
« quatre, malgré tous les certificats de résidence que j'ai
« produits; le gouvernement, sans pitié, s'en est emparé et
« les fait valoir à son profit. Il est inutile de vous dire où est
« le cinquième; il existe. L'aînée de mes filles, madame la
« marquise du Hamel [2], est dans ses terres, près de Bor-
« deaux, ayant deux grands garçons, dont l'aîné [3] s'est marié,
« il y a quatre ans, avec la fille du comte Ornano, guillotiné
« à Paris; elle est morte l'année dernière, et a laissé un fils.
« Je m'étais réfugié chez ma fille le lendemain de la mort
« du ***; je restai chez elle trois ans, dont six mois en prison,
« tant à La Réole qu'à Bordeaux, où je fus transporté pour
« être guillotiné, et jeté dans un cachot affreux où je suis
« resté trente-sept jours sans voir le jour : je vous laisse à
« juger de mon agonie. A l'égard de ma fille cadette [4], elle
« est toujours restée avec sa mère depuis 1792, que son mari
« passa à Saint-Domingue, où ses biens ont été également
« dévastés, ainsi que toutes ses terres dans la Vendée. On
« en est fort inquiet; il y a un mois qu'on n'en a pas de

---

[1] Louis-Jean-Marie Le Gentil de Paroy, qui épousa en 1788 Marie-Rosalie de la Barre de Veissière, dame de Bellemont. (LA MORINERIE, *Noblesse de Saintonge*.)

[2] Guyonne-Émilie Le Gentil de Paroy, née en 1754, mariée en 1773 à André-Bernard, vicomte du Hamel, lieutenant de maire de la ville de Bordeaux, déjà veuf de trois femmes. Il avait fait partie, en 1786, de l'assemblée des notables, et mourut en 1803.

[3] André-Guy-Victor, marié en premières noces, en 1793, à Victoire d'Ornano, fille de François-Marie d'Ornano, lieutenant au gouvernement de Bayonne, guillotiné en 1794, à l'âge de soixante-huit ans.

[4] Louise-Adélaïde, née en 1758.

« nouvelles. Son fils, âgé de vingt ans, est avec nous; c'est
« un sujet parfait, une jeune plante qui languit dans son
« printemps. Les malheurs de la mère avaient apitoyé nos
« tigres, elle est la seule qui n'ait pas été en prison. Ma
« femme est restée en prison inhumainement quatorze mois! »

J'ajouterai, pour finir ce triste tableau, que madame de Paroy, sourde depuis vingt ans, n'avait de relations avec personne, et avait tous les titres, par sa conduite, au respect et à l'estime générale.

L'histoire de la sortie de cachot de M. de Paroy est un exemple de piété filiale. Son fils, peignant et gravant supérieurement, acquérant tous les jours une grande réputation, apprend la détention de son père et les dangers qu'il court; il vole à Bordeaux et se fait connaître comme artiste. Enfin, sur sa réputation, il se fait introduire chez madame Tallien, aussi humaine que son mari était féroce. Il finit par y être tous les jours, et il réussit à les peindre tous les deux. Il fait deux chefs-d'œuvre. La seule grâce, le seul payement qu'il réclame, est la liberté de son père. Il était temps; sur trente-quatre détenus dans les cachots, il restait le sixième. Il y a trop de réflexions à faire pour en faire une seule.

Mon ancien ami Baudouin, capitaine aux gardes, vient de terminer sa carrière à quatre-vingt-deux ans, en janvier 1797 [1]. Il joignait à beaucoup de talent en gravure un goût exquis pour les tableaux. J'ai un recueil considérable de gravures en tranche de tous les grades du régiment des gardes; il avait un des beaux cabinets de tableaux de Paris, comme celui de M. Gaignat [2]. Il s'en défit en faveur de la Russie, et, avant de le livrer, convint qu'il en ferait prendre des

---

[1] L'auteur fixe ici la date de la mort de Simon-René Baudouin, que les biographes n'ont pas connue. Grimm parle en ces termes des gravures dont il est question plus bas : « M. Baudouin a dessiné d'après nature et gravé « l'*Exercice de l'infanterie française dans toutes ses positions*. Cela fait un « recueil superbe de soixante-trois planches in-folio. Cet ouvrage ne se vend « point. L'auteur le donne à ses amis et aux gens du métier. » (Mars 1758, édition Tourneux, t. III, p. 487.)

[2] Voir t. I, p. 116.

copies, qui étaient la consolation de sa vieillesse. S'étant, pendant la Terreur, retiré à Fontainebleau, il ne put éviter d'y être mis en prison, et, n'ayant point de domestique, il fut servi par les jeunes gens incarcérés comme lui. A mon dernier voyage de Paris, il avait voulu que j'allasse dîner avec lui, et je vis avec plaisir que la vieillesse n'avait pas affaibli ses goûts pour les arts.

Mai 1797. — J'ai plusieurs fois fait mention du fameux Jelyotte. Fidèle à son ancienne amitié, il m'écrivait à peu près tous les mois, et je lui répondais exactement. Ses dernières lettres me mandaient qu'il avait été incommodé; qu'il avait cru terminer son existence, qu'il était bien temps, puisqu'il avait quatre-vingt-deux ans; que tout ce qu'il désirait était de finir sa vie sans douleur. Elles avaient une teinte de tristesse qui me faisait une vraie peine. Je crus devoir lui faire son petit panégyrique pour l'éloigner de toutes ces idées; c'est un abrégé historique de sa vie, que je connaissais comme lui. Cette lettre est du 20 avril 1797, et envoyée à Oléron (Basses-Pyrénées).

« Vous voulez, mon vieil ami, que je vous écrive avec la
« même liberté que si nous causions ensemble, comme on
« dit, les pieds sur les chenets. Quoique vous m'annonciez
« que vous avez vos quatre-vingts ans bien révolus, à juger
« par le caractère de votre écriture, je pense que vous avez
« tout lieu de vous flatter encore d'y ajouter; au surplus, je
« connais votre philosophie, qui vous fera envisager votre
« fin sans la désirer ni la craindre.

« Comptons ensemble, mon vieil ami, et voyons si vous
« avez à vous plaindre, et si, en jetant un coup d'œil sur le
« passé, vous n'avez pas à vous féliciter de votre existence.
« Il est permis à un ami de quarante ans de se féliciter
« avec vous de la charmante carrière que vous avez par-
« courue.

« Destiné à une prébende, votre oncle vous fait donner
« une excellente éducation, et vous déployez intelligence et
« facilité; il vous fait apprendre les langues, et vous excellez

« dans l'italien ; sans vous en douter, sans peine, sans efforts,
« vous devenez un excellent musicien et un bon compositeur,
« car il nous en reste des morceaux excellents dans *Zelin-*
« *dor,* etc. Votre adresse naturelle vous rend familier avec
« tous les instruments, dont je vous ai vu jouer à volonté ;
« la nature vous a gratifié d'une haute-contre superbe et
« d'un goût exquis. Vous cédez, à dix-sept ans, à la séduc-
« tion d'aller débuter à l'Opéra à Paris. A l'instant, ce sont
« des triomphes ; tous les livres éphémères et durables vous
« comblent d'éloges. Orphée n'aurait pas eu en France un
« plus grand et un plus long triomphe...

« A l'âge des passions, dans le pays le plus séduisant et le
« plus enivrant, vous y résistez pour vous attacher à la meil-
« leure et à la plus grande compagnie du royaume, et vous
« y êtes retenu par votre personnel quand il n'est plus ques-
« tion de vos talents... Je vous ai vu dans l'intimité de la
« duchesse de Luxembourg, du feu prince de Conti ; je vous
« ai accompagné plusieurs fois à Chanteloup, où le duc de
« Choiseul, ses parents et amis, vous traitaient en égal...
« Fidèle à l'amitié, vous êtes venu pendant quinze ans me
« visiter à Cheverny.....

« L'enthousiasme et les plus grands applaudissements
« devaient vous retenir au théâtre ; vous avez la sagesse de
« les sacrifier. A l'instant que vous quittez le théâtre, sans
« abandonner une société dont les soins vous faisaient un
« devoir et une jouissance, vous sacrifiez tous les ans trois
« mois pour retourner dans votre pays natal ; votre aisance,
« vous la sacrifiez à votre famille ; vous mariez votre nièce,
« et les bénédictions vous entourent, puisque dans vos petites-
« nièces vous avez le plaisir de voir votre sang uni à celui
« des Navailles.

« Rappelez-vous que vous fûtes le premier l'auteur de la
« fortune du fameux et malheureux La Borde [1], banquier de
« la cour ; qu'il vous en remercia par une association momen-

---

[1] La famille de La Borde était originaire de Bielle en Béarn ; elle portait primitivement le nom de Dort.

« tanée qui ne dura pas autant que vous le méritiez.

« L'âge mettant un terme à votre facilité à voyager, vous
« vous fixez à Oléron au milieu des vôtres, et vous attendez
« philosophiquement le but que tout homme doit atteindre
« d'après la loi de la nature. Tout ce que je souhaite donc
« maintenant du meilleur de mon cœur, c'est qu'une pente
« douce et insensible vous conduise à la fin de nos vies,
« comme un voyageur qui arrive au bas d'une montagne
« sans trouver de précipice..... »

Voici un extrait de la réponse de Jelyotte, du 8 mai. Elle fera voir à quel point il a conservé sa tête et sa tranquillité.

« Vous m'avez écrit, mon cher ami, une lettre trop char-
« mante pour mon amour-propre; vous me dites toutes les
« douceurs possibles. Vous me rajeunissez de quatre ans :
« j'en ai quatre-vingt-quatre sonnés depuis le 13 du mois
« dernier. L'abbé de Saint-Pierre avait bien raison : quatre-
« vingts ans sont un beau lot de la loterie de la vie, à plus
« forte raison quand une carrière a été aussi heureuse que
« longue. Véritablement la mienne a été très-agréable, et
« surtout la partie que j'ai passée avec vous.

« Je vais parcourir votre lettre pour ne rien oublier, et
« vous répondrai article par article, excepté à vos louanges
« dont je ne retiendrai que les marques d'amitié et ma recon-
« naissance. J'ai toujours aimé la bonne compagnie, et je
« lui ai dû tout le bonheur dont j'ai joui. C'est un heureux
« hasard qui m'a poussé vers elle, et, dans la carrière que
« j'ai parcourue, je pouvais bien être jeté en sens contraire.
« Tout a concouru à me faire réussir, et j'ai peu de choses à
« regretter. Les bontés particulières de feu M. le prince de
« Conti sont l'époque la plus flatteuse de ma longue vie, et
« j'en conserverai le précieux souvenir jusqu'à mon dernier
« moment.

« Je finis ma lettre pour qu'elle parte vingt-quatre heures
« plus tôt; j'aurais encore à répondre à quelques articles,
« ce sera pour la première. »

Cette lettre, qui tient trois pages, me parlait ensuite de ses affaires personnelles.

Guyot, neveu de M. de Verdun (à eux deux, ils ont fait mes affaires pendant cinquante ans moins six mois), avait un an de moins que moi; j'apprends à l'instant, par une lettre de sa femme, qu'il vient de mourir en cinq jours d'une fièvre inflammatoire. Cette triste aventure nécessite un voyage à Paris, auquel j'avais cru devoir renoncer; je m'arrange en conséquence.

Nous éprouvons dans ce moment un nouveau chagrin. Notre ami Sedaine avait eu une grande maladie l'hiver dernier. Voici la lettre que je reçus, à la date du 18 mai, d'une de nos amies communes :

« L'état de notre pauvre ami a toujours empiré. Il s'est
« déclaré depuis environ un mois une hydropisie qui achève
« de le tuer; nous n'avons joui qu'un moment d'une fausse
« convalescence. Il est absolument sans espoir, et les cha-
« leurs qu'il fait depuis trois jours hâtent cet affreux moment.
« Ce qu'il y a de plus cruel, c'est qu'il souffre beaucoup et
« qu'il a entièrement sa tête. Jugez quel spectacle pour sa
« famille! J'aurais désiré ardemment que vous vous trou-
« vassiez à Paris dans ces cruels moments. Peut-être sera-t-il
« temps encore. Venez le plus tôt que vous pourrez, puisque
« vous devez faire le voyage.

« Je reçois à l'instant une lettre du Louvre : notre ami
« est fort mal, la nuit a été affreuse, on craint pour la jour-
« née. Ah! grand Dieu! hâtez votre arrivée; on a besoin de
« ses amis, surtout quand ils sont comme vous. Adieu, mon
« ami bien respectable; ah! que nous sommes malheureux[1]! »

Ainsi tous les tristes événements se succèdent; il faut, avec une âme sensible et qui ne prend pas l'ossification de l'âge, s'attendre, en vieillissant, à devenir isolé. En général, j'ai

---

[1] Sedaine mourut dans la journée du 17 mai 1797; on trouve des détails sur sa dernière maladie dans la notice que lui a consacrée la fille de Diderot, madame de Vandeul. (*Correspondance de Grimm*, édition Tourneux, t. XVI, p. 245.)

besoin d'épancher mon âme, sans cependant aimer à faire de longues phrases. Une seule personne à qui je puis tout dire me suffit. M. le président de Salaberry, M. de Boullongne de Préninville et M. Sedaine sont peut-être les seuls en qui j'aie eu une confiance entière. Maintenant que je ne peux plus faire et trouver des amis pareils, je n'ai plus que ce livre à qui je puisse confier journellement tout ce qui me frappe dans le cercle étroit où je vis.

J'ai retiré chez moi le fameux Olavidès, dont l'esprit, les lumières et la mémoire sont un flambeau continuel. Il a pour aumônier un M. Reinard, ancien professeur émérite de physique à Amiens, aussi respectable par ses connaissances que par sa douceur et ses vertus; tous deux sont fort pieux. La dévotion d'Olavidès est tout espagnole, c'est-à-dire tout en élans religieux et en soupirs. Sa tête s'échauffe pour la divinité, comme plus jeune elle pouvait s'échauffer pour la créature.

Il s'occupe de faire un ouvrage dans sa langue naturelle. Il est au quatrième volume. Voici le sujet : Au premier volume, on voit un jeune homme entiché des idées philosophiques, qui se livre à toutes ses passions; il est riche et agit en conséquence. Au deuxième, il se convertit en faisant toutes les oppositions tirées des philosophes anciens et modernes. Au troisième, il mène une vie nouvelle dans sa terre où il se fixe, et où il fait pour Dieu les plus belles actions possibles. Au quatrième, il moralise. Alors c'est la quintessence des meilleurs ouvrages sur cette matière. Les deux premiers volumes sont en Espagne, où l'ouvrage doit être imprimé.

Enfin, le 26 mai, fut terminé à Vendôme le procès Babeuf. Les seize jurés restèrent assemblés pour répondre aux questions; les trois séries produisirent des liasses qui remplirent quatre-vingts cartons. C'est le sieur Pajon, deuxième juge, qui devait être présent et leur délivrer les cartons qu'ils demandaient. Il fallait qu'ils prononçassent sans désemparer. Un local où se trouvent dix-neuf personnes qui ne peuvent sortir, où il faut boire, manger et dormir, devient bientôt méphitique. La chaleur y était étouffante, de sorte qu'au bout de vingt-quatre heures ils avaient tous l'air aussi fatigué que s'ils avaient passé cinq nuits. Quelques matelas, placés dans des petites pièces, servaient à reposer ceux qui ne pouvaient résister; un air sombre sur toutes les figures, un froid observateur rendaient cette assemblée d'un morne singulier.

Des seize jurés, on en connaissait douze honnêtes et convaincus des crimes des coupables. Un treizième s'était joint à eux, c'était le nommé Duffau [1], des Pyrénées, homme jouissant, dit-on, de quinze mille livres de rente, né hors de la lie du peuple, et qui s'était faufilé dans la meilleure compagnie, où il se prononçait comme ennemi des coquins. Cependant des jurés, ses voisins, le désignaient comme un homme faux, versatile et dangereux. Les trois autres jurés, dont Biauzat [2], ex-député, était le chef, étaient reconnus pour des jacobins décidés. Biauzat, qui avait été un des acteurs de la Terreur, ne se masquait pas; il aurait innocenté les plus coupables. Tel était le composé du jury lorsqu'ils s'assemblèrent.

Sur la première question : « Y a-t-il eu conspiration? » on trouva au dépouillement douze boules noires et quatre boules blanches. Tous les jurés se regardèrent, ne soupçonnant pas encore Duffau. Le bruit se répandit à l'instant dans la ville que les coupables seraient innocentés. Toutes les personnes qui avaient assisté aux séances, comme celles qui avaient lu simplement le *Télégraphe* [3], qui rapportait jusqu'au moindre mot, furent dans la consternation.

Un des jurés crut s'apercevoir, à l'embarras de Duffau, qu'il était le coupable. Il le prit en particulier et lui dit à

---

[1] Jean Duffau, de Condom (Gers).

[2] Gaulthier Biauzat, ancien membre de l'assemblée législative. Il était plus modéré que M. Dufort ne l'indique.

[3] Le *Télégraphe*, continuation du *Bulletin de la semaine*. Il parut du 1er novembre 1796 au 30 avril 1797. (Hatin, *la Presse périodique*.)

l'oreille : « Vous êtes à mes yeux le dernier des hommes. Il « est clair que c'est vous qui avez mis la boule blanche ; « on sait vos liaisons intimes avec la Buonaroti [1] qui vous a « séduit ; on vous soupçonne en outre d'être payé. Je n'entre « pas dans toutes ces infamies, mais je vous donne ma parole « que si vous continuez, vous ne périrez que de ma main. » Ce petit avertissement fraternel fit son effet.

On apprit que Babeuf et Darthé [2] étaient condamnés à mort. Dès que le jugement fut connu, on détacha des gendarmes en diligence, pour faire venir l'instrument de supplice qui était déposé à poste fixe au Département de Blois. De mauvais chevaux, de mauvais chemins, retardèrent l'arrivée du tout et de l'exécuteur Sanson, le fils aîné de celui de Paris. Cependant Babeuf et Darthé, qui s'étaient manqués [3] à l'instant qu'on avait prononcé leur jugement, souffraient de leurs blessures. Babeuf se soumit à tout ; Darthé ne voulut pas qu'on lui coupât les cheveux et se défendit. Le bourreau, son aide et le geôlier eurent grand'peine à lui faire cette opération préliminaire, et l'on fut obligé de le porter dans une chaise jusqu'à la guillotine. Dès qu'il fut ajusté, en tombant, il cria : « Vive la République et la Nation ! » d'une voix si faible qu'à peine les plus proches l'entendirent [4]. Pour Babeuf, il monta courageusement à l'échafaud.

Cette exécution se fit à cinq heures du matin. Il n'y avait presque point de spectateurs, mais une troupe importante ; tout fut calme. Les condamnés à la déportation étaient dans l'ivresse de la joie, d'avoir échappé au supplice dont vingt d'entre eux se savaient menacés. Germain [5], gai et plein d'esprit, se moquait des jurés. « Ils sont bien bêtes, disait-il

---

[1] Femme de l'accusé Buonaroti, musicien, âgé de trente-quatre ans, né à Florence. Il fut condamné à la déportation avec six autres.

[2] Augustin-Alexandre-Joseph Darthé, âgé de vingt-huit ans, ancien secrétaire de Joseph Lebon et accusateur public à Arras.

[3] Ils s'étaient poignardés.

[4] D'après certaines biographies, il aurait été exécuté mort.

[5] Charles Germain, ancien officier, dont il a été déjà parlé. Il était condamné à la déportation.

« au sieur Vieillard, de ne pas voir de conspiration lorsqu'il
« y en a une des mieux faites qui aient jamais existé, et y
« a-t-il rien d'aussi fou que d'innocenter les femmes, qui sont
« des enragées qui nous stimulaient tous? Actuellement que
« ma vie est sauvée, je leur dirais tout ce que je sais. Au
« surplus, j'ai conspiré, je conspirerai toujours. S'ils m'en-
« voient à Cayenne ou au Sénégal, je conspirerai, et si ce
« n'est pas avec des hommes, ce sera avec des perroquets. »
Cependant, lorsque leurs sens furent rassis, il parut que la
tristesse s'emparait d'eux à la certitude de la déportation.
Buonaroti, un des plus coupables, qui allait de pays en pays
prêcher les révolutions, fit demander pour toute grâce qu'on
permît à sa femme de le suivre. Elle fit les mêmes démarches
de son côté. Cependant, quatre jours après, elle a changé
d'avis et paraît ne plus tenir au voyage d'outre-mer.

Beaucoup d'habitants de Blois et des environs arrivèrent
à Vendôme lorsque tout était fini, et n'eurent d'autre ressource que de s'en revenir tout de suite. C'était dans la
ville une désertion complète. Les mauvais jurés étaient partis, et l'on avait invectivé Duffau. Il y a, à moitié chemin de
Vendôme, un hameau appelé Bas-Breuil. C'est là que les voitures publiques et particulières font halte pour rafraîchir les
chevaux. La guillotine s'y était arrêtée, et le bourreau et son
aide étaient dans une auberge, confondus avec tout le monde.
En buvant, on le questionna; il donna des détails, et insensiblement se mit à causer avec tous. Le commissaire des
guerres lui demanda s'il n'avait pas quelques remords. « Pas
« plus que vous, répondit-il, quand vous êtes obligé d'as-
« sister à l'exécution. » On parla des titres qui avaient été
brûlés [1]. « J'ai, dit Sanson, perdu les miens à la Grève,
« où on les a brûlés. » Il ajouta que rien n'était si véritable,
puisqu'ils avaient depuis plus de cent ans le titre d'exécuteur
des hautes œuvres, de père en fils. Il oubliait ses titres d'infamie, d'avoir guillotiné son maître.

[1] La famille Sanson possédait la charge avant 1688. (JAL : *Exécuteurs.*)

Il raconta une anecdote singulière. Danton et Fabre d'Églantine furent guillotinés ensemble; la fournée était immense. En chemin, Danton demanda à Sanson s'il était permis de chanter; celui-ci répondit qu'il n'y avait nulle défense. « C'est « bien, dit Danton, tâchez de retenir ce couplet que je viens « de faire. » Et il chanta sur un air alors à la mode :

> « Nous sommes menés au trépas
> « Par quantité de scélérats,
>   « C'est ce qui nous désole;
> « Mais bientôt le moment viendra
> « Où chacun d'eux y passera,
>   « C'est ce qui nous console! »

Ils arrivèrent à la place où les condamnés, les mains liées derrière le dos, étaient rangés en file l'un devant l'autre, selon la date de leur jugement, le dos tourné à l'échafaud; le bourreau venait les prendre à mesure. Ils étaient dans les derniers. Danton, s'apercevant d'une interruption dans le bruit du fer de la guillotine, demanda à Fabre d'Églantine s'il y avait quelque chose de nouveau. « Rien, lui répondit-il, « c'est que les paniers de corps sont remplis et qu'on en « change. C'est le premier acte. — Ah! oui, dit Danton, « j'entends, nous sommes pour le deuxième. » Et ils montèrent à l'échafaud du même sang-froid.

La mort de Guyot nécessitait un voyage à Paris, et quoique le séjour de cette ville fût devenu horrible pour moi par le souvenir de ceux que j'y avais perdus, je pris mon parti. Pendant la Terreur j'avais fait deux successions, l'une d'une demoiselle Le Gendre, parente si éloignée que je n'en avais aucune connaissance; l'autre de mademoiselle Félix (madame de Moussy). Ces deux successions pouvaient monter à cent mille écus; mais, grâce à la Révolution et aux assignats, mandats, bons, etc., ce qui m'en restait de plus net était huit cents livres de rente perpétuelle sur le grand-livre. Guyot mort, il fallait apurer ces comptes. Il laissait une veuve et une fille en bas âge, mais il avait eu la précaution, dès le 1ᵉʳ janvier dernier, de mettre ses comptes dans le plus grand ordre possible. J'arrivai donc à Paris, ayant envoyé mon homme de confiance, Jumeau, quinze jours avant moi.

Depuis dix ans, ma femme et moi logions au vieux Louvre, chez mon ami Sedaine, qui me cédait la moitié de son appartement, où j'étais comme chez moi ; mais Sedaine venait de mourir, et je comptais descendre à l'hôtel de Candie, rue des Bons-Enfants, lorsque madame Sedaine m'écrivit qu'elle exigeait que je vinsse loger chez elle. C'était un ordre de l'amitié, et je m'y conformai.

Il n'était plus possible de voyager pour son compte, mais, grâce aux voitures que l'on avait établies, on pouvait se transporter à Paris en retenant des places, plus aisément et aussi vite que si l'on courait la poste. Comme la voiture ne partait pas encore de Blois, je fus obligé de me rendre à Orléans le samedi 21 juin, jour pour lequel j'avais arrêté deux places, pour moi et mon domestique. Je me fis donc mener de Blois à Orléans par mes chevaux, et allai dîner au château de Meung, ci-devant à l'évêque, appartenant aujourd'hui à M. Lecouteulx du Moley, qui a marié sa fille à M. le comte de Noailles [1], fils de l'ambassadeur. Je me rendis le soir à Orléans, d'assez bonne heure pour pouvoir aller à la comédie ; je connaissais déjà la troupe, qui me parut de la même médiocrité.

Le lendemain, je partis à cinq heures du matin ; j'arrivai à midi à Étampes, et débarquai rue de Vaugirard, près de l'Odéon, à sept heures du soir. Je n'étais que pour douze jours à Paris, et n'avais pas un instant à perdre. J'entrai donc en arrivant à l'Odéon ; on y jouait le *Glorieux*. Je vis la salle telle que je l'avais laissée ; seulement, on avait écrit en gros caractères sur le portail : *Odéon*, et, au lieu des bons et excellents acteurs anciens, j'y trouvai une troupe nouvelle. Après avoir vu deux actes, je m'acheminai à pied vers le vieux Louvre.

Rien ne me parut changé ni embelli. Il y avait une

---

[1] Louis-Jules-César, marquis de Noailles (1773-1838), marié en 1797 à Pauline-Laurette Le Couteulx du Moley.

affluence de peuple dans les rues. Toutes les femmes étaient vêtues en blanc; comme il pleuvait, elles relevaient leurs robes d'une main, en les serrant si fort qu'il était aisé de voir toutes leurs formes. La grâce du jour et de la mode était de conserver à peine un mouchoir dans sa poche; ainsi l'on ne perdait rien des contours agréables. Comme j'allais très-doucement en observateur, je me mis à compter le nombre de voitures que je rencontrerais de l'Odéon au vieux Louvre; le total fut huit fiacres et une voiture bourgeoise.

Je trouvai la famille Sedaine réunie avec les amis du défunt, tels que Pajou et Houdon. Après les premiers moments de sensibilité réciproque, nous soupâmes. Le lendemain, dès le matin, je sortis seul, voulant d'abord parcourir Paris et faire quelques commissions. J'entrai au Palais-Royal; il me parut tel que je l'avais laissé, très-tranquille, mais rempli de figures de la tenue la plus mauvaise; la dépravation des mœurs et la liberté républicaine étaient peintes sur tous les visages. Je m'acheminai vers les Tuileries, et, après m'être fait montrer le chemin pour entrer au conseil des Deux-Cent-Cinquante, j'arrivai au moment où l'on proclamait le président. Après m'être assis un quart d'heure, et avoir reçu une ou deux révérences de députés que je n'ai pas reconnus, je m'acheminai vers le jardin pour aller au conseil des Cinq-Cents. Je fus frappé de la beauté du jardin, de la magnificence des statues, dont le nombre augmentait tous les jours, et de la superbe orangerie qui garnissait le jardin. Après avoir jeté un coup d'œil sur le tout, j'arrivai au conseil des Cinq-Cents. Il était trop tard; il venait de s'y passer une scène violente dont j'aurais joui pour mon instruction. Pichegru[1] présidait, et il me parut d'une bonne tenue. A peine étais-je arrivé dans la tribune, qu'un huissier me pria fort poliment de passer sur les gradins. J'y montai, et restant debout, je m'adressai à un habitué pour lui faire quelques questions; il me répondit juste et brièvement; mais lui ayant demandé où

[1] Élu aux Cinq-Cents en mars 1797, Pichegru avait été sur-le-champ porté à la présidence.

était Tallien et sa clique, cet homme me dit : « Je ne regarde « jamais ces gueux-là, et je voudrais oublier qu'ils existent. » Il me quitta à l'instant ; je descendis alors auprès de l'huissier, et, lui contant que j'étais étranger, je le priai de me donner un aperçu de la salle. Il répondit à toutes mes questions et me montra les principaux personnages. Je m'éclipsai un moment après, sans en vouloir davantage.

Je travaillais à mes affaires le matin, et les jours que j'avais de libres, je les consacrais à voir ce qu'il y avait de plus curieux. Le musée était fermé parce qu'on y travaillait ; M. Pajou me le fit ouvrir, et nous le parcourûmes avec fruit, tout en gémissant sur le droit de conquête qui enlevait de la Hollande et de l'Italie tout ce qu'elles avaient de précieux. Mes yeux éblouis furent pourtant bientôt fatigués de tant de beautés. Il ne me resta dans la tête que le taureau et la vache [1] pris au stathouder, peut-être parce que la copie fidèle de la nature frappe davantage que toutes les beautés idéales. Je n'étais pas au bout du musée, que je me sentis embrasser par trois personnes. C'étaient mon gendre, son frère, le vicomte de Toulongeon, et l'aîné de mes petits-fils que je n'avais pas vu depuis six ans et qui avait alors dix-neuf ans [2]. Son air noble, modeste, sage et honnête, me fit d'autant plus de plaisir, que son père m'en dit toute sorte de bien. Je les emmenai dîner chez madame Sedaine, et je passai une délicieuse journée.

Nous étions retournés auparavant au vieux Louvre voir l'Institut national. Je m'arrête ici un moment, parce que c'est le plus bel emplacement que j'aie vu de ma vie. A droite en entrant, était jadis la salle qu'on appelait des antiques. Là, sur un sol recouvert de gravats, étaient pêle-mêle les statues en pied des grands hommes, tels que Condé,

---

[1] De Paul Potter. On sait que neuf tableaux de ce peintre, dont faisait partie le fameux taureau de grandeur naturelle, furent rendus à la Hollande en 1815.

[2] Edme-Joseph-Hippolyte de Toulongeon (1779-1851). Il mourut sans postérité. C'est le troisième fils, René-Alexandre (1784-1839), capitaine de la garde royale, qui continua la famille.

Turenne, Fénelon, dont beaucoup faites par les grands maîtres encore vivants, et pour la plupart commandées par d'Angiviller, surintendant des bâtiments sous le règne de Louis XVI. Les jacobins avaient voulu les réduire en poussière, et sans l'énergie d'un gardien qui leur persuada qu'elles n'existaient plus et les empêcha de pénétrer, ces beaux morceaux étaient perdus pour la postérité. Cette salle, tout encombrée qu'elle était, rappelait aux gens instruits que c'était l'endroit même où avaient été pendus les Seize du temps de la Ligue, qui étaient les vrais jacobins de leur siècle. Depuis, Molière y avait joué la comédie, et Louis XIV avait assisté à ses pièces. On voyait encore sur les murailles, avant la Révolution, les marques de l'avant-scène.

L'Institut national, sur l'avis des grands artistes, choisit cette salle pour le lieu de ses séances. A l'instant elle fut débarrassée, et l'on baissa le sol de plus de quatre pieds. Les colonnes, dont on ne voyait que les chapiteaux, parurent dans toute leur beauté ; quatre cariatides du fameux Goujon se découvrirent aux yeux du connaisseur étonné ; elles supportaient une corniche du meilleur goût au-dessus de la porte d'entrée au fond. Dans la totalité de la salle, qui était plus creuse et parquetée, on pratiqua une distribution de places pour les membres de l'Institut, ainsi que pour les présidents et secrétaires. Les invités eurent des places plus élevées et jusqu'entre les colonnes. Rien ne me frappa plus d'admiration que ce beau lieu, digne des meilleurs temps de la Grèce.

J'entrai dans un vestibule élevé qu'on finissait à peine et qui était décoré des statues de Montesquieu, Fénelon, etc. Jetant mes yeux à droite, je vis un nombre de colonnes isolées deux à deux, se prolongeant des deux côtés, et en face les quatre cariatides de Goujon. Entre chaque deux colonnes, des statues en pied : Condé, Vauban, Turenne, etc. ; de l'autre côté de même.

Mon ami Pajou m'expliquait tout ; il me conta une anecdote sur la statue de Turenne dont il était l'auteur.

On connaît les vers qui devaient être placés à Saint-Denis[1] :

> Turenne a son tombeau parmi ceux de nos rois;
> C'est le fruit glorieux de ses brillants exploits.
> On a voulu par là couronner sa vaillance,
>   Afin qu'aux siècles à venir
>   On ne fit point de différence
> De porter la couronne ou de la soutenir.

Pour faire allusion à ces vers, il avait représenté Turenne soutenant une couronne. Au commencement de la Terreur, lorsque tout ce qui était armes, fleurs de lys ou couronnes était proscrit, il lui fut ordonné de détruire la couronne ou de briser la statue. Il n'hésita pas à couvrir la couronne d'un globe de plâtre exécuté avec goût et signifiant la terre. Les jacobins furent satisfaits, et ce beau monument passera à la postérité tel qu'il est, et sera rendu dans des temps plus heureux à son intégrité.

En parcourant les rues, je rencontrais des personnes qui au premier coup d'œil venaient à moi, mais, n'osant se fier à leurs yeux, passaient leur chemin. Il en était de même pour moi, qui, ne pouvant mettre leurs noms sur leurs figures, n'osais les aborder. Sept ans de révolution changent tout, et je l'éprouvais à chaque instant; j'étais étranger à Paris, comme Paris l'était pour moi. Pas une rue, pas une maison où jadis je n'eusse connu quelqu'un, et maintenant je ne voyais que des hôtels dont les anciens maîtres étaient morts ou émigrés. La seule personne à laquelle j'aurais voulu témoigner mon attachement était la duchesse de Choiseul, mais je ne connaissais rien de ce qui l'entourait, et ses malheurs me faisaient un devoir d'être discret. Le directeur Barthélemy[2] était allé la voir, mais je n'étais pas à son niveau et n'aurais pas voulu y être. Je me bornai donc à mes parents et amis.

---

[1] D'après Grimm, l'inscription aurait réellement existé, mais Louis XIV l'aurait fait effacer lors de la disgrâce du cardinal de Bouillon. (Édition Tourneux, t. III, p. 352.)

[2] François, depuis marquis de Barthélemy (1747-1830). Son oncle, l'abbé, fort lié, comme on l'a vu, avec le duc de Choiseul, l'avait fait placer de bonne heure dans les bureaux des affaires étrangères.

Je savais que madame de Sérilly n'avait point péri; j'ignorais sa demeure. Après cinq jours d'information, je sus qu'elle s'était remariée, qu'elle était veuve de nouveau, et qu'elle logeait, 12, rue Chabannais. J'y courus; je la trouvai reléguée au deuxième dans un appartement assez triste, et entourée de cinq enfants qu'elle avait eus de M. Mégret de Sérilly, et qu'elle élevait avec un soin particulier. Elle ne me parut pas changée; elle était tout aussi belle que je l'avais laissée.

Elle me conta ses malheurs. Son mari et son beau-frère, aide-major des gardes-françaises, avaient été arrêtés le même jour qu'elle et conduits à la Conciergerie. D'Étigny avait cru les sauver tous, en racontant la mort de Vioménil et les soins qu'ils en avaient pris; mais les tigres profitèrent de l'aveu. On ne les fit pas languir; ils furent jugés et condamnés le même jour que la sœur du Roi. Domangeville[1], frère de madame de Sérilly, fut condamné aussi.

Les particularités de son séjour à la Conciergerie sont affreuses. Madame la duchesse de Gramont, qui aurait pu se sauver si elle n'avait pas voulu suivre son amie la duchesse du Châtelet, y arriva pendant qu'elle y était; elles y vinrent le soir, firent politesse à toutes les prisonnières, soupèrent, causèrent jusqu'à onze heures et dormirent du plus paisible sommeil. A huit heures du matin, on vint les chercher pour le fatal tribunal; elles partirent, montrant une amabilité et un courage au-dessus de tout ce qu'on peut dire[2].

Madame de Sérilly avait éprouvé une révolution qui pouvait la faire soupçonner d'être grosse, mais elle dédaignait de s'en servir. Son secret était connu de sa cousine, la comtesse de Montmorin[3]. Madame, sœur du Roi[4], qui ne cessait

---

[1] Jean-Baptiste Thomas de Domangeville, âgé de trente ans, ancien capitaine de cavalerie. Il fut condamné un peu plus tard, le 24 mai 1794.

[2] Elles furent condamnées et exécutées toutes les deux le 22 avril 1794.

[3] Françoise-Gabrielle de Tannes, veuve de Armand-Marc, comte de Montmorin Saint-Hérem, ancien ministre des affaires étrangères. C'était la mère de madame de Beaumont.

[4] Madame Élisabeth avait été extraite du Temple le 9 mai 1794 et transférée

de dire des choses obligeantes à tous, dit à madame de Sérilly : « Madame, vous devez bien plus regretter la vie « que moi qui ne peux avoir nulle consolation. » On prononça l'arrêt sans motifs, sans débats, sans entendre les condamnés ni les défenseurs officieux [1]. Madame de Montmorin, entendant le nom de madame de Sérilly, oublie qu'elle vient d'entendre aussi son propre arrêt; elle se lève et dit fermement : « Cela ne se peut; ma cousine est grosse. » On n'en tint pas compte, et les victimes furent emmenées.

Cependant Sérilly, qui avait presque perdu la tête dans toutes ses infortunes, l'avait retrouvée tout entière. Il s'approcha de sa femme et lui dit : « Vous voulez périr avec moi, « tandis que vous laissez quatre enfants en bas âge. J'exige « que vous suiviez le conseil de votre cousine. Une raison « de plus : vous avez quelque argent dont vous seule et moi « avons connaissance; il serait perdu pour eux. » Elle y consentit. — « J'exige une autre chose, ajouta-t-il. Vous êtes « jeune, oubliez-moi, et, pour l'intérêt de tous, dès que vous « le pourrez, épousez notre cousin à tous deux, le chevalier « de Pange [2]. Lui seul est capable de vous sauver, vous et vos « enfants. » Cependant on les sépara, et le bourreau faisant son office vint lui couper les cheveux. Prête à monter dans la fatale charrette, madame de Sérilly fit sa déclaration à un gendarme, qui se détacha pour rendre compte au tribunal. A l'instant l'ordre vint de la porter à l'hospice, où elle fut menée plus morte que vive [3]. Elle ne se croyait pas sauvée, elle savait que les examens étaient très-exacts; la raison qui la faisait passer pour grosse pouvait cesser à l'instant. Heureusement que cet état dura cinq mois sans que sa santé en ait

à la Conciergerie; elle comparut le lendemain au Tribunal révolutionnaire. D'après M. de Beauchesne (*Vie de Madame Élisabeth*, t. II, p. 222), c'est elle qui aurait fait avertir les juges de la position de madame de Sérilly.

[1] Les condamnés étaient au nombre de vingt-cinq, parmi lesquels quatre membres de la famille de Loménie (10 mai 1794).

[2] François-Thomas de Pange. V. Bandoux, *Madame de Beaumont*.

[3] M. de Beauchesne (*ouvr. cité*,) donne le certificat de visite et la décision du Tribunal révolutionnaire ordonnant le sursis.

été altérée. Elle passait si bien pour exécutée qu'elle fut obligée d'aller à la Ville lever son jugement et le faire effacer juridiquement.

Elle ne tarda pas à suivre les conseils de son mari en épousant le chevalier de Pange, pour lequel elle m'avoua qu'elle n'avait eu aucune répugnance. Mais ce malheureux jeune homme, aimable et plein d'esprit, était attaqué de la poitrine et mourut dans ses bras neuf mois après son mariage[1]. Il lui avait donné tout son bien en l'épousant. Sa fortune n'était pas libre encore au moment où je la revis, et ses parents émigrés seraient morts de faim sans des secours charitables.

Elle logeait avec la comtesse de Beaumont[2], fille du comte de Montmorin, ambassadeur en Espagne, ministre des affaires étrangères, massacré au 2 septembre. C'était une femme aimable qui avait été adorée de son père; elle ne vivait alors que des bienfaits de sa cousine.

Nous parlâmes des gens de sa connaissance et de la mienne, entre autres du bailli de Saint-Simon, qui venait de mourir dans la misère, tandis que son neveu[3] était un des plus riches agioteurs de la Révolution. Elle me fit en détail le récit de la vie qu'on menait à la Conciergerie. Dès qu'on y arrivait, les têtes étaient dans une exaltation effrayante. On jouait, on fumait, on buvait, on mangeait outrageusement. Toutes

---

[1] Au mois de septembre 1796, d'après M. Bardoux. Sa femme se remaria au marquis de Montesquiou-Fezensac et devint veuve pour la troisième fois en 1798.

[2] Pauline-Marie-Michelle-Frédérique-Ulrique de Montmorin, mariée en 1786 à Christophe-Arnauld-Paul-Alexandre de Beaumont, marquis d'Auty, dont elle fut obligée de se séparer après quelques mois. J'ai déjà cité plusieurs fois l'étude que M. Bardoux a publiée sur cette charmante amie de Joubert et de Chateaubriand.

[3] Il s'agit de Claude-Henri, comte de Saint-Simon, le fondateur de la secte des saint-simoniens, né en 1760, mort en 1825. Entré au séminaire en 1777, il avait fait la guerre en Amérique et était devenu colonel du régiment d'Aquitaine. Il avait quitté l'état militaire en 1785 et s'était livré en Espagne à de grandes spéculations. Pendant la Révolution, il fit des achats énormes de biens nationaux, et ses opérations ne furent arrêtées que par la Terreur, sous laquelle il fut détenu pendant onze mois.

les passions y étaient en jeu. Il semblait qu'on n'eût que vingt-quatre heures à se voir, sans s'embarrasser du lendemain. Tous voulaient être gais, mais de cette gaieté effrayante, avant-coureur de la mort. Dès qu'arrivaient huit heures du soir, temps où l'huissier venait présenter les actes d'accusation, chacun, attendant son sort et plongé dans ses réflexions, était dans une agitation morne et terrible. Aussitôt que les infortunés étaient fixés, ils prenaient leur parti avec une espèce de joie d'être quittes des inquiétudes et des incertitudes. Quant aux autres, ils jouissaient de la pensée de vivre encore vingt-quatre heures, et d'être sauvés peut-être. Ce tableau véritable est ce qui me fit le plus d'horreur. Je dînai deux fois chez madame de Sérilly pendant mon court séjour à Paris, et je fus assez heureux pour lui rendre un service éminent.

J'allai chez mon ami de Richebourg[1], ci-devant intendant général des postes, échappé de la Révolution par miracle. Au lieu du train considérable qu'il avait eu jadis, il était réduit à habiter sa belle maison avec un cuisinier et un cocher pour tous serviteurs. Il avait épousé une femme très-aimable, et il rassemblait quelques amis à dîner; mais il ne me cacha pas que pour vivre, il mettait en vente tantôt une pendule, tantôt une commode. Il nous dit fort plaisamment : « Mes amis, pour vous recevoir aujourd'hui, j'ai mis une « pendule dans mon pot. » Il s'était refusé à toute réquisition de régir les postes; les compagnies, qui connaissaient ses capacités, lui auraient fait tel traitement qu'il aurait voulu, mais sensible au souvenir de l'honneur que le Roi lui avait fait autrefois, il préférait vivre ignoré avec les débris de sa fortune.

Nous passâmes deux heures à nous promener dans le parc qu'il avait au milieu de Paris, parlant de tous nos amis et des accidents où le tourment de la Révolution les avait entraînés. Nous parlâmes du baron d'Ogny, son prédécesseur, notre ami à tous deux, l'oncle des Thomas de la Va-

---

[1] Darboulin de Richebourg.

lette qui avaient péri[1], l'un pour être l'ami de Robespierre, et l'autre pour être le frère d'un coquin, quoiqu'il fût dans des idées opposées. Les dangers qu'avait courus M. d'Ogny dans son incarcération lui avaient fait perdre la mémoire et toutes ses facultés; mais le physique avait résisté à tout. Il vivait avec sa famille dans sa terre de Millemont, près la Queue[2].

J'allai chez mon autre ami Sanlot, échappé si heureusement à l'assassinat des fermiers généraux. Il était pour un instant à Paris au milieu de sa famille. Je vis mon cousin le président de Bonneuil et son fils. J'allai voir aussi madame Amelot et mon autre belle-sœur, mademoiselle Le Gendre, qui, avec plus de quarante mille livres de rente sur le grand-livre, était réduite à cultiver son jardin avec ses deux femmes de chambre. Enfin, je ne pus dîner que deux fois chez mon aimable hôtesse, madame Sedaine.

J'avais le cœur navré du grand luxe dont jouissaient les hommes nouveaux, et de la misère profonde où vivaient les anciens propriétaires à Paris. J'étais désespéré de ne pouvoir aider des amis véritables; l'un désirait 12,000 francs, l'autre 1,000 écus, et l'autre 50 louis, tandis que j'étais dans l'impossibilité de pouvoir acquiescer à la moindre de ces demandes. J'en conclus qu'on était bien plus malheureux à la ville que dans ses possessions.

Je vis encore M. de Cromot, M. de Lafreté, M. Le Pelletier de Morfontaine, ancien prévôt des marchands, mon ami de collége, avec qui je passai un acte entier de comédie au Vaudeville avant de le reconnaître, tant il était vieilli, amaigri et changé.

---

[1] Il y eut deux La Valette guillotinés en 1794 : 1° François-Joseph-Élisabeth, trente-neuf ans, ex-lieutenant aux gardes-françaises, ex-vicomte, exécuté le 6 juin; 2° Louis-Jean-Baptiste, quarante ans, le 28 juillet. C'est évidemment le dernier qui était l'ami de Robespierre, mais je n'ai pu trouver sur lui aucun détail biographique. Ils avaient un frère aîné, François-Louis-Clair, marquis de La Valette, né en 1750, qui épousa une demoiselle de Galléan de Gadagne. (CHASTELLUX.)

[2] Canton de Montfort-l'Amaury (Seine-et-Oise), près la Queue-Gallius.

Lafreté, qui avait fait au trésor royal un service de douze millions, qui possédait à la Chaussée d'Antin la plus belle maison de tout Paris, et avait eu une fortune immense qu'il avait faite lui-même, était réduit à vivre à un second, rue Saint-Marc, seul, n'ayant plus que 60,000 livres de rente sur le grand-livre, dont il devait trente-cinq à ses créanciers.

Je reviens au sieur de Lagrange dont j'ai parlé plusieurs fois. Je le trouvai au spectacle. Il avait été dans la passe de la plus grande fortune; il y était encore, mais il n'en profitait pas. Mademoiselle de la Pagerie, épouse de feu Beauharnais, devenue madame Bonaparte par les circonstances et le désir de sauver la fortune de ses enfants, connaissait à peine son mari; mais elle sentait qu'il était nécessaire de le rejoindre. Lagrange, ayant derrière lui une compagnie dont il avait toute la confiance, va la trouver et lui dit : « Madame, il n'y « a pas un instant à perdre, il faut partir pour l'Italie. — « Mais je n'ai pas le sol. — Madame, voilà 500 louis. » — Et il les lui compta. — « Mais je suis seule. — Si vous « le permettez, j'aurai l'honneur de vous accompagner. — « Mais je veux partir demain. — A quelle heure? Je suis à « vos ordres. — En ce cas, je me rendrai demain chez M. de « Beauharnais, mon beau-père, à Fontainebleau, et vous « viendrez après-demain me prendre dans une autre berline. « — C'est dit. » Elle part, et il se trouve à son lever le surlendemain à Fontainebleau [1].

Ils arrivent à Lyon. Lagrange fait avertir les autorités; tout se met en mouvement; feu la Reine n'aurait pas été mieux reçue : députations, la troupe en grande parade; tous les honneurs, une cour brillante, profusion de glaces au spectacle, l'or semé à foison. C'était Lagrange qui faisait tout. Même manœuvre à Turin. Le Roi l'envoie complimenter, on illumine, réception à la cour, gala; et c'était toujours Lagrange qui, en sous-main, prévenait et faisait les honneurs.

A l'armée, Bonaparte attendait madame Bonaparte à la

[1] Tout ceci s'est passé en 1796, et l'auteur en a parlé déjà d'une façon générale. Il donne ici les détails qu'il tient de la bouche de Lagrange.

tête de son état-major ; ce fut un coup de théâtre. Le général s'avance et l'embrasse : « Madame, dit-il, je ne saurais être « trop sensible à la bonté que vous avez de venir me chercher « en faisant un voyage si fatigant. Demandez maintenant « tout ce qui peut vous plaire, je me ferai un devoir de vous « l'accorder. — Monsieur, répondit-elle, je demande la « liberté des otages. » A l'instant, Bonaparte donne l'ordre, et ils sont renvoyés. Lagrange m'assure que madame Bonaparte, qui, lorsqu'elle était madame Beauharnais, détestait le nouveau régime, n'a nullement changé. Il me confirme ce qu'on m'avait déjà assuré, qu'elle est bonne, douce et aimable.

Après une quinzaine de jours, Lagrange parla de s'en retourner ; madame Bonaparte, de concert avec son mari, lui demanda ce qui pouvait lui convenir. Ce fut alors qu'il réclama pour sa compagnie l'entreprise qu'elle désirait. Bonaparte lui remit une lettre, et mon homme, de retour à Paris, présente la lettre au Directoire. On lui répond que l'entreprise était déjà donnée, et on le renvoie au ministre, qui lui dit : « Comme cela ne peut se faire, je vous donne l'entre-« prise du fourrage pour l'armée des Pyrénées et d'Italie. « Prenez toujours cela. — Que voulez-vous que j'en fasse ? « — Emportez cela, croyez-moi. » Lagrange revient trouver ses commettants. Au bout de deux jours, on lui demande ses propositions. Les voici, telles que je les ai vues dans le traité qui est pour un an : Article 1er. La compagnie portera son nom. —Article 2. On lui donne dans l'entreprise 3 sols d'intérêt sans fonds. (On évalue chaque sol à 30,000 livres.) — Article 3. On lui passe pour sa table 1,500 livres argent par mois. — Article 4. Il a à sa nomination 3 secrétaires et 5 inspecteurs à prendre où il voudra, fût-ce dans les pays étrangers, les provisions n'ayant besoin d'autre visa que de la signature d'un ministre et servant à l'instant de sauvegarde. — Article 5. Tous ses frais de voyage payés. — Article 6. Le droit de traiter seul avec le Directoire et les ministres les affaires de la compagnie.

Lorsque j'arrivai, Lagrange n'avait plus que quinze jours à jouir de ces avantages. Il avait rendu mille services, mais il n'avait pas songé à lui et n'avait tiré de la position aucun parti pour sa fortune. Il avait une cour et donnait des audiences. J'étais chez lui le jour de sa fête; il fut inondé de bouquets. Je lui demandai deux services qu'il aurait pu faire payer à la famille à laquelle il les rendait; il ne voulut rien. Au moment où je le quittai, il paraissait prêt à retourner en Italie prendre de nouveaux crédits vis-à-vis de Bonaparte. Il avait alors cinquante-cinq ans, mais il avait toujours l'apparence d'un joli enfant de dix-huit ans.

Dossonville vint me voir. Ce n'était plus le même homme; il entra avec moi dans tous les détails sur son état et sa position. Il se louait beaucoup de Cochon, dont le vrai nom, me dit-il, était Parent[1]. Il me dit que c'était un homme excessivement fin, qui devinait les affaires au premier coup d'œil et voyait très-juste; que la police avait deux inspecteurs secrets, qu'il en était un, que chacun à leur tour ils couchaient à la police, que je pouvais être très-tranquille sur les mouvements des jacobins. « Nous les suivons tous, me dit-il, de « minute en minute. J'ai, ajouta-t-il, un grand ennemi dans « Tallien. Ce qu'il y a de singulier, c'est qu'il ne me connaît « pas même de vue, et que je sais à l'instant toutes les « démarches qu'il fait. »

Il me confirma le service qu'il avait rendu à ma fille. Il me dit que les dénonciations qui m'avaient fait arrêter étaient autant contre ma femme que contre moi; qu'elles venaient d'un homme que je recevais jadis à ma table; que ma femme, sur sa terrasse, aurait parlé fort aristocratiquement; que la dénonciation de Dulièpvre n'était rien en comparaison de celle-là; que l'ordre de nous incarcérer tous, ainsi que ceux qui seraient chez moi, lui avait été remis; que dès qu'il avait

---

[1] Charles Cochon de Lapparent (1749-1825), alors ministre de la police générale. Il avait été d'abord conseiller au présidial de Poitiers, puis suppléant aux États généraux et membre de la Convention; il devint, sous l'Empire, préfet et sénateur.

vu mon nom, il avait mis l'ordre au fond du carton, étant sûr que n'étant pas légalisé, il devenait sans effet; que sans cela nous aurions été tous menés au Tribunal révolutionnaire; qu'il gardait le tout et me demandait la permission de me cacher encore quelque temps le nom du dénonciateur; que lorsque madame de Salaberry, après la mort de son mari, avait été interrogée au Comité de salut public, il s'était caché dans une autre pièce; que madame de Salaberry avait répondu de manière à se perdre cent fois, et qu'on avait décidé de l'envoyer à la Conciergerie; qu'alors il était rentré et avait dit au Comité : « Citoyens, ne voyez-vous pas que cette « femme est folle? Je l'ai servie dix ans, et je peux vous « assurer qu'elle ne peut rien faire vis-à-vis qui que ce soit »; que le Comité avait décidé alors de l'envoyer dans une maison de santé. Ainsi la sottise dans ce temps-là était utile à quelque chose; on pouvait l'excuser du reste dans de telles circonstances d'avoir la tête égarée.

Il me confia qu'il rentrait, à la connaissance de la police et surtout à la sienne, une quantité immense d'émigrés, et il m'en nomma quelques-uns.

« Si vous en voyez, dit-il, aidez-nous; dites-leur de ne
« pas faire de bruit, de ne parler haut dans aucune maison.
« Au total ils feraient mieux de se retirer et de vivre ignorés
« en province; car, si les prêtres et les émigrés veulent se
« conduire autrement, quelque envie qu'on ait de les sauver,
« nous ne pourrions empêcher des massacres généraux. Ils
« ont des moyens de rentrer dans leurs biens, et le gouver-
« nement ferme les yeux. Il sait bien que ceux qui ont acheté
« ne se regardent pas comme légitimes propriétaires; mais
« si les émigrés veulent user de hauteur, on les assassinera
« partiellement. Qu'ils fassent comme tels et tels, qui sont
« allés trouver leurs détenteurs et leur ont dit : Je ne
« réclame point mon mobilier, puisqu'il n'existe plus; je ne
« me plains pas des dégradations que vous avez pu faire,
« mais je réclame le sol. Vous l'avez acheté en assignats, les
« voilà évalués. Eh bien, arrangeons-nous, je vais vous

« rendre ce que vous avez payé ou m'arranger pour vous
« souscrire un contrat. » Il assurait que tous ceux qui avaient
suivi cette marche étaient maintenant paisibles possesseurs.

Il me parut clair, quoiqu'il le niât, que le gouvernement
faisait une affaire de finance dans la rentrée des émigrés ; le
million donné à Le Tourneur en sortant du Directoire pouvait
bien venir de cette spéculation [1].

Après avoir fait les affaires qui m'arrêtaient à Paris, je
partis le samedi, à cinq heures du matin, après un séjour de
douze jours, ayant par-dessus la tête du tourbillon dans
lequel j'avais vécu.

La ville de Blois suivait l'impulsion de la capitale. Les
terroristes avaient voulu faire un mouvement, mais les autorités bien organisées s'y opposèrent ; une troupe d'infanterie
de cinquante hommes venue de Vendôme avait été gagnée ;
on les fit partir sur-le-champ. On expulsa les jacobins de la
garde nationale et l'on put espérer quelque tranquillité.

Je reprends ma plume au 9 septembre [2]. Il existe une
foire très-ancienne à Blois, qui se tient du 29 août au 9 septembre. Cette foire était autrefois de quelque importance ; il
s'y remuait jusqu'à 3 à 4 millions par le commerce de vins
et d'eau-de-vie. Ce mouvement n'atteint pas maintenant le
trentième de cette somme, vu les temps orageux, le peu de
crédit et la nullité des récoltes. De mémoire d'homme on
n'avait vu tant de boutiques et si peu d'acheteurs.

Les impositions emportent tout. Nommé malgré moi
commissaire au dégrèvement et ensuite commissaire réparti-
teur, j'avais forcément accepté, dans la crainte de voir

---

[1] Charles-Louis-François-Honoré Le Tourneur, capitaine du génie, puis
conventionnel, élu membre du Directoire en 1796. « Il consentit, en mars 1797,
« à ce que le sort tombât sur lui lorsqu'un des membres dut sortir. Il obtint,
« en dédommagement, la place d'inspecteur général de l'artillerie, et, à ce que
« l'on a cru assez généralement, une somme en espèces. » (*Biographie moderne*,
1806.) Ce qui est certain, c'est que les gazettes annonçaient la veille que Le
Tourneur serait exclu par le sort. (BARBÉ-MARBOIS, *Journal d'un déporté*,
édition Lescure, p. 348, note.)

[2] 1797.

nommer un homme injuste. L'imposition était trop forte, puisque le canton de Cellettes était imposé à 13 sols 1/2 par livre, sans compter les réparations et les frais de régie.

Cependant la foire fut brillante par la foule d'étrangers venus des départements environnants. On s'attendait pourtant à un mouvement à Paris, mais partout le peuple est le même; donnez-lui des spectacles, il y court. Un spectacle d'opéra-comique, venu de Tours, dont le directeur était un nommé Saint-Romain qui jouait tous les rôles, attirait beaucoup de monde. *Richard Cœur de lion*, de Sedaine, la *Petite Nanette* de Regny, dit le cousin Jacques [1], y furent joués. Le public sentit toutes les allusions. On s'était contenté d'intituler la première pièce *Nestor de Beffroi*, et, en introduisant ce nom partout où il était nécessaire, on se crut à l'abri des observations du Directoire. La pièce fut jouée deux fois.

Le jour où les nouvelles de Paris arrivèrent [2], il régna partout un silence morne, l'inquiétude était sur tous les visages. Les jacobins eux-mêmes paraissaient ne pas être dans la confidence.

Ferrand Vaillant [3], dont j'ai déjà parlé, était parmi les proscrits; cet homme intéressait tout le monde. Il avait sacrifié son cabinet qui le faisait vivre pour être nommé

---

[1] Beffroy de Regny, dit le cousin Jacques, auteur des *Lunes du cousin Jacques*, du *Dictionnaire néologique*, etc.

[2] Il s'agit de la journée du 18 fructidor (4 septembre 1797), à la suite de laquelle les directeurs Carnot et Barthélemy, le général Pichegru, cinquante députés, etc., furent condamnés à la déportation.

[3] L'auteur n'en a encore parlé que comme avocat. Procureur de la commune après la Révolution, Ferrand Vaillant avait été destitué par les terroristes et incarcéré jusqu'au 9 thermidor. Il avait pris une part très-active à l'opposition des assemblées primaires au décret du 5 fructidor an III (22 août 1795), exigeant la réélection des deux tiers conventionnels, et avait signé une adhésion à la révolte des sections de Paris. Nommé au conseil des Anciens, il fut dénoncé à la tribune le 17 janvier 1796 et immédiatement exclu par un vote, qui ne fut rapporté que le 20 mai 1797. A la fin d'août, il se compromit de nouveau par un discours en faveur des émigrés, et, quelques jours après, il fut compris dans la liste des députés condamnés à la déportation, mais une commutation de peine lui permit de se retirer à Altona. Il fut amnistié par décret du 5 septembre 1800 et devint conseiller à la cour d'Orléans. (*Histoire de Blois* et *Biographies*.)

député; tous généralement plaignaient son sort. La foire, sans être dissoute, fut pour ainsi dire abandonnée. Cent nouvelles plus extraordinaires les unes que les autres circulaient; mais personne ne paraissait croire à une conspiration. Tous les journaux étaient supprimés, excepté deux ou trois vendus au parti triomphant; on était donc fort mal instruit des événements. Je retournai chez moi, persuadé que dans des instants comme ceux-ci, il n'y a pas d'autre parti à prendre.

14 septembre 1797. — Quelques affaires me déterminèrent à retourner à Blois hier. Quoique je sois matinal, je ne sais pourquoi je ne partis qu'à près de neuf heures et demie, et n'arrivai pour entrer dans ma rue qu'à onze heures. Je trouvai dans la rue voisine du monde sur les portes, et l'on m'avertit que je ne pourrais passer. Je descendis et je vis la rue pleine d'environ cent cinquante hussards à cheval. On s'empressa de m'instruire que les prisonniers d'État étaient arrivés de la veille, et que, quoiqu'ils dussent faire séjour, ils allaient partir à l'instant pour aller coucher à Amboise. J'entrai dans un café. C'était précisément le maître qui avait fourni les prisonniers de tout ce qui concernait son état; il me dit qu'il était chargé pour moi de mille souvenirs par Dossonville. Les prisonniers ne tardèrent pas à partir, et je pus rentrer chez moi librement.

Voici les détails que j'ai recueillis. A quatre heures du soir, la veille, un hussard, détaché comme courrier, vint avertir le bureau de la ville que les prisonniers arriveraient sous une heure. L'ancien maire Bésard, terroriste décidé; Gidouin, tout couvert encore du sang des prêtres de la Vendée; Berger, jadis moine, prêtre de la communion de Grégoire, prévinrent leurs affidés, les fainéants, les habitants des ports, enfin la lie du peuple, et les répandirent sur la levée, depuis la descente de la montagne. Les voitures arrivèrent à cinq heures et demie; les cris de *Chouans! Traîtres! Coquins! Royalistes! A la guillotine!* et autres gentillesses révolutionnaires [1],

---

[1] Barbé-Marbois se plaint, en effet, de la réception qui fut faite à Blois aux déportés. (*Journal d'un déporté*, p. 389.)

se firent entendre ; les prisonniers passèrent dans les trois voitures qui avaient servi à amener de Paris la compagnie Babeuf au tribunal de Vendôme. Ces voitures à quatre chevaux sont des espèces de tombereaux à quatre roues, longs, pouvant tenir six à huit prisonniers, fermés de tous les côtés, attachés sur les limons[1] et ayant de chaque côté trois fenêtres grillées très-haut et avec des rideaux que les prisonniers peuvent ouvrir et fermer à volonté ; les siéges ne sont ni rembourrés ni suspendus ; ce sont des planches.

Dutertre, commandant les hussards pour cette expédition, était à leur tête sur un cheval magnifique. Ce Dutertre, qui était maître chaudronnier[2] avant la Révolution, est connu dans ce pays-ci pour y avoir paru pendant quelques semaines dans le temps de la Terreur comme adjudant général. Les hussards et les adjudants marchaient en troupe devant et derrière, et, pour terminer la marche, Bésard, Gidouin et Berger, se tenant par le bras, regardaient insolemment aux fenêtres et triomphaient à la tête des polissons et des gens sans aveu de la ville. On a remarqué que sur les quais et partout où ils ont passé, les portes ont été fermées et que personne n'a paru aux fenêtres.

Les prisonniers devaient loger aux Carmélites, la municipalité n'ayant pas d'autre endroit pour les recevoir. On leur avait destiné la pièce en bas, anciennement l'église, pièce qui a conservé toute sa hauteur et où l'on a laissé, en haut des croisées bouchées, deux ouvertures qui sont garnies de barreaux de fer, mais ne sont pas encore vitrées, et qui sont comme les soupiraux d'une cave très-profonde. On avait requis seize matelas. Le commissaire des guerres, vu l'humidité, en fit porter quarante-huit, de sorte qu'outre la paille fraîche qu'il envoya en quantité, les prisonniers eurent cha-

---

[1] C'est-à-dire non suspendus. C'étaient, en effet, d'après M. de Lescure, les voitures qui avaient servi au transport de Babeuf et de ses coaccusés à Vendôme.

[2] Ancien marchand à Mayenne. « Cet homme grossier et ridicule, dit la « *Biographie* de 1806, est une des plus plaisantes caricatures que la Révolution ait fait paraître sur la scène. »

cun trois matelas ; les lits dans cette grande pièce furent arrangés circulairement.

Le concierge y mit toute l'humanité et la décence d'un honnête homme. On lui avait enjoint de la part du commandant de fournir des baquets ; il s'y refusa, et envoya chercher dans le voisinage toute la faïence nécessaire pour que chaque prisonnier en fût pourvu pour la nuit.

Toutes les autorités, tout le service pour les besoins urgents, tels que le traiteur, le perruquier, le cafetier, les chirurgiens, eurent leur entrée ; on procura aux prisonniers des chaises, une table, du papier, cire, encre, plumes ; ils commandèrent à souper chez le plus fameux traiteur, et Dossonville parut chargé de régler les dépenses communes.

Voici leur noms [1] :

1. Brotier.
2. La Villeheurnois.
3. Dunan [2].
4. Pichegru.
5. Willot.
6. Bourdon de l'Oise.
7. Barbé-Marbois.
8. Barthélemy.
9. Le Tellier [3].
10. Laffon-Ladébat.
11. Murinais.
12. Dossonville.
13. Ramel.
14. Tronson du Coudray.
15. Delarue.
16. Rovère.

Pendant ce temps, le commandant Dutertre, qui devait

---

[1] Il a paru inutile de consacrer une note à chacun des déportés qui ne jouent dans ces mémoires qu'un rôle tout épisodique. Disons seulement qu'on comptait parmi eux un membre du Directoire : Barthélemy (Carnot, compris dans la même mesure, s'était enfui) ; cinq membres des Anciens : Laffon-Ladébat, Barbé-Marbois, Rovère, Murinais et Tronson du Coudray (célèbre par la défense de la Reine) ; cinq membres des Cinq-Cents : Delarue, Aubry, le général Pichegru, le général Willot et Bourdon de l'Oise. Ramel, adjudant général, était commandant de la garde du Corps législatif ; il a laissé des Mémoires. La Villeheurnois, ancien maître des requêtes, et l'abbé Brotier avaient été poursuivis antérieurement pour un complot royaliste, et avaient déjà commencé à subir la détention à laquelle ils étaient condamnés.

[2] C'est par erreur que figure ici ce Dunan, un des coaccusés de La Villeheurnois ; il faut substituer le nom d'Aubry.

[3] Secrétaire et valet de chambre de Barthélemy, il avait obtenu à grand'peine l'autorisation de le suivre, et il lui montra toujours le plus grand dévouement. Il était traité exactement comme les déportés.

loger à l'auberge de la Galère, y envoie son adjudant et va s'établir chez Bésard pour faire orgie toute la nuit avec les élus, frères et amis. Il était muni d'un ordre du ministre au payeur général, M. Finot, pour toucher à valoir 8,000 livres; mais celui-ci refusa, l'ordre du ministre n'étant pas suffisant d'après les décrets. Aussitôt Dutertre se transporte au Département en jurant comme un voleur; on invite M. Finot à s'y rendre; celui-ci se présente avec le calme le plus imposant et persiste dans son refus : « Il y a, dit-il, un décret, et le « voici, qui défend à tout payeur de délivrer un denier, et « pour prouver combien je suis dans mon droit, je vais moti- « ver mon refus par écrit », ce qu'il a fait. Dutertre avait aussi 2,000 écus à toucher à Orléans, qui lui ont été également refusés. C'est cet événement qui l'a déterminé, au lieu de faire séjour à Blois, comme il lui était ordonné, à partir le lendemain et à aller coucher à Amboise, pour voir s'il trouverait sur sa route un payeur plus facile.

Cependant les prisonniers s'étaient levés au jour, vu le froid qui leur arrivait par les fenêtres; ils avaient fait la toilette la plus complète; le perruquier les avait accommodés, barbifiés tous les seize. Cet homme, jacobin fieffé, se vantait d'avoir vendu à Pichegru de l'essence de savon pour faire sa barbe. Les officiers municipaux, le commissaire des guerres, ses deux secrétaires et le sieur du Linan, commandant la gendarmerie, se rendirent à la prison à sept heures et demie. Bourdon de l'Oise, le plus près de la fenêtre, montra son bonnet de nuit qui était mouillé comme si on l'avait plongé dans un seau d'eau. Un des municipaux, la veille, n'avait pas été reconnu par Barthélemy. C'était M. Delindre, commissionnaire à Blois, qui pour ses affaires avait passé sept semaines à Paris et n'en était revenu que depuis un mois. Comme il était fils de M. Delindre, attaché à madame la duchesse de Choiseul, et qu'à ce titre il l'avait beaucoup vue pendant son voyage, le directeur Barthélemy fut ravi de le retrouver, et ils causèrent plus d'une heure ensemble. Barthélemy se plaignit des injures qu'il avait reçues à Blois, les premières de sa vie, en ajoutant qu'il y avait été très-sensible. La Villeheurnois [1] se plaignit aussi, tant des voitures, qui ne sont que des tombereaux fermés, que de la dureté des conducteurs qui faisaient exprès de n'éviter ni une pierre ni une berge sur la route. Il montra ses coudes, qui étaient tout meurtris et bleus des contusions produites par les cahots. Barthélemy, malade et souffrant, s'adressa à Dutertre et lui demanda si en payant on ne pouvait louer dans la ville un cabriolet pour le conduire à Amboise.

Cependant une très-jolie femme, âgée de vingt ans, mise tout en blanc, en bonnet très-modeste, suivie d'un laquais, se présente à la porte des Carmélites, et on l'introduit sans difficulté dans la chambre du concierge; elle demande Barbé-Marbois; il arrive, et madame Barbé-Marbois [2], car c'était elle, lui saute au cou. Il la prend à l'instant par le bras et la conduit avec transport au milieu de ses compagnons d'infortune. Une émotion générale s'empare de tout le monde. Bourdon de l'Oise se couvre les yeux et ensuite fait un signe de ses deux mains pour la prier de s'éloigner, en criant douloureusement : « Hé, madame, est-ce que nous n'avons pas « aussi des femmes? » La défaillance s'empare de madame Barbé-Marbois, elle chancelle; M. du Liman, commandant la gendarmerie, s'élance, la soutient, lui prend le bras et la reconduit jusqu'à la porte de la rue [3]. Dutertre, le commandant, était furieux : « Vous êtes un chouan! s'écrie-t-il, et je « vous suspends de vos fonctions, en vertu des pouvoirs illi- « mités que j'ai dans ma poche; dès ce moment vous êtes « consigné pour ne plus entrer où sont les détenus, et je vais « écrire au Directoire pour que vous soyez destitué. — Ci- « toyen, répond du Liman, il y a vingt-deux ans que je sers, « et l'on ne m'a jamais fait aucun reproche; si vous pouvez

---

[1] M. Honoré Bonhomme a publié le *Journal inédit de La Villeheurnois*.
[2] Élisabeth Moore, fille du gouverneur de l'État de Pensylvanie. Elle avait épousé en 1785 François de Barbé-Marbois; alors consul général aux États-Unis. Elle avait donc certainement beaucoup plus de vingt ans en 1797.
[3] Voir le *Journal d'un déporté*, déjà cité, p. 391.

« écrire, j'ai le même droit; et il est sans exemple que sous
« quelque gouvernement que ce soit, on punisse un senti-
« ment d'humanité. » A partir de ce moment, M. du Liman
ne put communiquer avec les prisonniers. Dutertre, poursuivant sa vengeance, le mit aux arrêts et le remplaça par
l'ancien commandant Pilet, destitué comme terroriste.

On offrit de l'argent aux détenus, et l'on sut qu'ils en
étaient suffisamment pourvus. Le seul Tronson du Coudray
accepta vingt louis. Pichegru est profondément affecté, mais
très-calme; il a toujours à la bouche un tuyau de paille
comme contenance. Barthélemy, aussi tranquille que dans
son cabinet, se résigne à tout sans ostentation, les autres
font de même. Dossonville a conservé sa gaieté.

A onze heures du matin, le lendemain, les voitures se sont
rendues à la porte des Carmélites; la garde avance. Barthélemy est monté dans le cabriolet. Le Tellier voulait monter
avec lui, mais, par ordre de Dutertre, un adjudant a pris la
place. Le Tellier avait l'air désespéré de quitter un instant
l'homme au sort duquel il s'est dévoué. Après avoir examiné
si l'on ne pouvait pas tenir trois dans le cabriolet, il est
monté dans les voitures fermées. Alors le cortége est parti;
la rue des Carmélites s'est trouvée libre, la foule du peuple
se retirait, et je n'ai entendu aucun cri. Les détenus avaient
écrit à leurs parents et remis leurs lettres décachetées à
différentes personnes, ne voulant pas les compromettre. Je
suis parti le soir, emportant une tristesse profonde que parta-
geaient toutes les personnes que j'ai vues, quoique je ne con-
nusse que Dossonville.

Le commissaire des guerres Baillon m'assura que les officiers de la troupe étaient fort mécontents des propos de leur
chef et de sa manière d'agir. Aucun n'avait mangé avec lui;
ils savaient qu'il avait avec lui deux espions qui avaient ordre
de rendre compte de sa conduite journellement, ce qu'ils
faisaient chacun de leur côté. Un courrier était parti de
Blois la nuit pour le Directoire; Baillon m'assura qu'il allait
aussi faire son rapport sur un propos qu'avait tenu Dutertre.

Impatienté de tous les soins qu'on rendait aux détenus, et du respect qu'on leur témoignait en leur parlant chapeau bas, il s'écria : « Voilà bien des singeries pour des gens qui « peut-être dans quatre jours ne seront pas en vie[1] ! » Une circonstance qu'on remarqua, c'est qu'en sortant de la rue, un conducteur fit passer la voiture sur une borne. Dutertre ne conduisit les prisonniers que jusqu'à Poitiers. Là, sur la dénonciation de ses adjudants, il fut renvoyé à Paris sans escorte, comme coupable de dilapidation ; mais il avait rendu un trop grand service au parti triomphant pour être puni. Il fut innocenté à son arrivée ; ses accusateurs furent mis en jugement, et lui récompensé par un emploi à l'armée.

[1] Dans les instructions écrites délivrées à Dutertre, et qu'il publia plus tard, on lisait ceci : « Le général Dutertre se pénétrera si fort de la nécessité de « prévenir la fuite, l'évasion ou l'enlèvement des déportés, qu'en cas d'attaque « de quelque individu, il doit agir militairement sur les condamnés, plutôt « que de se les voir ravir. » (*Journal d'un déporté*, p. 395, et *Biographie moderne*, 1806.) On voit quelle latitude lui laissait un pareil blanc seing. Il assurait que le désir du Directoire était que les prisonniers fussent mis à mort en route, et que l'on cherchât à provoquer dans les villes la foule à des excès qui eussent tout légitimé ; il s'attribuait le mérite de n'avoir pas suivi les intentions secrètes de ses maîtres.

CHAPITRE XXIX

Le général Cambray. — Évasion de M. de Neveu. — Rapport de Boulay de la Meurthe; alarme générale. — Mort de M. de Berkenroude; histoire de sa femme. — Mort de Jélyotte. — L'évêque Grégoire et Mgr de Thémines. — Situation du pays. — Banqueroute des trois quarts sur la dette publique. — Ce qui en résulte pour l'auteur. — Don Olavidès; son ouvrage religieux. — Pertes subies par M. Dufort. — Visite de M. Amelot. — Nouveaux changements au Département. — État des choses à Tours. — Le jeune Picard est jugé à Blois; son évasion. — Maladie d'Olavidès. — La commission militaire de Tours. — Départ d'Olavidès. — Ce qu'on dit de Bonaparte. — Lecarlier, ministre de la police. — L'auteur s'établit à Blois. — La situation locale. — Les candidats aux élections. — Un parent de Merlin de Douai. — Détails sur celui-ci. — Persécutions contre les prêtres. — Encore madame Dayrell. — La comtesse de Buffon. — Personnes disparues à Paris. — François de Neufchâteau.

Les temps étaient changés, ce n'étaient plus des proconsuls représentants qu'on envoyait dans les départements pour organiser la terreur, c'était maintenant un régime militaire. Les décrets se sanctionnaient, la banqueroute s'organisait, et la déportation était substituée à la guillotine. Le général Cambray[1], jeune homme de trente ans, réunissait sous ses ordres trois départements, dont le Mans et Blois. Sa mission était principalement de prendre les mesures les plus sévères pour faire partir les réquisitionnaires, et de faire déporter les émigrés et les prêtres réfractaires. Il était connu pour avoir effrayé tellement la ville de Cherbourg qu'elle s'était mise en état de siége[2] pour l'empêcher d'entrer; car il avait annoncé qu'il mettrait tout à feu et à sang. Dès qu'on sut le

---

[1] Né à Douai en 1763, Cambray était, disait-on, le filleul de Robespierre. Destitué en 1793, à la suite d'une plainte portée contre lui, mais bientôt replacé, il fut tué en 1799, à la Trebia.

[2] Plutôt de défense.

jour de son arrivée à Blois, tous ceux qui avaient quelque chose à craindre disparurent. On ne voyait plus ni prêtres ni jeunes gens. La ville de Blois ne voyait venir des campagnes que des enfants ou des gens qui n'avaient rien à redouter.

M. du Liman, quoique suspendu et aux arrêts par l'ordre de Dutertre, envoya au général une garde d'honneur de deux brigades de gendarmerie et crut de son devoir d'aller lui faire une visite, accompagné du sieur Baillon et de Dubois, son secrétaire. A peine Cambray fut-il arrivé, qu'il se transporta à la prison et en fit sortir Hézine. Ainsi, sans discussion ni jugement, on rendit à la liberté l'homme qui en était le moins digne.

Ces messieurs se rendirent donc chez le général; un déjeuner était tout prêt; la société se composait de Gidouin, Berger, etc. Le général les reçut fort bien, releva M. du Liman de ses arrêts et invita ces trois fonctionnaires à déjeuner. Ce fut alors que Baillon eut le courage de lui dire : « Général, ces citoyens ne sont pas de ma compagnie; ainsi « permettez que je vous invite chez moi, car je ne mange « jamais avec eux. » Sur cela tous les trois se retirent. Il paraît que le général sentit le malheur de sa position, car le lendemain, à sept heures du matin, il envoya demander à déjeuner pour dix heures au commissaire des guerres. Il y vint seul avec ses deux adjudants et se montra très-poli et très-décent.

Une scène comique avait diverti toute la ville. Hézine, se promenant avec le général, passa par le marché aux herbes, devant une maison où jadis se tenait une assemblée de tous les honnêtes gens de la ville. Hézine, qui n'était pas corrigé de sa fureur révolutionnaire, s'arrête et dit au général : « Général, voici le repaire des chouans de tout le départe- « ment. » La nommée Loupain, marchande de poisson (c'est la peindre d'un mot), en est la concierge. En entendant le propos, elle sort comme une furie : « Qu'appelles-tu « un repaire de chouans, gueux, misérable, tout couvert de

« sang, de forfaits, d'atrocités? Apprends que ma maison
« n'est pas un repaire, jamais il n'y est entré un seul de tes
« coquins de jacobins, ni toi non plus, misérable; car jamais
« elle ne sera souillée par un monstre comme toi! » Le
général Cambray, qui tenait Hézine par le bras, le quitte en
riant, en lui disant : « Tire-t'en, Pierre! »

4 octobre 1797. — Un M. de Neveu[1] arrive à Blois; il savait
qu'on le poursuivrait comme émigré, quoiqu'il eût tous ses
papiers en règle. On lui conseille de se cacher, il va chez lui
près Vendôme. Le général Cambray, passant dans la ville,
reçoit une dénonciation et l'envoie prendre pour le conduire
à Blois. On met le prisonnier dans une charrette, avec son
portemanteau qui était très-pesant. Il arrive à Blois, escorté
de deux gendarmes; il est bien servi, et il fait changer quatre
cent quatre-vingts louis d'or. Dans la soirée, il achète un
cheval, demande à se faire accommoder, passe dans une
petite pièce, sort de l'auberge par un escalier dérobé, monte
à cheval et disparaît. On veut mettre les gendarmes en prison, mais ils crient qu'ils ne répondent plus de rien si on les
arrête; ils courent partout et ne trouvent rien. On envoie le
portemanteau au Département; on fait chercher le général
pour assister à l'ouverture; cinq chemises sales, des culottes
abominables et dix serviettes trouées sont les seuls objets
qui s'offrent à la vue.

Dans une révolution, rien n'est stable; les terroristes
relèvent la tête, la banqueroute des rentes sur la Ville se
prononce, j'en suis écrasé. La jaunisse se déclare; en huit
jours le mal se dissipe, et, à force de me raisonner, je finis
par me trouver plus fort que mes chagrins.

L'alarme générale donnée par le rapport de Boulay de la
Meurthe[2], appuyé par l'ex-prêtre Gay-Vernon, jetait le

[1] François-Joseph de Neveu, ancien officier émigré, rentré en 1797. Ce fut
M. Beruet, de Blois, qui facilita son évasion. (*Nobiliaire de Saint-Allais*,
t. V, p. 57.)

[2] Boulay de la Meurthe, après la journée du 18 fructidor, avait demandé
la déportation des chefs du parti vaincu. Le 16 octobre, il proposa d'expulser
du territoire de la République les membres de la haute noblesse et d'exclure

désespoir dans toute la France; le cri général en fait justice. Mais les gens qui réfléchissent jugent que la propriété n'est plus tenable, que l'on viendra d'une manière ou de l'autre à la loi agraire, et que la seule ressource est de conserver un modique revenu dans un endroit à l'abri des alarmes (le tout est de le trouver), et de vivre oublié et ignoré.

Quoique mes soixante-six ans me mettent à l'abri de la déportation, je m'y serais résigné pour ne plus être exposé aux vexations et peut-être à quelque chose de pire, mais le répit qu'on me laisse me permet de mûrir mon projet et de prendre mes dispositions.

Il est sûr que le sol n'est plus tenable; les impositions écrasent les propriétés, principalement les plus fortes, et l'on est menacé continuellement d'exactions comme dans un pays conquis. Il faut satisfaire les gouvernants, et obtenir la tranquillité en se retirant ailleurs [1].

Nous reçûmes dans ce mois deux nouvelles assez tristes, mais on ne doit plus s'étonner de rien lorsqu'on est parvenu à notre âge.

M. Lestevenon de Berkenroode, ambassadeur des Provinces-Unies, arriva en France en 1751, un an avant que je fusse nommé introducteur des ambassadeurs. Rien de plus brillant que son ambassade; il avait épousé mademoiselle Van der Duyne, nièce de M. Keppel, milord Albemarle, ambassadeur en France. Cette famille a deux branches, l'une établie en Hollande, et l'autre qui a suivi Guillaume III lorsqu'il passa de Hollande au trône d'Angleterre.

Madame de Berkenroode était jolie comme un ange; c'était la plus charmante miniature qu'on pût voir. L'ambassadeur et elle, d'une représentation magnifique, firent une sensation étonnante aux voyages de Crécy et de Fon-

---

les autres des fonctions publiques. Gay-Vernon, ancien évêque constitutionnel de Limoges, s'associa à cette proposition.

[1] N'est-il pas curieux de voir un homme qui a échappé à tous les dangers de la Terreur penser à s'expatrier en 1797, poussé à bout par les mesures fiscales plus que par les dangers personnels?

tainebleau. Si Louis XV sut respecter l'ambassade, les agréables tournèrent la tête à l'ambassadrice [1]. L'ambassadeur y mit sagesse, raison, et, sans faire d'éclat, se sépara d'elle selon les lois de son pays. Elle vécut à Paris à sa fantaisie, et lui continua son ambassade avec un tel succès et une estime si générale que, malgré les orages de la Révolution, il n'a quitté que lorsque le roi Louis XVI fut prisonnier.

Nous avions vécu intimement avec lui pendant trente ans. Quand les circonstances nous éloignèrent, il entretint un commerce de lettres soutenu avec ma femme ou moi; mais il y avait cinq ans que nous n'avions rien reçu de lui, lorsqu'il nous envoya ici une lettre d'adieu. M. Mercier, acquéreur de Cormeré, nous promit, s'il existait encore, de lui faire tenir de nos nouvelles par ses relations de banque. Ma femme lui écrivit donc; mais M. Mercier ne tarda pas à nous renvoyer la lettre. On était allé aux informations à l'ancien hôtel de M. Berkenroode, rue d'Anjou; le fils y était, occupé à vendre les effets de son père, qui était mort six mois auparavant dans sa terre où il s'était retiré. Nous regrettâmes cet ami vertueux, pieux et sage.

30 *octobre* 1797. — Le même jour je reçus la nouvelle de la mort de Jelyotte [2]; il s'était éteint à l'âge de quatre-vingt-quatre ans, au milieu d'une famille qui l'aimait; nous perdîmes en lui un véritable ami.

L'évêque constitutionnel Grégoire, quoique faisant le plongeon, n'avait pas un seul instant perdu de vue son diocèse, tandis que le véritable évêque Thémines, du fond de l'Espagne, avait désigné deux grands vicaires, nommés Gallois et Antoine, dont la sévérité empêcha plusieurs prêtres de la faction de Grégoire de rentrer dans le giron de l'Église.

---

[1] « Sa tête a tourné pour M. de Villegagnon, lieutenant de mousquetaires... « Elle devint grosse en l'absence de son mari .. Le divorce est prononcé en « Hollande, et l'enfant est déclaré bâtard. » (*Mémoires de d'Argenson*, 5 août 1765, t. IX, p. 54.)

[2] On a vu dans quelle erreur sont tombés tous les biographes, qui le font mourir en 1782.

La révolution du 18 fructidor arriva, et Grégoire en profita en homme habile. Il se forma dans la ville un club constitutionnel sous le titre de Cercle. Grégoire entretint une correspondance suivie avec les meneurs, leur écrivant régulièrement tous les jours. Des dénonciations appuyées par lui furent envoyées au ministre de l'intérieur, ami intime de Merlin. On donna l'ordre d'incarcérer tous les prêtres dans le local des Capucins, qui avait déjà servi à cet usage. On dénonça M. du Liman, commandant la gendarmerie, comme ayant deux frères émigrés, ce qui est de toute fausseté ; on signala le sieur Baillon comme aristocrate, parce qu'il a été pour la raison et pour la justice. Le Département, qui n'était pas encore renouvelé et qui se composait de tous les gens les plus probes, examine si les prêtres qui doivent être reclus sont coupables. Il se trouve qu'ils sont tous sexagénaires, qu'ils ont prêté leurs serments et n'ont jamais fait aucune cabale. On leur a donné tout le temps de s'évader ; triste condition pour des hommes paisibles et qui n'ont jamais eu plus besoin de repos et de tranquillité.

1er novembre 1797. — Le Département et la Commune de Blois sont changés ; l'imprimé ci-joint[1] expliquera clairement le vice de ces nouvelles élections. Chevalier Le Rond, perruquier, rit lui-même d'une affiche trouvée le matin à la porte du Département : « Chevalier Le Rond, jadis coiffeur « de femmes, rase ici proprement. » Les dénonciations pleuvent à Paris ; tous les terroristes en font.

1er juillet 1798. — L'invasion subite dans toutes les administrations des sujets les plus outrés et les plus dangereux,

---

[1] L'administration départementale était composée de MM. Turpin, président ; Alardet, Turmeau, Chardon, Cellier, administrateurs ; Lefebvre, commissaire du Directoire, et Liger. Le 6 brumaire an VI (27 octobre 1797), Camerean, Chevalier et Dupont vinrent signifier un arrêté du Directoire, portant destitution des membres des administrations départementale et municipale. Étaient nommés au Département : Camereau, Chevalier-Lerond, Galisset, Dupont et Chenu, et à la ville : Bésard-Boysse ; Lemaignen aîné, Jouhanneau, Selleron, Camelin, Masson-Maisonrouge et Bruère. (*Résumé de la pièce jointe au manuscrit.*)

l'activité des clubs, des cercles constitutionnels, amènent le découragement. Tous ceux qui ont appartenu à l'ancienne caste ne peuvent plus attendre ni justice ni sûreté. Les propriétaires sont tellement écrasés par les impositions qu'ils ne peuvent ni subvenir à leurs dépenses journalières, ni payer les frais de culture, ni venir au secours les uns des autres. L'intérêt de l'argent monte au taux de quatre pour cent par mois, les journées des ouvriers sont à un prix fou; un charretier, un laboureur, qu'on payait au plus cent vingt livres, a maintenant des gages de six cents livres; un marreur[1] de vignes, qui gagnait jadis vingt sols, coûte maintenant trois livres et est nourri; et le blé ne vaut que vingt sols le boisseau. Cet état de choses remplit le but du gouvernement en faisant tomber l'argent dans ses coffres ou dans les mains de la dernière classe du peuple.

Dès que je fus certain que, malgré le décret qui garantissait les dettes de la Nation, on ferait la banqueroute des trois quarts sur le grand-livre, toute ma résignation échoua. Mes rentes de Paris suffisaient non-seulement à payer la rente des contrats que nous devions, mais même nous permettaient d'amasser annuellement de quoi faire par la suite des remboursements. Il nous faut maintenant vivre de privations ou tout abandonner. Ma femme, heureusement, oppose un courage surprenant aux malheurs qu'elle partage avec moi; sa sagesse, sa conduite, son esprit et surtout son jugement réussissent à me rendre heureux en dépit du sort. O femme adorable, que ne vous dois-je pas? Paul Olavidès et le citoyen Reinard, son aumônier dont j'ai déjà parlé, rendent encore notre intérieur délicieux.

J'ai déjà fait mention de l'ouvrage qu'il composait dans sa langue: *El Evangelio en trionfo*. Sans puiser dans d'autres livres que dans une tête bien meublée, dans une imagination féconde et abondante, il l'écrivit *currente calamo* dans un coin du salon, souffrant l'interruption, répondant aux ques-

---

[1] Dans le Blaisois, la houe des vignerons se nomme une *marre*.

tions, se mêlant même quelquefois de la conversation avec l'esprit que tout le monde lui connaît.

Ce travail lui dura plus d'un an. Dès que l'ouvrage fut totalement fini, il l'envoya au neveu de sa femme, son ami particulier, don señor Urbina[1], jadis général en chef à la Cintra, connu par ses victoires sur les Maures, ensuite gouverneur de Valence, et maintenant à la cour comme lieutenant général. Fort consulté, faisant partie du conseil royal et militaire, don Urbina jouit à la cour d'une grande considération.

Il n'eut pas plutôt jeté les yeux sur l'ouvrage, qu'il jugea de son importance et de l'excellent effet qu'il devait faire dans un pays où les principes tendaient à un relâchement universel. Il le communiqua aux gens les plus instruits et les plus religieux, et il fut décidé unanimement qu'il serait imprimé à Valence, après avoir été revêtu de toutes les approbations.

Cet ouvrage, divisé en lettres, forme cinq volumes. Le premier fit la fortune de l'imprimeur; dès l'instant, il fut vendu soixante livres et monta à cent francs. Chaque tome fut attendu dans toute l'Espagne avec l'impatience la plus vive. Le nom de l'auteur, que l'on reconnut à son style, le souvenir des persécutions qu'il avait éprouvées, tout contribua au succès. L'ouvrage fut lu avec le même enthousiasme à la cour, et l'on parlait de faire une nouvelle édition, avant même que le dernier tome parût.

Cependant don Olavidès, qui était sujet tous les hivers à des catarrhes, fut pris, cette année, d'une maladie qui nous inquiéta beaucoup. Notre amitié nous le fit soigner et choyer comme le frère le plus chéri; ma femme fut sa première garde. Heureusement la nature, qui lui a fait un corps excellent, seconda les remèdes administrés sagement et à temps. Tous les accidents ont graduellement disparu, et il est maintenant revenu dans son ancien état de santé.

---

[1] Il avait épousé la nièce de la femme d'Olavidès, comme on l'a vu.

Ce qui sans doute contribua autant que les remèdes à avancer sa guérison, ce fut une lettre de don Saavedra, ministre qui venait de succéder au prince de la Paix. Il lui mandait que le Roi désirait le revoir en Espagne, et l'avait chargé d'écrire au grand inquisiteur de s'entendre directement avec lui, don Olavidès, pour aviser aux moyens de lui donner toute satisfaction. Tel est le point où en est maintenant cette négociation. — Revenons à ce qui me concerne.

Vers le mois de décembre[1], les autorités avaient exigé impérieusement de chaque particulier de fournir à l'administration de leur canton un état circonstancié et signé de la totalité des biens dont ils jouissaient. En un mot, on devait donner son bilan en doit et avoir, sous peine de se voir imposé arbitrairement. — Décision outrageusement perfide pour les négociants, marchands ou commerçants qui, pour la plupart, ne vivent que sur leur bonne réputation ou leur crédit.

Je m'y soumis, et voici la copie que j'ai fournie :

État des pertes que j'ai éprouvées depuis 1790 :

	RENTE	PRINCIPAL
Rentes sur la Ville.............	22,500 francs.	450,000 francs.
Ma charge de lieutenant général..	1,500 »	39,000 »
Droits féodaux.............	6,000 »	130,000 »
Droits patrimoniaux sur les sels à Oléron............	4,100 »	81,000 »
Pension.............	2,000 »	
Frais d'impôts, de dons gratuits, de maximum, frais d'incarcération, impôts de guerre.	2,250 »	45,000 »
Vente et dons de vaisselle d'argent.............	1,425 »	28,500 »
À reporter :	39,775 francs.	773,500 francs.

[1] 1797.

Pertes de rentes sur particulier, savoir :

	RENTE	PRINCIPAL
Report...	39,775 francs.	773,500 francs.
Sur feu Rousseau...	1,600 »	34,000 »
Sur Lenoir...	600 »	12,000 »
Totaux.....	41,875 francs.	819,500 francs.

État de ce qui me reste :

Rentes dues par le gouvernement, ci 16,930 fr., réduits à	5,619f 68c
Sur particuliers..	946
Fermages, métairies, prés, étangs.	10,958
Vignes, 70 arpents à 20 francs.	1,400
Bois taillis en coupes réglées.	4,000
Basse-cour évaluée.	630
Total.....	23,553f 68c

État des citoyens et citoyennes à mon service, et charges :

Femmes..... 2
Hommes..... 2 } dont 3 ont passé soixante ans.
Un garçon laboureur.
Trois chevaux de labour.
Aucune voiture roulant habituellement.
Tant à mon gendre qu'à différents particuliers, je dois annuellement en perpétuel ou en viager, et fais rente de.................... 18,000 francs.

Cet état, que j'avais jusque-là évité de faire, et qui montre que si je n'avais pas une grande possession en bois et terres, je resterais sans aucune ressource, me donna une nouvelle attaque de jaunisse. Je vis que c'était une très-mauvaise façon de sortir de ce monde, et la moins courte; et je fus obligé de faire une véritable attention à ma santé. Je commence à espérer que, si je dois bientôt terminer ma carrière, ce ne sera pas du moins de cette manière fâcheuse.

Mon second fils est depuis le mois de novembre à Dian, près Montereau-faut-Yonne. Il tient compagnie à sa sœur; tandis que son beau-frère, depuis six mois en Franche-Comté, tâche de rattraper avec ses bons une faible partie des biens de son frère aîné et d'une substitution de plus de soixante-quinze mille livres de rente.

Il est aisé de s'apercevoir que le gouvernement ne veut donner raison à aucun parti, ni laisser écraser tout à fait les jacobins; il les regarde comme des enfants perdus, que d'un coup de fouet il fait rentrer dans leur repaire. En voyant ce qui se fait à Blois, on peut juger de ce qui se passe ailleurs, la marche étant à peu près la même par toute la République. Ici l'on prend un *mezzo termine*.

Les dernières nominations du peuple ayant été annulées, après six semaines, on vient de renommer pour président du tribunal criminel le nommé Moulnier, qui l'était l'an passé, homme fort honnête et fort estimé; pour accusateur public au criminel, un énergumène, un enragé républicain, jadis procureur à Montoire, qui s'appelle Bordier; et enfin, pour greffier criminel, le même Caillon, dont j'ai écrit l'histoire tout au long; de sorte que, par ce barbare alliage, le Directoire, selon l'esprit de la société ci-devant jésuitique, crée des surveillants réciproques dans tous les partis.

1*er juillet* 1798. — Le citoyen Amelot est arrivé hier au soir dans ma cour. Le fils et le petit-fils de deux ministres cordons bleus, qui a été lui-même intendant de Bourgogne à vingt-trois ans, qui, à vingt-huit ans, fut mis à la tête de la trésorerie nationale par Necker, et avait le travail avec le Roi, a adopté le costume de la grosse bourgeoisie, ayant les cheveux sans poudre et coupés à la Titus, suivant la mode du jour; nous l'avons pris d'abord pour un gros fermier. Après avoir embrassé oncle et tante, il nous a conté qu'il était venu par les voitures publiques jusqu'à Blois, et que, comme actuellement il a établi dans sa maison, au faubourg Saint-Honoré, un manège et une école d'équitation où il a attaché les meilleurs écuyers, il avait envoyé un de ses palefreniers et un de ses quarante chevaux pour l'attendre à Blois, d'où il s'était rendu à sa terre de Chaillou, afin de tâcher de recouvrer douze mille livres d'arriérés qui lui sont dus. Il y a passé six jours, et rapporte à grand'peine sept cents livres.

Il nous a fait un résumé de la triste situation de toute la famille, et la voici. Sa mère, la veuve du ministre, avait trois enfants, deux filles et un garçon; l'aînée resta fille, le garçon est celui que nous voyons, et la troisième est la marquise de La Ferté-Sénecterre.

L'aînée n'a encore rien reçu des biens qui, sans la Révolution, auraient dû lui revenir, et vit chez eux à la charge de sa mère. La marquise de La Ferté avait eu trois enfants : deux filles et un garçon. Son mari avait emmené le garçon; et les deux filles, dont l'aînée, grande et jolie, est bonne à marier, vivent tristement avec leur mère chez madame Amelot. M. de La Ferté avait été déclaré émigré; tous ses biens avaient été vendus, et sa femme avait perdu sa dot, qui consistait soit en rentes sur la Ville, soit en contrats sur des émigrés. Toute la famille habitait encore le grand hôtel, rue de l'Université, et s'était réunie dans une petite partie de la maison pour laisser à leur mère la faculté de louer le reste.

Madame Amelot n'avait plus que vingt-trois mille livres de revenu, sur lesquelles elle avait dix-huit mille livres de rente à faire; ainsi il lui en restait cinq. Par une délicatesse pareille à la nôtre, et aussi mal entendue, elle ne s'était pas servie de la facilité qui lui était offerte de rembourser en assignats. Sot préjugé de vouloir rester honnête, tandis que tant de gens s'en moquent !

Amelot m'apprit que mademoiselle Luker, devenue marquise Amelot du Guépéan [1], et ayant un fils de dix ans de la

---

[1] René-Michel Amelot, marquis du Guépéan, capitaine au régiment du Roi, avait épousé en 1787 Marie-Marguerite de Luker; elle était fille d'Édouard-Jean, marquis de Luker, qui habitait Beaugency, où il fut arrêté sous la Terreur pour n'être mis en liberté qu'au 9 thermidor. D'après l'*Histoire de*

plus jolie figure, était réduite à la plus grande misère par l'émigration de son mari. Elle était venue le supplier de lui trouver dans quelque maison de campagne une place de concierge, pour son pain et celui de son fils.

Sa tante, mademoiselle Le Gendre, sœur de ma femme, âgée de plus de soixante ans, d'une piété et d'une charité exemplaires, qui jouissait jadis de trente-cinq mille livres de rente, se trouvait réduite, pour tout bien, à une petite maison près de la barrière de Chaillot, et à deux mille livres de rente sur des particuliers qui, comme tout le monde, étaient presque insolvables.

Il ajouta que sa tante, la marquise de Roncherolles, dont les enfants sont émigrés, traînait chez madame Amelot sa triste existence.

Malgré la pénurie où il était lui-même, il désirait, avec le produit d'un moulin qu'il venait de vendre dans ce département, acheter le château de Guépéan et ses petites dépendances, mis en vente par la Nation pour neuf mille livres argent, mais qui vaudrait aisément cinquante mille écus dans tout autre temps. Il y établirait sa malheureuse cousine.

Enfin, les changements attendus dans l'administration du département viennent d'être connus. Bésard, l'ancien soldat énergumène, éternel membre de la municipalité, nommé par les enragés, aux dernières élections; membre du Département où il avait été précédemment un an, et Balayer fils, un des défenseurs officieux des babouvistes, viennent d'être destitués par le Directoire. On a nommé à leur place Dupont, l'émule de Grégoire, son grand vicaire constitutionnel, homme sale de corps et assez nul d'esprit, et Desfray, ancien marchand, homme honnête et dévoué, qui ne s'est pas sali dans la Révolution.

Une chose assez plaisante est la dénonciation faite dans le *Journal des hommes libres* d'un comité secret composé de chouans à Blois. On nomme le citoyen Leconte, qui était

Beaugency de LOTTIN, M. de Luker avait rendu de grands services dans le pays au début de la Révolution.

jadis avocat à Paris, attaché aux affaires de la maison de Villeroi, et ayant acheté la terre de Roujou, il y a vingt ans. Sa capacité l'a fait appeler à des places de magistrature pendant la Révolution ; alors il s'est mis à l'ordre du jour, et s'est si sagement conduit qu'il est depuis deux ans commissaire civil du pouvoir exécutif près le tribunal. On cite aussi Durand de Romorantin, bien à l'ordre du jour, homme assez juste et honnête, surtout si l'on s'y prend le matin, commissaire près le Département ; Bodin [1], jadis chirurgien à Amboise, et appelé à la Convention, où il n'a pas voté la mort du Roi ; la Révolution lui a fait troquer sa lancette contre un sabre, puisqu'il est commandant de la gendarmerie à Blois ; enfin Thibault [2], ancien curé de Souppes, depuis évêque du Cantal, aussi conventionnel et n'ayant pas voté la mort du Roi, mais s'étant attiré par sa probité, son air franc et ouvert, et son esprit, la confiance du Directoire et l'estime des bons citoyens partout où il a été. Il avoue qu'il est à sa dix-septième place depuis qu'il est sorti du Corps législatif ; il a obtenu la trésorerie du département, qu'on évalue de vingt à vingt-cinq mille livres, et il espère y rester.

Il paraît réellement que c'est grâce à ces quatre citoyens que les autorités ne sont pas plus mauvaises, mais le Directoire entendrait bien mal ses intérêts s'il ne les consultait pas ; car, tout en soutenant la République, ils ne feront pas faire de mauvais choix. Les quatre dénoncés ont été aux recherches, et il paraît clair que le dénonciateur est le fou féroce d'Hézine, qui craignait la destitution de ses amis

---

[1] Pierre-Joseph-François Bodin, conventionnel, fit partie des Cinq-Cents en 1797 et en 1799. Après le 18 brumaire, il fut nommé juge d'appel à Poitiers. Il mourut à Blois en 1809.

[2] Anne-Alexandre-Marie Thibault, député aux États généraux, évêque constitutionnel du Cantal en 1791, député à la Convention en 1792, vota pour l'appel au peuple et le sursis. Nommé aux Cinq-Cents, il en sortit en 1797 par le tirage au sort. Il y rentra comme député de Loir-et-Cher en 1799. Il fut plus tard membre du Tribunat, d'où il fut éliminé en 1802, et mourut en 1812.

Bésard et Balayer. On attend avec impatience de voir comment ils se vengeront de ce perturbateur, maintenant secrétaire de la municipalité de Vendôme.

On parle beaucoup d'une histoire qui s'est passée à Tours. Un jeune homme, nommé Carteau, pris d'une passion pour une jeune personne dont la famille valait au moins la sienne, fait faire la demande; elle lui est refusée. On s'aperçoit que sa tête s'échauffe, on le fait voyager pour affaires de commerce; il revient à Tours précisément le jour du mariage de la jeune personne qu'il aimait. A l'instant, il va se livrer à la commission militaire et se déclare émigré; on lui prouve le contraire, il persiste. Les juges, quoique peu pitoyables, font tout ce qu'ils peuvent pour le sauver; mais la loi est formelle. Il veut être condamné, il l'est. Alors, il s'écrie : « C'est ce que je voulais, je ne me sentais pas la « force de me tuer moi-même. » Et il marche à l'échafaud. On avait fait courir le bruit que sa grâce était arrivée trois heures après sa mort; mais on n'a fait aucune démarche pour l'obtenir.

Tours, en proie aux terroristes qui dévorent tout le département et occupent toutes les places, est dans l'état le plus déplorable. Les familles un peu aisées, les négociants, les marchands l'abandonnent, et sous peu la ville tombera dans la plus grande misère. Tous ceux qui y passent assurent qu'il n'y a dans ce pays aucune différence entre le temps de Robespierre et celui-ci.

Le fils d'un maître à danser de Tours avait été en butte aux terroristes dans l'affaire du 15 thermidor. Il y eut une dénonciation horrible contre lui, prise de corps, longue incarcération, enfin jugement qui le condamne à quatre années de fers. Invoquant la Constitution, il en appelle au tribunal de Blois. En conséquence il y est traduit, et la cause est appelée le 8 messidor dernier[1]. Neuf terroristes de Tours arrivent comme témoins à charge, tous savetiers et portefaix

---

[1] 26 juin 1798.

de bas étage; huit jeunes gens des mieux élevés et des plus distingués viennent comme témoins à décharge.

On savait que le nommé Picard, jadis brigadier de la maréchaussée que j'avais à Cheverny (homme qui m'avait été donné par feu M. de Cypierre, et dont j'avais fait la fortune en le plaçant sous M. de Polignac à Chambord, et en faisant obtenir à son fils une place au dépôt des gardes-françaises), était spécialement chargé de lui mettre la main sur le collet, lorsqu'il serait absous. Les terroristes, qui se doutaient qu'on ne pouvait que l'innocenter, avaient en effet surpris au Directoire un mandat d'arrêt. Les deux partis étaient donc en présence.

L'audience commence, l'assemblée était nombreuse. Les témoins à charge étaient sur un banc derrière, et faisaient un contraste frappant par leurs horribles figures avec les témoins à décharge qui avaient un air et une tenue honnêtes.

Picard-Gaudron avait posté deux gendarmes sur l'escalier du tribunal et se tenait avec les quatre autres tout prêt à agir. Dès que l'innocence du prévenu a été prononcée, les gendarmes l'entourent; Picard saisit la basque de sa houppelande et l'entortille autour de son bras. Le président annonce que la séance est levée, et toute la foule se porte autour d'eux. Picard, ne se sentant pas assez fort, appelle à lui les deux gendarmes en faction sur l'escalier, et il signifie le mandat d'arrêt. On l'interpelle, il se défend sur ses ordres; on le chicane; le tumulte augmente. On consulte le président, qui dit que l'audience étant levée, selon la loi il n'est plus que simple particulier. Alors on pérore, on demande à Picard la communication du mandat d'arrêt, il le montre. Un quidam dans la foule s'en empare, le met dans sa poche et disparaît; Picard veut courir après et lâche la redingote. C'était là où on l'attendait. A l'instant, léger comme l'oiseau, le jeune homme pose le pied sur les genoux d'un particulier assis, et, franchissant tous les bancs, il s'élance par une porte en haut destinée aux juges. En trois sauts il descend trente marches, et se met à courir dans la rue avec un camarade qui l'attendait; en un instant il a disparu. Picard cependant, qui ne voulait pas perdre sa capture, prend le même chemin malgré les efforts du public. Il se met à courir comme un enragé et ne s'aperçoit pas que le fugitif avait fermé sur lui une porte vitrée; il s'y frappe d'une telle force qu'il tombe en vomissant le sang.

Pendant ce temps, les témoins terroristés se mouraient de peur; ils demandèrent à être escortés jusqu'au bateau qui devait les ramener à Tours, ce qui fut fait, et l'on fut débarrassé de leur présence. Dès qu'ils ont été arrivés chez eux, ils n'ont eu rien de plus pressé que de dresser un procès-verbal plein de faussetés et de mensonges, accusant le tribunal, les jeunes gens, les spectateurs, la ville même d'être en contre-révolution. Le Directoire envoie l'ordre au directeur du jury de suivre cette dénonciation, toute affaire cessante. Heureusement que le sieur Bellenoue-Chartier, maintenant directeur du jury, est un homme de la probité la plus stricte, qui ne se sacrifie jamais aux passions du jour. Quoique jeune, il est estimé et respecté de tous les partis, et il saura faire son devoir et rendre justice à qui elle appartient.

Cette décade a été fertile en événements. Les mesures les plus sévères ont été prises à Paris contre les émigrés, les déportés, les prêtres, les chouans, les journalistes proscrits, les chauffeurs. Les ordres parviennent à l'instant dans les départements et aux commissaires du pouvoir exécutif. Le signalement de certaines personnes suspectes au gouvernement est en même temps envoyé à Durand, entre autres celui d'un ci-devant procureur du Mans, nommé Bazin[1] : petit, trapu, des yeux gros et saillants, vue basse, écrivant dans le *Journal des hommes libres*, et vendu à Hézine, aux babouvistes et à toute la séquelle.

Il était soupçonné d'être le rédacteur de l'article qui dénonce les quatre citoyens dont j'ai parlé ci-dessus. S'enfuyant de Paris, il se présente à la municipalité de Blois; il

---

[1] On trouve un article sur lui dans la *Biographie moderne* de 1806.

ne pouvait faire pis. Sous le prétexte qu'il manquait la signature du commissaire du pouvoir exécutif, on le fait conduire à Durand, qui lui signifie qu'il va le faire incarcérer. Sa fureur, sa colère sont au comble. Quatre gendarmes s'en emparent, et au bout d'une heure on le conduit aux Carmélites. Tout le monde s'accorde à dire que c'est un drôle bon à déporter.

9 *août* 1798. — Encore une lacune dans ces Mémoires. Une nouvelle attaque de goutte dans la poitrine m'a fait croire que j'étais à mes derniers moments; ce fut l'affaire de six heures, et l'eau de goudron me l'ayant détournée, j'en fus quitte pour une jaunisse de huit jours.

Le lendemain du jour où don Olavidès reçut la lettre dont j'ai parlé, il fut pris à son réveil d'une rétention d'urine si douloureuse, qu'elle nous fit tout craindre; après vingt-deux heures de souffrances, il fut débarrassé; mais il s'ensuivit un peu de fièvre. Il était au moment de partir pour Paris ou de retourner en Espagne. Rien n'était plus contrariant pour lui que cet accident dans un pareil moment.

Des visites domiciliaires se sont faites à Blois d'après l'ordre du Directoire; on n'a pris aucun prêtre parce qu'ils se cachaient très-bien, et pas d'émigrés parce qu'il n'y en avait pas. On a fait quelques perquisitions dans les campagnes, chez les demoiselles Mahi, grandes souteneuses de prêtres, et chez le ci-devant marquis Hurault de Saint-Denis, mais nulle part ailleurs.

Le Directoire, suivant son système de balançoire, a destitué Hézine, secrétaire de la municipalité de Vendôme; sur-le-champ, il s'est fait cabaretier dans la même ville, pour rassembler les babouvistes chez lui.

Deux chefs de chouans viennent d'être fusillés à Tours par jugement; ce sont le nommé Mazurié, ci-devant prêtre, et un autre qui portait le nom de guerre de l'*Aimable*[1]. La manière dont ils ont été pris est atroce : Mazurié était retiré dans une maison à lui aux environs, il avait des certificats

---

[1] Le 26 juillet 1798, la commission militaire de Tours avait condamné Guillaume Le Métayer (et non Mazurié), dit Rochambeau, clerc tonsuré, et

bien légalisés à son canton. Cinq gendarmes se déguisent, arrivent chez lui à huit heures, lui font confidence qu'ils sont chouans et demandent l'hospitalité ; il les traite de son mieux. Au milieu du souper, ils se jettent sur lui, l'entraînent avec son compagnon à la commission militaire ; le lendemain ils sont fusillés. Ils refusent de se laisser bander les yeux, ajournent le rapporteur à un an, en lui reprochant sa cruauté, et crient : « Vive le Roi ! » jusqu'à ce qu'ils tombent sous les coups de fusil.

Un voiturier de Chinon passe avant-hier à Blois avec une voiture fermée ; un particulier a la curiosité de regarder à travers les barreaux. Le voiturier lui dit bonnement : « Ce « sont six daims que je mène près de Fontainebleau [1], chez « Barras, directeur ; il les a fait venir de Chinon pour peupler « son parc. »

Enfin, la 31ᵉ demi-brigade, la plus mauvaise troupe qui ait jamais existé, depuis le commandant jusqu'au dernier goujat, vient de recevoir l'ordre de se rendre à Strasbourg. C'était parmi eux qu'était prise la commission militaire de Tours, la plus sanguinaire qui ait existé ; un officier de la plus jolie figure était le rapporteur, et il n'a que des crimes à se reprocher. Le détachement qui est à Blois a mécontenté toute la ville.

12 août 1798. — Les réquisitions vont grand train ; on prend jusqu'aux gens mariés et qui ont des enfants. C'est une désolation universelle. Ils partent liés et accolés ; tous reviennent dans le pays trois ou quatre jours après, mais effrayés de l'arrêté du Directoire qui condamne ceux qui les recèlent à 500 francs d'amende et deux ans de fers, ils se laissent prendre la nuit comme le jour et conduire aux Carmélites.

Les barrières nouvellement mises pour les péages [2] indis-

Leroux, son aide de camp, tous deux activement mêlés à la chouannerie. (Dom Piolin, *l'Église du Mans pendant la Révolution*, t. III, p. 416, cité par M. Victor Pierre dans la *Revue des questions historiques* d'octobre 1884.)

[1] Probablement à Grosbois.
[2] La loi du 9 vendémiaire an VI (30 septembre 1797) avait établi une taxe

posent les voituriers, la plupart gens sans patrie, jadis attachés à la Révolution dans l'espoir du pillage, mais qui maintenant ne se voyant pas plus riches, crient contre l'ordre de choses actuel; c'est un feu de paille, et cette race moutonnière obéira bientôt comme les réquisitionnaires.

Le départ d'Olavidès est fixé à jeudi prochain, 27 août [1]; c'est un vrai sacrifice qu'il fait à sa famille et aux ordres du Roi. Il voyage avec deux voitures et emmène sept personnes : Reinard, son aumônier; son valet de chambre, avec sa femme et sa fille; un courrier, le nommé Brunet; et Hadou, chirurgien de l'hospice militaire de Blois.

La foire de Blois, cette année, a été beaucoup plus considérable tant en marchands qu'en acheteurs, mais les premiers s'en vont ruinés le 4 septembre, et la décade qu'on les a obligés de sanctifier en leur faisant fermer boutique a occasionné beaucoup de murmures.

Si don Olavidès avait voulu emmener une colonie de Français, rien ne lui eût été plus facile; il est accablé de demandes, de lettres, de visites, et moi par contre-coup. Pour y obvier, il n'emmène personne; ce serait mal se poser en arrivant que de s'entourer de Français, je me suis donc interdit toute sollicitation. Les Français aiment beaucoup voyager dans tous les pays; la province blaisoise surtout a cette maladie, et si on lit les voyages, les mémoires des captifs rachetés par les saints Pères de la Merci, on ne parcourt pas une page sans en trouver. Maintenant la Révolution, les réquisitions, la perte de toutes les fortunes, déterminent sans peine à sortir du pays, surtout depuis qu'on ne court plus le risque d'être déclaré émigré.

J'ai parlé plusieurs fois de mesdemoiselles de Martainville qui, avant la Révolution, avaient tenu à Paris une délicieuse maison, rendez-vous des gens aimables. Elles s'étaient enfuies en Suisse et habitaient avec l'évêque de Comminges

d'entretien à percevoir sur les voitures de roulage et de voyage et les bêtes de somme, au moyen de barrières et bureaux placés sur les grandes routes.

[1] Il ne partit que le 18 septembre 1798, comme on le verra plus loin.

(d'Osmont), tantôt aux eaux de Bade, tantôt près du lac de Constance. L'aînée, Flore, est morte d'une attaque d'apoplexie. Je vais copier l'article qui la concerne, d'une lettre du 6 septembre, que je reçois de Sanlot :

« Rien ne me coûte autant, mon ami, que d'être porteur
« de nouvelles affligeantes, mais il est impossible de ne pas
« vous faire partager le chagrin que nous cause la mort
« d'une des aimables petites sœurs de Suisse. Ce n'est pas
« celle dont la santé actuellement dérangée donnait le plus
« d'inquiétude que nous avons à regretter. C'est cette pauvre
« Flore qui a été emportée, il y a aujourd'hui trois semaines,
« presque subitement, par une apoplexie d'humeur. Nous
« avons actuellement à redouter les suites de ce funeste évé-
« nement pour Alexandrine, qui ne résistera peut-être pas
« à un pareil assaut ; malade comme elle l'est, elle ne sera
« pas assez forte pour supporter ce malheur. Sa sœur Cas-
« tera [1] part dans deux jours pour aller la joindre et adou-
« cir par sa présence l'amertume de cet isolement. C'est
« leur vieil ami [2] qui nous a donné tous ces détails affligeants.
« Nous avons la consolation de penser que si un deuxième
« malheur, que nous appréhendons, suivait celui dont je vous
« informe, il ne resterait pas abandonné. Son neveu l'aîné [3]
« vient de marier sa fille à un officier compatriote de la
« mère [4] qui possède des millions et qui, outre 12,000 livres
« de rente qu'il assure à son beau-père et à sa belle-mère, a
« fixé le douaire de sa femme à 60,000 livres par an. Notre

[1] « La mère de la trop fameuse madame de Buffon, maîtresse de d'Orléans. » (*Note de l'auteur.*)

[2] « D'Osmont, ancien évêque de Comminges, retiré avec elles. » (*Note de l'auteur.*)

[3] « Ce d'Osmont, qui avait épousé mademoiselle Dillon, sœur de tous les Dillon et de madame de Martainville, et à qui la Reine avait fait avoir une place chez Madame, retirée en Suisse par la Révolution. » (*Id.*) Madame de Martainville, née Dillon, dont il est question dans la note ci-dessus, figure au contrat de la comtesse de Buffon, en 1784, comme tante de la future. Elle signe : Dillon de Martainville. (*Correspondance de Buffon*, par M. NADAULT DE BUFFON, t. II, p. 491.)

[4] « Madame Dillon, Anglaise. » (*Note de l'auteur.*)

« vieil ami [1] trouvera là un asile qui lui sera bien dû, car
« s'il se trouve dans la détresse, c'est pour avoir élevé et sou-
« tenu toute sa famille. »

On n'attendait plus ici que le visa des passe-ports envoyés
au Directoire, et un du chevalier Azara, ambassadeur
d'Espagne; les deux voitures étaient chargées. Le château
ne désemplissait pas; la nouvelle des faveurs que recevait
Olavidès lui attirait des visites continuelles. Enfin les passe-
ports arrivèrent. J'avais fait venir dix chevaux de poste la
veille, pour mener les deux voitures en deux jours à Châteauroux. Il partit le 19 septembre, non sans beaucoup de
regrets de part et d'autre.

Don Olavidès quittait des amis sûrs qui l'avaient pendant
trois ans traité comme un tendre frère, et nous, nous perdions
un homme rare, plein d'esprit, de connaissances, d'une
douceur et d'une amabilité continuelles. Lumineux dans la
conversation, éloquent sans être verbeux, il embellissait tout
ce qu'il disait. Quoique supérieur à tous, il ne discutait
qu'avec une modération dont je n'ai jamais vu d'exemple.
Son aumônier, M. Reinard, nous convenait sous tous les
rapports; aussi le vide qu'ils nous ont laissé est incalculable.
Tout son désir était de nous emmener en Espagne, et il nous
aplanissait toutes les difficultés, mais nous résistâmes. J'ai
près de soixante-huit ans, et ma femme en a soixante; on ne
s'expatrie pas à cet âge, à moins de raisons majeures. L'état
affreux de notre fortune et les événements de la République
peuvent d'un moment à l'autre nous y forcer. Alors comme
alors! il nous restera l'espérance d'être aussi bien traités en
Espagne que nous l'avons traité ici.

Cependant Blois était assez tranquille, les prêtres seuls
craignaient tout. Sans cesse on en voyait arriver aux Carmélites pour être déportés. Mon fils aîné fut témoin d'une
scène attendrissante. Cinq prêtres étaient arrivés le matin en
charrette sans le sou; on fut obligé de faire une quête afin

---
[1] « Toujours l'évêque de Comminges. » (*Note de l'auteur.*)

de leur procurer à dîner. Un d'eux demande en arrivant mademoiselle de la Pagerie[1], tante de la citoyenne Bonaparte; elle était à la campagne. Il se plaignit qu'en l'arrêtant on lui avait pris trente louis en or. Tous les prêtres, n'importe de quelle couleur, étaient consternés.

Cependant, un bruit vague et que les arrivants de Paris paraissaient confirmer, était que le départ de l'expédition de Bonaparte était un vrai exil. Voici le fait :

On assurait que Bonaparte, dont l'existence inquiétait le Directoire par sa tête, son audace et ses exploits, avait été extraordinairement négligé à Paris où il avait joué un rôle plus que secondaire. Ombrageux dans son intérieur, despote avec les formes les plus sèches et les plus républicaines, on prétendait qu'il faisait régler par le juge de paix tous les mémoires de ses fournisseurs, les chicanant régulièrement à chaque audience, quoiqu'il fût, dit-on, riche de plus de quinze millions. Ce qui est certain, c'est que mademoiselle de la Pagerie, tante de sa femme, âgée de plus de quatre-vingts ans et ayant tout perdu à la Révolution, n'a pu obtenir de sa nièce, dont on connaît le bon cœur, aucun secours pécuniaire.

On disait donc que le Directoire avait découvert, ou cru découvrir, un parti dont Barras, Bonaparte et Tallien étaient les principaux chefs; que Barras depuis ce temps, en attendant sa sortie, était convenu de ne plus se mêler de rien ; que pour Bonaparte, Merlin, après une explication, lui avait dit que la réputation méritée qu'il s'était acquise lui évitait la déportation ostensible; qu'on allait lui donner connaissance de tous les projets proposés depuis vingt ans pour la prospérité et l'agrandissement de la France; qu'il était le maître de choisir celui qu'il voudrait, qu'on lui fournirait tous les moyens; qu'après quinze jours d'examen, Bonaparte

---

[1] Thérèse Tascher de la Pagerie, grand'tante de Joséphine. Elle avait recueilli chez elle sa sœur Madeleine, en religion Mère Saint-Louis, Ursuline à Blois, qui mourut en 1795. Mademoiselle de la Pagerie vécut jusqu'en 1806. On lui fit des obsèques magnifiques, auxquelles assistaient les autorités. (A. Dupré, *les Beauharnais et les Tascher*, et l'abbé Richaudeau, *les Ursulines de Blois*.)

s'était décidé pour celui qui s'exécute; qu'argent, hommes et vaisseaux, rien n'avait été épargné pour ce projet, chose très-indifférente au gouvernement, qui n'avait d'autre but que de se débarrasser de lui.

A l'égard de Tallien, il ne fut pas continué au Corps législatif; il a été joué par Bonaparte, comme tout le monde l'a su; ce qui est certain, c'est que madame Tallien, qui est très-obligeante, sollicitée par quelqu'un à qui elle ne pouvait guère refuser, lui dit tout naturellement : « Que voulez-« vous que je fasse maintenant? je n'ai pas même le droit « d'empêcher mon mari de partir [1]. »

Tout cela m'est raconté par des personnes que je dois croire instruites.

Septembre 1798. — Toutes les fois que je pourrai avoir des notes sur des personnes qui jouent ou ont joué un rôle dans la Révolution, je les consignerai ici.

Lecarlier [2], maintenant ministre de la police, ancien membre de l'Assemblée constituante, a constamment été républicain. Dur et sévère dans toutes les missions où on l'a employé, il a toujours inspiré la crainte, sans cependant s'être plongé dans le crime comme Carrier, Lebon et tant d'autres.

Il est né à Crépy, dans le département de l'Aisne; son père était fermier et faisait avec intelligence le commerce de bestiaux, principalement celui de moutons. Il fit fortune, plaça son fils chez un procureur, et maria sa fille à un homme de pratique à Crépy. Dès que la Révolution commença, Lecarlier revint de Paris avec le jargon de son étude, séduisit son assemblée primaire, promit monts et merveilles et obtint d'être nommé. Il est maintenant abhorré, et il l'avoue lui-même; au moins c'est un sentiment bien prononcé, il y en a tant d'autres qui n'inspirent que le mépris! Quant à lui,

---

[1] On sait que Tallien accompagna Bonaparte en Égypte.
[2] Marie-Jean-François-Philibert Lecarlier; il était maire de Laon avant la Révolution. En quittant le ministère de la police, il alla remplir les fonctions de commissaire général en Belgique et mourut en 1799.

qui était riche avant la Révolution, il a cru se dévouer en acceptant cette place.

Sa manière de donner des audiences est singulière; toujours pendu à sa sonnette, il vous laisse parler un instant, vous dit : « Je sais votre affaire », et sonne pour faire entrer une autre personne. Un soi-disant émigré avait rempli toutes les obligations exigées pour obtenir sa radiation ; Lecarlier, poussé à bout et ne voulant pas le rayer, fait venir ses premiers commis, et leur dit : « Si d'ici à demain vous ne « trouvez pas l'émigration constatée dans tous les papiers « que je vous remets, je vous renvoie tous. » La peur fit travailler leur imagination, et, dans le délai fixé, l'homme reçut l'ordre de sortir de la République.

Ces récits me sont venus par différentes personnes qui ont eu affaire à lui : elles m'ont annoncé qu'il se retirait à la grande satisfaction de tout le monde. Il est remplacé par un nommé Duval [1], connu pour avoir été un des soixante-treize emprisonnés par Robespierre.

La conscription [2] s'établit lentement, et le peuple, qui s'accoutume à tout, même à être décimé si on l'exige, montre une soumission aveugle. La tranquillité règne dans le département, comme la misère, pour les propriétaires du moins; car pour les journaliers le vin est à trois sols, le pain à deux, les journées à trente ou quarante. Il s'ensuit nécessairement que les cabarets sont très-fréquentés, et que le peuple fait la loi pour son travail. Cet état de choses peut-il durer? C'est la question que se font tous les gens instruits.

La déportation des prêtres continue, il n'y a pas de jour qu'il n'en vienne coucher aux Carmélites, depuis sept jusqu'à vingt. Ils sont emmenés en charrette et repartent le lendemain. Toute la Touraine est maintenant sans aucun ministre du culte. Le département de Loir-et-Cher n'a pas suivi les mêmes principes, car les prêtres jusqu'ici y sont

---

[1] J. P. Duval, ancien député de Rouen, ministre de la police à la fin de 1798. Il fut préfet des Basses-Alpes sous l'Empire.
[2] Loi du 19 fructidor an VI (5 septembre 1798).

fort tranquilles. Ils peuvent dire comme l'homme qui tombait du haut des tours de Notre-Dame et criait en l'air : « Cela « va bien ; pourvu que cela dure ! »

29 *novembre* 1798. — Je viens de lire la conspiration d'Orléans par Montjoie [1]. Sans contredit tous les détails sont des plus exacts ; on regrette à chaque page que le monstre n'ait pas été écrasé par le gouvernement. Cependant on voit clairement qu'il a été dupe de l'intrigue et qu'il fut déjoué par un parti plus fin qui voulait la République. Il n'a été qu'un instrument qu'on a brisé dès qu'on n'en a plus eu besoin.

Je me souviens que dans les commencements du club des Jacobins, pendant les premières six semaines de leur établissement, quand j'y étais entraîné par Beauharnais, l'abbé d'Espagnac et beaucoup d'autres gens que je croyais et crois encore très-honnêtes, et qui ne devinaient pas plus que moi où l'on voulait en venir, quelqu'un, dans cet antre affreux, lança un propos si révoltant, appuyé par Lameth, d'Aiguillon et Rœderer, que quelqu'un s'écria : « Où veut-on « donc nous mener ? Qu'on le dise, qu'on s'explique ! Serait-il « possible qu'on voulût convertir le royaume en répu- « blique ? » Des rires sardoniques furent la réponse. Sedaine qui était avec nous le remarqua avec le même effroi. Il n'y a pas à en douter, le plan était fait et formé entre ces conjurés et pas d'autres ; ainsi le duc d'Orléans n'a été qu'une misérable dupe, qui a dépensé dix-sept millions pour se faire guillotiner.

30 *novembre* 1798. — Me voici établi dans une petite maison que j'ai achetée et fait arranger à Blois. Je l'avais destinée à me loger avec Olavidès lorsque, comme je l'ai raconté, j'ai été obligé de le décider à partir pour l'Espagne.

[1] « Ce Montjoie est né à Bayonne, fils de Moracin de Hollande, qui « reçut si bien. C'est une famille de négociants bien connue. » (*Note de l'auteur.*) C'est une erreur. Christophe-Félix-Louis Ventre de la Touloubre, connu sous le nom de Galart de Montjoie, était né à Aix, où son père était professeur de droit. L'ouvrage dont il est question est intitulé : *Histoire de la conjuration de Louis-Philippe d'Orléans.* (Paris, 1796, 3 vol. in-8°.) Il est loin de mériter confiance.

Grâces soient rendues aux habitants de la ville de Blois, qui ont su rendre la société qui s'y réunit la plus agréable possible. Blois est préférable à tous égards aux trois villes qui l'avoisinent : Orléans, Vendôme et Tours, et de tout temps elle a obtenu cette distinction. Le peu de fortune des habitants a fait disparaître toute rivalité, et les distinctions de rang y sont nulles. Le peu de commerce qui s'y fait n'excite pas la concurrence, le peu de gens qui y vivent y restent par un attrait irrésistible. Les possesseurs de terre, persécutés, ennuyés, viennent s'y établir. De ce nombre est mon ami le ci-devant marquis de Rancogne, vrai patriarche, ayant cinquante ans et six enfants dont l'aîné est presque de la réquisition.

Mon fils et sa femme habitent près de moi, et, malgré la pénurie qui atteint toutes les classes, on se réunit vingt, trente personnes, quelquefois plus. L'étranger qui est reçu dans ces réunions peut se croire au milieu d'une famille. Les femmes y sont élégamment mises, et l'on y compte presque autant de filles à marier plus jolies les unes que les autres. La musique y est portée à une grande perfection. Mon fils, M. Gauvilliers, directeur des domaines, M. de Rancogne donnent des concerts qui paraîtraient bons même à Paris. Mademoiselle Amelia, fille de M. Gauvilliers, y montre un talent distingué.

A l'égard de la situation politique, comme elle se ressemble probablement dans toutes les villes et départements de la République, je vais la peindre telle que je la vois.

Il paraît que sur les 109 départements, il n'y en a que 12 qui jouissent d'une sorte de tranquillité, qui serait tempête dans tout autre temps. Celui-ci est au nombre des derniers; quoiqu'il soit taxé de royalisme, on y compte à peine trois ou quatre familles qui se soient trop prononcées. Le reste, plus prudent, n'a montré que le désir de voir les pouvoirs concentrés dans la main du gouvernement. Les jacobins se cachent, mais sont toujours pleins de ruse et d'activité. Quoique cette classe soit maintenant reléguée dans la lie du peuple, elle n'en est pas moins à craindre pour les gouvernants et les gouvernés. Depuis que, par le 18 fructidor, le Directoire s'est attribué tous les pouvoirs, on l'a vu casser toutes les élections du peuple et nommer partout les pouvoirs exécutifs; comme il ne craignait alors que le royalisme, il crut ne pouvoir mieux faire que de se confier à leurs ennemis naturels, et cherchant parmi les républicains ceux qui étaient les moins révolutionnaires, il leur confia les places, en faisant des espions et des délateurs organisés.

Il ne fut heureux dans ce département que dans un seul choix, celui de Leconte, avocat de Paris, possesseur de la terre de Roujou, et dont j'ai déjà parlé. Il fut nommé commissaire du pouvoir exécutif près le tribunal civil, et sa conduite lui mérita le suffrage de tous les partis.

Le choix ne fut pas si heureux pour le Département. On consulta certainement Venaille, ancien député, qui était fils d'un marchand de poterie de Romorantin; et l'on nomma commissaire près le Département, Durand, fils d'un procureur de Romorantin qui est devenu juge à Blois. Cependant ce Durand aurait valu quelque chose si, adonné au vin les trois quarts du jour, il eût fini le reste dans son bon sens.

Le choix des administrateurs fut très-faible, pour ne rien dire de plus. On y comptait : Camereau, ancien marchand de drap; Dupont, ancien chanoine de Saint-Aignan, recommandable par son extrême malpropreté, son dévouement au gouvernement par la peur et, comme prêtre, par sa négligence à remplir ses devoirs les plus sacrés; Desfray, ancien marchand, homme bon, mais faible; deux autres un peu meilleurs, mais ignorant les formes et les affaires, obligés par conséquent d'être subordonnés à leur secrétaire Liger, jadis procureur, très-républicain, mais honnête homme et plein de courage, puisqu'il avait été commandant à Cambrai.

Le choix de la municipalité est encore plus pitoyable : un Lemaignen, épicier, sachant à peine lire et écrire; un Guillon, jadis menuisier, maintenant entrepreneur de bâtiments, homme à moyens et intelligence, mais qui s'est montré ingrat envers l'évêque de Blois son protecteur, à qui il doit sa fortune. Ambitieux, fin, rusé, jacobin par principe et faux par caractère, il gouverne despotiquement les autres.

Un homme très-instruit qui arrive à Paris me racontait le mépris général qui entoure les députés. Depuis que le traitement aux deux conseils est de 12,000 francs, tous les va-nu-pieds y prétendent, et tous les moyens leur sont bons. Voici leur calcul : 3 ans à 12,000 francs par an font 36,000 francs ; un logement de 30 francs par mois et un seul repas de 40 sols chez un restaurateur leur suffisent. Ainsi, après trois ans passés à s'asseoir et à se lever, ils ont 30,000 francs d'argent, ce qu'ils n'ont jamais possédé, et reviennent chez eux ou sont placés par le Directoire. Le mépris qui est attaché à ces places éloignera tout homme honnête, et par conséquent le champ restera libre à tous les gueux de la République.

On sent bien que cet état de choses ne peut durer que tant que le Directoire le croira nécessaire. Pour le présent, il est maître et souverain, et voici sa marche. Ses deux conseils sont maintenant divisés en trois partis : les royalistes, les modérés et les jacobins. Si le Directoire veut faire passer une loi acerbe, il se renforce à l'instant par le parti jacobin. S'il a besoin d'une loi sage, il s'appuie sur les modérés. Il est ainsi plus maître que feu Louis XVI, à qui l'on avait refusé tous les pouvoirs ; par son astuce il les réunit tous.

On fait courir maintenant des listes pour les députés à nommer aux assemblées primaires. Je vais peindre tous les acteurs sur les rangs.

Le premier, c'est Bodin, accoucheur-chirurgien à Amboise, ancien membre de la législature, et maintenant capitaine de la gendarmerie à Blois, homme de peu de mérite, mais intrigant pour s'assurer une place lucrative. Le deuxième, Delestre, chirurgien sans clientèle, s'étant fait un manteau de patriotisme pour s'enrichir, maintenant commissaire du pouvoir exécutif près la municipalité et voulant troquer sa lancette contre la toge sénatoriale. Le troisième, Guillon, menuisier-entrepreneur, jouissant d'un grand crédit dans l'ordre jacobinique. Le quatrième, Durand, commissaire du pouvoir exécutif près le Département.

Pour balancer ces noms, on y a accolé quelques autres qu'on espère bien ne pas être forcé de prendre : Leconte, surnommé Roujon; Touzard, juge de paix, homme d'esprit, honnête et estimé généralement; Cabaille, fils d'un apothicaire d'Orléans, ingénieur des ponts et chaussées, ayant été employé ici et ayant le vœu de tous les honnêtes gens par son honnêteté et son éducation : tous gens probes et de mérite, par conséquent peu faits pour être nommés ou fort capables de refuser.

Janvier 1799. — Je me trouve ici dans une position assez singulière pour la consigner. Voici le fait : Depuis la première assemblée législative, quoique nommé trois fois électeur, j'ai évité scrupuleusement de me lier avec aucune autorité. Il y a trente ans, comme je l'ai dit, que Jumeau est attaché à mon service, et je lui ai confié peu à peu toutes mes affaires du dehors. Il est devenu mon ami par les services essentiels qu'il m'a rendus dans la Révolution; je l'ai vu pendant la Terreur partir à pied pour Orléans et en revenir chargé de 40,000 francs. Il nous a adouci à ma femme et à moi l'amertume d'une vie où tout successivement nous a manqué; quoique septuagénaire, il met dans ses actions la vivacité d'un jeune homme. Il est né avec l'esprit des affaires, et il abrége et termine les affaires les plus litigieuses. C'est à cet excellent homme que je dois de ne fréquenter aucune autorité; depuis la Révolution, je ne me suis présenté qu'une fois au Département. Il a toujours paru pour moi, et j'ai obtenu plus facilement par lui ce qui était juste et indispensable; je vis donc totalement isolé de la Révolution. Qui aurait pu penser que par des intermédiaires je me trouverais en relation indirecte avec Merlin, le fameux Merlin de Douai, directeur, et le principal agent de ce triste gouvernement? Ceci devient peu clair; je vais l'éclaircir.

Sous l'ancien régime, un vicaire de Cour, nommé Bailly, se faisait distinguer par sa figure, son air honnête et sa conversation. Il avait commencé par servir dans la marine marchande et n'avait embrassé l'état ecclésiastique que pour être plus à portée de soigner sa mère. Il eut, au moment de la Révolution, l'occasion de déployer ses vertus filiales; sa mère, qui vivait bourgeoisement à Vendôme, fut si effrayée par l'insurrection et les manières révolutionnaires qu'elle tomba dans des accidents qui la conduisirent lentement au tombeau. Il la fit transporter à Cour et la soigna pendant trois ans avec le plus grand dévouement. Sur la fin, lorsqu'on eut forcé les électeurs à nommer aux cures, me trouvant électeur et président, je fus assez heureux pour le faire nommer à la cure de Danzé près Vendôme. Il ne tarda pas à s'y attirer toute la considération possible et à se lier avec la noblesse du pays, et surtout avec M. de la Porte. Lorsque celui-ci fut incarcéré et menacé de passer au Tribunal révolutionnaire, ses amis réussirent à le faire sauver de prison. Madame de la Porte était la personne la plus embarrassante; il fut convenu que Bailly se déguiserait en garde national, que madame de la Porte passerait pour sa sœur, et qu'ils partiraient avec des passe-ports pour aller trouver une tante supposée dans la vallée d'Auch près Bagnères et Cauterets, pour y vivre cachés jusqu'à la fin de l'orage. Ils partirent donc tous les deux avec des lettres de recommandation *ad hoc*, et s'établirent dans leur retraite.

Pour dérouter les curieux, Bailly se fit nommer directeur de l'hôpital militaire, s'y conduisit supérieurement, se fit estimer et ne pilla pas. Il pouvait amasser 2,000 louis, et il n'en rapporta pas plus de 100. A son retour à Paris après le 9 thermidor, lorsqu'il se présenta à ses protecteurs, l'accueil qu'il en reçut était bien à l'ordre du jour. On lui demanda s'il avait fait fortune; il avoua niaisement qu'il aurait pu la faire, que les moyens ne lui avaient pas manqué, mais lui avaient répugné; alors il fut éconduit comme un homme incapable. L'état ecclésiastique était proscrit; ne sachant où donner de la tête, il entra comme commis dans un des bureaux de la Guerre; ses manières le firent réussir, et enfin, il obtint la place de directeur de l'hôpital de Luxembourg, avec 3,000 francs d'appointements.

Bailly avait toujours entretenu des relations avec moi; à mon dernier voyage à Paris, il était venu me voir tous les matins, et, depuis, je lui avais rendu quelques services, soit pour ses certificats, soit pour son extrait de serment civique. Cependant, il y avait plus de six mois que je n'en avais entendu parler, lorsque Thibault, receveur général du département de Blois, fut appelé par Ramel, ministre des finances et son ami, à l'une des trois places de receveur des barrières de Paris. Le bruit se répandit qu'il serait remplacé par le beau-frère de Merlin.

Quelques semaines après, M. de la Porte, en venant me voir, m'annonça qu'il avait reçu une lettre de Bailly, qui lui mandait qu'il avait remis une lettre pour moi au nouveau receveur. Celui-ci ne tarda pas à me l'apporter. Il se nommait Desfossés, et venait de Luxembourg, où il avait occupé la même place. Il nous amena sa femme, et, s'expliquant avec une grande franchise, nous conta son histoire que voici :

Fils d'un avocat de Douai, il était entré dans les bureaux de la comptabilité de la maison du Roi à Versailles. La Révolution survenant, il retourna à Douai, et obtint différentes places dans la comptabilité. Il connaissait à Douai une jeune veuve n'ayant qu'une fille d'un M. Azé, conseiller au parlement de Douai, et sœur de la citoyenne Merlin. Desfossés trouva le moyen de la décider à l'épouser. Cette femme nous parut bonne, excellente, tout cœur comme sont les Flamandes. Elle avait été fort persécutée pendant le règne de Robespierre; Merlin, antagoniste décidé, était poursuivi même dans ses parents. Lors de l'avénement de Merlin aux places, ils se servirent de son crédit. Merlin, à leur passage, les avait reçus à merveille; ils avaient été logés au Directoire et traités en parents. Ils mènent une vie toute différente de celle de leurs prédécesseurs, et, s'appuyant de nous, ils ont été reçus partout; ils se présentent avec simplicité et bonhomie, et toujours à leur place. Ils sont continuellement chez nous ou dans notre société; mais nous observons un silence profond sur la politique et sur les réflexions qui nous saisissent à la gorge, prêtes à nous échapper, sur leurs chers parents.

La pénurie d'argent se fait sentir ici de plus en plus; la Nation exige qu'on paye les impositions tous les mois à peine échus, et l'on ne peut exiger de l'argent des fermiers que l'année révolue. En Sologne, les fermiers n'ont point d'époque fixe pour payer, et jadis j'ai eu souvent cinq ans d'arriérés. Par le nouvel ordre de choses, on a confié le cadastre à faire, soit à des ignorants, soit à des ultra-révolutionnaires, de sorte que l'imposition, dans mes anciennes paroisses, se trouve à peu près de treize sous sur vingt. Quelques représentations qu'on ait faites, le Département n'a rien diminué de ses prétentions; il est aisé de prévoir que cela ne peut durer.

Toutes les décades on envoie au Trésor public ce qu'on peut escroquer; mais l'État ne paye pas les fonctionnaires, et ils n'existent plus. Le commerce ne se fait plus au comptant, mais forcément en lettres de change à longue échéance, ce qui donne une grande latitude à toutes les friponneries possibles, et il y a une infinité de gens qui se sont rendus experts en falsification de lettres de change, congés, passeports et certificats. Leconte, marchand de cette ville, s'attendait à payer une lettre de change de quatre mille livres; on lui en présente une falsifiée et portée à dix-sept mille. Autre exemple : deux certificats d'experts, pour être payés de fournitures, sont déclarés de toute fausseté; de sorte que tous les négociants ont l'effroi dans le cœur.

23 février 1799. — Un homme de sens m'écrit de Paris que les gouvernants vivent au jour le jour. Le produit des barrières [1], qu'on croyait destiné à l'entretien des grandes routes, servira aux besoins les plus urgents. L'infidélité des

---

[1] A péage, dont il a été parlé précédemment.

employés est telle qu'une décade entière n'a fourni que quatre cents francs, quoiqu'on fût sûr que le produit devait être de seize cents. Ainsi la République est volée partout; c'est un vrai brigandage.

24 *février*. — Desfossés est venu nous annoncer que le Directoire venait de le nommer à la recette d'Évreux, montant au double de celle-ci; il profite, comme on le voit, du crédit de Merlin. Pendant son séjour ici, lui et sa famille ne se sont pas fait d'ennemis.

Enfin, la nouvelle arrive de la destitution du Département et de la municipalité de Tours, mesure que le Directoire a été obligé de prendre sur la clameur publique. Ils étaient jacobins, et travaillaient pour se faire nommer aux élections. Lhéritier, homme affreux sous tous les rapports, est le seul excepté; il est commissaire du pouvoir exécutif; l'embarras est de trouver ces sortes d'agents, qui sont les délateurs et les espions de leurs concitoyens.

25 *février*. — La nouvelle arrive de la destitution de Lhéritier. Le seul des pouvoirs que l'on regrette, c'est le nommé Christophe, homme estimé; mais il a eu la maladresse de s'adresser à sa députation, qui est, à bon titre, très-mal vue, et, par cette folle démarche, il a fait confirmer sa destitution.

On vient de déclarer la ville de Caen en état de siége; colonnes mobiles, arrestations de prêtres, désarmement de suspects, toutes les gentillesses révolutionnaires pèsent sur cette partie de la République : ce sont des moyens admirables pour faire rentrer les contributions, et aussi pour ruiner un pays riche. Le prétexte est l'assassinat du nommé Leroy, commissaire du pouvoir exécutif, homme affreux et dont on ne pouvait se débarrasser autrement.

26 *février*. — Il faudrait avoir une grande dose de philosophie ou de stoïcisme pour s'isoler de manière à ne lire aucun journal, et à n'entendre proférer même aucune nouvelle. L'âme est froissée, le cœur navré en lisant journellement les exécutions des conscrits, des émigrés, et en voyant

les déportés qui passent continuellement par cette ville, et devant ma porte.

Sur ces listes de mort, on couche tous ceux qui déplaisent au gouvernement, comme un Druillon, jadis chanoine, un Meunier, jadis curé, et un Moreau, aussi curé. Ce dernier, de notoriété publique, n'a jamais quitté le département; il n'avait fait aucun serment, et vivait chez une dame où l'on prétend qu'il disait la messe; cela seul lui a valu la proscription. D'autres prétendent que c'est un autre Moreau, curé constitutionnel de la Chaussée, ensuite de Fossé par intérim, et caché. Exemple terrible pour ces malheureux qui ne peuvent dévier d'une ligne sans être exposés à la déportation, à l'émigration ou à la fusillade.

28 février 1799. — Trois chauffeurs, couverts de crimes, ont été exécutés hier; leur jugement a été confirmé par le tribunal de cassation en dix-sept jours. Le peuple assurait qu'ils étaient morts comme des lâches. Cependant Delestre, comme revêtu du pouvoir exécutif de la municipalité, s'y étant rendu dès le matin, un des condamnés lui a dit mille invectives, l'a traité de fripon, de scélérat, enfin l'a honoré de tous les jurements possibles. Il a fini ainsi : « Voleur « public, tu as exigé de ma femme et de moi cinquante « francs, il y a six ans, pour m'exempter de marcher lorsque « j'en étais requis; sans cette volerie, j'aurais servi, et me « serais tiré d'affaire comme toi et tant d'autres. » Tous les témoins, et il y en avait beaucoup, ont gardé un profond silence; cela s'appelle un pouvoir exécutif bien accommodé.

Vingt et un prêtres de la Belgique arrivent aux Carmélites; les charrettes dans lesquelles ils sont attachés, les gendarmes et les cavaliers qui les accompagnent n'indiquent que trop le sort qui les attend. Quand on supposerait que l'île de Ré est deux fois plus grande qu'elle ne l'est réellement, il serait difficile d'admettre que tous ceux qui y passent pussent y vivre. Le peuple commence à se lasser de toutes ces cruautés; au lieu de les accueillir comme jadis par des invectives, on les plaint et l'on murmure. Couchés dans une salle sur de la paille, ils doivent à la charité des habitants quelques matelas.

Quel triste contraste! Aujourd'hui M. et madame Gauvilliers donnent un bal pour la mi-carême, la bonne société y est rassemblée; les autorités le voient sans inquiétude : ainsi les temps sont adoucis. Les jacobins vont noyer leur humeur et tenir leurs assemblées dans les cabarets.

Madame Dayrell, devenue madame de Clénord, et dont j'ai raconté l'histoire, est arrivée depuis huit jours; elle vient, dit-elle, avec un arrêté du Directoire, pour rentrer dans ses possessions, ses titres à la main. Elle prouve qu'elle n'a point émigré, en rapportant ses passe-ports bien et dûment légalisés. Les biens et meubles qu'elle a acquis ont été achetés pour M. Dayrell, son beau-frère, dans le temps où le gouvernement y conviait tous les étrangers. Cette femme, superbe par cet embonpoint des femmes qui touchent à la maturité, paraît vouloir suivre ses affaires avec toute son activité et sa force de caractère. Elle ignore qu'il y a environ un an, il vint un ordre au Département de la faire saisir et de l'envoyer au Temple comme espion de l'Angleterre.

La trop fameuse madame de Buffon élève un enfant qu'elle a eu d'Orléans. Veuve deux fois, elle montre à ses intimes des lettres des enfants de cet exécrable prince qui lui donnent des marques de considération, et lui rendent la justice de convenir que la seule passion l'a entraînée, sans qu'elle ait songé à sa fortune; elle le prouve, puisqu'elle traîne son existence dans la médiocrité. Cependant, sa mère allant trouver ses sœurs en Suisse, elle l'a accompagnée. Elle s'est amourachée d'un Helvétien, plus jeune qu'elle de huit ans, beau, bien fait, actuellement au service de la République. Elle l'a épousé au milieu de l'église de Saint-Pierre de Rome, le jour de Pâques; probablement elle suivra l'armée, si les nouvelles défenses républicaines peuvent s'enfreindre.

10 *mars* 1799. — Ce que j'écrivais plus haut s'est vérifié; madame Dayrell a été arrêtée par des commissaires sur le

pont où elle passait; conduite à la municipalité, elle a été interrogée pendant deux heures sur ses passe-ports, sa sortie et sa rentrée en France. Elle a confondu ses délateurs, a envoyé chercher Bourgogne, son défenseur officieux, et est rentrée chez elle triomphante des calomnies.

11 *mars*. — Voici un fait qu'un ami intime et sûr me mande à l'instant de Paris; comme il ne fait pas honneur à la police, il est tout simple qu'on l'ignore. Je copie cet article.

« Du 11 ventôse [1]. — Il faut que je vous fasse part d'une « belle découverte qui a été faite dans le passage Saint-Guil-« laume, rue de Richelieu, presque vis-à-vis de la place de « la République. Mon histoire est très-vraie; la personne « qui me l'a racontée la tient d'un des membres du bureau « central... Un homme, entre dix et onze heures du soir, est « invité par une de nos belles de nuit à aller se reposer chez « elle; il cède à la proposition, mais en entrant dans la mai-« son, il s'aperçoit de quelques signes équivoques et fait « volte-face. Alors des hommes le poursuivent, mais il n'est « point atteint, et il va faire sur-le-champ sa déposition au « bureau central. On fait cerner la maison, on y prend « vingt voleurs assassins, et, ce qui vous surprendra, on « trouve onze cents cadavres [2] dans une caye bouchée par « trois trappes, et une quantité énorme d'objets volés. Ces « messieurs faisaient ce métier-là depuis le commencement « de la Révolution, et ils avaient six repaires semblables dans « différents quartiers de Paris. »

François de Neufchâteau [3], procureur général au Cap-Français, s'embarque, le 3 novembre 1785, sur le navire *le Maréchal de Mouchy*, fait naufrage le 5, est pillé par l'équi-

---

[1] 2 mars.

[2] *Sic.*

[3] Né en 1750, mort en 1828; il fit paraître dès 1765 ses premières poésies et fut nommé en 1783 procureur général au conseil de Saint-Domingue. C'est en 1787 qu'il fut victime du naufrage dont parle ici l'auteur. Après avoir refusé de faire partie de la Convention, il devint membre du tribunal de cassation en 1794, ministre de l'intérieur en 1797, directeur, de septembre 1797 à mai 1778, et de nouveau ministre de l'intérieur en mai 1798.

page et retourne à Saint-Domingue sur un caboteur anglais. Cet homme, connu par ses œuvres dans l'*Almanach des Muses*, est revenu sur l'eau assez heureusement pour être nommé directeur et maintenant ministre de l'intérieur. Marchand de phrases bien arrondies, il se tourmente et tourmente les autorités pour régénérer la Nation. Ces messieurs devraient pourtant être convaincus qu'on n'est plus leurs dupes, que le commerce et par suite le crédit font seuls le bien-être de la masse générale, que le reste vient tout seul et sans phrases.

Le fait suivant prouvera combien l'abus des mots en administration est ridicule vis-à-vis d'administrateurs ineptes. Ce citoyen phrasier envoie une lettre en forme de proclamation sur la célébration des décades, tendre objet de leur sollicitude continuelle. Il y est dit textuellement qu'elles seront célébrées religieusement, excepté dans le temps des semences pour les laboureurs. Sur la question faite à la municipalité de Blois, ces citoyens répondent que, d'après la loi, il est seulement permis de semer ce jour-là, sans qu'on puisse recouvrir le grain, ce qui fait un tort irréparable aux semences.

Le projet de son génie d'établir des sociétés d'agriculture dans les grandes communes était resté oublié. Au moment des élections, les jacobins ont cru l'instant favorable pour en former. Ils ont fait des choix dignes d'eux. Voici les noms des membres : Lecomte, ci-devant prêtre, maintenant marié et juge de paix; Beignoux-Lutaine, secrétaire et âme damnée de Robespierre, et trop connu; Guillon, menuisier, jacobin subtil et faux; Bésard, imbécile révolutionnaire, ancien maire et membre de l'administration, renvoyé. On y compte deux citoyens Porcher, qu'on y a associés par la peur; Leconte-Roujou a été élu président par manœuvre, car on dit qu'il n'est pas à la hauteur. On assure que cette belle association est dénoncée au ministre. On aurait pu lui mander qu'au lieu de faire des créations ridicules, il y a des abus à réformer, par exemple l'abus des garnisaires. Les rentiers, qui ont la faculté de payer leurs impositions par des bons ou par des rescriptions, n'en sont pas à l'abri. Le percepteur les envoie, quand même on ne devrait que trois livres, et l'on est obligé de les payer; de sorte que maintenant, en s'informant de la santé d'un particulier, on peut aussi s'instruire de celle du garnisaire, car à coup sûr tout le monde en a. C'est un état de choses qui ne peut se peindre, il faut l'avoir éprouvé pour le connaître; mais ce serait folie d'attendre une justice d'un pareil gouvernement.

CHAPITRE XXX

Triste position des *ci-devant*. — Nouvelles arrestations. — Détails sur les familles qui n'ont pas émigré. — Assemblées primaires. — Duval, ministre de la police. — Mort du fils aîné de l'auteur. — Fâcheuses conséquences. — Un parti d'insurgés passe à Blois secrètement. — Les conscrits. — Les chouans au Mans. — Interruption dans les *Mémoires*. — Nouveau régime. — Le préfet Beyts. — M. de Corbigny. — Réflexions sur les principes de gouvernement de Bonaparte. — Détails sur le premier consul et sa femme.

16 *mars* 1799. — Moyennant l'exécution faite, il y a quelques jours, d'un incendiaire, il se trouve que la prison des criminels est vide, chose qui ne s'était pas produite depuis nombre d'années. On peut juger, d'après cela, que le nouveau Code n'atteint pas tous les scélérats révolutionnaires, puisque Péan, Hézine et Gidouin se montrent publiquement.

Pour juger la position des ci-devant, il faut se rappeler que le rapport du 14 frimaire [1] avait conclu à leur expulsion; que sur le cri général la sanction avait été refusée au décret; que cependant on les avait suspendus de leurs droits [2] jusqu'à nouvelle détermination, avec la promesse d'un décret explicatif sur les exceptions, décret toujours demandé et jamais obtenu. En ce moment les Cinq-Cents veulent y revenir pour terrasser leur fantôme de royalisme. On décréterait que les ci-devant ne sont pas dignes de porter la cocarde nationale, et on les désigne ainsi à la fureur jacobine, chose aussi ridicule qu'impolitique. Les décrets sur les domaines engagés [3], décret dont je parle avec le plus pur

---

[1] C'est, je crois, le rapport de Boulay de la Meurthe du 25 vendémiaire an VI, dont il a déjà été parlé.

[2] Loi du 9 frimaire an VI (29 novembre 1797), qui assimile les ci-devant nobles aux étrangers pour l'exercice des droits de citoyens.

[3] Du 14 ventôse an VII (4 mars 1799).

désintéressement, n'en possédant aucun, vont ruiner le reste des nobles.

J'ignore, ainsi que tous, ce qui peut résulter à la fin d'un pareil ordre de choses, mais si les émigrés ressentent toutes les angoisses du malheur et de la misère, ceux qui sont restés dans la République éprouvent journellement des souffrances morales et physiques bien douloureuses.

17 *mars* 1799. — On fait courir aujourd'hui le bruit de la destitution de Durand et de Delestre : manœuvre du parti terroriste. Ils s'assemblent scandaleusement tous les jours et cabalent pour les choix.

18 *mars*. — Une arrestation dans le département a mis en tristesse et en émoi tous les gens de bien. Le comte de Rostaing [1], d'une ancienne noblesse, ci-devant capitaine au régiment de la Rochefoucauld-dragons, neveu par sa mère de feu M. le marquis de la Chaise, commandant des mousquetaires gris, avait été incarcéré pendant la Terreur dans la grande prison, et avait été ensuite mis sous la garde de deux gendarmes dans une maison de la ville ; innocenté par un jugement du tribunal, il s'était retiré dans sa terre du Pâtis, près de Saint-Calais, à quatre lieues de Vendôme. Il y passait l'été avec sa femme et habitait l'hiver à Vendôme. Un domestique était resté deux ans chez madame de Rostaing, avait été renvoyé, mais n'avait pas cessé de revenir chez ses anciens maîtres parce qu'il était amoureux d'une femme de chambre. Il y a deux mois, l'homme fut arrêté, conduit ici, passa par le jury d'accusation comme soupçonné de chouannerie, et enfin il fut mené aux Carmélites. Avant-hier, quatre gendarmes sont arrivés au Pâtis avec l'ordre de mener à Blois la citoyenne Rostaing et sa femme de chambre. Elle est montée dans sa charrette couverte, n'ayant plus d'autres voitures, et elle est arrivée ici le même jour à l'auberge de la Tête noire, où elle est gardée par deux gen-

---

[1] Antoine-Louis-Alphonse-Marie, comte de Rostaing, marié en 1782 à Denise-Madeleine de la Fagerdie de Laval. Sa mère était une demoiselle de Rivoire de la Tourrette. (CHASTELLUX.)

darmes. Cette dame, qui jouit dans son pays de la considération générale, se nomme Laval et est âgée de quarante ans; elle est toute concentrée dans ses devoirs et l'éducation de ses filles. On ne peut attribuer cette rigueur qu'au voisinage du département de la Sarthe qui n'est nullement tranquille. Volontairement ou involontairement, elle peut avoir donné retraite à quelques personnes suspectes, mais on dit qu'elle a la tranquillité de la bonne conscience et qu'elle n'est nullement effrayée. Il est possible qu'elle ait été dénoncée par le domestique. Arrivée ici, on lui a exhibé l'ordre de se rendre à Paris pour être interrogée par le ministre de la police. On assure qu'un commissaire de police de chez elle, nommé Bosset, jadis prêtre, s'est amusé patriotiquement à dénoncer tous les honnêtes gens du pays, et qu'heureusement sa destitution est arrivée.

Desfossés est entré avec moi dans des détails sur son beau-frère Merlin, le directeur; je dépose avec impartialité ce qu'il m'en a dit.

Merlin est fils d'un gros fermier qui cultivait trois fermes à différentes abbayes de Douai, et se trouva assez riche pour faire donner de l'éducation à son fils. Celui-ci, qui avait de grandes dispositions pour la jurisprudence, vint à Paris, se fit connaître, et travailla à tous les articles de son état dans le dictionnaire de l'Encyclopédie[1]; à vingt-huit ans, il avait déjà une telle réputation que quelqu'un, l'entendant nommer dans une compagnie de savants, lui demanda s'il était le fils du fameux jurisconsulte; on fut fort surpris lorsqu'il avoua être le seul du nom. Il fut pourvu alors d'une charge de secrétaire du Roi près le parlement de Douai, et ensuite nommé à la première assemblée. Ayant adopté les principes républicains, il les a suivis avec l'acharnement qu'on a vu. Il est, dit son beau-frère, incapable de se laisser séduire, et il achète seulement des fermes que son père exploitait, des deniers de sa charge de secrétaire du Roi remboursée; il a refusé

[1] Je crois qu'il y a erreur. Il travailla au *Répertoire de jurisprudence*, recueil spécial qu'il acquit plus tard, et dont il publia de nouvelles éditions.

tous les présents qui, dans les commencements, lui étaient offerts par les nobles et le clergé pour soutenir leurs droits. On entend beaucoup de personnes blâmer la proclamation du Directoire sur les assemblées primaires; ils y voient clairement une provocation à l'hostilité entre les citoyens, quoiqu'on fasse semblant de les inviter à se mettre d'accord, mais les personnes qui ne sont plus dupes pensent que peu importe que l'on aille ou non voter; les choix sont déjà indiqués et faits par le Directoire. La masse du peuple paraît de la plus belle indifférence.

On désigne assez généralement comme devant être nommés : Thibault, l'ancien receveur, et Leconte-Roujou. Le premier se recommande par le zèle qu'il a mis à faire diminuer l'imposition du département de 300,000 livres, avec l'espérance d'une autre diminution de pareille somme. Très-obligeant, il emploie son crédit, et il en a beaucoup, à rendre des services. Le second est un homme instruit, mais faible et très-intéressé; on le prend, faute de meilleur.

Madame de Clénord paraît fort protégée par le Directoire; soutenue en conséquence par Durand fils, commissaire du Département, elle brave l'acharnement des détenteurs de ses propriétés. Il paraît que c'est principalement Beignoux-Lutaine, propriétaire de Clénord, qui, appuyé de son ami Guillon, membre de la municipalité, lui a valu l'espèce d'interrogatoire qu'on lui a fait subir à la maison de ville; mais ses relations à Paris, ses liaisons avec madame Bonaparte prouvent qu'elle est inattaquable, malgré les trois voyages qu'elle a faits à Londres avec les meilleurs passe-ports et en passant par Hambourg.

J'ai déjà rendu compte autrefois de mon voisinage; je vais consigner ici les quelques familles nobles qui habitent la ville et ses environs.

Les Hurault, marquis de Saint-Denis, branche aînée des Hurault de Cheverny, se sont conservés intacts; j'ai connu le père, je connais le fils âgé de quatre-vingts ans, et le petit-fils marié à mademoiselle de Beaumont la Ronce; le père vit à Blois, et le fils dans la terre de Saint-Denis, près la Chaussée, dont ils portent le nom [1].

Les Guyon de Montlivault et de Diziers, descendants de l'entrepreneur du pont de Blois [2]. M. de Montlivault est petit-fils de la fameuse et très-quiétiste madame Guyon [3], et fils d'une Champignelles [4]; son fils aîné [5], après avoir servi dans la marine, a épousé mademoiselle Rangeard de la Charmoise, dont il a plusieurs enfants.

Les La Saussaye [6], famille très-noble et très-ancienne, mais sans postérité mâle.

Les Reméon [7], famille très-noble et très-ancienne; le seul descendant, reçu dans la première classe à l'École militaire, a épousé une La Saussaye et n'a point de postérité.

Les Belot [8], famille très-noble; le père est marié à une Vareille; il a deux enfants qui voyagent, et un troisième marié à mademoiselle de Marolles, fille d'un président à la cour des aides qui avait acheté de madame de Cypierre la terre d'Auvilliers [9].

[1] Il a déjà été question du père et du grand-père. Le fils, Charles-Toussaint Hurault, marquis de Saint-Denis, capitaine au régiment Dauphin-cavalerie, avait épousé Marie-Madeleine-Élisabeth de la Bonninière de Beaumont, fille de Anne-Claude, dont il a déjà été parlé. Elle est morte en 1864, à quatre-vingt-dix-huit ans.

[2] Du canal de Briare. C'est Jacques Guyon, chevalier, seigneur de la Rivière et du Chenoy, mort en 1642, qui avait entrepris ce travail; ses descendants ont porté le titre de seigneurs du Canal de Briare et de la Loire.

[3] Jeanne Bouvier de la Motte (1648-1717), qui avait épousé en 1664 Jacques Guyon, seigneur de Chenoy et de Champoulet.

[4] Éléonore-Cécile Guyon de Diziers, dont il est question ici, et son frère aîné, Jacques-Madeleine Guyon, marquis de Guercheville, étaient fils de Armand-Jacques Guyon de Diziers et de Marie de Rogres de Lusignan de Champignelles.

[5] Jacques-Marie-Cécile Guyon de Montlivault, né en 1761, avait servi en Amérique. Il épousa en 1785 Catherine-Rosalie Rangeard de la Charmoise.

[6] Guillaume-François de la Saussaye, écuyer, sieur de Verrière, et François de Paule, capitaine d'infanterie, commandant à Chandernagor, figurent au *Catalogue du bailliage de Blois* en 1789.

[7] Christophe de Réméon de Thorigny, ancien capitaine au régiment de Brie, chevalier de Saint-Lazare, lieutenant des maréchaux de France à Blois.

[8] Belot de Moulins de Pezai.

[9] Charles Poillot de Marolles, seigneur d'Auvilliers. Sa veuve, née Kerguelin, figure en 1789 au *Catalogue du bailliage d'Orléans*.

On connait l'ancienneté des sires de Gaucourt. Sa veuve, mademoiselle de Fieubet, est établie à Blois depuis la Révolution; elle vivait avant dans sa terre de Beauregard. C'est une femme très-extraordinaire par sa hauteur; elle n'a qu'un fils, marié à une Béthune, et deux filles; l'aînée est en pays étranger avec son mari d'Espinchal, et l'autre, mariée à M. le marquis de l'Aigle [1], est restée à Paris.

Les Vareille descendent d'un médecin qui suivit Marie de Médicis à Blois. Ils ont des filles bien mariées. Un capitaine de vaisseau retiré,[2] marié avec une mademoiselle Robert, fille d'un maître des comptes, n'ayant, dit-on, qu'une fille mariée à un descendant des Comnène, vient de s'établir à Blois; un M. O'Donnel, Irlandais d'origine, ayant abandonné sa fortune pour la religion catholique, vit à Blois et à sa terre de Corbrandes. Il avait une quinzaine de mille livres de rente avant la Révolution, et se voit maintenant aux expédients comme tant d'autres.

Je ne fais pas mention de ceux qui n'ont fait qu'un instant leur séjour à Blois et qui sont répandus dans le département. Ce petit nombre de nobles exclus des assemblées primaires n'y aurait cependant pas eu une grande influence, et ils auraient pu donner de bons avis comme propriétaires; mais l'esprit révolutionnaire plane dans toutes les provinces.

24 mars 1799. — Enfin les assemblées primaires ont eu lieu le 1ᵉʳ germinal. Les honnêtes gens s'y sont présentés en petit nombre; les suspects, les parents d'émigrés, les prêtres, tous expulsés, laissent un champ libre à toutes les intrigues. Tout homme qui réfléchit ne peut envisager ces assemblées que comme une dérision, et les proclamations que comme

---

[1] Jacques-Louis-Joseph des Acres, marquis de l'Aigle, marié en 1790 à Aglaé-Henriette-Flore-Calixte de Gaucourt. (CHASTELLUX.)

[2] Ce doit être Jean-Joseph de Teyssier des Farges, brigadier des armées navales, dont la fille unique, Marie-Henriette-Anastasie, avait épousé en 1784 Joseph-Hyacinthe, marquis de L'Ange-Comnène, lieutenant de vaisseau. Seulement, d'après la généalogie à laquelle j'emprunte ce renseignement (*Notice sur la famille de Lange*, 1824, in-8º), madame des Farges se nommait Louise-Pauline-Nicolas de Voutron, et non Robert.

une insulte à la nation, puisque pas un propriétaire n'est appelé.

Des quatre sections qui composent la commune de Blois, il y en a trois où les terroristes ont dominé; celle de l'évêché seule n'a pas dévié de ses principes honnêtes pour la formation de ses bureaux. Du reste, les babouvistes emploient toujours la même tactique pour les nominations; lorsqu'ils ne sont pas assez forts, ils vont recruter dans les rues des votants qui vendent leur souveraineté cinq ou six fois pour une bouteille de vin. Il faut attendre maintenant l'assemblée des électeurs qui probablement, satisfaisant aux vues du Directoire, fera une belle et bonne scission [1], et, par conséquent, le laissera dans sa plénitude maître de sa souveraineté.

On parle de gens qui sont venus en carrosse fraterniser à Blois et à Vendôme. Ils ont un nouveau plan; leur cri est : l'extermination des prêtres et des nobles. Beignoux-Lutaine, le plus immoral de tous les hommes, babouviste de naissance, ancien secrétaire de Robespierre avec le titre de directeur des mouvements révolutionnaires, appuyé d'un nommé Bellejambe, jadis secrétaire de M. de Pezay, qui vit oublié à Clénord, s'est ménagé des fidèles tels que Guillon, Gidouin, Bésard, etc.; on veut le faire nommer juge de paix. Il est en concurrence avec Touzard, dont le mérite et la probité sont connus généralement. — On a des nouvelles de madame de Rostaing. On sait qu'elle est enfermée dans une maison avec deux gendarmes.

Les moyens pécuniaires manquent de plus en plus, la

---

[1] Aux élections de l'an VI et de l'an VII, un certain nombre d'assemblées s'étaient partagées, et une portion des électeurs, pour éviter les violences, était allée voter à part; c'est ce qu'on appelait une scission. Il y eut ainsi beaucoup d'élections doubles, et, au lieu de les annuler toutes, on fit un choix, ce que M. Thiers trouve beaucoup plus doux et plus naturel. (*Révolution*, t. X, p. 62.) M. Dufort fait allusion ici à ce qui s'était passé dans les élections précédentes, mais les patriotes avaient tellement crié contre les scissions, qu'on n'osa plus y recourir en l'an VII, et que les élections se firent en leur faveur.

pénurie des citoyens augmente à chaque instant, les impositions affament tout le pays.

31 *mars* 1799. — Enfin le sieur Touzard l'a emporté sur Lutaine comme juge de paix à 80 voix de différence. Le titre de directeur des mouvements révolutionnaires a fait ouvrir les yeux à l'assemblée ; tous les bons paysans n'ont plus voulu de Lutaine. Le choix du sieur Touzard est excellent ; comme juge de paix, accusateur public, enfin dans toutes les places, il a finement déjoué les jacobins. Destitué par Guimberteau, il est devenu ensuite son meilleur ami et a réussi à faire chasser deux ou trois coquins comme Rochejean. C'est un homme précieux pour tous les honnêtes gens, et pour moi en particulier.

Les jacobins cherchent tous les moyens de reprendre le char révolutionnaire ; les roues en sont graissées, les élections presque partout sont affreuses. Les frères et amis le disent hautement. Il ne faut plus ni nobles, ni prêtres, ni propriétaires, ni marchands, ni justice : tout au pillage !

4 *avril.* — Nous sommes dans une continuelle fluctuation ; les frères et amis, déjoués par le Directoire, commencent à perdre la tramontane. Gidouin, qui est allé prendre langue à Paris, dit que s'il faut un roi, ils prendront Barras ; il assure que tous les officiers des troupes sont jacobins. Barras sait bien qu'au bout de huit jours il serait assassiné. Gidouin dit à ses intimes : « Où les républicains en sont-ils réduits ! »

La fin du comte de Rochecotte [1] est lamentable et a effrayé tous les partis ; jeune, actif et rempli de courage, il était le véritable chef des chouans, et travaillait pour Louis XVIII à Paris. Ayant reçu le cordon rouge du Roi, il le portait sur sa chemise. La police le faisait suivre ; un espion, se croyant appuyé, espère s'en saisir. Rochecotte le tue ; poursuivi, il en fait autant à quatre autres, il était dix heures du matin ; le peuple s'en mêle, le prenant pour un assassin. Cependant Rochecotte se sauvait, sans une maudite échoppe qui le fit trébucher ; un homme du peuple lui assène alors un coup

---

[1] L'auteur revient ici sur un fait déjà ancien. Fortuné Guyon, comte de Rochecotte, avait été arrêté le 29 juin 1798.

sur la tête, il tombe et est pris; il est jugé, condamné et fusillé dans les vingt-quatre heures. Heureusement que le jour de sa prise, il n'avait ni papiers ni cordon sur lui.

On m'assure qu'il existe autant d'émigrés à Paris qu'avant le 18 fructidor. Toute la précaution qu'ils doivent prendre est, comme jadis à Venise, de ne pas parler du gouvernement et de ne se mêler de rien. On m'a nommé des personnes qui ont chez elles leurs enfants émigrés; on a soin de les avertir sous main du jour où doivent se faire les visites, afin qu'ils puissent prendre leurs précautions.

9 *avril* 1799. — Duval est très-poli; dès qu'on vient lui demander une radiation, il prend le placet et répond vingt-quatre heures après. S'il s'agit d'un émigré qui a servi, n'importe de quelle manière, il vous évince poliment en disant qu'il n'y a rien à faire; dans le cas contraire, il ne vous fait pas attendre et vous aide de tous les moyens. Aussi, depuis qu'il est en place, les radiations montent à plus de quinze par décades. On croirait que le Directoire, contrarié par les deux anciens conseils, espère être plus le maître dans les deux nouveaux; mais tout le monde en doute.

12 *avril*. — Robbé de Lagrange, aussi falot dans le monde qu'il l'était aux Carmélites, était, grâce au crédit de madame Bonaparte, à la tête d'une compagnie de subsistances et convois de l'armée. Une personne qui avait eu besoin de lui était allée le chercher au bureau; les commis répondirent qu'il avait bien le titre et les appointements de chef, mais qu'il ne venait jamais. Il était plutôt occupé à faire sa cour aux belles dames. Il vient de m'écrire pour me demander une recommandation auprès de Laurenceot. Je lui ai envoyé la lettre, en le prévenant que depuis quatre ans je n'ai eu aucun rapport avec Laurenceot. J'ajoute que j'aurais autant besoin de faire fortune que mon protégé, mais que je sacrifie toute prétention pour satisfaire son humeur obligeante. Il paraît que Laurenceot, qui est un homme de plaisir, aimant le vin, le jeu et les femmes, est devenu l'ami intime de Barras.

Un homme sensé et bon observateur arrive de Paris; il me paraît fort au courant. En général, à Paris, personne d'honnête ne s'est présenté aux assemblées primaires, et les plus nombreuses n'ont pas passé deux cents votants. Il semble que le Directoire aurait travaillé contre lui-même en faisant le 18 et le 22 fructidor, il a mécontenté tous les partis : les vrais républicains, en enfreignant la constitution; les frères et amis, en les déjouant; les royalistes, en les poursuivant, et les indifférents, en montrant qu'il n'y a de sûreté pour personne. Le peuple de Paris méprise également les deux conseils et le Directoire; fatigué du gouvernement et de ses exactions, il n'a que cette manière de se venger. Toutes les commères du quartier savaient la veille que l'Odéon serait brûlé la nuit[1], et elles l'ont vu se consumer avec la plus grande indifférence. Les esprits timides, les acquéreurs de biens nationaux, les employés, enfin tous ceux qui tiennent au gouvernement, répètent jusqu'à satiété que la paix faite, tout s'organisera pour le mieux.

12 *avril* 1799. — Mon fils aîné, après six mois d'une fièvre tierce opiniâtre, veut changer d'air; par économie, il va seul à cheval à Paris. Pris en arrivant d'un érysipèle, il est obligé de revenir ici en chaise de poste; heureusement le mouvement a fait percer un abcès qu'il avait dans la gorge. La maladie suit son cours, et, grâce aux soins de sa femme, nous espérons qu'il recouvrera la santé.

L'assemblée des électeurs ici est divisée en deux camps : les frères et amis d'un côté, les gens sages de l'autre. On dit le bureau bien composé; on parle de scission. Si l'on me demandait mon avis, je ferais nommer Thibault, Leclerc, ancien député[2], Sarrasin, idem[3], et Leconte Roujou; ce dernier

---

[1] Le 18 mars 1799.

[2] Claude-Nicolas Leclerc, député suppléant aux États généraux, puis député de Loir-et-Cher à la Convention, où il vota la détention du Roi; nommé en 1795 aux Cinq-Cents, d'où il sortit en 1798, il devint ensuite juge à Vendôme.

[3] Je pense qu'il s'agit du comte de Sarrazin, député de la noblesse aux États généraux pour le bailliage de Vendôme.

pourtant est bien placé ici et devrait y rester comme très-capable.

29 *avril*. — Je reprends ma plume aujourd'hui. Mon malheureux fils a succombé[1] après vingt-cinq jours de fièvre maligne, à l'âge de quarante-deux ans, plein de force et de vigueur; selon le cours de la nature, j'espérais qu'il me fermerait les yeux. Je perds un fils et un ami, et les suites que sa perte entraîne sont bien cruelles.

Dès cet instant, sa mère et moi conçûmes une aversion pour Cheverny que nous lui destinions. Quand on est ruiné, doit-on être condamné à vivre seul dans un trop grand et trop magnifique château? Nos amis sont venus à notre aide; ils nous ont trouvé à louer une maison entre deux jardins. Cette maison, dite abbatiale et jardin du Roi, est dans le faubourg de Foi à Blois; c'est un bien national appartenant au sieur Audouin. Cette réforme nécessaire m'aidera à satisfaire à mes engagements et aux dettes contractées pendant la Révolution. Vivant du peu qui nous restera, nous aurons le bon esprit de regarder autour de nous et d'y trouver des gens encore plus malheureux.

Madame de Rostaing a triomphé; elle a été ramenée chez elle par le commandant de gendarmerie du Temple, avec un ordre aux autorités de ne plus la tourmenter. Deux partis existent à Vendôme, le parti Rostaing et le parti Rochambeau, totalement démocrate, ce qui nuit à la société; heureusement qu'à Blois on n'en connaît aucun.

Il arriva à Tours, il y a quelques jours, une centaine de conscrits. Le conducteur, le soir, en comptant son troupeau, n'en trouva que quatre-vingt-cinq et s'écria : « Tant mieux, « m'en voilà débarrassé! c'étaient des aristocrates. » Le lendemain au départ, il n'en restait que soixante. Un plaisant

---

[1] Le 27 avril 1799, à Blois. Sa veuve est morte en 1851, âgée de quatre-vingt-dix ans. Leur fils, Bernard-Eugène (1789-1812), auditeur au conseil d'État et sous-préfet de Nevers, est mort célibataire. Leur fille, Aimée-Zéphirine, épousa Marie-Nicolas Renaud d'Avène des Méloizes, marquis de Fresnoy, dont il sera question un peu plus loin.

osa lui dire : « Ce sont encore des aristocrates; il se pourrait « qu'avant Orléans, vous vous trouviez tout seul. » Sur cent, partis d'ici hier, vingt avaient déserté dès Beaugency.

Quand on examine les choses de sang-froid, on peut s'étonner de ce que le gouvernement fait dans le Blaisois, province la plus paisible et la moins capable de se soulever, en mettant pour satrape au Département un Venaille qu'il a refusé lui-même d'accepter comme député, à cause de son immoralité jacobine, et en nommant un Giot, révolutionnaire outré, commissaire du Directoire auprès de la justice, à la place de Leconte.

A peine ce Giot a-t-il été nommé, qu'il est venu par la poste à tous les juges un abrégé de sa vie.

Il a épousé la fille d'un officier de bouche de chez Monsieur, à Versailles, et a été employé dans les bureaux du contrôle de la bouche[1]. Son premier enfant a été tenu par Monsieur et a été nommé Xavier. La Révolution arrive; il se fait révolutionnaire, fait baptiser son second enfant sous le nom de Brutus pour se dépolluer du baptême de l'aîné, devient un des juges septembriseurs, est nommé commissaire à l'armée des Pyrénées, pénètre en Espagne, vole et pille de manière à s'enrichir, revient, est nommé secrétaire au tribunal de Melun, vole la caisse, se fait nommer juge au même tribunal, et, par le canal de ses confrères, obtient la place de commissaire auprès de la justice. Il est vrai que le journal ajoute que, lorsque le ministre a vu le sujet, il lui a dit : « Citoyen, on a surpris ma religion; si j'avais connu votre « conduite, jamais vous n'auriez été placé. » Giot fit alors les plus belles protestations. Cependant, pendant le court séjour qu'il a fait ici pour commencer son établissement, il s'est lié avec ce qu'il y avait de plus prononcé et de plus abject dans les jacobins.

9 *septembre* 1799. — On peut prédire à coup sûr un orage lorsque des nuages légers s'amoncellent sur l'horizon, que le

---

[1] La *Biographie* de 1806, qui consacre à Giot un article succinct, dit seulement qu'avant la Révolution il était marchand poêlier rue de Fourcy.

tonnerre gronde dans le lointain et que la nature entière est dans un triste silence. Telle est à peu près toute la France dans ce moment. Le mécontentement est général ; l'effroi d'un côté, l'espérance de l'autre se peignent sur tous les visages, et l'inquiétude planant dans toutes les imaginations forme pour l'observateur un spectacle étonnant.

Un gendarme est arrivé hier la nuit au Département. A l'instant ce corps s'est déclaré en permanence ; la colonne mobile rassemblée sur la place a, dit-on, refusé de marcher, à moins que les autorités ne fussent à sa tête ; le cas était pressant, puisqu'on avait la nouvelle que les chouans, à deux lieues de la ville, avaient dévalisé la diligence. Le gendarme demandait armes et poudre, ce qui n'a pu lui être accordé.

L'inquiétude s'est emparée des autorités ; les postes ont été doublés ; des patrouilles ont eu lieu toute la nuit. On a appris ce matin que, sur quatre cents conscrits renfermés au château qui devaient partir cette nuit, cent avaient disparu. Alors Liger, secrétaire du Département, commandant la garde nationale, est parti avec ce qu'il a pu ramasser, s'est transporté au bourg de Saint-Claude, a fait marcher ce qu'il a pu, et a fait fouiller les bois de la Touche, qui sont sur le chemin de Blois à Mer, pour reprendre les déserteurs. On annonce qu'il a arrêté un conscrit sur lequel on a trouvé un crucifix. Il continue une battue générale.

La closière de mademoiselle de Laduye, passant par Marchenoir, dépose qu'elle a rencontré cinquante personnes armées de fusils à deux coups, dont une partie à cheval et bien montées. Ils lui ont demandé le chemin d'Orléans et ont continué leur route sans faire aucun dégât. On dit que plusieurs détachements pareils se rendent à cette destination par différentes routes.

On assure que l'alarme donnée hier et avant-hier n'est que fausseté et mensonge. Cette manœuvre avait pour but d'organiser la colonne mobile, mais tout le monde reste tranquille et dans la plus grande inertie.

11 *septembre* 1799. — Le fait est avéré, le voici par des renseignements sûrs. Un parti royaliste de quinze cents hommes, poursuivi vivement par les troupes républicaines, a été obligé de se jeter dans le département de la Sarthe. Conduits par des chefs habiles, ils se sont divisés en troupes de cinquante à soixante. Une d'elles, toujours poursuivie, a avancé jusqu'à Marchenoir; ils ont couché dans une ferme isolée et ont bien payé. Dans une autre, à une demi-lieue, ils ont fait une autre couchée et ont troqué leurs chemises sales, mais très-bonnes, contre d'autres blanches. On avait sonné le tocsin, le Département ici était prévenu; la troupe poursuivie a pris son parti; elle est entrée dans Blois par les Jésuites, à deux heures du matin, a passé par la grande pièce et est maintenant en sûreté; ils sont bien montés, bien vêtus, fort honnêtes et conduits par des gens habiles qui connaissent le pays. Ce qu'il y a de singulier et d'heureux pour eux, c'est que Liger, avec sa troupe de quatre cents hommes, était sorti de la ville par la place des Jésuites pour les poursuivre une demi-heure avant leur passage.

On vient encore de faire partir deux charrettes de prêtres pour les îles de Ré ou d'Oléron; ils ont couché aux Carmélites. Le public voit avec désespoir que les formes révolutionnaires sont toujours à l'ordre du jour, quoique tout annonce une dissolution prochaine.

Fin de septembre. — Effroi général pour les otages [1], pour la conscription, les colonnes mobiles, et l'impôt ou emprunt forcé [2]; les premiers disent qu'ils ne partiront pas, les conscrits se cachent dans les bois, les autres disent qu'ils ne payeront pas. Les moins imposés payeront sur-le-champ, les autres finiront par se laisser saisir. On assure que M. Foulon

---

[1] Il s'agit de l'exécution de la loi du 24 messidor an VII, 12 juillet 1799, d'après laquelle dans tout département où il y avait des troubles, les parents d'émigrés, leurs alliés et les ci-devant nobles de certaines catégories, les ascendants des individus en état d'insurrection devenaient responsables des meurtres et brigandages. On devait prendre des otages parmi eux.

[2] L'emprunt forcé de cent millions. (Lois des 10 messidor et 19 thermidor an VII.)

d'Escotier, propriétaire d'Onzain, est imposé à 23,000 francs, quoiqu'on assure qu'il doit immensément. M. des Méloizes[1] est à 6,000 et se laissera saisir. M. de la Porte est à 33,000. M. de Pierrecourt[2], possesseur de la Ferté-Imbault, est imposé à 27,000, quoiqu'il ait produit plus de dettes hypothécaires qu'il n'a de bien. M. de Rancogne est imposé à 13,000. J'ignore à combien on m'imposera, mais je me trouve tellement au-dessous de mes affaires que nous abandonnons tout à ma belle-fille pour payer nos créanciers. Je défie de me trouver imposable, ne vivant plus que d'une pension.

Tous les journaux annoncent que les chouans sont dans ce département; il n'y a pas un mot de vrai; c'est Venaille qui, dans son ancien rapport au Directoire, a fait le mal, ce sont les journaux qui copient les nouvelles quinze jours après.

Heureusement que les jeunes gens qui voulaient remuer ont été contenus par des gens sages, et que ce petit pays suivra l'impulsion générale.

M. Herry de Maupas, dans sa terre de la Guérinière, près Château-Renaud, a reçu deux visites; on a fouillé partout. Beau-frère de M. du Juglard, il est regardé comme suspect et, en conséquence, se retire dans notre département où il vit toute l'année.

6 *octobre* 1799. — J'ai déjà parlé d'un Normand, nommé Bayeux, ancien chirurgien, qui fut nommé curé à Tour en Sologne; il s'est montré un enragé révolutionnaire, a abandonné sa cure, s'est marié et a fini par être nommé agent de la commune de Bracieux. Redouté, méprisé, détesté, il n'y a sorte d'excès qu'il ne se permette; toutes les plaintes, toutes les dénonciations qu'on a faites contre lui, n'ont fait

---

[1] Nicolas Renaud-d'Avène-des-Méloizes, chevalier, seigneur de Neuville, marié en 1767 à Agathe-Louise de Fresnoy, dernière descendante de cette maison. Leur fils, Marie-Nicolas, marquis de Fresnoy, épousa en 1802 mademoiselle Dufort de Cheverny, comme on l'a dit plus haut. La famille des Méloizes-Fresnoy compte encore de nombreux représentants.

[2] Abel-Alexis-François Leconte de Nonant, marquis de Pierrecourt et de la Ferté-Imbault.

que l'affermir dans sa place. La loi sur la conscription permet à ces coquins d'agents bien des vexations. Bayeux est donc parti de Bracieux à cheval, avec quatre gendarmes et trente hommes de la colonne mobile, pour aller à la chasse des conscrits. Cette horde est tombée à la Pidruaire, une de mes fermes située paroisse de Fontaine, sur le bord du bois et loin de tout. Ils ont trouvé un déserteur étranger au pays qui y travaillait depuis huit jours; lui et le fermier ont été emmenés à Bracieux et de là aux Carmélites à Blois. Bayeux, dans sa course, passa avec sa troupe au milieu de Cheverny au moment de la grand'messe. Il entend chanter, se met à invectiver les prêtres et veut faire sortir tous les fidèles, en disant qu'une église n'est faite que pour servir d'écurie à ses chevaux, et qu'il n'y a que des ânes. Heureusement qu'il n'a pas exécuté ses menaces, car il aurait fort bien pu être tué, et le pays aurait été déclaré en révolte.

7 octobre 1799. — Des *aristobètes*, des *aristocruches*, comme les appelle le peuple, viennent de faire une chose très-ridicule. Vis-à-vis de l'hôtel de ville de Blois, on a planté, il y a cinq ans, un arbre de la liberté; on s'est avisé de peler cet arbre, sottise pitoyable qui n'est faite que pour faire appliquer la loi des otages et faire mettre la ville en état de siége. Les autorités, plus sages qu'on ne devait s'y attendre, ont enveloppé l'arbre de linge, de bouse de vache, et l'ont fait encoffrer, afin qu'on ne puisse renouveler pareille insulte. On n'a pu découvrir le coupable. On a ôté le corps de garde aux citoyens pour le confier aux conscrits.

Dulièpvre, mon dénonciateur, était tombé dans la misère et dans le mépris. Il était réduit à une seule servante; un soir, il s'est régalé avec elle de haricots au persil, malheureusement elle avait pris de la ciguë pour du persil. Dulièpvre est mort dans la nuit, et la servante a été fort malade; hier au soir, il a été enterré à Cour. Si tous les coquins de révolutionnaires se mettaient là pareil ragoût, la France pourrait devenir tranquille!

8 octobre. — On est à peu près certain que l'écorchure

de l'arbre de la liberté est du fait d'un jacobin, qui voulait attirer sur cette pauvre ville toutes les gentillesses révolutionnaires; des lettres anonymes ont été décochées en conséquence à Paris et au général Vimeux [1], qui n'en a pas tenu compte. Ainsi cette bêtise est tombée tout à plat.

12 *octobre*. — Les conscrits sont rassemblés au château au nombre de cinq à six cents. Ils disent pour la plupart qu'ils ne déserteront que loin du département, et en chemin, pour ne pas compromettre leurs familles.

13 *octobre*. — M. de Marisy [2], grand, bien fait et d'une jolie figure, a l'âge requis, et il est obligé de rejoindre; il est ici avec un laquais. La seule grâce qu'on lui ait accordée est de loger à l'auberge.

14 *octobre*. — L'ordre est venu de faire partir les conscrits tels qu'ils sont pour se rendre à Besançon; deux cents ont déserté, il en reste trois cents. S'ils suivent leur projet, il n'en restera guère.

On a voulu agir de force au Mans, pour faire payer l'emprunt de 100 millions, on a fait des arrestations et pris des otages en conséquence. Plusieurs se sont enfuis et ont appelé les chouans, qui sont arrivés lundi à midi. Ils ont saisi un enragé, nommé Jouanneau, commissaire du pouvoir exécutif, et l'ont mené sur la place où ils l'ont fusillé; ils ont enlevé les otages, pris la recette et sont partis. Le lendemain, le général Simon, qui a été jadis l'aide de camp d'un général à Blois, a été surpris dans un chemin creux, n'ayant que trente ou quarante hommes. Il a été fort maltraité et a perdu un bras. Le général Vimeux va marcher contre eux avec ce qu'il peut ramasser. Les autorités ont voulu faire partir les colonnes mobiles, mais c'est le temps des vendanges, et on leur a répondu par un refus très-net.

La gendarmerie est partie hier matin, n'ayant avec elle,

---

[1] Le général Vimeux commandait la division de Tours.

[2] On trouve au *Catalogue du bailliage du Vendômois*: Le Grand de Marisy, seigneur de Montholon et de Prunay, et de Marisy père.

dit-on, qu'un homme mal famé de la ville, nommé Roger Noiret, et le peu de soldats qui étaient ici.

On agit fort injustement et indignement pour l'emprunt forcé, tout le département de l'Indre ne va pas à une taxe de 2,000 francs, tandis qu'ici les propriétaires sont imposés outrageusement; on a pris pour commissaires des hommes ignares et qui se sont laissé influencer par Meulnier, sorti du tribunal révolutionnaire de Vendôme, et maintenant premier commis des contributions.

20 *octobre* 1799. — La colonne mobile doit partir en conséquence de la proclamation qui en a été faite, mais les bourgeois vont à leurs vendanges et n'en tiennent aucun compte. Les autorités sont très-inquiètes et ont sur pied des éclaireurs qui viennent leur rendre compte. Le général Vimeux annonce par un courrier que les chouans ont évacué le Mans, enlevant 48,000 livres d'argent, trois mille habits, douze cents chevaux, tant de selle que de trait. Ils ont fait du reste une police exacte; ils ont ouvert les prisons et ont fusillé des chauffeurs au nombre de douze, qui n'attendaient que la confirmation de leur jugement. Ils ont brûlé tous les actes de mariage depuis la Révolution et conservé tous les actes de naissance. Ils ont emmené, pour la sûreté de ceux qui restent, sept otages qui sont tous les plus enragés révolutionnaires, ils ont enlevé des canons, au moins cinq; on dit sept.

21 *octobre*. — Si ce n'était pas le temps de la vendange où la ville est déserte, tout serait ici dans une agitation fâcheuse; car il paraît que les autorités meurent de peur. Elles commençaient à respirer d'après la nouvelle de l'évacuation du Mans; cependant il se répand un bruit que la gendarmerie a été repoussée et a rétrogradé.

22 *octobre*. — C'est aujourd'hui que part la colonne mobile; elle ne compte pas plus de soixante personnes, encore ce sont tous les commis payés ou non payés attachés à la République, tous ceux du Département, du directeur des domaines, enfin de tous les bureaux.

L'affaire de Baillon est encore remise; son secrétaire Dubois, qui s'y trouve impliqué, a pris la fuite. On dit que Dubois a fait une tournée dans les campagnes et a enlevé aux conscrits les congés que Baillon leur avait donnés pour de l'argent. Si cela est prouvé, Baillon ne peut s'en tirer que par un coup du ciel qui ferait prendre Tours par les chouans. Sans cela, il serait condamné à deux ans de fers. En tout cas, je ne puis oublier l'obligeance qu'il a montrée pour moi pendant mon arrestation, et je fais pour lui des vœux très-impuissants. Tandis que les grands voleurs jouissent impunément de tous leurs vols, pourquoi un pauvre diable qui a péché par peu de délicatesse serait-il puni préférablement à tant de scélérats abominables sous tous les rapports?

Différentes affaires personnelles m'ayant entièrement occupé, et exigeant une correspondance suivie, je me suis vu forcé d'interrompre mes écritures, je les reprends le 1ᵉʳ septembre 1800, et vais sommairement retracer ce qui s'est passé dans Loir-et-Cher.

1ᵉʳ septembre 1800. — Bonaparte, s'étant heureusement mis à la tête du gouvernement, a avancé la Révolution de plus de cinquante ans; le calice des crimes était plein et débordait de tous les côtés. D'ici à peu de temps, nous allons savoir si nous sommes destinés à être tricolores ou unicolores. Bonaparte a fait en vingt-quatre heures à Saint-Cloud ce que tous les émigrés, le Roi, le prince de Condé n'auraient pu faire avec quarante mille hommes; il a coupé les sept cent cinquante têtes de l'hydre, concentré le pouvoir en lui seul, et a empêché les assemblées primaires de nous envoyer un tiers de nouveaux scélérats à la place de ceux qui allaient déguerpir. Sans savoir ni pouvoir deviner s'il a une arrière-pensée, nous devons tous lui avoir grande obligation d'avoir ramené dans sa personne le précieux pouvoir d'un seul. La France serait très-malheureuse de le perdre dans ce moment-ci où les jacobins font semblant d'être morts et travaillent en taupes.

Depuis que j'ai fini d'écrire, tout est tellement changé

qu'il semble que les événements révolutionnaires se sont passés il y a plus de vingt ans; les traces s'en effacent tous les jours. La Vendée est pacifiée, et les conventions sont observées par le gouvernement avec une fidélité religieuse. Nous avons pour préfet dans ce département le citoyen Beyts[1], venu avec l'ordre de calmer toutes les têtes, de quelque parti qu'elles soient.

Le citoyen Beyts est Belge; c'est un homme d'esprit et de talent, très-fort sur les mathématiques. Il fut, quoique fort jeune, secrétaire intime du prince Charles. L'esprit révolutionnaire s'empara de lui, quoiqu'il fût avocat général à Bruxelles pour l'Empereur. Il fut chargé, ainsi que plusieurs autres, de venir en députation pour demander aux Conseils de réunir la Belgique à la France. On prétend que cette démarche lui valut 150,000 livres et une place dans l'Assemblée. Lorsque Bonaparte à Saint-Cloud les expulsa, il fut compris dans les opposants et, en conséquence, dans les proscrits. Il ne le fut que pendant huit jours et adhéra à la nouvelle constitution. Ses talents lui donnaient des droits au tribunat, il sollicita d'y être placé. Soit qu'il eût des ennemis, soit pour d'autres raisons, il n'obtint que la préfecture de Blois. A peine arrivé, il a déployé beaucoup de talents. Il fallait établir le nouvel ordre de choses, faire oublier aux jacobins leur puissance et rassurer les habitants paisibles; c'est ce qu'il a fait.

Le département a appris avec peine qu'on lui avait donné un successeur, le citoyen Corbigny[2], et que Beyts était nommé commissaire du pouvoir exécutif près le tribunal d'appel à Bruxelles, place importante et agréable pour lui, parce qu'il sera dans son pays, mais qui ne remplit pas ses vues, puisqu'il désirait être tribun.

[1] François-Joseph Beyts, né à Bruges. Il fut installé à Blois le 22 mai 1800. Quelques mois après, il fut nommé procureur général à Bruxelles, puis à la Haye, et ensuite premier président à Bruxelles. Il devint inspecteur général de l'Université et baron de l'empire. Il est mort en 1832.
[2] Sur lequel on trouvera une note plus loin.

Pour me remettre au courant, je vais indiquer brièvement où nous en sommes.

La nouvelle organisation prend plus de consistance de jour en jour. Le peuple n'est plus tourmenté au sujet de la décade, qui n'est plus observée que par les autorités. On peut voyager sans passe-port dans l'intérieur. Les préfets donnent le plus d'adoucissement possible, et le citoyen Beyts a cherché à obliger tout le monde. Le gouvernement ne connaît aucun parti ; un royaliste est placé avec un républicain forcené, et ils sont pour ainsi dire neutralisés l'un par l'autre.

Toute la France connaît la famille des comtes de Guerchy par sa noblesse, ses alliances et le rôle qu'elle a joué. Régnier, comte de Guerchy, colonel du régiment du Roi, cordon bleu, ambassadeur de Louis XV en Angleterre, possesseur de grandes terres, entre autres de celle de Nangis, près Provins, est mort à l'instant où il allait être maréchal de France. Il n'a laissé qu'un fils[1], âgé maintenant d'environ cinquante ans, qui était colonel et jouissait de tous les avantages. Ce fils a donné dans la Révolution. Il a commencé par faire émigrer sa femme sans vouloir la suivre, et il a divorcé pour se remarier. Toute sa fortune a disparu, et, pendant la Terreur, il s'est réfugié avec sa nouvelle femme dans la petite ville de Saint-Dié proche Chambord, où il a vécu comme il a pu. Enfin, mourant de faim, il s'est vu forcé de solliciter une place de contrôleur des impositions de 1,500 francs, avec laquelle il végète.

D'après cette conduite, on peut juger de la douceur du gouvernement qui laisse chacun prendre sa place sans s'embarrasser de l'origine.

Les sieurs Boësnier, Rancogne et Porcher ont, l'un après l'autre, refusé d'être maire à Blois. Les propriétaires se souviennent des risques qu'ils couraient dans le temps du jacobinisme.

---

[1] Anne-Louis Régnier, marquis de Guerchy-Nangis, colonel du régiment d'Artois, fils de Claude-Louis-François et de Gabrielle-Lydie de Harcourt. Sa première femme se nommait Marie-Françoise du Roux de Sigy.

Le premier consul, plus roi que ne l'a jamais été Louis XIV, a appelé dans ses conseils tous les gens capables, sans s'embarrasser de ce qu'ils sont ou ont été; il n'a exclu que les nobles. Tous sont forcés de concourir à la grande œuvre de la régénération de l'empire, soit en payant de leur personne dans les places, soit en espérant y parvenir. Toutes les fortunes sont tellement amoindries ou annihilées, excepté dans la main des banquiers ou des fournisseurs, que tous ceux qu'on appelle les citoyens se trouvent forcés de travailler ou de mourir de faim. Cet état de choses subsistera jusqu'à ce qu'une paix durable puisse mettre ce pays en état de faire valoir tous ses moyens de prospérité, et ils sont immenses.

La population, malgré les levées d'hommes incroyables qui ont été faites, sera certainement doublée dans dix ans. La conscription ayant épargné les gens mariés, tous les jeunes gens se sont mariés dès seize ans, et la quantité d'enfants dans toutes les communes est double et même triple de ce qu'elle était autrefois.

Des gens qui paraissent bien instruits prétendent qu'on travaille à un plan de finances solide. On le dit fait; mais comme le gouvernement garde un profond secret, on n'en peut juger que par les états doubles et comparatifs qu'on demande dans chaque partie. S'il est permis de conjecturer, les impôts indirects y joueront un grand rôle; on empruntera soit de l'Angleterre, soit de la Hollande les plans les meilleurs et les plus éprouvés. Remarquez, me dit-on, que dans ce moment on crée un gouvernement sur des bases neuves, comme Washington dans les États-Unis. Il n'existe aucune trace de corps d'état, de féodalité ni de corporation; l'œil observateur peut apercevoir un grand plan qui embrasse tous les objets.

Par exemple, tous ceux qui étaient devenus officiers dans la Révolution, *per fas et nefas*, d'une naissance et d'une opinion abjectes, ont péri, ou ont reçu leur démission sans retraite. La subordination est rétablie dans les troupes, tous les conscrits rejoignent.

On parle d'un code civil et criminel fait par les plus habiles jurisconsultes; on supprimera, dit-on, les trente-sept mille lois de circonstances pour les remplacer par des lois sûres et précises.

Il paraît que le gouvernement veut traiter également bien tous ceux qui professent une religion quelconque. Ne gêner personne pour son opinion, telle est la marche que l'on va suivre.

On parle d'un code d'instruction publique si sage, si éclairé, que chacun y verra ses devoirs. Les bases seront la morale éternelle tirée de toutes les religions. On attend une paix durable pour voir éclore de si belles choses; si Bonaparte n'est pas arrêté par des événements imprévus, on pourra dire de lui ce que Bussy-Rabutin disait du maréchal de Turenne : « Il peut monter à un tel degré de gloire que « celle des autres ne pourra l'incommoder. »

Le préfet Beyts a parfaitement réussi dans ce département; on donne plusieurs raisons de son changement : ses sollicitations pour entrer au tribunat, le désir de sa femme de rester à Paris ou dans son pays, les dénonciations des jacobins contre lui sur sa liaison avec des chouans. On dit à ce sujet qu'il a envoyé une liste de gens à placer, que M. de Rancogne était en tête pour être nommé du conseil de préfecture, et que Lebrun, troisième consul, a dit que Beyts proposait un homme qui venait à peine de quitter l'habit de chouan. On avait confondu M. de Rancogne avec son fils, qui, en effet, a servi dans les chouans, malgré la volonté de son père.

Le nouveau préfet, Corbigny[1], vient d'arriver : c'est un homme de trente-cinq ans, qu'on dit ressembler comme deux gouttes d'eau à Lucien Bonaparte. Il est allé avec Bonaparte

---

[1] Louis-Antoine-Ange Chicoilet de Corbigny, préfet de Loir-et-Cher, du 19 août 1800 au 29 avril 1811, époque de sa mort, baron de l'empire. Né à Rennes en 1771, il devait être le petit-fils de Jacques Bouret de Chérance, oncle du célèbre financier, mort à Rouen en 1751, et dont l'une des filles avait épousé un M. Chicoilet de Corbigny.

en Italie; il a été ensuite nommé commissaire du pouvoir exécutif à Corfou, puis secrétaire de préfecture.

Il paraît qu'il suivra d'autres errements que Beyts; il ne veut voir personne, ne faisant pas de visites.

24 août 1800. — Le gouvernement est décidé à récompenser les militaires. Hier est arrivé un capitaine de dragons, de vingt-neuf ans, nommé chef des octrois de la ville, avec 4,000 francs d'appointements. Le préfet Beyts avait donné ces fonctions à trois individus : le citoyen Desfray, jadis marchand et ayant depuis la Révolution occupé toutes les places; le citoyen Cellier-Renard, jadis dans les aides et ruiné par la Révolution, et le citoyen Bourdon de Champigny, qui, avec du talent, s'est prononcé un peu trop. Ils se trouvent dépossédés par la réunion de ces trois places en une.

On peut conjecturer, d'après ce que dit ce jeune homme, que l'administration des eaux et forêts, lorsqu'elle sera recréée, sera gérée par des militaires qu'on veut récompenser. Il paraît que c'est le système du gouvernement.

5 septembre. — Le temps de la foire était jadis la seule époque dans l'année où il y eût du commerce et une grande abondance d'étrangers. Cette foire très-ancienne, établie par les comtes de Blois, était, sous l'ancien régime, un terme de payement de plusieurs millions pour les négociants; elle est réduite à rien depuis la Révolution; elle commence au 28 août, et finit le 9 septembre. On établit des boutiques au haut de la ville, sur la place dite de la Cathédrale; les marchands de la ville occupent maintenant une partie des boutiques. Elle est cette année plus misérable que jamais. Elle n'a été nombreuse que par les citoyens de la campagne qui y viennent par habitude. Une ancienne salle, jadis jeu de paume, presque hors de la ville, a été convertie en une assez jolie salle de spectacle; des comédiens y viennent jouer des opéras-comiques. Comme l'argent est rare, on prévoit d'avance que ces histrions mourront de faim.

Le sieur Grégoire, paladin d'un genre sérieux et tragique, a pris ce temps pour convoquer tous les prêtres à la cathédrale. Il espérait être aussi bien reçu que dans son temps révolutionnaire, mais sans l'affluence du peuple qui se promène à la foire, et la curiosité de gens indifférents, il n'aurait eu personne. Ses associés, tous gens tarés, l'ont accompagné dans ses cérémonies pontificales, que l'on regarde comme une triste parodie.

Il s'est trouvé vingt curés qui, divisés en tables de six, ont désigné les élus pour aller au synode qui va être tenu à Bourges pour nommer quatre évêques constitutionnels. Ils disent que sur cent neuf anciens évêques il n'en reste plus que quatre-vingts, et que cinquante-cinq adhèrent à l'union. Les gens du peuple voient toutes ces menées avec une grande indifférence. Ils iront à la messe, n'importe par qui elle sera dite.

8 *septembre* 1800. — Une personne instruite, arrivant de Paris, assure que Bonaparte perd graduellement dans l'esprit public; la garde consulaire dit publiquement que sûrement nous aurons la guerre, parce que, tant qu'il a compté sur la paix, le premier consul était d'une hauteur et d'une sévérité sans exemple, et que depuis deux jours il est devenu caressant et affable. Son système d'amalgame de tous les partis est la fable des Parisiens, et l'on se moque d'un dîner à la Malmaison où il avait réuni deux gens qui ne peuvent pas se regarder : Barbé, le plus honnête de tous les hommes, et Santonax, un Robespierre cadet à Saint-Domingue. L'humeur gagne tous les individus. On parle d'un livre sur les finances où on lui prouve, en rapportant les faits par date, ses manœuvres, ses exactions, et où on lui prédit sa chute.

9 *septembre*. — Quatre cents hommes, un général, un adjudant, qui séjournaient ici depuis quatre jours, venant de Paris, y retournent aujourd'hui.

Madame de Clénord a découvert que le secrétaire de Robespierre, Beignoux-Lutaine, s'était fait donner une procuration par tous les acquéreurs de biens nationaux, non pour conserver la terre de Clénord qu'il avait légitimement achetée à la vente nationale, mais pour y joindre toutes les terres et les annexes qui n'ont pas été vendues. Alors, consultant le préfet Beyts, elle a demandé, d'après la loi, à être mise en possession des biens non vendus; elle s'est crue autorisée, avant que la justice ait prononcé, à s'opposer à l'enlèvement de la récolte, et l'a fait faire pour elle. A l'instant Lutaine est parti pour Paris et a publié des mémoires, en demandant justice au nom des acquéreurs de biens nationaux. Dénonçant la citoyenne Dayrell, tantôt Anglaise, tantôt Française, émigrée rentrée qui voulait reprendre à main armée des biens vendus légitimement par la nation, sur cette plainte elle a été incarcérée au Temple, où elle est encore. Cet acte d'autorité a révolté tout le monde; on était indigné de l'infamie du procédé de Lutaine, qui attaquait même la protection que Beyts avait donnée à madame de Clénord. J'apprends que le nouveau préfet s'est expliqué nettement sur cette affaire et a envoyé au ministre la justification de madame de Clénord. On assure qu'il a très-mal traité Lutaine à son audience.

1801. — Carbon, dit Petit-François, un des auteurs de la machine infernale qui a joué dans la rue Saint-Nicaise, est un drôle qui a été domestique de Danton. Lors de l'exécution de celui-ci, il s'enfuit dans la Vendée, où il joua le rôle de chouan. Il fit tant de mensonges qu'il obtint la confiance des chefs et fut nommé capitaine. Revenu à Paris, il se fit payer par le comité anglais, comme bien d'autres, pour subsister. Le ministre de la police a cherché à rejeter sur les vrais chouans le crime qui appartenait autant aux Anglais qu'aux jacobins. Ce sont eux qui ont fait agir Carbon et Saint-Réjant. Les chouans qui ont fait la pacification étaient incapables d'une pareille infamie[1].

Avril 1801. — Les trois derniers commandants de Blois sont M. de Surville, M. Dufresse et M. de Bellecomble.

---

[1] Comme on le voit, l'auteur a cessé pendant plusieurs mois de prendre des notes. Sans cela il aurait évidemment parlé avec plus de détails de l'affaire de la machine infernale (24 décembre 1800) qui produisit dans toute la France une grande sensation. Il reprend la plume au moment du procès de Carbon et Saint-Réjant, qui furent condamnés à mort le 8 avril 1801.

Le premier était un simple commandant ; il est le fils de M. de Surville, qui périt en 1760 [1] sur un vaisseau chargé à Chandernagor pour le compte de M. Chevalier, alors commandant dans l'Inde, et qui se perdit corps et biens aux environs de Lima. Il a laissé trois enfants : le premier, officier, a péri en duel ; le second mourut de maladie ; celui-ci, le plus galant homme possible, a épousé une descendante du maréchal de Saint-André [2], d'une famille de Bretagne, où lui-même est né. Il a toujours servi avec distinction et ne s'est nullement sali dans la Révolution. Placé maintenant à Lorient dans le même commandement, il vit très-décemment avec son peu d'appointements, et est aimé et estimé de tous les partis.

Le second s'appelle Dufresse [3], jadis comédien ; général sous les ordres de Championnet, il a commandé en chef à Naples pendant six semaines, lors de l'invasion. Il jouit de quinze mille francs d'appointements pour ne rien faire ; marié, il vit seul avec son beau-frère, qui est son adjudant ; dépense peu, court après les jolies femmes. Républicain décidé, car c'est de la République qu'il tient son existence, il a cependant rendu tous les services qu'il a pu à n'importe quel parti. Rappelé en janvier dernier, sans place, il a couru à Paris pour tâcher d'obtenir une préfecture ou une sous-préfecture, et, en juin, a fini par être renvoyé dans la ville où il est né, à Niort ; on le dit riche de plus de cinq cent mille livres. A Blois, il était cousu de diamants, d'antiques à tous les doigts.

Celui qui existe en cette année 1801, mois d'avril, s'ap-

---

[1] Probablement Jean-François-Marie de Surville, officier de marine, gouverneur de Pondichéry, né en 1717, qui périt sur les côtes du Pérou en 1770. Ce n'est pas le vaisseau qui se perdit, mais un canot que montait Surville. (LEVOT, *Biographie bretonne*.)

[2] De sa famille peut-être, mais pas de sa descendance. Le maréchal de Saint-André n'avait pas laissé d'enfants.

[3] Simon-Camille Dufresse (1762-1833), ancien acteur du théâtre Montansier, qui devint baron, commandeur de la Légion d'honneur et de Saint-Louis. Après des débuts révolutionnaires assez accentués, il eut une carrière honorable sous tous les rapports.

pelle M. de Bellecomble, jadis mousquetaire, né à Gray, en Franche-Comté, où il est marié, ensuite capitaine dans le régiment Dauphin-cavalerie, dont le marquis de Toulongeon était colonel. Pendant la Terreur, il s'enfuit de Franche-Comté et vint se cacher à Paris. Pendant ce temps, Beurnonville [1], ancien sergent et bas officier au même régiment, revêtu de son grand uniforme et se promenant au Palais-Royal, le reconnut, malgré son déguisement. Il l'aborde, lui fait conter son histoire, et lui promet de le servir. M. de Bellecombe n'en entend plus parler pendant quelques jours. Le quinzième, il reçoit le billet ci-joint : « Demain, vous « serez arrêté comme noble, et l'on ne peut répondre de ce « qui vous arrivera; il n'y a qu'un moyen, c'est d'accepter « la place d'adjudant général de mon commandement, dont « je vous envoie le brevet, et de vous rendre à l'instant à « votre poste. » C'est ce que fit M. de Bellecombe. Toujours protégé par Beurnonville, il n'a jamais voulu d'autre grade; la place qu'il a ici lui vaut six mille francs. On peut juger qu'il se conduira bien [2].

Baillon, commissaire des guerres, s'est compromis, comme je l'ai dit, avec les marchands, fournisseurs, et avec les conscrits, en promettant de les sauver, quoique la chose fût impossible. Il vient d'être dénoncé, et l'on prétend qu'un nommé Bourdon, parent du général Vimeux, sera nommé à sa place. Il vient d'être pris par ordre du général, et c'est son ami Bodin, ancien député, commandant ici la gendarmerie, qui a fait l'exécution. Il a été conduit à la commission militaire de Tours.

Ce qui paraît singulier, c'est que Bourdon, ancien procureur à Paris, âgé de plus de soixante ans, désigné pour le remplacer provisoirement, et qui convoite sa place, est un

---

[1] Les biographies varient beaucoup sur l'origine de Beurnonville, que les unes disent noble, tandis que d'autres le font naître d'un maréchal ferrant. Dans tous les cas, il ne paraît pas qu'il ait jamais servi dans le régiment Dauphin, et l'auteur fait ici quelque confusion.

[2] « Habile marin, ayant été deux fois à Pondichéry, il vient d'être appelé pour servir à Brest en juin. » (*Note de l'auteur.*)

de ses juges. On a fait signer ici à plus de quatre cents citoyens un écrit qui atteste la probité de Baillon. A peine arrivé dans la prison, on fait courir le bruit qu'il est d'une insurrection pour empêcher les conscrits de partir; on prétend qu'il va être fusillé. Huit jours après, on apprend que c'est une histoire inventée pour lui souffler sa place. Il passe au tribunal, et il est innocenté; mais on le garde pour fait de concussion. On fait durer son procès, et il est toujours prisonnier. Bourdon remplit la place par intérim.

Juin 1801. — Tous les yeux sont fixés sur Bonaparte. Un petit nombre de révolutionnaires ou de royalistes enragés le regardent comme un jacobin qui se masque, et voudraient qu'il fût assassiné ou jeté en bas du trône qu'il occupe; les autres, plus sensés, voient qu'il est fort embarrassé du gouvernement dont il s'est chargé, et s'aperçoivent que souvent il est entraîné par la machine même; obligé de paralyser tous les partis, tous les hommes ayant de l'énergie et du talent lui sont bons. Ce ne sont pas d'honnêtes citoyens qui n'ont que leur vertu pour eux qu'il peut employer; la probité ne peut être à l'ordre du jour dans un gouvernement qui veut se faire obéir, qui veut faire payer, et est obligé de laisser des contributions comme dans un pays conquis. Voulant s'attacher le militaire, il a fait des pensions même aux officiers de l'ancien régime, selon leur grade; on dit qu'elles montent par an à cinquante millions. Entouré de conseillers qui ont chacun leurs intérêts, il doit sentir qu'on lui fait trop prodiguer les largesses. On répand le bruit qu'il va être obligé de les réduire de moitié. La fermeté qu'il met dans le service, les grandes parades qu'il tient tous les cinq jours l'entourent d'une force imposante. Ayant une mémoire prodigieuse, il connaît tous les individus par leur nom. Quoique assez délicat, c'est un travailleur infatigable, et son secrétaire est souvent appelé la nuit. Très-sobre, il ne donne rien à ses plaisirs que dans son intérieur; la Malmaison est l'endroit où il va se délasser de sa représentation forcée.

Il aime beaucoup les animaux; il a chiens, chats, singes et perroquets; quand il est dans ses gaietés, tout cela vient sur son lit, et il joue avec eux. Son parc est rempli de daims, chevreuils et menu gibier, quoiqu'il n'aime pas la chasse, et il est secondé merveilleusement par madame Bonaparte, qui en prend un soin particulier pour l'amuser. Un jour de gala, où il y avait des généraux, il décida qu'on ferait une chasse dans le parc. On arrive pour dîner, et, avant de se mettre à table, on parle de la belle chasse à faire. Madame Bonaparte s'écrie : « Ah! pouvez-vous avoir une pareille « idée? Toutes nos bêtes sont pleines. » Il s'écrie gaiement : « Allons! il faut y renoncer; tout ici est prolifique, excepté « Madame. »

Madame Bonaparte a perdu tout son crédit par ses recommandations banales et par ses dépenses sans ordre ni mesure. C'est une créole dans l'étendue du terme, faible, bonne et sans la moindre tête. Bonaparte l'aime, mais il est en garde contre ses sollicitations. Il y a un mois qu'elle s'intéressa vivement pour un prêtre non assermenté qui avait été arrêté. Bonaparte lui répondit : « Vous l'aimez, quoique vous ne le « connaissiez pas. — Mais il m'est recommandé. — C'est « fort bien; allons nous promener. » Et il s'achemine vers le jardin.

Il aime singulièrement sa belle-fille, mademoiselle de Beauharnais, qu'il appelle dans ses gaietés sa *petite chouanne;* car il y a en lui deux hommes, l'un représentant avec toute la fierté et la dignité nécessaires; l'autre, un enfant en vacances. Né violent, son premier mouvement est terrible, mais il se calme par degrés et revient à la raison.

Tous ses aides de camp sont des jeunes gens. Il les emploie dans ses négociations. Il tient moins à l'esprit qu'à une obéissance passive.

20 *juin* 1801. — L'affaire de Clément de Ris[1] a fait

---

[1] Il est singulier que l'auteur n'ait pas parlé avec plus de détails de cette affaire qui s'était passée si près de Blois, et qui dut produire un grand émoi dans le pays. On sait qu'en septembre 1800 le sénateur Clément de Ris, se

arrêter bien des chauffeurs et des voleurs de diligences; elle est remise de quinzaine en quinzaine, et l'on fait parler ceux que l'on prend. La commission vient d'envoyer une quarantaine de gendarmes pour prendre trente-deux prévenus; on en a arrêté vingt-cinq dans une nuit, non à Blois, mais dans les communes du département : ils ont été conduits à Tours. Je viens de voir passer des déserteurs qu'on fait rejoindre. Quatre officiers les conduisent, et mènent dans une charrette couverte un nouveau prévenu qu'ils vont déposer à Tours [1].

trouvant dans une terre qu'il possédait en Touraine, avait été enlevé par une bande de chouans et enfermé pendant dix-neuf jours dans un souterrain du château du Portail.

[1] Les Mémoires finissent ici brusquement, quelques jours à peine avant que la terre de Cheverny fût vendue à M. Jean-Pierre Germain, banquier à Paris. Après avoir une seconde fois changé de propriétaire en 1808, Cheverny revint en 1824 à la famille Hurault de Vibraye, descendant du frère du chancelier. M. le marquis de Vibraye la possède encore actuellement. Le comte Dufort mourut à Blois le 28 février 1802, âgé de soixante et onze ans, moins d'un an après avoir écrit la dernière ligne de ses Mémoires; sa veuve a vécu jusqu'en 1818. Leurs descendants sont fort nombreux. Ils avaient eu, on l'a vu, deux fils et une fille; le fils aîné eut lui-même deux enfants : le fils mourut célibataire en 1812 (t. II, p. 411); la fille épousa le marquis des Méloizes-Fresnoy (*ibid.*), d'où quatre fils, dont trois ont des enfants, et trois filles, qui sont devenues mesdames Menjot de Champfleur, Saint-John de Crèvecœur et de la Bonninière de Beaumont, et ont toutes laissé des descendants. — Le second fils de l'auteur n'eut qu'un fils, mort célibataire en 1862 (t. I, p. 349). Quant à sa fille, mariée au comte de Toulongeon, elle a eu plusieurs enfants dont la postérité subsiste.

FIN.

PIÈCES JUSTIFICATIVES

LES FAMILLES DUFORT, POYREL DE GRANDVAL, PONCHER, DUPUIS, SOULLET, LE TESSIER DE MONTARSY, FÉLIX, ETC.[1].

Ma famille est originaire de la principauté de Turenne, où, depuis l'an treize cent sept de l'ère chrétienne, elle possédait la terre de la Gorse[2] et suivait le parti des armes. Les trois premiers titres et contrats de mariage[3] nous donnent le nom de Durfort; les autres ne portent que celui de Dufort. J'ignore si l'on contesta à mes ancêtres la communauté d'origine avec une famille illustre, ou s'ils aimèrent mieux, quoique dans ces temps-là la bâtardise fût en honneur, n'avoir aucune affinité avec une maison qui pourrait le leur reprocher un jour.

Au commencement du siècle dernier, la famille, établie à la Gorse, près la ville de Turenne, se composait de deux garçons[4]. Le cadet se rendit utile au duc de Bouillon, qui se chargea de sa fortune et l'emmena à Paris. Dans le temps des derniers troubles, j'ai été

---

[1] Ainsi qu'on l'a dit au chapitre premier (t. I, p. 3, note), on a cru devoir rejeter ici des détails que l'auteur avait placés au commencement des Mémoires, sur sa famille et quelques familles alliées.

[2] Arrondissement de Figeac (Lot), commune de la Tronquière. C'est du moins la localité de ce nom qui me semble la plus rapprochée de Turenne.

[3] Une suite de contrats de mariage conservés par la famille des Méloizes, issue du fils aîné de l'auteur, établit la filiation d'une façon authentique à partir de Jean *Durfort*, écuyer, onzième aïeul du comte Dufort de Cheverny. J'ai eu aussi sous les yeux un arbre généalogique fort complet où figurent la plupart des familles alliées aux Dufort. L'article de La Chenaye a été rédigé sur les titres originaux.

[4] L'aîné, Jean Dufort, écuyer, seigneur de la Gorse, marié en 1642 à Françoise de Mergue, était le bisaïeul de l'auteur; le cadet, Pierre, chevalier, conseiller du Roi, épousa Catherine Poyrel de Grandval; il fut maître des comptes en 1680 et mourut en 1692.

obligé de brûler un volume de lettres du duc de Bouillon, régnant alors, et du maréchal de Turenne[1], qui toutes constataient une confiance sans réserve et la plus grande considération et reconnaissance pour les services qu'il leur rendait journellement comme confident intime. Après une suite de services de guerre, il se décida à acheter une charge de maître des comptes. Il fut alors obligé de rapporter les preuves de son origine, pour éviter les difficultés d'opposition dans une compagnie qui, dans ces temps, voulait faire faire des preuves. Il servit de son mieux ses protecteurs en qualité de rapporteur à la Chambre des comptes de Paris, dans l'échange que cette maison fut obligée de faire[2]. Il paraît que leur reconnaissance fut réelle. Un buste antique de Solon, en marbre, placé dans le second repos de l'escalier de Cheverny, est la seule preuve qui en reste. Je recommande à mes enfants de le conserver, ainsi qu'un tableau de Largillière, représentant le maréchal de Turenne[3].

Dès que Pierre Dufort fut établi à Paris, il ne tarda pas à former un mariage; il épousa mademoiselle de Grandval, sœur du fermier général. Je vais faire pour moi une petite digression sur cette famille, l'origine de notre fortune, et à laquelle nous devons notre existence à Paris et à Versailles.

Poyrel de Grandval[4], huissier du cabinet de la reine Marie de Médicis, eut part à sa confiance et fut employé à différentes négociations secrètes. Il épousa une Poncher, seule descendante de la famille Poncher, illustre par un évêque de Paris[5], plusieurs maréchaux de France et hommes de guerre dont il est fait mention

---

[1] Henri de la Tour-d'Auvergne, vicomte de Turenne, maréchal de France (1611-1675), était le second fils de Henri, duc de Bouillon, et d'Élisabeth d'Orange. Ce fut son fils aîné, Frédéric-Maurice, qui céda au Roi la principauté de Sedan en 1651. La cession du vicomté de Turenne eut lieu en 1738.

[2] Il doit y avoir une erreur. La cession de la principauté de Sedan avait eu lieu près de trente ans avant que Pierre Dufort fût maître des comptes.

[3] « Le tableau est resté à Cheverny; le buste m'a suivi à Blois. » (Note de l'auteur datée de 1800.)

[4] Nicolas de Poyrel, écuyer, sieur de Grandval, huissier du cabinet de la Reine en 1634; gentilhomme ordinaire de la chambre du Roi en 1645; commissaire d'artillerie en 1647; grand maître des eaux et forêts d'Alsace en 1649; secrétaire interprète en 1650; mort en 1654. Il avait épousé, en 1633, Denise de Poncher.

[5] Il y eut deux évêques de Paris de ce nom. Étienne Poncher (1446-1524), conseiller clerc au Parlement, évêque en 1503, garde des sceaux en 1512; ambassadeur en Espagne en 1517, et l'année suivante en Angleterre. Il mourut archevêque de Sens. François Poncher, son neveu, curé d'Issy, devint évêque de Paris en 1519. Accusé de haute trahison, il mourut en 1532, au donjon de Vincennes.

dans l'histoire[1], et un otage du roi Jean; la seule tige qui en est restée a été fondue dans notre famille et dans une autre dont je ferai mention après ce détail. Il fut revêtu de la place de grand maître des eaux et forêts, et de son mariage il sortit un fils, qui fut fermier général[2].

Cet homme vertueux et de premier mérite, extraordinairement religieux, fonda des bancs dans l'église des Quinze-Vingts pour lui, sa famille et ses descendants. Ces donations et la jouissance en ont été conservées jusqu'en 1750. Il fonda aussi la prière de sept heures dans la paroisse de Saint-Roch, où notre sépulture, derrière l'autel, a servi jusqu'à la dissolution des cultes et la dévastation de l'asile des morts.

Pierre Dufort, beau-frère de ce M. de Grandval, engagea son frère, vivant à la Gorse, à lui envoyer son fils unique[3], le fit pourvoir d'une charge de maître des comptes, et le maria dans l'année avec mademoiselle de Grandval, fille aînée du fermier général, et sa nièce.

C'est de ce mariage qu'est sorti mon père, Joseph-Pierre Dufort[4]. Je suis arrivé dans le monde quatre ans après la mort du dernier Grandval. J'ai vu encore les traces de leur opulence et de leur modestie; j'ai vu l'appartement d'honneur de madame de Grandval, fille Poncher, femme qui paraissait fort attachée à sa naissance, et l'estrade antique sur laquelle était son lit de parade.

La seconde fille de M. de Grandval[5] épousa M. Dupuis, fils du trésorier, dont est sorti M. Dupuis, président au grand conseil[6], qui se maria à mademoiselle du Tronchot et eut deux fils et deux filles, avec qui j'ai été élevé.

L'aîné[7], conseiller au Parlement, est mort sans enfants.

---

[1] D'après La Chenaye, Jean-Omer de Poncher fut maréchal de France en 1218.

[2] Charles de Poyrel, écuyer, sieur de Grandval, huissier du cabinet de la Reine en 1654, gentilhomme ordinaire de la chambre du Roi en 1659, grand maître des eaux et forêts d'Alsace en 1661. Il avait épousé en 1664 Marguerite Lecourt, et mourut en 1710. On trouve aux Pièces originales (verbo Du Fort) un acte relatif au remboursement fait à sa famille des fonds versés par lui dans la caisse des fermes.

[3] Jean Dufort, maître des comptes en 1692, marié en 1694 à Élisabeth Poyrel de Grandval, mort en 1743. Voir t. I, p. 3.

[4] Voir t. I, page 4.

[5] Marie-Anne-Thérèse Poyrel de Grandval, mariée à Jean Dupuis, trésorier de la maison du Roi, mort en 1724. Elle mourut en 1734. (Mercure de février 1734, et Pièces originales, acte cité.)

[6] Pierre Dupuis de Valière (1689-1758), marié à Marie-Anne-Charlotte Ruau du Tronchot.

[7] Conseiller à la 5e chambre des enquêtes de 1743.

Le second [1], Dupuis de Marcé, d'abord officier aux gardes, ensuite conseiller de grand'chambre, a péri à la Révolution sur l'échafaud, au grand regret de tous les honnêtes gens. Il jouissait d'une réputation sans tache, malgré le rôle qu'il a été obligé de jouer comme rapporteur dans l'affaire du cardinal de Rohan.

La fille aînée épousa [2]...

La fille cadette épousa [3] M. le comte de Beaujeu, dont sortirent M. le comte de Bouthillier, qui a été obligé de s'expatrier à la Révolution, et deux sœurs, dont l'une [4] épousa M. le comte de Blangy; l'autre, M. le marquis de Cordouan [5].

. . . .

Il paraît [6] que les Soullet avaient été jadis des marchands de drap en gros, établis à Paris dans le quinzième siècle. Une fortune économisée détermina le père de tous à acheter une charge de secrétaire du Roi [7]. Il eut deux fils. L'un fut conseiller au Parlement; le second, nommé Soullet de Saint-Germain, officier de mérite, est mort âgé, avec tous les honneurs de la guerre, à Bar-sur-Aube, lieutenant-colonel au régiment de Condé. Une sœur de mon aïeul [8] avait épousé un M. Le Boullanger, conseiller au Parlement. M. Soullet, le conseiller au Parlement [9], épousa mademoiselle de Montarsy, fille d'un des chefs de la Compagnie des Indes et du Sud [10]. Ce M. de Montarsy avait trois filles qui toutes annonçaient être des partis de quinze cent mille livres, chose monstrueuse

---

[1] Charles-Jean-Pierre Dupuis de Marcé, conseiller en 1748, guillotiné le 20 avril 1794.

[2] Anne-Marie-Jeanne Dupuis, mariée à Louis-Alexandre de Savary, chevalier, conseiller du Roi en ses conseils, grand maître des eaux et forêts de Normandie.

[3] Élisabeth-Marie, mariée en 1742 à Louis-Léon Bouthillier, comte de Beaujeu. Leur fils, Charles-Léon, né en 1743, épousa une demoiselle Maréchal de Saincy.

[4] Anne-Marie-Perette de Bouthillier épousa en 1765 Pierre-Constantin Le Vicomte, comte de Blangy, colonel du régiment de la Couronne.

[5] Bernard de Montebise (Jean-Philippe), marquis de Cordouan, marié à Adrienne-Charlotte de Bouthillier.

[6] Cette digression était placée, dans le manuscrit, à la suite du mariage de Joseph-Pierre Dufort (t. I, p. 4).

[7] Nicolas Soullet, secrétaire du Roi en 1680. Il avait épousé Agnès Gaillard, et mourut en 1720, âgé de quatre-vingts ans.

[8] Marie-Agnès Soullet, mariée en 1693 à Jean Le Boullanger. L'arbre généalogique de la famille Dufort le qualifie maître des comptes.

[9] Nicolas Soullet. Voir t. I, p. 4, note 3.

[10] Pierre Le Tessier de Montarsy, marié à Anne Minot de Mérille. Il fut orfévre du Roi de 1676 à 1714; son père, Laurent, avait été joaillier ordinaire et garde des pierreries de la Couronne. Tous les deux acquirent une grande répu-

dans ces temps-là; l'aînée épousa M. Soullet. Mais il paraît que les événements de la Compagnie du Sud ruinèrent toutes les espérances de la famille Montarsy, et madame Soullet n'a jamais eu qu'environ les cent mille écus de sa dot.

La seconde épousa M. Félix[1], contrôleur de la maison du Roi, frère de Félix, évêque d'Autun[2]; ils étaient tous petits-fils de Félix[3], le premier chirurgien de Louis XIV, qui lui fit l'opération de la fistule.

La troisième épousa M. Quentin de Champlost, que j'ai connu, homme d'une figure superbe, premier valet de garde-robe[4].

II

LETTRES DE CONFIRMATION ET D'ÉRECTION, EN TANT QUE DE BESOIN, DU COMTÉ DE CHEVERNY[5].

(Août 1764.)

(Archives nationales, O¹ 108.)

Louis, etc.

Les vertus civiles ne méritent pas moins notre attention et notre bienveillance que les vertus militaires, surtout lorsqu'elles sont soutenues d'une bonne extraction, d'alliances honorables et d'un attachement éprouvé à notre Personne. Toutes ces qualités réunies distinguent plusieurs familles de la magistrature de notre royaume, qui nous rendent habituellement, et au public, les services les plus essentiels par leur application à l'étude des lois, soit de celles qui règlent la fortune de nos sujets, soit de celles relatives à l'administration de nos finances et à la comptabilité. De ces familles sortent les auteurs paternels et maternels de notre amé et féal le sieur Jean-Nicolas Dufort, introducteur des ambassadeurs, lieutenant général pour nous dans notre province de Blaisois,

---

tation par le caractère artistique de leurs ouvrages. (JAL, et MAZE-SENCIER : *le Livre des collectionneurs*, p. 63.)

[1] Charles-Louis Félix, marié en 1699 à Anne Le Tessier de Montarsy.

[2] Henri-Félix de Tassy, aumônier, conseiller du Roi, trésorier de la Sainte-Chapelle, puis évêque de Digne de 1675 à 1677, de Châlons-sur-Saône de 1677 à 1711. (JAL, et GAMS : *Series episcoporum*.) C'est par erreur qu'il est désigné ici comme évêque d'Autun.

[3] Charles-François Tassy, dit Félix, anobli en 1690.

[4] Voir t. I, p. 5.

[5] *Ibid.*, p. 318.

Dunois, Vendômois et bailliage d'Amboise; Lequel nous a fait exposer qu'il vient d'acquérir de la maison d'Harcourt la terre de Chiverny dans le Blaisois, que cette terre fut érigée en 1577 en vicomté et sept ans après en comté, en faveur des sieurs Henry et Philippe Hurault, qu'elle a passé ensuite en d'autres mains, mais que, loin d'être diminuée depuis ces premières créations, elle est augmentée en mouvances et produit; C'est pourquoi il nous suppliait de vouloir bien faire revivre en sa faveur et de sa postérité masculine le titre de comté, dont elle a été autrefois décorée, et de lui accorder à cet effet nos lettres nécessaires.

A ces causes, désirant traiter favorablement le dit exposant et voulant reconnaître les services qu'il nous a rendus auprès de notre Personne depuis plus de treize ans, en qualité d'introducteur des ambassadeurs, et ceux de ses ancêtres qui ont servi avec distinction et fidélité en nos cours de Parlement et Chambre des comptes de Paris, voulant d'ailleurs nous l'attacher plus particulièrement lui et sa postérité par des distinctions marquées, nous avons de notre grâce spéciale, pleine puissance et autorité royale, confirmé et confirmons par ces présentes signées de notre main l'érection faite par le feu roi Henry troisième, de glorieuse mémoire, de la dite terre et seigneurie de Chiverny en comté, et icelle terre, en tant que besoin serait, nous érigeons et élevons audit titre, nom, dignité et prééminence de comté en faveur dudit sieur Dufort, pour en jouir par lui et ses enfants mâles, nés et à naître en légitime mariage, seigneurs et propriétaires de la dite terre sous le nom de comtes de Chiverny; Voulons et nous plaît qu'ils puissent se dire et se qualifier tels en tous actes, tant en jugements que dehors, et qu'ils jouissent des honneurs, droits, autorités, prérogatives, rang, prééminence en fait de guerre, assemblées d'État et de noblesse tout ainsi et de même que les autres comtes de notre royaume, encore qu'ils ne soient cy particulièrement spécifiés; Voulons pareillement que tous vassaux, arrière-vassaux et autres tenants noblement et en roture dudit comté, les reconnaissent pour comte, leur fassent à l'avenir foi et hommage et rendent leurs aveux et dénombrements et déclarations, le cas y échéant, sous le nom de comte de Chiverny, et que les officiers exerçant la justice du dit comté intitulent leurs sentences et jugements sous le dit nom, sans néanmoins aucune mutation ni changement de ressort et de mouvance, et sans que pour raison de la dite érection le dit sieur Dufort soit tenu envers nous, ou ses vassaux et tenanciers envers lui, à autres et plus grands droits que ceux qu'ils doivent à présent, sans cependant qu'à défaut d'hoirs mâles nés en légitime mariage, nous puissions ou les Rois nos successeurs, prétendre le dit comté de Chiverny, ses circonstances et dépendances, être réuni et incorporé à notre couronne, nonobstant tous édits et ordonnances sur ce intervenus, et notamment l'édit du mois de juillet 1566, ainsi qu'aux déclarations des mois de décembre 1581 et mars 1582 et autres déclarations et réglements, Nous avons dérogé et dérogeons par ces présentes pour ce regard seulement et sans tirer à conséquence, à la charge toutefois qu'à défaut d'hoirs mâles le dit comté de Chiverny retournera aux mêmes et semblables état, titres, qu'il était avant ces présentes, lesquelles ne pourront rien innover et aucunement nuire ni préjudicier aux droits et devoirs qui peuvent être dus à d'autres qu'à nous, si aucun y a.

Si donnons en mandement..., etc.

FIN DU TOME SECOND.

ADDITIONS ET CORRECTIONS

Tome I, page 25, note 5. — *Après* Chastellux, *ajoutez :* Notes prises aux archives de l'état civil de Paris.

Page 55, note 2. — *Au lieu de* Chouzy, *lisez :* Chousy.

Page 59, note 2. — *Au lieu de* rue Française, *lisez :* Rue Françoise.

Page 81, note 2. — *Au lieu de* baronne d'Oberkick, *lisez :* Baronne d'Oberkirch.

Page 91, note 1. — *Au lieu de* Bonnac, *lisez :* Bonac.

Page 97, note 6. — *Au lieu de* Anne-Louis-Simon, *lisez :* Anne-Louis Pinon.

Page 134, note 3. — *Au lieu de* Claude-François-Louis, *lisez :* Claude-Louis-François Régnier de Guerchy.

Page 137, note 1. — (La Michodière.) *Rectifiez les dates ainsi qu'il suit :* Maître des requêtes en 1745, intendant à Riom en 1752, à Lyon en 1757, à Rouen en 1762, conseiller d'État en 1768, prévôt des marchands de 1772 à 1778. Il était encore conseiller d'État en 1790. (*Almanachs royaux.*)

Page 151, ligne 30. — *Après* 12,000 livres, *ajoutez la note suivante :* D'après les registres des présents du Roi conservés aux Archives des Affaires étrangères (année 1753), c'était bien en effet la valeur de la boîte à portrait donnée au nonce. (Maze-Sencier, *le Livre des collectionneurs*, p. 173.)

Page 192, sommaire, ligne 4. — *Au lieu de* Morassin, *lisez :* Moracin.

Ibid., ligne 7. — *Au lieu de* Olivarès, *lisez :* Olavidès.

Page 238, ligne 13. — *Après* Stainville, *ajoutez :* depuis duc de Choiseul, ambassadeur, etc.

Page 297, ligne 28. — *Ajoutez la note suivante :* François Fontaine, chevalier, marquis de Cramayel, seigneur de Moissy, Fourches, Limoges, etc., marié à Françoise-Monique de La Borde. Il mourut en 1779. (Chastellux.)

Page 298, ligne 11. — *Au lieu de* Brissart, *lisez :* Brissard.

Page 318. — *La note doit être reportée t. II, p. 437, à la suite de la note 5.*

Page 344, ligne 18. — *Au lieu de* Menard, *lisez :* Mesnard.

Page 397, ligne 18. — *Au lieu de* Mallebois, *lisez :* Maillebois.

Page 435, note 2. — *Ajoutez :* Claude-Arnoul Poncher, père du conseiller d'État, figure avec la même orthographe à l'armorial manuscrit de d'Hozier. (*Paris, I*, 804.)

Tome II, page 158, ligne 3. — *Ajoutez la note suivante :* Alexandre-Louis de Caze, marié à Madeleine-Hyacinthe de Guillaudeu.

Page 317, ligne 8. — Hézine (ou plutôt Hésine) a publié à Vendôme le *Journal de la haute cour de justice, ou l'Écho des hommes libres et sensibles*, 73 numéros, in-4°. — M. Hatin en donne de curieux extraits (*Bibliographie de la Presse périodique*, p. 223), et aussi des détails sur l'arrestation d'Hésine, dont le journal continua à paraître sous la signature de sa femme.

Page 323, note. — *Ajoutez* : Ce M. Delatour, ou de la Tour (*Catalogue de 1789, bailliage de Blois*, p. 16), était allié à la famille Berryer, et celui qui devint le célèbre orateur, et qui n'était alors qu'un enfant de deux ans, passa quelque temps à Savonnière avec son père et sa mère en 1792, après les massacres de septembre. (Ch. DE LACOMBE, *Les premières années de Berryer; Correspondant* du 10 janvier 1886.)

INDEX [1]

A

ADÉLAÏDE DE FRANCE (Madame Marie), I, 103*, 104, 182, 403.
ADINE DE VILLESAVIN, I, 343*; II, 87.
AFFRY (comte d'), I, 64*.
AIGUILLON (duc d'), I, 259; II, 95, 387.
AILLY (Millon d'), II, 13*.
AIMABLE (L'), chouan, II, 379*.
ALBEMARLE (lord), I, 92*.
ALBERTAS (d'), I, 19*, 57*, 114, 218.
ALÈGRE (d'), I, 11, 257*.
ALEMBERT (d'), I, 339, 408.
ALENCÉ (d'), I, 56*.
ALIGRE (d'), I, 212*; II, 41.
ALINCOURT (d'). V. VILLEROI.
ALVILLE (d'). V. HALWEIL.
AMAURY, II, 87*.
AMÉDÉE (mademoiselle), I, 37.
AMELOT (comtesse Justine), I, 425; II, 258, 267, 373.
AMELOT, évêque, II, 74*.
AMELOT DE CHAILLOU (J. J.), I, 22*, 229.
AMELOT DE CHAILLOU (marquis et marquise A. J.), I, 22*, 229, 349, 379, 406, 415, 425; II, 28, 242, 246, 258, 267, 348, 373.
AMELOT DE CHAILLOU (A. L.), II, 28*, 108, 127, 139, 199, 246, 267, 288, 372.
AMELOT DU GUÉPÉAN, II, 373*.
AMEZAGA (d'), I, 229*, 249, 304, 406.

AMMÉCOURT (Lefebvre d'), I, 23.
AMOU (d'), I, 201*, 343*.
ANDRÉ, musicien, II, 147.
ANGIVILLER (de Labillarderie d'), I, 106*; II, 73.
ANHALT (d'), II, 249*.
ANLEZY (de Damas d'), I, 66*.
ANNIBAL, I, 219*.
ANTOINE (l'abbé), II, 366.
ANTONELLE, II, 315*.
Antorpe, château, II, 11.
APREMONT (d'). V. ASPREMONT.
ARCHAMBAL (madame), I, 13.
ARDORE (prince d'), I, 74*.
ARGENSON (de Voyer d'), I, 68*, 104*, 105, 157*, 158, 183, 185, 189, 195.
ARGENTAL (Ferriol d'), I, 259*.
ARGOUT (d'), II, 64*.
ARNAUD, II, 128, 134, 147, 208, 211, 215, 331.
ARNOULD (Sophie), I, 307*.
ARTOIS (comte d'), I, 426*, 430; II, 7, 289, 290.
ASFELD (Bidal, marquis d'), I, 9*, II, 18.
ASPREMONT (chevalier d'), I, 29*.
ASPREMONT (comte d'), I, 201*.
ASTRAUDI (mademoiselle), I, 59*.
AUBIGNÉ (d'), I, 412*.
AUDOUIN, II, 411.
AUGNY (d'), I, 92.
AUMONT (duc d'), I, 71*, 204 et s., 208 et s.
Auneau, château, II, 307.

[1] Les chiffres romains indiquent le volume, les chiffres arabes les pages. Les pages marquées d'un astérisque sont celles où se trouve une note.

AUTROCHE (D'), II, 77.
Auvilliers, château, I, 332*; II, 405.
AVEINE (Le Petit D'), I, 31*, 74.
AVEROUS, II, 244.
AVRIL, I, 365.
AYEN (duc D'), I, 171, 297*.
AZARA (chevalier D'), II, 383.
AZÉ, II, 393.

B

B*** (madame), I, 90*, 106, 114, 120, 129, 140, 143, 148, 153, 158, 167, 169*.
BABEUF, II, 310, 313* et s., 333 et s., 336*.
BACHELIER, I, 70*.
BACQUENCOURT (DE). V. DUPLEIX.
BAERT (baron DE), II, 85*, 93, 101, 123, 132.
Bagnères, I, 204 et s.
BAÏARD (DE), I, 203*.
BAILLE, I, 5*.
BAILLEHACHE (marquis DE), II, 182, 222, 233.
BAILLON, II, 148*, 218, 232, 252, 286, 298, 308, 360, 363, 367, 419, 428.
BAILLY (l'abbé), II, 261, 391.
BAILLY (Nicolas), II, 315*.
BALAYER, II, 374, 376.
BALINCOURT (maréchal DE), I, 77.
BALINCOURT (marquise DE), I, 432*.
BALLEROY (marquise DE), I, 170*.
BANDEVILLE (DE). V. BAUCHE.
BARASSY (DE), I, 27*, 29, 86, 194, 241, 256, 265, 291, 330, 348, 352, 375, 384, 395, 396, 436; II, 18, 245.
BARBÉ DE MARBOIS, II, 357* et s., 425.
BARBÉ DE MARBOIS (madame), II, 359*.
Barèges, I, 208.
BARKITH (princesse DE), I, 208*.
BARENTIN, I, 253*.
BARÈRE, II, 155, 200.
BARJAC, I, 92*.
BARJAC DE RENNEVILLE, I, 92*, 129.
BARNAVE, II, 95.
BARON, II, 151, 152, 155, 208, 322.
BARRAS, II, 303, 380, 384, 408, 409.

BARTHÉLEMY (l'abbé), I, 353, 390*, 419.
BARTHÉLEMY, directeur, II, 343*, 357* et s.
BASTIEN, médecin, I, 143*, 148, 194.
Basville, château, I, 289; II, 193.
BATAILLE DE FRANCÈS, II, 10*.
BAUCHE (Doublet DE), I, 178*; II, 31.
BAUDOUIN (Simon-René), I, 48*, 116, 152, 240, 297, 420; II, 329*.
BAVIÈRE (comte DE), I, 119*.
BAYEUX, II, 119, 415.
BAZIN, II, 378.
BEAUCHAMP (DE). V. MERLES.
BEAUFORT (DE), I, 47*, 230.
BEAUJEU (DE). V. BOUTHILLIER.
BEAUHARNAIS (DE), II, 77*, 80, 82, 95, 104, 106, 109, 111, 200, 247, 302*, 303*, 349, 387, 430.
BEAUMARCHAIS (Caron DE), II, 18.
BEAUMONT (DE), archevêque de Paris, I, 172.
BEAUMONT (comtesse Pauline DE), II, 346*.
BEAUMONT (de la Bonninière DE), I, 440*; II, 293*, 404*, 431*.
BEAUVAU (prince DE), I, 244; II, 34.
BEAUVOIR (marquis DE), I, 23*.
BEAUX-ONCLES (marquis DE), II, 290*, 295.
BECQUE, I, 206.
BÉGON, I, 340*.
BEIGNE, I, 107*.
BEIGNOUX. V. LUTAINE.
BELLECOMBLE (DE), II, 426, 428.
BELLECOURT, acteur, I, 307*.
BELLECOURT (d'Estat DE), II, 193*.
BELLEGARDE (DE), I, 204.
BELLEISLE (maréchal DE), I, 258*, 290*.
BELLEJAMBE, II, 407.
BELLENOUE-CHARTIER, II, 122, 292, 293, 321, 378.
BELLENOUE-VILLIERS, II, 265, 293.
BELLIARDI (l'abbé), I, 390*, 419.
BELOT (madame), II, 18*.
BELOT DES MOULINS DE PEZAI, II, 405*.
BELSUNCE (DE), I, 57*, 69*, 102, 172*, 421*.
BENEZECH, ministre, II, 300*.

INDEX.

Benne (de), II, 301.
Berault (l'abbé), II, 161.
Berchény (comte de), I, 386*; II, 24*.
Bérenger (comte de), II, 26*.
Bérenger (mademoiselle de), II, 190*, 302.
Béreuil, II, 133*.
Berger, II, 294, 296, 355, 363.
Bergier (les frères), II, 140*.
Beringhen (de), I, 65*, 71*, 105, 345; II, 73.
Berkenroode. V. Lestevenon.
Bernard (Samuel), I, 440*.
Bernard de Boulainvilliers, I, 33*, 304*, 384.
Bernis (l'abbé de), I, 226*, 238, 242*, 319.
Berry, I, 203, 292.
Berry (duc de), I, 92*.
Berryer, ministre, I, 264*.
Bertin, ministre, I, 223*, 260.
Besard, II, 115, 298, 326, 355, 374, 376, 399, 407.
Desenval (baron de), I, 44*, 106, 173.
Bésigny (Gaultier de), I, 152*.
Besnard, I, 277.
Besson, II, 310.
Béthune (de), I, 49*, 157, 354, 427*; II, 496.
Betz, château, I, 399, 405, 415.
Beurnonville, général, II, 428*.
Beyts, préfet, II, 420*, 423, 424, 426.
Biauzat. V. Gaulthier de Biauzat.
Billardi: V. Belliardi.
Bimbenet, I, 396; II, 88, 92, 164, 256, 320.
Bimbenet-Larocue, II, 247*.
Biré (Fontaine de), I, 441*; II, 25, 20*, 267.
Biron (duc de). V. Lauzun.
Biron (maréchal de), I, 137, 228*, 246, 258, 285; II, 42.
Bissy (de). V. Thiard.
Blanciforte, nonce, I, 150*; II, 441.
Blancy (comte de), II, 436*.
Bochard de Saron, I, 23*, 97; II, 195.
Bodin, II, 375*, 390, 428.
Boesnier-Delorme, I, 338*, 397, 399, 407; II, 15, 75, 80, 87, 140*.

Boesnier (famille), I, 339, 397, 408; II, 16, 421.
Boillève (de), II, 14*.
Boisbérenger (marquise de), II, 242*.
Boisgelin (de), archevêque d'Aix, II, 305.
Boisgelin (vicomte de), I, 308*. V. Cucé.
Boisguyon (de), II, 81*, 248*.
Boishardi, II, 324.
Boissière (de), II, 297.
Boitot, II, 282, 293.
Bonac, I, 13; II, 440. V. Donnezan.
Bonaparte, II, 303*, 349, 384, 419, 422, 423, 425, 429.
Bonaparte (Lucien), II, 423.
Bonaparte (madame), II, 299, 349, 404, 419, 430.
Bonfils, II, 263*.
Bonnard, général, II, 285*, 286, 288, 292, 297.
Bonneau, II, 268* et s., 283.
Bonnefond, II, 293.
Bonneuil (de). V. Chabenat.
Bontemps, I, 100*.
Bonvalet, II, 150, 153, 178, 189, 191, 194.
Bonvalet, procureur, II, 160.
Borda (marquis de), I, 165*; II, 52.
Bordier, II, 372.
Borie, médecin, I, 424.
Bosset, II, 403.
Boucher (l'abbé), II, 121.
Boucherat, II, 175, 183.
Boudret, I, 65*, 105*.
Boufflers (de), I, 353*, 390*, 439.
Bougainville (de), I, 131*, 133, 321*.
Bouillon (duc de), I, 83*; II, 433, 434.
Boulainvilliers. V. Bernard.
Boulay de la Meurthe, II, 364*.
Boullongne (famille), I, 13, 48, 157, 231*.
Boullongne (de), contrôleur général, I, 47*, 148*, 230, 350.
Boullongne (Tavernier de), I, 231*, 355, 386; II, 20.
Boullongne de Préninville, I, 230, 231* et s., 236, 248, 304, 334,

350, 352, 353, 356, 383, 385, 398, 441; II, 15, 29, 33.
Bouillongne de Magnanville, I, 355, 385*, 441; II, 24, 29, 33, 85, 95, 101, 103, 107, 132, 196, 197*.
Bourbon (duc de), I, 227*.
Bourbon (duchesse de), I, 109.
Bourdon-Champigny, I, 351; II, 122, 320, 424.
Bourdon, procureur, II, 428.
Bourdon de l'Oise, II, 357* et s.
Bouret, I, 366* et s.
Bouret de Valroche, I, 369*.
Bourg (château du), II, 48.
Bourgeois de Boynes, I, 252*, 395*.
Bourgogne, avocat, II, 398.
Bourgogne (duc de), I, 308* et suiv.
Boutault (l'abbé), II, 206*, 216, 241, 244, 246.
Boutet, II, 322.
Bouthillier (de), I, 8, 158, 396; II, 104, 267, 436*.
Boutin, le boiteux, I, 106*, 419.
Bouvard de Fourqueux. V. Fourqueux.
Boyer, évêque de Mirepoix, I, 365*.
Boynes (de). V. Bourgeois.
Bragelongne (de), I, 8.
Brancas (duchesse de), I, 187*, 244.
Brasdor, chirurgien, I, 288*.
Breteuil (baronne de), I, 121*.
Breteuil (baron de), I, 121*, 172, 252, 312, 315; II, 28, 30, 75, 84.
Breteuil (abbé de), I, 121*, 252, 253, 315.
Breuil (le), château, II, 12*.
Briçonnet, I, 11.
Brienne (Loménie de), I, 45*, 407.
Briges (comte de), I, 65*, 72, 105, 106*, 120, 227; II, 66*.
Brignole-Sales (marquis de), I, 153*.
Brion-Marolles (de), I, 97*.
Brionne (comte et comtesse de), I, 65*, 71, 82, 122, 302, 419.
Brissard, I, 55*, 298; II, 441.
Brisson, député, II, 117*.
Brival, député, II, 243*, 252.
Brizard, acteur, I, 398*.
Broglie (maréchal de), II, 87, 126.
Brotier (l'abbé), II, 357* et suiv.

Brou (de). V. Feydeau.
Brunet, II, 297, 381.
Bucquet, médecin, II, 32*, 150.
Buffault, II, 23*.
Buffon (comtesse de), I, 384*; II, 397.
Buonaroti, II, 336*, 337.

C

Cabaille, ingénieur, II, 176, 391.
Cabeuil (de), I, 436*.
Caillon, II, 261, 294, 301, 305, 372.
Caillot, chanteur, I, 355*.
Callas, I, 219*.
Cambon, II, 202.
Cambray, général, II, 362* et suiv.
Camelin, II, 234, 235, 243.
Camereau, II, 389.
Camus (Ch. E. L.), I, 362*.
Camus, député, II, 104*.
Candale (baron de), II, 39* et suiv.
Canuel, général, II, 289*, 294.
Caquet, I, 385.
Carbon, dit Petit-François, II, 426*.
Carra, député, II, 136*, 222.
Carteau, II, 376.
Carton (mademoiselle), I, 241*.
Carville (mademoiselle), I, 241.
Cassini (marquise de), I, 339*, 397*, 407, 409.
Castellane (marquise de), I, 43*.
Castera (de), I, 385*, 403*; II, 29, 382.
Castries (marquis de), I, 35*.
Caterby, I, 72*, 179, 181.
Caulaincourt (de), I, 31, 131*, 164*, 429; II, 46*.
Caule (baron de), I, 435*.
Caumartin (de). V. Le Fèvre de Caumartin.
Caumont (de), I, 8.
Caumont-la-Force (marquise de), I, 220*; II, 28.
Cauterets, I, 208.
Cazalès, II, 104.
Caze (de), I, 49*, 89*, 152*, 240; II, 156, 440*.
Caylus (comte de), I, 116*.
Caylus (duc de), I, 384*.
Cellier-Bereuil, II, 129, 133*, 148.

INDEX.

Cellier-Renard, II, 183, 424.
Cepoy (Bouvier de), I, 354*, 384; II, 29.
Cerutti (l'abbé), II, 110*.
Césarges (l'abbé de), II, 103*.
Chabanon, I, 58*, 438*.
Chabenat de Bonneuil, I, 62*, 97, 257*; II, 16*, 196, 263, 267, 348.
Chabot (comte de Rohan-), I, 45*.
Chabot, conventionnel, II, 114*, 117, 144, 179, 248.
Chabrillant (de), I, 209, 212*; II, 103, 116, 119.
Chailly (Lefèbvre de), I, 23, 29, 32, 13., 165, 191, 248, 267, 330, 374.
Chalmazel (de Talaru, marquis de), I, 74*, 199*.
Chalville (de). V. Dounant.
Chambon, I, 87*.
Chambord, I, 132, 430; II, 98, 304*.
Champcenetz (Quentin de), I, 6*, 32, 71, 123*, 184, 187, 189, 296.
Champignelles (de Rogres de Lusignan de), II, 405*.
Champignole, II, 229.
Champlost (Quentin de), I, 5*, 32, 71, 129, 296, 304, 311, 324, 352; II, 437.
Chanteloup, I, 390, 417, 439; II, 28.
Chappotin, II, 183*, 185, 221.
Chardon, I, 23*.
Charolais (comte de), I, 30, 60, 109 et suiv., 300.
Charpentier de Vilziers, I, 97*, 203*.
Chartres (duc de). V. Orléans.
Chastellux (de), I, 22*, 23*, 131, 290*, 299, 304, 354; II, 12, 15.
Chaulnes (duchesse de), I, 277.
Chaumont. V. La Galaisière.
Chauvelin (de), I, 99*, 111*, 131*, 260, 285*, 392.
Chavaudon (de), I, 93*, 97.
Chenonceaux, I, 440*.
Chevalier, II, 427.
Chevalier-le-Rond, II, 134, 148, 164, 266, 298, 301, 367.
Cheverny, I, 279, 318*, 331, 335, 364; II, 171, 187, 236, 253, 431*, 437 et suiv.

Chevert (général), I, 374*.
Chevilly (Perrin de), I, 436*; II, 31*, 75, 78, 94.
Chevrette (la), château, I, 86, 87*, 233*, 237.
Chicoyneau de la Valette, I, 237*, 352, 354, 384; II, 17, 85*, 197.
Choiseul (E. F. duc de), I, 137*, 139*, 145, 238, 241, 244, 258, 259, 260, 274, 284, 287, 302, 314, 318, 366, 369, 389*, 400, 413, 417, 434, 440; II, 23, 24, 27*, 30, 220, 331, 440.
Choiseul (duchesse de), I, 138*, 145, 246, 318, 323, 419, 439; II, 28, 343, 358.
Choiseul (de), archevêque de Cambrai, I, 390*, 439*.
Choiseul-Praslin (C. G. duc de), I, 242*, 258*, 304, 318, 323.
Choiseul-Romanet (comtesse de), I, 138*, 287.
Choiseul-Stainville (F. J. marquis de), I, 137*, 259.
Choiseul-Stainville (J. duc de), I, 245*, 390; II, 28*.
Chollé (de), II, 287*.
Christophe, II, 395.
Clairval, acteur, I, 246.
Clément de Ris, II, 430*.
Clénord, château, II, 98.
Clénord (de). V. Courtin.
Clermont-d'Amboise (de), I, 54*, 246, 278*, 383*, 408, 412*; II, 17.
Cochin, graveur, I, 115*.
Cochon de Lapparent, II, 308, 316, 317, 351*.
Coëtlogon-Laval (comte de), I, 26*.
Coëtlosquet (de), I, 20*.
Coigny (comte de), I, 16* et suiv.
Coigny (chevalier de), I, 160, 307*.
Coins (de), II, 77.
Coislin (marquise de), I, 267*.
Colbert. V. Croissy, Seignelay, Saint-Pouenge.
Collé, I, 398*.
Colombes, I, 9, 177.
Commère, général, II, 269.
Comnène (marquis de l'Ange-), II, 406*.

COMPAINS, II, 291, 294.
COMUS (Ledru, dit), II, 62*.
CONDÉ (prince DE), I, 30*, 66, 69, 71, 110, 114, 147, 227*, 249, 300, 347, 397; II, 55, 58, 61.
CONTI (princesse DE), I, 16*, 81.
CONTI (prince DE), I, 123*, 151, 168, 249, 300, 301; II, 8, 152, 331, 332.
Convulsionnaires, I, 266 et suiv.
CONZIÉ (DE), archevêque de Tours, I, 390*.
CORBIGNY (baron Chicoilet DE), II, 420, 423*.
CORBINEAU, général, II, 263*.
CORDOUAN (marquis DE), II, 126, 436*.
Cormeré, château, I, 280; II, 38.
CORSINI (prince), I, 140*.
COUPÉ (mademoiselle), I, 178*, 240, 297, 300; II, 35.
COURCY (marquis DE), II, 48*.
COURCY (Héron DE), I, 25*.
COURT DE GÉBELIN, II, 6*.
COURTENVAUX (marquis DE), 1, 9*, 183.
COURTIN DE CLÉNORD, II, 97*, 133, 397, 404, 425. V. DAYRELL.
CORATOIS, II, 291, 296.
COURVAL (madame DE), I, 154*.
COUSIN JACQUES (le). V. REGNY.
COUTHON, II, 136.
COUTURIER, I, 16.
CRAMAYEL (Fontaine de), I, 200*, 241, 297, 406; II, 441.
Crécy, château, II, 67.
CRÉMILLES (Boyer DE), I, 349*, 350.
CRÉNOLLES (marquis DE), I, 387*.
CRÈVECOEUR (Saint-John DE), II, 431*.
CROISETTE (madame), II, 129.
CROISSY (marquis DE), I, 187*.
CROMOT, II, 48*, 156*, 348.
CROZAT DE TIIIERS, I, 137*.
CROZAT DU CHATEL, I, 137*.
CUCÉ (marquis DE), I, 148*.
CUMBERLAND (duc DE), I, 37.
CUPER, II, 248*.
CUY (DE), I, 240.
CUY (Dufour DE), I, 165; II, 46*.
CYPIERRE (Perrin DE), I, 28*, 251*, 252, 253*, 281, 332, 334, 351, 377, 387, 395, 404, 424, 435; II, 31*, 75, 94.
CZARTORYSKI (prince), II, 20*.
CZERNICHEW (comte DE), I, 259*.

D

DABIN-BURET (mademoiselle), II, 249*.
DAMAS (DE). V. ANLEZY.
DAMIENS, I, 180*, 191.
DAMPIERRE (Petencul DE), I, 72*, 120, 122, 142.
DAMPIERRE (Picot DE), I, 114*.
DANGEVILLE (mademoiselle), I, 258*.
DANTON, II, 338, 426.
DARBOULIN, I, 320* et suiv.
DARBOULIN DE RICHEBOURG, I, 321*; II, 15, 259*, 347*.
DARCY, I, 215.
DARTHÉ, II, 336*.
DAUPHIN (abbé), I, 414*.
DAUPHIN DE FRANCE (Louis), I, 75*, 101*, 102, 134, 181, 187, 391 et s.
DAUPHIN DE FRANCE (Louis-J.-Xavier-François), II, 84*.
DAUPHINE (Marie-Josèphe de Saxe), I, 101*, 136, 182, 186, 187.
DAVID, peintre, II, 19, 158.
DAYRELL (madame), II, 97*, 133, 134, 397, 404, 425.
DELARUE, curé, II, 175, 176, 206, 216, 231.
DELARUE, député, II, 357*, et s.
DELATOUR, II, 323*, 325, 442.
DELESTRE, chirurgien, II, 210*, 390, 396, 402.
DELINDRE, II, 358.
DELORME. V. BOESNIER.
DESAIRES, II, 224, 226.
DESCHAMPS (mademoiselle), I, 265*, 271.
DESCHAMPS, député, II, 325*.
DESFONTAINES (Guydot), I, 7*.
DESFOSSÉS, II, 393, 395, 403.
DES FOURNIELS, I, 212*.
DESFRAY, II, 374, 389, 424.
DES GALLOYS DE LA TOUR, I, 212*, 213, 222, 248, 357; II, 41.
DESLON, médecin, II, 2*.
DESMAILLOT, II, 230*.

Des Martrais, I, 278*, 345.
Des Méloizes, II, 12*, 411*, 415*, 431*, 433*.
Des Perrières, I, 43, 44*.
Deux-Ponts (duc des), I, 400*, 403, 434*.
Diant, château, II, 13*.
Diderot, I, 339, 408; II, 17.
Didier (J. B.), II, 326*.
Dillon, II, 64*, 382*.
Dinocheau, député, II, 113*, 119, 136, 152*, 178, 182, 185, 189, 219, 221*, 232, 244, 246, 301.
Diziers. V. Guyon.
Dobel, musicien, I, 384, 422; II, 147.
Dodun, contrôleur général, I, 279*.
Domangeville (Thomas de Pange de), I, 386*; II, 195, 344*.
Dombes (prince de), I, 16* et suiv.
Donnezan (de Bonac, marquis), I, 91*, 106, 114, 145, 390, 439; II, 441.
Dorat, I, 397, 408; II, 17.
Dossonville, II, 150, 306 et suiv., 308*, 351 et suiv., 355 et suiv.
Doublet. V. Bauche.
Doublet (P. N.), II, 281.
Dounant de Chalville, I, 352*, 436*.
Dounant de Grandchamp, I, 436*; II, 107.
Droin de Saint-Leu, I, 349*.
Dromesnil (comte de), I, 49*.
Druillon, II, 79*, 81*, 293, 396.
Du Barry (comtesse), I, 388, 401, 420; II, 22 et suiv.
Du Barry le roué, II, 21*.
Du Bayet, général, II, 188*.
Dubois, commis, II, 419.
Dubois (madame), II, 120*.
Dubois-Crancé, II, 324*.
Du Bouset (comte), I, 66*, 71.
Dubreuil, médecin, II, 34*.
Du Buc, I, 417*; II, 219, 220*, 227, 243.
Ducerf. V. Duser.
Du Chatel. V. Crozat.
Du Chatelet (duc et duchesse), II, 28*, 199, 344.
Du Chayla, I, 173*.
Duchesne, II, 320.

Duchesnay, médecin, I, 198, 288, 292, 387, 409.
Du Cluzel, I, 278*, 439.
Ducos, médecin, I, 211.
Dufay, II, 224.
Duffau, II, 335*, 337.
Dufort (famille), I, 3*, 4*; II, 411*, 431*, 433* et suiv., 437.
Dufort (madame), comtesse de Cheverny, I, 52*, 153, 158, 174, 290; II, 208, 212, 431*.
Dufort de Cheverny (B. M. J. P.), I, 191*, 378, 413, 432; II, 12, 142*, 410, 411*, 431*.
Dufort de Cheverny (J. P. M.), I, 349*, 413; II, 25, 127, 138, 153, 227, 372, 431*.
Dufort de Cheverny (comtesse de Toulongeon, née), I, 230*, 411; II, 431*.
Dufort de Cheverny (E. J. C.), I, 349*.
Dufort d'Orsay (madame). V. Grimod-Dufort.
Dufort-La-Graullet, I, 12, 254.
Dufresse, général, II, 427*.
Du Gage (marquis), II, 52.
Duhalde (le Père), I, 206*.
Du Hamel, II, 328*.
Du Hautoy (marquis), I, 29*, 44, 131.
Du Jonquoy (Racine), I, 54*, 59, 246, 305; II, 327.
Du Juglard, II, 207*, 301, 415.
Duliépvre, II, 94, 96, 101, 163, 200, 211, 238, 265, 351, 416.
Duliépvre (l'abbé), II, 94, 119, 136, 163, 240, 265.
Du Liman, II, 358, 363, 367.
Dumas, I, 251*.
Du Monan, I, 111.
Dumoulin, médecin, I, 8*, 136.
Du Muy (marquis), I, 102*, 187.
Dunan, II, 357*.
Dupaquerot, I, 347*.
Du Parc (Lavechef), I, 25*, 32, 42.
Dupin, conventionnel, II, 197.
Dupin de Francueil, I, 87*, 440*.
Dupin de Chenonceaux (madame), I, 440*.

DUPLEIX DE BACQUENCOURT, I, 87*, 233, 237.
DUPLEIX DE PERNAN, I, 334*, 352, 379.
DU PLESSIS (Hardy), I, 264*.
DUPLESSIS, I, 195.
DUPONT, musicien, I, 15.
DUPONT (l'abbé), II, 113, 119, 374, 389.
DUPONT DE VEILLÈNE, II, 117*.
DUPRÉ, danseur, I, 145*.
DUPUIS (famille), I, 3*, 158; II, 435* et suiv.
DUPUIS DE VALIÈRE, I, 67, 317; II, 435*.
DUPUIS DE MARCÉ, I, 396, 435; II, 195, 436*.
DURAND, de Romorantin, II, 375, 378, 389, 391, 402, 404.
DURANTI, I, 216.
DURAS (duc DE), I, 71*.
DUREY DE MEYNIERES, II, 18*.
DUREY DE SAUROY, II, 9*.
DURFORT (comtesse DE), I, 369*.
DURINI, nonce, I, 62, 302.
DU ROLET (madame), I, 22.
DU RUMAIN, (comtesse), II, 18*.
DU SAILLANT (marquis), II, 215*.
DUSER (abbé), I, 66*, 112.
DUSSAULX, II, 109*.
DUTERTRE, II, 356* et suiv.
DU THUIT. V. DU JONQUOY.
DU TRONCHOT (Ruau), II, 435*.
DUVAL, commis, II, 298.
DUVAL, ministre, II, 386*, 409.
DU VIGIER, I, 406*.

E

ÉCREVILLE (marquis D'), I, 90*, 307*; II, 18.
ÉLISABETH DE FRANCE (Madame), II, 344*.
ENNERY (comte D'), I, 48*, 152, 175, 240, 408.
ENTRECASTEAUX (chevalier D'), I, 20*.
ÉPINAY (M. D'), I, 86*, 88, 233.
ÉPINAY (madame D'), I, 86*, 420, 421*.
ESCHASSÉRIAUX, député, II, 254.
ESMANGARD, II, 90, 131, 132*, 263*.

ESPAGNAC (abbé D'), II, 248*, 387.
ESPAGNAC (baron D'), II, 79*.
ESPARBÈS (madame D'), I, 244*.
ESPINCHAL (comte D'), I, 427*; II, 126, 406.
ESPRÉMÉNIL (D'), II, 4*.
ESTRADES (madame D'), I, 105*, 185*, 196.
ESTRÉES (duc D'), II, 37*.
ESTRÉES (Gabrielle D'), I, 335.
ÉTAMPES (famille D'), II, 7, 8*.
ÉTIGNY (D'). V. MÉGRET.
ÉTREHAN (marquis D'), I, 178*.
EU (L. de Bourbon, comte D'), I, 141*.

F

FABRE, I, 252.
FABRE D'ÉGLANTINE, II, 338.
Fantoccini, I, 422, 423*.
FAUCONNET, II, 287*.
FAUVE (madame), I, 383.
FAVARD (madame), I, 132.
FAVRAS (marquis DE), I, 341; II, 148, 249*.
FÉLIX, chirurgien du Roi, II, 437*.
FÉLIX, contrôleur de la maison du Roi, II, 437*.
FÉLIX fils, id., I, 21*, 24, 30, 32, 40, 53, 60, 65, 72, 105; II, 24*, 198.
FÉLIX (mademoiselle), I, 21*, 114, 143, 177; II, 16, 338.
FÉLIX, évêque, II, 437*.
FÉNELON (marquis DE), I, 220*.
FERRAND, I, 298*, 350.
FERRAND-VAILLANT, II, 185*, 241, 250, 354*.
FERRY, député, II, 198*, 235.
FEUILLANT, journaliste, II, 288*.
FEYDEAU, I, 8, 11, 157, 224*, 341.
FIEUBET (DE), I, 341*; II, 406.
FILLEUL (madame), I, 428*; II, 48*.
FINOT, II, 358.
FITZ-ROY (lord), I, 93.
FLAMARENS (de Grossolles DE), I, 45*, 73*, 382*.
FLAMARENS (marquise de G. DE), I, 406*; II, 80, 110, 126, 214.
FLAVACOURT (marquise DE), I, 319*.

FLAVIGNY (comte DE), I, 165*.
FLERS (DE), I, 48*, 57*, 87*, 114, 180.
FLESSELLES (DE), I, 95*, 96*; II, 85*.
FLEURY, II, 292*, 321, 324.
FLEURY (bailli de), I, 399*.
FLEURY (cardinal), I, 60, 182, 243, 300.
FLEURY (duc DE), I, 71*.
FLORENCE (la), I, 20.
FONTAINE. V. BIRÉ et CRAMAYEL.
FONTANIEU (DE), I, 46*, 58, 71, 92, 114, 179, 182, 187, 311; II, 58*.
FONTENELLE, I, 8.
FONTETTE (DE). V. ORCEAU.
FORBACH (comte DE), I, 434*.
FORBACH (comtesse DE), I, 400*.
FORGET (DE), I, 149*, 179.
Fossé, château, II, 14.
FOUCHARD, II, 128, 134, 146, 149, 152, 237, 294, 296.
FOUGIÈRES (marquise DE), II, 12*, 14*.
FOULON D'ESCOTIER, II, 126*, 174, 415.
FOUQUIER-TINVILLE, II, 179, 194*.
FOURQUEUX (madame DE), I, 58*.
FOUSSEDOIRE, député, II, 286*, 289, 292, 293, 294, 297, 299, 300.
FOYAL DE DONNERY, II, 240*.
FRANÇOIS DE NEUFCHATEAU, II, 398*.
FRANKLIN, I, 345; II, 174.
FRÉCINE, député, II, 112*, 114, 115, 117, 190.
FRÉMEUR (marquis DE), I, 221*.
FRÉMYN. V. SY.
FRÉMON, II, 307.
FRIESEN (comte DE), I, 420*.
FROIDURE, II, 108, 238*, 243, 256.
FRONSAC (duc DE), I, 268*, 269*.
FROULAY (le bailli de), I, 62, 243, 309.
Fructidorisés, II, 355 et suiv.

G

GAIGNAT, I, 116*; II, 329.
GALITZIN (prince), I, 249*, 250*, 259*, 286*.
GALLAND (mademoiselle), I, 201.
GALLES (prince DE), I, 57.
GALLIEN, II, 301.
GALLOIS (l'abbé), II, 366.

GAMACHE (mademoiselle). V. FORBACH.
GANDON, II, 309*, 316, 326.
GANIN, musicien, II, 179.
GARNIER (mademoiselle), I, 129.
GARNIER DE SAINTES, II, 172, 188, 218, 225, 306, 326.
GARSAULT (marquis DE), II, 48*.
GASVILLE (Goujon DE), I, 121*.
GAUCOURT (DE), I, 341*, 376, 384, 427; II, 98, 406*.
GAUDISSART, I, 400.
GAULARD (madame), I, 368*.
GAULTHIER DE BIAUZAT, II, 335*.
GAUTHIER, médecin, II, 225*, 237.
GAUVILLIERS, I, 377, 411, 433; II, 7, 9, 15, 77, 139, 215, 267, 388, 397.
GAY-VERNON, II, 364*.
Gémenos, château, I, 222.
GENLIS (marquis DE), I, 45*, 175.
GENTIL (mademoiselle), I, 15, 143.
GEOFFRIN (madame), I, 116*, 160, 407.
GÉRENTE. V. JARENTE.
GERMAIN, II, 313* et suiv., 336*.
GERMAIN (J. P.), II, 431*.
GERMON, I, 340, 397, 408.
GESVRES (duc DE), I, 64*, 105, 180.
GIDOUIN, II, 132, 134*, 182, 206, 216, 231, 242, 268 et suiv., 296, 321, 355, 363, 401, 407, 408.
GILOT (madame), I, 381*, 382.
GIOT, II, 412*.
GIRARD, II, 291, 296.
GIRAULT DE MOUSSY, I, 21, 177*, 236, 248; II, 16, 338.
GITON, II, 248.
GLATIGNY (DE), I, 264*.
GOESLARD, II, 314.
GOMBOUT, I, 258.
GONTAULT (duc DE), I, 137, 138*, 185, 244, 390.
GORSAS, II, 186*, 188, 222.
GOULARD, II, 273.
GOULU, II, 277.
GOURGUES (DE), II, 195*.
GOUTHIÈRE, curé, II, 94, 199, 201, 258, 291, 303.
GOUY D'ARSY (marquis DE), I, 26*.
GRADIS, I, 206*.
GRAMONT (chevalier DE), I, 19*.
GRAMONT (comte DE), I, 102*.

29.

GRAMONT (duchesse DE), I, 245*, 390, 419; II, 23, 199, 220, 228, 263, 344.
GRANDCHAMP (DE). V. DOUNANT.
GRANDMAISON. V. DABIN.
GRANDVAL (DE). V. POYREL.
GRAVEZON (comte DE), I, 58*, 114.
GRÉGOIRE (l'abbé), II, 111, 114*, 117*, 120*, 144, 160*, 295, 300, 303, 304, 366, 424.
GRÉTRY, II, 147.
GREUZE, I, 286*.
GREVENBROCH (baron DE), I, 92.
GRILLEAU (Michel DE), I, 437*.
GRIMALDI (baronne DE), II, 194*.
GRIMM (baron DE), I, 286*, 420*.
GRIMOD-DUFORT, I, 164*.
GRIMOD-DUFORT (madame), I, 164*, 209*, 215*; II, 52.
GRIMOD D'ORSAY, I, 165*.
GRIMOD DE LA REYNIÈRE, I, 164*.
GRISEL, capitaine, II, 312*.
GROLÉE (marquise DE), I, 223*.
GROSSOLLES (mademoiselle DE), II, 214. V. FLAMARENS.
GUÉMÉNÉE (prince de Rohan), I, 247*, 283*.
GUERCHEVILLE (DE). V. GUYON.
GUERCHY-NANGIS (DE), I, 134*; II, 421*, 441.
GUIBERT (Michel), II, 202.
GUILLAUDEU (DE), II, 156*, 441.
GUILLON, II, 389, 390, 399, 404, 407.
GUIMBERTEAU, député, II, 176, 178, 408.
GUINDANT, médecin, I, 424*, 427; II, 94.
GUYON DE DIZIERS, I, 343*, 405*.
GUYON DE GUERCHEVILLE, I, 344*, 405*.
GUYON DE MONTLIVAULT, I, 289, 324, 405*.
GUYOT, I, 435; II, 239, 243, 333, 338.

H

HACHIN, I, 438; II, 323.
HADOU, chirurgien, II, 381.
HALLENCOURT (D'). V. DROMESNIL.
HALWEIL (comte D'), I, 122*.
HARCOURT (maréchal D'), I, 277*.
HARCOURT (comte et comtesse D'), I, 278*, 280, 312, 345.
HARCOURT-BEUVRON (marquis D'), I, 105*.
HARIAGUE, I, 426*; II, 307.
HARVELAY (MICAUT D'), I, 273*, 354.
HARVILLE (D'), I, 171*.
HAUTEFORT (marquis D'), I, 62*.
HÉBERT (Antoine), I, 71*, 183.
HÉBERT (André), I, 121*.
HEERE (comte DE), II, 16*.
HELVÉTIUS, I, 385*.
HÉNAULT (le président), I, 64*, 73, 101.
Hénonville, château, I, 152, 238; II, 57.
HENRI IV, I, 336*, 342.
HENRIETTE-MARIE DE FRANCE, reine d'Angleterre, I, 9*.
HÉRAULT DE SÉCHELLES, I, 133*; II, 109*.
HÉRICOURT (chevalier D'), I, 19*.
HÉROUVILLE (comte D'), I, 204*.
HERRY DE MAUPAS. V. MAUPAS.
HÉZINE, II, 128, 148, 163, 182, 188, 201, 210, 231, 260, 268 et suiv., 283, 297, 306, 317, 363, 375, 379, 401, 442.
Hièmes, haras, II, 48.
HILDEBRAND, II, 184.
HOCHE, général, II, 298.
HOLBACH (baron D'), I, 399.
HOSTY, médecin, I, 290*, 292 et suiv.
HOUDETOT (D'), I, 277*.
HOUDON, sculpteur, II, 257, 340.
HUMIESKA (princesse), II, 44.
HURAULT (famille), I, 280, 335* et s.; II, 438.
HURAULT DE SAINT-DENIS, I, 344*; II, 208*, 370, 404*.
HURAULT DE VIBRAYE, II, 431*.

I

IMBLAT (mademoiselle), I, 129.
INFANTE (L. E. DE FRANCE, dite Madame), I, 7*, 103*, 226, 238*.
Inoculation, I, 290 et suiv.

J

JALBERT, II, 314, 315.
JANNEL, I, 287*, 365.
JARENTE (L. S. DE), évêque, I, 58*.
JARENTE (L. F. DE), évêque, II, 74*, 111, 139.
JAVILLIERS, I, 16.
JELYOTTE, I, 98*, 205, 248, 304, 334, 352, 355, 439; II, 330 et s., 366*.
JOGUES. V. MARTAINVILLE.
JONVILLE (Chaillon DE), I, 168*.
JOUAN (DE), I, 26.
JOUANNEAU, II, 417.
JOUSSELIN, II, 134, 324.
JUIGNÉ (DE), archevêque de Paris, I, 209*; II, 217*.
JULIEN, de Toulouse, député, II, 153*.
JULLY (La Live DE), I, 86*, 116, 189, 195, 266, 273*, 282, 284, 314, 420.
JUMEAU, I, 378; II, 177, 199, 217, 255, 391.
JUSSIEU (DE), I, 8.

K

KAUNITZ (comte DE), I, 62, 76 et suiv., 108, 111, 303.
KESSEL (DE), I, 390*.
KNYPHAUSEN (baron DE), I, 249*, 250*, 251.

L

LA BARRE, I, 266* et suiv.
LA BOISSIÈRE (DE), I, 116*.
LA BOISSIÈRE-CHAMBORS (DE), I, 74*.
LA BORDE (Jean-Joseph DE), I, 273*, 283, 298*, 379*, 386; II, 199, 331*.
LA BORDE (Jean-Benjamin DE), I, 4*, 58, 233, 298*, 350, 369, 401*, 406, 434; II, 23, 83, 199.
LA BOSSIÈRE. V. RANGEARD.
LA BRETONNERIE (DE), II, 309, 316.
LA BRICHE (La Live DE), I, 187*, 314, 325*.
LA BRISOLIÈRE (DE), II, 87* 119, 126, 180, 185, 282*.
LACAILLE, II, 291, 294.
LA CERDA (marquis DE), I, 147*.

LA CHABRERIE. V. DU CLUZEL.
LA CHAISE (marquis DE), II, 402.
LA CHATEIGNERAIE (Fournier DE), II, 326*.
LA CHÉTARDIE (marquis DE), I, 145*.
LA CLUE (marquis DE), I, 221*.
LADUYE (de la Fon DE), II, 208*, 413.
LAFAYETTE (général DE), II, 107.
LA FERTÉ-SENECTERRE (DE), I, 355*, 425*; II, 126, 267, 373.
LAFFON-LADÉBAT, II, 357* et suiv.
LA FORCE (DE). V. CAUMONT.
LA FRESNAYE, I, 151.
LA FRESNAYE (DE), II, 48*.
LAFRÉTÉ, I, 354*, 441; II, 15, 85, 263, 348.
LA GALAISIÈRE (Chaumont DE), I, 28*, 50, 214, 352*.
LA GALISSONNIÈRE (Barrin DE), II, 301*.
LA GARDE (DE), I, 11*.
LA GONDINAYE (DE), II, 151, 208.
LA GRANDIÈRE (Benoit DE), I, 242, 294*.
LA GRANGE (Le Lièvre, marquis DE), I, 131*.
LAGRANGE (Robbé DE), II, 152, 185, 219, 221*, 227, 228, 244, 246, 299, 349 et suiv., 409.
LA GUICHE (marquis DE), I, 413*.
LA HAYE (DE), I, 369*.
L'AIGLE (marquis DE), II, 406*.
LA LANDE (DE), II, 309, 316.
LA LIVE DE BELLEGARDE, I, 86*. V. JULLY, ÉPINAY, LA BRICHE.
LALLEMANT. V. LEVIGNEN et NANTOUILLET.
LA MARCHE (comte DE), I, 123*, 349.
LA MARTINIÈRE (Pichault DE), I, 142*, 180, 189.
LAMBERT (mademoiselle), II, 309.
LAMBOT, II, 225.
LAMETH (DE), I, 131*, 133*, 202*; II, 95, 387.
LAMI, II, 317.
LA MICHODIÈRE (DE), I, 137*; II, 441*.
LA MINA (marquis DE), I, 300.
LAMOIGNON (DE), I, 289*; II, 103.
LANGERON (maréchal DE), I, 77*.
LANSMATE. V. LASMARTRES.
LA P*** (madame DE), I, 261* et suiv.

La Pagerie (de), II, 302*, 349, 384*.
La Pallu (marquis de), II, 87*, 89, 126.
La Pérouse, II, 20*.
La Peschellerie (de), I, 230*.
La Peyronie (de), médecin, I, 8*.
La Porte (de), II, 173*, 185, 260, 285, 308, 312, 316, 392, 415.
L'Arche (de l'Écluse de), II, 77*.
La Roche-Mouhet (Martin de), II, 289*, 290, 295.
La Saussaye (de), II, 405*.
Lasmartres (Damblard de), I, 125*.
Lassay (hôtel de), I, 109*.
Lasteyrie (de). V. du Saillant.
La Tour. V. des Galloys de... et Delatour.
La Tour (bailli de), II, 87*, 89, 119, 126.
La Tour d'Aigues (Bruni de), I, 218*.
La Tour d'Auvergne (de), I, 42, 432*.
La Tour de Clairvaux (de), II, 147.
La Tournelle (de), I, 61, 63, 77, 273.
La Trémouille (duchesse de), II, 15*.
L'Aubépin (marquis de), I, 296*.
Launay (Cordier de), I, 411*.
Launay (mademoiselle), I, 26.
Laurenceot, député, II, 250, 264, 266, 268, 409.
Lauzun (duc de), I, 246*, 353, 439; II, 199.
Laval-Montmorency (comte de), I, 102*, 181.
Laval-Montmorency (duc et duchesse de), I, 390*; II, 15*.
Laval-Montmorency (vicomtesse de), I, 232*, 355; II, 15.
Laval (la Fagerdie de), II, 401*, 402.
La Valette (de). V. Thomas et Cuicoyneau.
La Vallière (duc de), I, 99*, 106, 149, 299.
La Vallière (duchesse de), I, 260*.
La Vauguyon (duc de), I, 283*, 308, 391.
La Vaupalière (de), II, 43*.
La Villeheurnois (de), II, 357* et s.
Lavoisier, II, 79*, 80, 81*, 101, 196.
La Voypière, II, 312, 315, 316.
La Vrillière (de). V. Phélipeaux.

Lays, II, 257*.
Lebel, I, 71*, 125, 260.
Le Boullanger, I, 11*, 16*, 97*, 177*, 264, 378*; II, 436*.
Lebret, II, 83, 259.
Lebrun, consul, II, 423.
Lebrun (madame Vigée), II, 157*.
Lecarlier, ministre, II, 385*.
Lecerf (abbé). V. Duser.
Leclerc, député, II, 410*.
Le Clerc de Juigné. V. Juigné.
Le Clerc de Lesseville, I, 41*.
Lecomte, juge de paix, II, 399.
Lecomte (M. et madame), I, 235*, 361.
Leconte, II, 394.
Leconte de Roujou, II, 291, 298, 374, 389, 391, 399, 404, 410, 411.
Lecouteulx (l'abbé), I, 426.
Lecouteulx du Moley, II, 20*, 108, 209, 230, 247, 263, 339*.
Lecouturier, I, 97*.
Leddet, II, 298.
Lefebvre. V. Ammécourt, Chailly, Mécrigny.
Le Fèvre de Caumartin, I, 28*; II, 174.
Lefèvre, notaire, II, 298.
Lefranc de Pompignan, I, 215*.
Le Gendre (famille), I, 47*, 156*, 214; II, 259, 338, 348, 374.
Le Gendre (madame), I, 47*, 152, 162, 399, 404, 414.
Le Gendre, comte d'Onsenbray, I, 152*, 157*, 441*.
Le Gendre de Luçay, II, 27*, 87, 90, 194, 197, 198*, 259.
Le Gendre de Villemorien, I, 350*, 369*; II, 25, 63, 80, 82, 194.
Le Gentil (madame), I, 43*.
Le Gentil, marquis de Paroy, I, 43*, 128, 170, 248, 257, 290; II 327, 328*.
Le Jay (madame), I, 157*.
Le Loutre, sellier, I, 67.
Le Maignen, II, 389.
Le Mairat, I, 152*.
Lemaure (mademoiselle), I, 144*.
Lemétayer, chouan, II, 379*.
Lemierre, I, 89*.
Le Moine, II, 268* et suiv.

Le Moine, II, 289.
Le Monnier, I, 54*, 246.
Lenoir, I, 404*, 415.
Lenoir de Chanteloup, I, 295*.
Lenormand d'Étioles, I, 267.
Lenormand de Tournehem, I, 321.
Le Pelletier (famille), I, 8, 11, 341.
Le Pelletier de Morfontaine, I, 23*, 97, 278*, 348.
Le Pelletier de Rosambo. V. Rosambo.
Lepetit, II, 181, 268* et suiv.
Lépine, II, 112.
Lépinot (madame de), I, 170*.
Lerasle, I, 345.
Le Ray de Chaumont, I, 345*; II, 126, 174, 317.
Leroi de Séqueville, I, 274*, 285.
Leroux, chouan, II, 379*.
Leroy, II, 395.
Leroy, médecin, I, 414*.
Lespinasse (de), I, 174.
Lestevenon de Berkenroode, I, 249*; II, 18*, 365*.
Lestrange (de), général, II, 312.
Le Tellier, II, 357* et suiv.
Le Tessier. V. Montarsy.
Le Tourneur, I, 11*, 257*.
Le Tourneur, directeur, II, 353*.
Le Vasseur de la Sarthe, député, II, 176, 181, 268 et suiv.
Levignen (Lallemant de), I, 399*.
Levrad, II, 326.
Leyridon (de), II, 135.
Lhéritier, II, 395.
L'Hôpital (marquis de), I, 49*, 143*, 157, 242.
Liancourt (duc de la Rochefoucauld-), I, 401*, 413.
Lieuray (baronne de), I, 332*.
Liger, II, 389, 413, 414.
Lignerac (Robert de), duc de Caylus, I, 384*.
Limousin, II, 91, 201.
Listal, médecin, I, 199, 202.
Livry (marquis et marquise de), I, 64*, 99, 110, 172.
Lointier, curé, I, 104*.
Lolotte (mademoiselle), I, 92*, 204.
Loménie. V. Brienne.

Londres, I, 34 et suiv.
Longaulnay (chevalier de), I, 248*.
Lordat (comte de), I, 165*.
Lorraine (princes Charles et Camille de), I, 40*, 82*. V. Brionne et Pons.
Lorry, médecin, I, 402*.
Losme-Salbray (de), I, 416*.
Louis XV, I, 6, 7, 16, 69, 72, 82, 93, 98, 99, 101, 106, 118, 124, 126, 138, 149, 150, 171, 173, 179, 181, 184, 187, 193, 226, 228, 228, 242, 244, 260, 261, 295, 296, 303, 319, 321, 323, 365, 388, 400*; II, 36, 37.
Louis XVI, I, 242, 310, 403, 407, 409, 413; II, 68, 75, 107, 108, 123, 228.
Loupain (madame), II, 363.
Lowendal (maréchal de), I, 53*.
Luçay (de). V. Le Gendre.
Luker (de), II, 373*.
Lure, II, 9.
Lusace (comte de), I, 102*, 182.
Lussan (de). V. du Bouset.
Lutaine-Beignoux, II, 21, 217, 223, 230, 399, 404, 407, 408, 425.
Luxembourg, aboyeur, I, 251*.
Luxembourg (chevalier de), I, 353.
Luxembourg (duc de), II, 75*, 78, 81.
Luxembourg (duchesse de), II, 331.
Luynes (duc et duchesse de), I, 64*, 73*, 101, 141.
Luzarches (de), II, 106.

M

Machault (de), I, 9*, 68, 103*, 180*, 183*, 185, 189, 367, 369, 404.
Macquer, chimiste, II, 32*.
Madon, château, II, 127, 247.
Madon (cahier et courrier de), II, 111*, 221*.
Magnanville, château, I, 353; II, 85.
Magnesiti (comte), II, 62.
Mahi (famille), I, 341*; II, 148, 249*, 379.
Mahi de Cormeré, I, 280*, 331*, 340; II, 249.
Maillé (de), I, 344*, 426.

MAILLEBOIS (comte DE), I, 71*, 125, 182, 188, 189, 397; II, 441.
Mailleraye (la), château, I, 277*.
MAILLY (DE), I, 267*.
MAINTENON (madame DE), I, 412.
MAISON, chanoine, II, 304.
MALARTIC (DE), I, 156*, 214*, 414*.
MALBOISSIÈRE DE PULLY (Randon DE), II, 16*.
MALESHERBES (DE), I, 405*.
MALEYSSIE (marquis DE), II, 242*.
MANIBAN (DE), I, 64*.
MARCANDE (DE), I, 178.
MARCÉ. V. DUPUIS DE MARCÉ.
MARCHAIS (Binet DE), I, 298*, 406.
MARIE-ANTOINETTE (la reine), I, 242, 403, 413; II, 28, 31, 75, 84, 228.
MARIE LECZINSKA (la reine), I, 64, 73, 98, 101, 181.
MARIGNY (marquis DE), I, 72*, 115, 117, 121, 123*, 172, 174, 181, 188, 280, 304, 312, 316, 323, 341, 351, 362, 428*; II, 144.
MARISY (Legrand DE), II, 417*.
MARMÉ, II, 252.
MARNIER, I, 36, 120, 167.
MAROLLES (Poillot DE), II, 403*.
MARQUISE (mademoiselle), I, 75*; II, 59.
MARSAN (comtesse DE), I, 104*, 183, 283, 398.
MARSILLY (Commines DE), II, 51*.
MARTAINVILLE (Joques DE), I, 232*, 352; II, 14, 83, 86, 381.
MARTIN (mademoiselle), I, 212.
MASARE, geôlier, II, 154, 205, 231, 280, 294.
MASONES DE SOTOMAYOR (don), I, 227*.
MASSALSKI, I, 407*, 410.
Massiac (hôtel et club de), I, 428*; II, 220*.
MASSON, I, 64*.
MASSON (famille), I, 339*. V. PEZAY.
MATALONE (duc DE), I, 140.
MATHIEU DE LÉPIDOR, I, 332*, 353.
MATIGNON (comtesse DE), II, 31*.
MAUPAS (Herry DE), I, 346*, 382; II, 70, 80, 415.
MAUPEOU (DE), I, 54*, 170, 389*, 420.
MAUREPAS (comte et comtesse DE),
I, 404*, 405, 406, 407, 409, 416, 425; II, 215, 228.
MAURY (l'abbé), II, 104, 110.
MAUSSION DE CANDÉ, I, 435*; II, 32.
MAYNEAUD DE COULANGES, I, 379*.
MAYNEAUD DE LA TOUR, I, 48*, 379; II, 9*.
MAZADE (madame), I, 48*, 147, 152, 240, 379.
MAZARIN (duc et duchesse DE), I, 147*, 244*.
MAZIÈRES, I, 332.
MAZURIÉ. V. LEMÉTAYER.
MÉDAVY (maréchal DE), II, 45*.
MÉGRET DE SÉRILLY, I, 386*, 400, 441; II, 2, 24, 107, 125, 195, 344 et suiv.
MÉGRET D'ÉTIGNY, I, 208*, 386*; II, 107, 195, 344.
MÉGRIGNY (l'abbé Lefebvre DE), I, 23, 29, 131, 165, 191, 248, 277, 291, 292.
MELFORT (comte DE), I, 127*; II, 174.
MÉLIAND, I, 133*.
MÉLOIZES. V. DES MÉLOIZES.
MÉNAGEOT, peintre, II, 157*.
Ménars, château, I, 280; II, 144, 301.
MENJOT DE CHAMPFLEUR, II, 219, 242*, 431*.
MENOU (DE), II, 104, 224, 343*.
MERCIER, II, 366.
MERCIER (famille), I, 25*; II, 198*.
MERCIER SAINT-VIGOR, I, 25*, 72, 122, 125.
MERCY-ARGENTEAU (comte DE), I, 78*.
MERCER, I, 43, 44*, 170, 248.
MERLES (DE) de Beauchamp, I, 58*, 114*.
MERLET, I, 255.
MERLIN DE DOUAI, II, 300*, 306, 307, 384, 391 et suiv., 403*.
MERLIN DE THIONVILLE, II, 188.
MESDAMES DE FRANCE, I, 103, 149, 182, 186, 226, 238. V. ADÉLAÏDE, INFANTE, VICTOIRE.
Meslay, château, II, 312.
MESMER, II, 1, 6.
MESNARD, I, 55*, 65, 105, 275, 280, 344; II, 440.

INDEX.

Mesnard de Chousy, I, 55*, 72, 275; II, 76*, 248*, 249, 440.
Mesnard de Clesles, I, 55*, 275*; II, 3.
Mesplesse (baronne de), I, 205.
Meulnier, II, 418.
Meunier (l'abbé), II, 396.
Millemont, château, II, 348*.
Mirabeau (comte de), II, 95, 104.
Mirabeau (vicomte de), II, 105.
Mirepoix (maréchale de), I, 100*.
Mirepoix (marquis de), I, 71*.
Mittié, médecin, II, 258.
Moges (de), I, 240*, 426*; II, 307.
Monaco (prince de), I, 75*, 91, 106, 153*.
Moncrif, I, 64*, 73, 101, 196.
Monet (Jean), I, 236*, 265.
Monnier, II, 261.
Montarsy (Le Tessier de), I, 5*; II, 436*, 437.
Montaudouin (de), II, 290*.
Montbarey (prince de), I, 412*.
Mont-Carmel (ordre du), I, 275*.
Montebise (marquis de), II, 126*, 436*.
Montecler (de), I, 57*, 248*.
Montesquiou (marquis de), I, 289*.
Montgeron (Parat de), I, 251*.
Monthulé (de), I, 57*.
Montigny (Chartraire de), I, 56*, 224*, 364.
Montjoie, II, 387*.
Montlivault (de). V. Guyon.
Montmorency (Henri II, duc de), I, 214*; II, 8. V. Laval et Luxembourg.
Montmorin (de), I, 376*; II, 344*, 346*.
Montpellier (madame de), I, 107*, 114, 203, 205.
Montpipeau, château, I, 278*.
Montyon (Auget de), I, 427.
Monville (de). V. du Jonquoy.
Moracin, I, 200*; II, 387*.
Moras (Peirenc de), I, 58*.
Moreau (l'abbé), II, 396.
Motteville (le président de), I, 96*.
Mouchy (maréchal de), II, 199*.
Mouhy (chevalier de), II, 18*.

Moulnier, II, 324, 325, 372.
Moussy. V. Girault.
Mun (comte de), I, 106*, 120, 385.
Murat (de), I, 408*.
Murinais, II, 357* et suiv.
Musset (de), I, 335*.

N

Nantouillet (Lallemant de), I, 348*, 399*.
Napoléon. V. Bonaparte.
Narbonne (marquise de), I, 103*.
Nassau (prince de), II, 20*.
Natoire, peintre, II, 157.
Navailles (de), II, 331.
Necker (baron), I, 409, 426; II, 108.
Néel (comte de), II, 156*.
Nestier (Cazeau de), I, 127*.
Nettine (de), I, 273*, 298*, 385.
Neuilly (Brunet de), I, 127*.
Nevers (duc de), I, 32*.
Neveu (de), II, 364*.
Nicolaï (président de), I, 432*.
Nicolet, I, 381*.
Nigot de Saint-Sauveur. V. Saint-Sauveur.
Nini (J. B.), II, 174*.
Nique, médecin, I, 209.
Noailles (duc de), I, 297*; II, 34, 73, 220.
Noailles (marquis de), II, 339. V. Ayen, Mouchy, Poix.
Noailles (famille de), I, 157; II, 228.
Noé (de), I, 209*, 248*; II, 67*.
Nogaret (comte de), I, 168.
Noguez, I, 379*; II, 193.
Noiret (Roger), II, 418.
Nusse (l'abbé), II, 119.

O

O'Donnell, II, 148*, 154, 406.
O'Dune, I, 176*, 248, 421.
Ogier (le président), I, 109*, 152, 329*.
Oginski, II, 43*.
Ogny (Rigoley d'), I, 8*, 56*, 217, 224*, 248, 250, 256, 364, II, 367.
Oilliamson (marquis d'), II, 48*.

Olavidès, I, 205*, 310, 333, 421, 437, 439; II, 1, 20, 57, 103, 209*, 230, 247, 255, 264, 266, 334, 368, 379, 381, 383.
Olivier, peintre, I, 423.
Ombreval (marquis d'), I, 95*.
Onsenbray. V. Pajot et Le Gendre.
Onzain, II, 126, 174.
Orbessan (madame d'), II, 48*.
Orceau de Fontette, II, 85*.
Orléans (duc d'), régent, I, 53.
Orléans (duc et duchesse L. P. d'), I, 16*, 43, 69, 75, 114, 128, 227, 244, 290*, 398, 419; II, 59, 61, 68.
Orléans (L. P. J. duc d'), I, 55*, 247*, 385*; II, 69*, 83, 84, 89, 387, 397.
Ormes Saint-Martin (les), I, 195*.
Ornano (comte d'), II, 328*.
Orry, I, 190*.
Orsay, château, I, 166.
Orsay (comte d'), I, 165*.
Osmont (comte d'), I, 131, 152, 165, 166, 238, 248, 249; II, 45* et suiv.
Osmont (d'), évêque, I, 223, 248, 304, 352, 355; II, 45*, 60, 86, 382.
Osmont (famille d'), II, 45*, 63*, 64*, 382*.
Ossun (marquis d'), I, 211*, 227.
Ourches (comte d'), I, 29*.

P

Pajon de Chambaudière, II, 77, 309*, 312, 316, 334.
Pajot (famille), I, 157; II, 18.
Pajot de Marcheval, I, 28*, 50; II, 155, 156*, 256, 303.
Pajot d'Onsenbray, I, 152*, 157, 291.
Pajou, sculpteur, I, 18*, 95; II, 257, 340, 341 et suiv.
Pallu, I, 105*.
Panat (l'abbé de), I, 209*
Pange (Thomas de), I, 386*; II, 195, 345*, 346*.
Papillon d'Auteroche, II, 27*, 198*.
Papillon de Fontpertuis, I, 71*, 98.
Papillon de la Ferté, II, 27*, 198*.

Pardessus, II, 241, 324*.
Paris (la), I, 353*.
Paris-la-Montagne, I, 370*.
Paroy, château, I, 128*.
Parson, I, 176*.
Paulmy (marquis de), II, 142*.
Péan, II, 128, 146* 189, 249, 260, 401.
Péan, curé, II, 275.
Péan (de), I, 344*, 356*; II, 126, 176.
Pechméja, I, 334*, 352, 355; II, 33.
Peilhon, I, 237*, 438.
Peirard, médecin, I, 8*.
Pélissier (mademoiselle), I, 9, 178.
Pelletier. V. Le Pelletier.
Penthièvre (duc de), I, 120*; II, 67.
Périer (les frères), II, 27*.
Pérignat (de), II, 175*, 182, 260.
Pernan (de). V. Dupleix.
Perrin de Grégaine, I, 28, 252; II, 9. V. Cypierre et Chevilly.
Pert (de), II, 3.
Pestre (de), comte de Sénef, II, 81*.
Pétion, II, 109, 160.
Petit de Villanteuil, II, 112*, 117.
Pezay (Masson, marquis de), I, 340*, 397, 407, 408*; II, 17, 407.
Phélines (de), II, 80*.
Phélipeaux, archevêque de Bourges, I, 381*, 439; II, 80, 214.
Phélipeaux (comtesse), II, 126*, 215*.
Phélipeaux, fermier, II, 98.
Phélipeaux de Saint-Florentin, duc de la Vrillière, I, 60, 67*, 71, 105, 158, 189, 280, 311, 317.
Philidor (Danican), I, 233, 236*.
Pibrac, chirurgien, I, 268*, 269.
Picard-Gaudron, II, 377.
Pichegru, général, II, 252, 340*, 357* et suiv.
Picot, I, 202.
Pierrecourt (marquis de), II, 415*.
Pierrevert (Bernier de), I, 48*, 152, 240, 297.
Pignatelli (comtesse de), I, 290*.
Pilet, II, 360.
Pilos (comte de). V. Olavidès.
Pinon (famille), I, 97*, 378*, 412*; II, 441.
Pizani (le chevalier), II, 124*.

PLASSIARD (l'abbé), II, 119.
PLASSIARD, Lazariste, II, 209.
PLESS (baron DE), I, 92.
PLEURRE (DE), I, 170*.
PLUCQUET, II, 277.
POBELLE, II, 141.
POINTEAU, I, 338; II, 321.
POISSON (famille), I, 298*. V. POMPADOUR, MARIGNY.
POISSON DE MALVOISIN, II, 80*, 144, 301.
POITIERS (Diane DE), I, 335*.
POIX (princesse DE), I, 391*.
POLASTRON (DE), II, 432, 434*.
POLIGNAC (duc et duchesse DE), I, 431*, 433; II, 68.
POLIGNAC (marquis DE), I, 11*, 278, 430*, 438; II, 89.
POMEREU (DE), I, 97*, 247*, 289.
POMEREU (madame DE), I, 247*, 330, 334, 348*.
POMPADOUR (marquise DE) I, 68*, 84, 98, 99, 105, 106*, 115, 138, 181, 183, 185, 188, 190, 227, 232*, 242, 244, 260, 280, 297, 298, 311, 316, 318, 320, 323*, 332; II, 61, 67, 301.
POMPIGNAN. V. LEFRANC.
PONCHER, conseiller d'État, I, 435*; II, 440.
PONCHER, évêque, I, 435*.
PONCHER (famille), I, 9*, 47, 435*; II, 434* et suiv.
PONIATOWSKI, I, 116*, 410.
PONS (prince DE), I, 82*.
PONS-SAINT-MAURICE (comte et comtesse DE), I, 379*, 395.
PONTCIBAUD (chevalier DE), II, 14*, 22.
PONT-SAINT-PIERRE. V. RONCHEROLLES.
PORCHER, II, 399, 421.
PORLIER (l'abbé), I, 15, 19, 46.
POTEL, II, 435.
Pougues (eaux de), II, 8.
POULAIN (mademoiselle), II, 247*.
POUSSE, médecin, I, 8*, 136*.
POWERSCOURT (lord), I, 146*, 307.
POYREL DE GRANDVAL (famille), I, 3*, 435*; II, 434* et suiv.
PRASLIN (DE). V. CHOISEUL
PRÉAUDEAU (madame), I, 368*, 369.

PRÉSINVILLE (DE). V. BOULLONGNE.
PUISIEUX (marquis DE), I, 150*, 175.
PUPIN (l'abbé), I, 5, 12.
PUY, I, 322.
PUYSÉGUR (marquis DE), I, 64*, 108.

Q

QUENTIN, II, 295.
QUENTIN (madame), I, 6*. V. CHAMPCENETZ, CHAMPLOST.
QUÉRU, II, 167.
QUINAULT (mademoiselle), I, 32*, 363.
QUINDAM. V. GUINDANT.

R

RABODANGES (DE), I, 425*; II, 83.
RAISON, I, 22.
RAMEL, II, 357* et suiv.
RAMEL, ministre, II, 393.
RANCOGNE (marquis DE), I, 346*, 382; II, 14*, 115, 126, 142, 168, 202, 207, 216, 231, 239, 243, 255, 309, 312, 316, 388, 415, 421, 423.
RANDON D'HANNEUCOURT, I, 383*.
RANGEARD DE LA BOISSIÈRE, II, 77*, 175, 182.
RANGEARD DE LA CHARMOISE, II, 405*.
RANGEARD DE VILLIERS, II, 148, 185, 249.
RAOUX (l'abbé), II, 78.
RAYNAL (l'abbé), I, 304*, 315, 355; II, 33.
RAZILLY (marquis DE), I, 64*.
RAZINS (DE) de Saint-Marc, I, 29*, 115, 131, 236, 307, 315.
RÉAL, II, 313* et suiv., 327.
RÉGNY (Beffroy DE), II, 354*.
REINARD (l'abbé), II, 255, 334, 368, 383.
RÉMÉON (DE), II, 405*.
REMIÈRE, I, 274, 348, 364, 370.
RENAUDOT (l'abbé), I, 170*.
RENEL (DE), I, 54*, 246.
REPNIN (prince), II, 44*.
RESTIER, I, 29.
REVENTLAW (comte DE), I, 62.
RICHARD, I, 47*, 48, 152.
RICHARD DE SAINT-NON (l'abbé), I, 33*, 240, 420.

Richebourg (de). V. Darboulin.
Richelieu (maréchal de), I, 71*, 138, 181.
Richemont (duc de), I, 93.
Ricolet, II, 100.
Rigoley d'Ogny. V. Ogny.
Rigoley de Juvigny, I, 8*.
Rivié de Ricquebourg, I, 26*.
Rivière, II, 312.
Robbé de Beauveset, II, 152*.
Robbé de Lagrange. V. Lagrange.
Robert, II, 406*.
Robespierre, II, 230, 237, 308, 362*, 407.
Robin, peintre, II, 224*.
Rochambeau (de), II, 411.
Rochechouart (de), I, 243.
Rochecotte (comte de), II, 408*.
Rochegude (de), I, 438.
Rochejean (l'abbé), II, 119* 134, 136, 137, 144, 151, 189, 205, 216, 229, 233, 258, 408.
Rocheplate (baron de), I, 121*.
Rocquemont (de), I, 78.
Roederer, II, 387.
Roger (madame), religieuse, II, 247*.
Rohan (de), I, 45*, 99*, 104*, 183, 185, 247*, 260, 283*, 400.
Rohan (cardinal de), I, 428*; II, 64, 75, 104.
Romé de Vernouillet (marquis de), I, 5*; II, 13*, 93, 119, 122, 148, 152*, 178, 189, 248.
Roncherolles (marquis de), I, 229*; II, 258, 267, 374.
Rosambo (Le Pelletier de), I, 131*, 240, 297.
Roslin (famille), I, 47*; II, 8.
Roslin (M. et madame E. J.), I, 47*, 151, 170, 230, 237, 276, 399.
Roslin d'Hénonville (M. et madame), I, 47*, 151, 152, 238, 240, 370, 414, 440; II, 35.
Roslin d'Ivry, I, 379*; II, 193.
Roslin de Lesmont, I, 414.
Rossignois, I, 9.
Rostaing (comte et comtesse de), II, 402*, 407, 411.
Rouault (de). V. Écreville.
Rouillé, ministre, I, 93*, 105*, 143.

Rouilleau, II, 91.
Rousseau (Pierre), I, 331*, 334, 345, 348, 399*, 402; II, 23, 29, 141, 145, 371.
Rovère, II, 357* et suiv.
Rulhière, II, 30*.

S

Saavedra (don), II, 370.
Saiffert, médecin, II, 15*.
Sainctot (de), I, 42*, 53, 60.
Saint-Aignan (de), I, 30*, 73; II, 189*, 247*, 302.
Saint-Aignan, II, 191*.
Saint-Amant (de), I, 92.
Saint-André (maréchal de), II, 426*.
Saint-Contest (marquis de), I, 67*, 93*.
Sainte-Suzanne (marquis de), II, 66*.
Saint-Fargeau (de). V. Le Pelletier.
Saint-Florentin. V. Phélipeaux.
Saint-Germain, I, 279.
Saint-Germain (marquis de), I, 62, 94.
Saint-Germain, rose-croix, I, 56*.
Saint-Hérem (marquis de), I, 376*.
Saint-Leu-Taverny, I, 5*, 29, 41, 67, 233, 254, 349.
Saint-Marc (de). V. Razins.
Saint-Michel (de), I, 397*.
Saint-Non (de). V. Richard.
Saint-Priest (Brochet de), I, 399*.
Saint-Prix, I, 101.
Saint-Réjant, II, 426*.
Saint-Romain, acteur, II, 354.
Saint-Sauveur (Nigot de), I, 23*, 43.
Saint-Simon (de), I, 387*; II, 25, 346*.
Saint-Victour (Fénis de), I, 399*.
Saint-Vigor. V. Mercier.
Saint-Yon Salaberry (madame de), II, 18.
Salaberry (abbé de), I, 328*.
Salaberry (Ch. F. de), I, 328*.
Salaberry (M. et madame Ch. F. V. de), I, 4*, 328, 330, 334, 348*, 354, 356, 376, 380, 396, 398*, 399*, 407, 425, 438; II, 2, 13, 22, 40,

75, 78, 80, 103, 107, 110, 121, 122, 127, 139, 142, 145, 149, 160, 173*. 178, 182, 189, 191, 199, 246, 247, 250, 259, 262, 307, 334, 352.
SALABERRY (Charles-Marie DE), II, 139*, 145, 155, 160, 192, 246, 250, 259, 283, 285.
SALAR, II, 304.
SALÉ (mademoiselle), I, 144*.
SAMSON, vicaire, I, 380.
SANLOT, I, 354, 415; II, 90*, 93, 131, 196, 197*, 262, 348, 382.
SANLOT DE BAPAUME, II, 16*.
SANSON, bourreau, II, 336* et suiv.
SANTERRE, II, 188.
SANTO-DOMINGUE (DE), I, 43*, 170, 248, 386.
SANTONAX, II, 425.
SARCUS (DE), I, 97*.
SARLABOUS (DE). V. MUN.
SARON (DE). V. BOCHARD.
SARRASIN (DE), II, 410*.
SARTINE (DE), I, 264*, 357, 396, 401, 408; II, 31.
SASSENAY (marquise DE), I, 224*.
SAULX (DE). V. TAVANNES.
SAUMERY (de Johanne de la Carre DE), I, 342*, 431; II, 79*, 126, 224, 326*.
SAUNIER, (l'abbé), II, 247*.
SAVALETTE DE MAGNANVILLE, I, 233*, 354*, 380*.
SAVARY (DE), II, 436*.
SAXE (maréchal DE), I, 132, 241*.
SEDAINE, I, 233, 234 et suiv., 248, 265, 360, 380, 408, 423; II, 13, 17, 19, 63, 82, 95, 110, 147, 158, 196, 243, 256, 258, 333*, 387.
SEDAINE (madame), I, 361*, 420; II, 108, 339.
SÉGUR (maréchal DE), I, 44*; II, 75, 251*.
SÉGUR (président DE), I, 198*.
SEIGNELAY (Colbert, marquis DE), I, 354*.
SÉNAC, médecin, I, 71*, 174.
SÉNOZAN (Olivier DE), I, 194*.
Sept-Fonts, abbaye, II, 8.
SÉQUEVILLE (DE). V. LEROI.
SÉRAN (marquise DE), I, 260*; II, 15, 20.
SÉRILLY (DE). V. MÉGRET.

SÉRINY (madame DE), I, 361*.
SERREAU, II, 282*, 320.
SERVOIL (DE), I, 211.
SEVESTRE, député, II, 283*, 286.
SIEYÈS (l'abbé), II, 110.
SILLERY (marquis DE), I, 45*.
SIMON (général), II, 417.
SIMON, domestique, II, 205, 207, 212.
SIMON, terroriste, II, 181, 268* et suiv., 283.
SINETY (marquis DE), I, 392*.
SLOANE (Hans), I, 37*.
SMITH, I, 70.
SMITH, médecin, I, 154.
SOLENNE (saint), II, 300*.
SOLTIKOW (comte DE), I, 259*.
SOMMERY (du Mesniel DE), I, 32*, 74.
SORBA, I, 94*, 179.
SOUBISE (de Rohan), I, 99*, 104, 183, 185, 260, 283*, 400; II, 64.
SOUFFLOT, architecte, I, 313*.
SOULLET (famille), I, 4*, 10, 252, 258*, 285, 296; II, 16*, 436* et suiv.
SOULLET (madame), née Montarsy, I, 4*, 11, 12, 30, 150*.
SOULLET (B. N.), I, 8, 10*, 114, 136, 256, 257; II, 16*.
SOURCHES (comte DE), I, 297*.
SOUVRÉ (marquis DE), I, 123*, 182; II, 38.
SOYECOURT (marquis DE), I, 97*.
SPAURR (comte DE), I, 78.
STAINVILLE (DE). V. CHOISEUL.
STAHRENBERG (comte DE), I, 78*, 227, 240, 288, 303; II, 62.
STURM, II, 126*, 215.
SURVILLE (DE), II, 426, 427*.
SY (Frémyn DE), I, 200, 298*, 312, 406*.

T

TALARU (DE), I, 74*, 125; II, 199*, 263.
TALLARD (duc et duchesse DE), I, 24*, 104*.
Tallard (hôtel de), I, 12*.
TALLEYRAND-PÉRIGORD (DE), II, 111.
TALLIEN, II, 136*, 218, 222, 237, 306, 329, 341, 384, 385*.
TALLIEN (madame), II, 329, 385.

TALMOND (princesse DE), I, 119*.
TASCHER. V. LA PAGERIE.
TAVANNES (DE), I, 384*.
TEISSIER, I, 35*, 70, 100*, 123*.
TENCIN (cardinal DE), I, 223*.
TERMONT (DE MAY DE), évêque, I, 345*, 428.
TERRAY (l'abbé), I, 389*, 420.
TESSÉ (DE), I, 8*, 69*, 102.
TEYSSIER DES FARGES, II, 406*.
THÉMINES (de Lauzières DE), évêque, I, 429*; II, 73, 76, 78, 81, 111*, 113, 120, 221, 223, 224, 366, 390.
THÈRE (comte DE), II, 53*.
THIARD (DE), I, 104; II, 10*, 15, 30.
THIBAULT (A. M.), II, 375*, 393, 404, 410.
THIROUX DE MONTREGARD, I, 196*.
THIROUX DE MONTSAUGE, I, 369.
THOMAS DE LA VALETTE (famille), I, 56*, 222, 370*; II, 348*.
THOMAS DE LA VALETTE (marquise DE), I, 56*, 58, 217, 248, 256, 370.
THOUVENON, I, 381, 383, 384, 422.
Thuit (le), château, I, 54*.
THUMERY (DE), II, 24*.
THUROT, I, 257*.
TIEPOLO, I, 249; II, 62.
TIRAT (madame), II, 151.
TOLIN (l'abbé), II, 112, 117, 119.
TORIS (DE), I, 45.
TOULONGEON (famille DE), I, 411*, 412*; II, 11, 12, 82, 127*, 215, 341, 431*.
TOULONGEON (A. E. A. comte DE), I, 412*; II, 13, 31, 110, 115, 119, 127, 161, 215, 267, 308, 327, 341*, 371, 372, 431*.
TOULOUSE (comtesse DE), I, 49*.
TOURDONNET (comte DE), I, 65*, 72, 91, 106, 120, 148.
TOURNEHEM (DE). V. LENORMAND.
TOURNY (Aubert DE), I, 198*.
TOUZARD, II, 321, 322, 324, 391, 407, 408.
Traisnel (la Madeleine de), couvent, I, 49*.
TREILHARD (madame), II, 217, 224.
TRESMES (comte DE), I, 180*.

TRONCHIN, médecin, I, 279, 290*, 371*, 415.
TRONSON DU COUDRAY, II, 357* et suiv.
TRUBLET (l'abbé), I, 8*.
TRUDAINE, I, 388*.
TURENNE (maréchal DE), II, 341, 434*.
TURENNE (prince DE), I, 83, 125, 129*.
TURGOT (famille), I, 8, 30*, 419.
TURGOT, ministre, I, 30, 407; II, 228.
TURMILLY (DE), II, 24*.
TURPIN, II, 81, 322.
TURPIN DE CRISSÉ (comte DE), I, 8; II, 21*.

U

URBINA (don), I, 333*; II, 369*.

V

VADÉ, I, 233*.
VADIER, conventionnel, II, 200, 314*, 317.
Valençay (terre de), II, 26*, 87.
VALLIER, I, 196*.
VALLON (mademoiselle), II, 295.
VALLON, chirurgien, II, 291.
VAN DER DUYNE, II, 365.
VAN EYCK, I, 350*.
VAREILLES (Drouin DE), II, 177*, 405, 406.
VARENNES (DE), I, 332, 334.
VASSAL, I, 215.
VASSAL, I, 367.
VASSY (marquis DE), II, 48*.
VAUBOREL (marquise DE), II, 12*.
VAUDREUIL (Rigaud DE), I, 43.
VAULIVERT, II, 268* et suiv.
VAURÉAL (DE), évêque, I, 243*.
VAUX (maréchal DE), II, 12*, 251.
VELU, II, 128, 137, 164 et suiv., 231, 243*.
VENAILLE, II, 285*, 288, 294*, 296, 297, 299, 324, 389, 412, 415.
VENOTTE (DE), I, 307.
VERDIER, II, 235, 242.
VERDUN (DE), I, 15, 40, 254, 276.
VERGENNES (comte DE), I, 422, 425.
VERGER, chirurgien, II, 261.
VERMERANGE. V. VEYMERANGE.

INDEX.

Vernages (de), I, 438*.
Verneuil (marquis de), I, 61, 71, 170*, 189, 190, 229.
Verrière (les demoiselles), I, 398*.
Verthamont (abbé de), I, 286*.
Vertillac (marquis de), I, 5*.
Veymerange (de), I, 433*; II, 109*.
Victoire de France (Madame), I, 149*.
Vieillard, II, 309*, 312, 313 et suiv., 316, 326, 337.
Vigneux (de), I, 331*.
Villanteuil (de). V. Petit.
Villars (duc de), I, 219*.
Villeberfol, prieuré, I, 414*.
Villebriand (madame de), I, 248.
Villecourt (de). V. Fontanieu.
Villemenu (chevalier de), I, 112*.
Villemin (comtesse de), I, 432*.
Villemorien (de). V. Le Gendre.
Villepail (baron de), I, 100*.
Villequier (duc de), I, 208*.
Villeroi (famille de), I, 4*, 75*, 126, 147, 156*, 267*; II, 199, 375.
Villiers (de). V. Rangeard.
Vimeux (général), II, 417*, 418, 428.

Vioménil (baron de), I, 29*, 44, 131, 175, 248, 386; II, 24, 107, 123* et suiv.
Viriville (Olivier de), I, 194*.
Vizé (marquis de), I, 48, 240, 297; II, 35*.
Voltaire, I, 7, 310.
Vougny (de), I, 22*, 229, 230*, 406, 415.
Vourgères-Lambert, II, 134, 146, 158, 260, 309.
Voyer (de), I, 116*, 142, 390, 439. V. Argenson et Paulmy.

W

Walkiers, I, 273*, 385*.
Watelet, I, 48*, 116, 231, 240, 420.
Willot, II, 357* et suiv.

Y

Ysabeau, député, II, 258.

Z

Zaïd-Effendi, I, 6*.
Zaïde, bijoutier, I, 147.

FIN DE L'INDEX.

TABLE DES MATIÈRES

TROISIÈME ÉPOQUE
(1764-1787)
(SUITE.)

CHAPITRE XVI

Visite chez Mesmer. — Le baquet. — Les initiés. — D'Esprémenil. — Court de Gébelin. — Construction d'un baquet à Cheverny. — Insuccès. — Voyage à Charolles. — La famille Mayneaud de la Tour. — Les Perrin de Grégaine. — Lure. — M. Batailhe de Francès. — Une propriété à l'anglaise. — Antorpe. — Besançon. — Le Breuil. — Séjour chez Sedaine. — M. de Salaberry à Pezay. — Le marquis de Romé. — Le chevalier de Pontgibaud. — La société Martainville. — Madame de Lafreté et le docteur Saiffert. — M. de Sanlot-Bapaume. — Le comte de Hécre. — Mort de madame de La Valette. — Quelques anecdotes anciennes : un dîner chez le marquis de Pezay; Diderot. — Les plâtres de Pajou à Cheverny. — David et Sedaine. 1

CHAPITRE XVII

La vie d'Olavidès à Paris. — Du Barry le roué. — Un dîner avec la comtesse du Barry. — Le salon Sérilly. — Sérilly est ruiné. — M. Le Gendre de Villemorien à Valençay. — Les forges de Luçay. — M. de Luçay. — Son mariage. — Le duc de Choiseul et le magnétisme. — Mort du duc. — M. Amelot quitte le ministère. — Mort de MM. de Castera et de Préninville. — Le baron de Breteuil au ministère; ses défauts. — Rulhière. — Mort de madame de Cypierre. — Le docteur Bucquet et l'éther. — Pechmeja. — M. de Vizé. — Le baron de Candale. — Le comte Oginski. 20

CHAPITRE XVIII

Le comte d'Osmont; sa famille, l'auteur fait sa connaissance en Normandie. — Son portrait; sa passion pour le jeu. — Le comte de Caulaincourt; la baronne de Cuy. — Madame Filleul. — Le marquis de Garsault. — Le château du Bourg. — La comtesse de Vassy. — Retour à Paris. — D'Osmont à Saint-Leu. — Le jeu à l'armée. — Un souper chez madame Grimod-Dufort; l'huile de la lampe. — Mariage de d'Osmont; singulières distractions. — La société des princes. — Un juron malencontreux. — Chasse à Hénonville. — D'Osmont et Olavidès. — Le doigt dans un volet. — Le maître d'hôtel du duc d'Orléans. — L'abbé d'Osmont, évêque de Comminges. — Comus. — Madame d'Osmont. — Une chasse étrange à Crécy. — La partie de Louis XVI. — Mort de d'Osmont. 45

QUATRIÈME ET DERNIÈRE ÉPOQUE
(1787-1801)

LA RÉVOLUTION. 71

CHAPITRE XIX

Mgr de Thémines, évêque de Blois; sa vie; il est appelé à l'Assemblée des notables. — Assemblée provinciale à Orléans. — Assemblée départementale à Blois; l'auteur est nommé président. — M. Mesnard de Chousy; le vicomte de Beauharnais. — Élection des députés aux États généraux. — Lavoisier. — Les députés. — Attitude de l'évêque. — Voyage à Paris. — Les États généraux à Versailles. — L'affaire de Réveillon. — Le Palais-Royal. — Retour à Blois. — On apprend la prise de la Bastille. — Commencement de l'émigration. — Les voisins de Cheverny. — La grande panique; brigands imaginaires. — Organisation d'une garde nationale. — Insurrection pour les subsistances. — Le club de Blois. — Mort de M. de Cypierre. — On établit un club à Cour. — Les clubs de Paris : club de Quatre-vingt-neuf, des Jacobins. — Les volontaires à Blois et dans les environs; leur indiscipline. — Madame Dayrell à Clénord; son courage en face des volontaires insurgés. — Punition des révoltés 73

CHAPITRE XX

Les Assemblées primaires. — L'auteur s'établit à Blois. — Voyage à Paris. — L'Assemblée; séance orageuse. — Les dispositions de la cour; faiblesse du Roi. — Le baron de Vioménil. — M. Amelot, administrateur du Trésor. — Un dîner avec Dussaulx, Hérault de Séchelles et Beauharnais. — Le club des Jacobins. — Retour à Cheverny. — La situation du clergé. — L'élection de Grégoire; les nouveaux grands vicaires : Chabot, etc. — Élection à l'Assemblée législative. — Les députés du département. — Les curés élus. — Arrivée de Grégoire. — Départ de Mgr de Thémines. — Grégoire au club de Blois. — Visites pastorales. 102

CHAPITRE XXI

Le 10 août. — Le baron de Vioménil. — M. de Sérilly. — L'émigration s'accentue. — Persécutions contre ceux qui restent. — L'auteur est dénoncé au club de Blois; il se justifie. — Arrestation chez lui. — Les jacobins envahissent les places. — M. Cellier. — Allées et venues des députés :

TABLE DES MATIÈRES.

Couthon, Tallien, Carra. — Motions au club. — Destruction des emblèmes. — Réquisitions. — M. Delorme, officier municipal; anecdote sur les frères Berpier. — Les insurgés de Vendôme marchent sur Blois; ils emmènent tout sur leur chemin. — Ils sont dispersés à Beaugency. — La statue de Louis XV à Ménars. — Le jugement du Roi; sa condamnation. — On ouvre les lettres. — Le comité de salut public de Blois; ses membres. — Arrestation de suspects. — Perquisition chez M. de Salaberry; il est arrêté à Cheverny. — Les prisonniers aux Carmélites. — M. Pajot de Marcheval disparaît à Paris. — Son fils vient à Cheverny; il est dénoncé et prend la fuite...................................... 123

CHAPITRE XXII

Situation du Blaisois; Grégoire n'y paraît plus. — M. de Salaberry en liberté provisoire. — M. de Toulongeon à Harfleur. — M. Dufort est rayé du club de Blois. — Enlèvement des armes; Duliépvre. — Velu à Cheverny. — Les réquisitions. — Mots à la mode : *Solide mâtin,* etc. — Garnier de Saintes. — M. de la Porte. — Quelques prisonniers — On coupe le pont de Blois. — Exécution du marquis de Romé. — Le convoi des prisonniers de Saumur; sauvagerie révolutionnaire. — Les prisonniers de Blois à Pont-Levoy.......................... 160

CHAPITRE XXIII

Nouvelles impositions. — Dévastation des chapelles et des tombeaux. — Le temple de la Raison; procession sacrilége. — Le duc et la duchesse de Saint-Aignan sont arrêtés. — M. de Salaberry, conduit au tribunal révolutionnaire, refuse de s'évader. — Les prisons de Paris. — Quelques victimes. — M. de Luçay, décrété d'arrestation, est sauvé par sa femme. — Le vicomte de Beauharnais à Blois; il est arrêté et condamné. — M. Dufort est incarcéré aux Carmélites; compagnons de captivité. — M. de Rancogne. . . . 187

CHAPITRE XXIV

Arrestation de la marquise de Flamarens. — Toujours la prison de Blois. — Convois de prêtres déportés. — Les occupations des prisonniers. — Nouveaux venus : MM. du Buc, Robbé de Lagrange, Dinocheau. — Le trésor des Capucins. — Le docteur Gauthier. — La fête de l'Être suprême. — Amours télégraphiques de M. Robbé. — Une lunette indiscrète. — Desmaillot. — Arrestation de Velu, Arnaud et Hézine. — Ils sont envoyés au Tribunal révolutionnaire....................... 214

CHAPITRE XXV

Le 9 thermidor. — La dénonciation contre MM. Dufort et de Rancogne est attribuée à Duliépvre. — L'abbé Boutault manque d'être fusillé. — Le représentant Brival à Blois. — Assemblée au temple de la Raison. — On décide du sort des prisonniers. — Mise en liberté. — Retour à Cheverny. — Mort de Barassy. — Ce qu'étaient devenus les parents et amis de l'auteur. — Les victimes de la Terreur dans le Blaisois. — Le jeune Salaberry reparaît. — Mission de Laurenceot; son origine. — Les légistes de Besançon et le marquis de Ségur. — Laurenceot à Cheverny. — Pertes subies par M. Dufort. — Départ pour Paris. — Olavidès à Meung. — La réaction à Orléans. — Les Pajot de Marcheval à Étampes. — La famille Sedaine. — Une émeute à l'Opéra. — La section du Louvre. — Histoire de la famille de la Porte. — Caillon. — Retour à Blois. 238

CHAPITRE XXVI

Mesures contre les terroristes; on instruit contre Duliépvre. — Départ de Laurenceot. — Vie à Blois. — Les Amelot, etc. — On poursuit les auteurs du massacre de la levée. — Rapport de l'accusateur public. — La procédure est supprimée. — Convocation des assemblées primaires. — Acceptation de la constitution de l'an III. — Difficultés pour la réélection des membres de l'ancienne Assemblée. — Troubles de Paris. — Les jacobins reviennent sur l'eau. — Mission de Sevestre. 265

CHAPITRE XXVII

Les Mémoires prennent la forme d'un journal. — Mariage de M. de Salaberry. — Dangers auxquels il échappe. — L'insurrection de Palluau. — L'emprunt forcé. — Arrestation du général Bonnard; son évasion. — Deux émigrés dans la prison de Blois. — Démission de plusieurs juges. — Tentative de délivrance. — Conspiration jacobine. — Le général Bonnard condamné par contumace. — On nomme des juges terroristes. — Encore l'emprunt forcé. — La haute cour de Vendôme : procès Babeuf. — Grégoire perd son influence. — Anecdotes sur quelques nobles. — La vicomtesse de Beauharnais épouse Bonaparte. — Le haras de Chambord; le directeur Salar. — Caillon. — Dossonville, agent de police; son origine; sa carrière. — Voyage à Vendôme; les inculpés; les juges. — Une séance à la haute cour; l'acte d'accusation; les défenseurs : Réal. — Arrestation d'Hézine. 285

CHAPITRE XXVIII

Nouvelles élections. — Le tour des chapeaux. — Les électeurs et les élus. — Organisation de la garde nationale de Blois. — Nouveaux détails sur le procès de Vendôme. — La famille de Paroy. — Mort de Baudouin; son cabinet de tableaux. — Une lettre à Jelyotte; sa réponse. — Mort de Sedaine. — Olavidès à Cheverny. — Fin du procès Babeuf. — La délibération du jury. — L'exécution. — Le bourreau Sanson. — Voyage à Paris. — L'Odéon. — Le costume des femmes. — Le Palais-Royal. — Les Anciens et les Cinq-Cents. — La salle de l'Institut. — Pajou et la statue de Turenne. — Détails sur le procès des Sérilly. — La comtesse de Beaumont. — MM. de Richebourg, Saplot, Lafreté. — Fortune de Robbé de Lagrange. — Il accompagne madame Bonaparte en Italie. — Dossonville; curieux renseignements qu'il donne à l'auteur. — Les émigrés rentrés. — Retour à Blois. — La foire. — Le passage des déportés de fructidor; le commandant Dutertre. — Madame Barbé-Marbois. 319

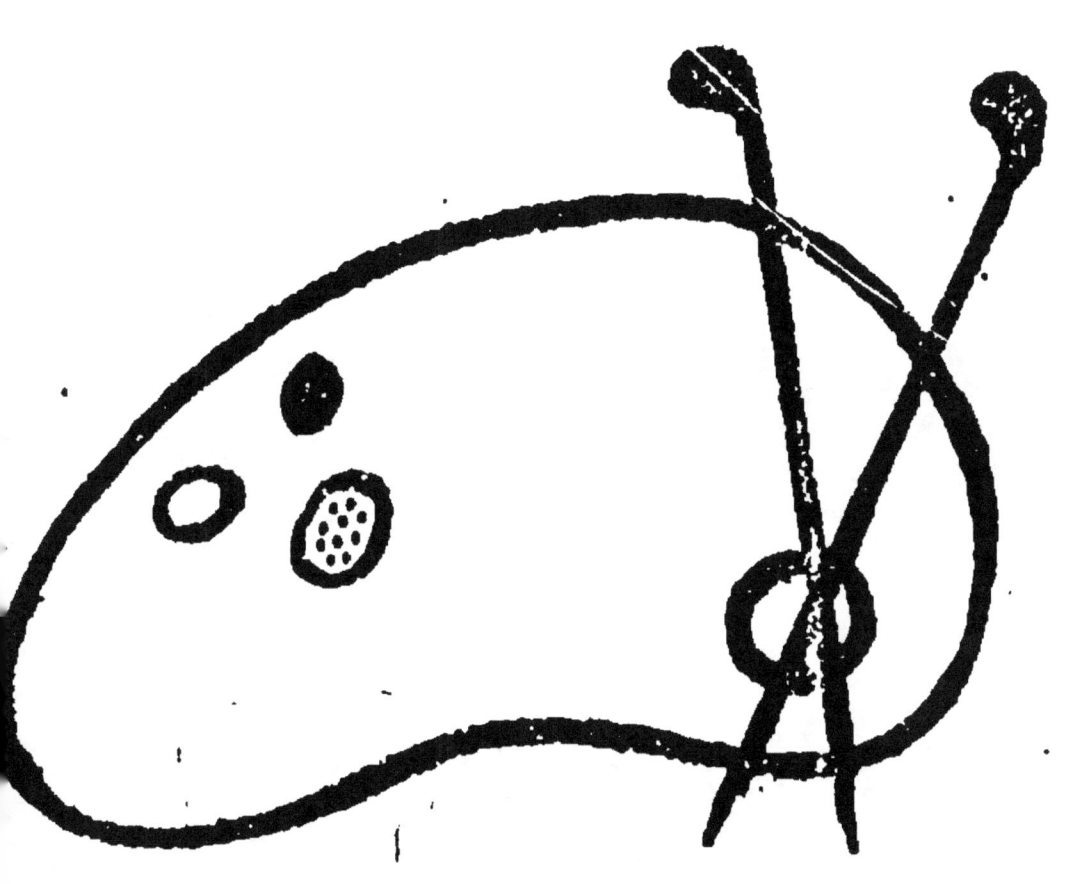

Original en couleur

NF Z 43-120-8

www.ingramcontent.com/pod-product-compliance
Lightning Source LLC
Chambersburg PA
CBHW071622230426
43669CB00012B/2039